新编21世纪史学系列教材

世界中世纪史

第2版

A Medieval History of the World

孟广林 著

中国人民大学出版社
·北京·

内 容 简 介

本书将重点考量与全局观照有机地整合起来，致力于彰显世界历史发展的多样性和统一性。既着重梳理5至17世纪欧亚大陆主要地区、主要国家的封建社会的缘起、兴盛、衰落的历史过程，也兼顾这一时期社会发展相对滞后的非洲和美洲的历史状况，并增加了中国历史的相关部分。同时，还对各地区之间、国家之间的横向联系作了必要的勾勒。

本书在叙述政治、经济、军事等方面史实的同时，吸收当前“文明史”“社会史”的研究成果，加大了宗教、思想文化等方面内容的比重，适度增加了日常生活的内容。本书插入了一些重要史料、地图和插图，旨在丰富读者对历史“现场”和历史空间的感知。每章后附有推荐阅读书目，便于读者进一步研习。

作 者 简 介

孟广林，1955年生，江苏滨海人。中国人民大学历史学院教授，博士生导师，兼中国英国史研究会副会长，中国世界中世纪史学会常务理事，中国社科院世界历史研究所学术委员会委员。长期从事世界中世纪史的教学与西欧封建政治史、思想文化史的研究，撰有《英国封建王权论稿》、《英国“宪政王权”论稿》、《欧洲文艺复兴史》（哲学卷）、《战争巨人：查理曼》等多部学术著作，以及《世界文明史》（合著）等教材，主编有论文集《历史比较的新视野》、《新世界史》以及教学参考资料《西方历史文献选读》，并先后在《中国社会科学》《历史研究》《世界历史》等刊物上发表论文多篇。曾到英国、美国、俄罗斯等国以及我国台湾、香港、澳门等地访学与讲学，曾为英国杜伦大学（Durham University）高级研究学者（2006）、美国罗彻斯特大学（University of Rochester）访问教授（2007）。

目　录

插图目录

地　　图

插　　图

第一章 绪 言

第一节 世界中世纪史的范畴和分期

一、何谓“中世纪”

“中世纪”是人类社会发展进程中的一个特定历史时期，其范畴涵盖上古和近代之间的历史。我国史学界通常借鉴中国古代文献中的说法把“中世纪”译为“中古”，将“世界中世纪史”称为“世界中古史”。不过，西方的“中世纪”和中国古代学术传统中的“中古”乃至“中世”，在时间概念上有着明显差异。

在中国古代典籍中，“中古”或“中世”一词常被用来专指次于上古的时代但并无严格的历史分期意识乃至时间区分概念，其所界定的历史范畴并不一致，且词源和语义大多模糊不清。《易·系辞下》有云：“《易》之兴也，其于中古乎?”隋末唐初的经学大师颜师古在注释《汉书·艺文志》中“世历三古”时，曾引三国时期魏国的孟康之说曰：“伏羲为上古，文王为中古，孔子为下古。”颜氏在此所谓的“中古”，实系泛指先秦时代的商、周之际。先秦法家在论述其政治观时，也常借用“中古”“中世”之类的朦胧概念来划分历史。《韩非子·五蠹》云：“上古竞于道德，中世逐于智谋，当今争于气力。”在法家看来，“上古”实是指原始社会，“中世”或“中古”大体为国家形成时期的虞、夏之际，故《韩非子·五蠹》

又称，“中古之世，天下大水，而鲧禹决渎”。

从19世纪末20世纪初开始，随着现代西方历史学之理论、方法的传入，中国史学界在历史分期中开始借用古代文献中“中古”“中世”术语，来界定中国古代的某一历史时期。1901年，在《中国史叙论》中，梁启超把中国历史划分为三期：其一是“自黄帝以迄秦之一统”的“上世史”，其二是“自秦一统后至清代乾隆之末”的“中世史”，其三是“自乾隆末年以至于今日”的“近世史”①。不久，夏曾佑在《中国古代史》中提出所谓的“三大时代”：自远古至西周末为“上古之世”；由秦至唐为“中古之世”；宋以后至清则为“近古之世”②。诸如此类，不一而足。这些历史分期不尽一致，始终没有得到学术界的广泛认可，但对中国史学界却多有影响。如今，仍有人常将秦汉至明清的时代称为“中世时代”，或以“中世时代”特指从魏晋到隋唐的历史时期③。受此影响，自晚清始，我国学者在翻译西方世界史著作时，也惯于采用中国史学界的“上古”、“中古”或“中世”、“近世”的术语。时至今日，一些教材、课程乃至招生专业仍被称为“世界中古史”。

实际上，与中国古代的“中古”或“中世”等概念相比，西方史学界的“中世纪”有着特定的时间指向和历史内涵。“中世纪”一词在拉丁文中是Medium aevum，意即“中间的时代”，英国人把它译作Middle Ages或Medieavel Times，法国人把它译作Le Moyen âge，而德语中的das Mittelalter，意大利语中的Medioevo，西班牙语中的edad media，俄语中的Средние века，也都意指中世纪，即古代（Antiquity，Ancient Times）和近代（Early Modern Period）之间的一个历史时代。

“中世纪”概念源于西欧文艺复兴时期人文主义的历史观。当时的人文主义者不满于神学蒙昧、禁欲思想对人的价值、尊严、欲求的压抑，转而钟情于希腊罗马古典的文学艺术、哲学、修辞学、语言学等“人文学科”。在他们看来，自从日耳曼“蛮族”南侵征服罗马帝国以后，辉煌的古典文化被逐渐消解和湮没，整个社会都处在野蛮、粗陋的黑暗状态，如今应由他们来担当“复活”、复兴古典文化的历史重任。“人文主义之父”彼得拉克就把古罗马帝国晚期的5世纪到他所处的文艺复兴滥觞的14世纪之间的一千年，称为“古典学术”被摧残、毁灭的“黑暗时代”，欢呼一个人性复苏、文化繁荣的“新时代”的即将来临。到了15世纪，人文主义者普遍认为，在古代与他们所处的当代的两次可以比肩的文化繁荣之间，很不协调地“被插入”了一个蛮荒愚昧的“中间”阶段，这一千年是文化或文明的断裂时期。1382年，佛罗伦萨的编年史家菲利·波维兰尼在其论著中，首次提出了“中世纪时期”的概念。不久，著名人文主义史学家弗拉维奥·比昂多（1388—1463），用“中世纪”一词来特指这个“被插入”的世纪或处于“中间”的世纪。他在《罗马帝国衰亡以来的千年史》一书中，提出了“古代”“中世纪”“复兴时代”这一三段历史分期说。把西欧5至15世纪这一时期称为“中世纪”，意即这是很不协调地“插入”到希腊罗马古典与文艺复兴这两个文化高峰时期之

① 梁启超．中国史叙论：时代之区分//饮冰室合集之六．北京：中华书局，1989．

② 夏曾佑．中国古代史．石家庄：河北教育出版社，2000：9．

③ 陈寅恪在《陈垣元西域人华化考序》中曾云：“寅恪不敢观三代两汉之书，而喜谈中古以降民族文化之史。”陈寅恪．金明馆丛稿二编．上海：上海古籍出版社，1982：239．

间的一段落后的历史时代。这样的看法，在近代西欧逐渐流行开来。

到了17世纪末，德国史学家凯列尔在其著作《世界史》中，第一次把人类全部历史划分为古代、中世纪、近代三个时期。凯列尔在其著作中以基督教的兴衰流变为主线索来建构人类文明的发展史。1688年，他完成了“中世纪”部分，其时间断限是公元4世纪早期至1453年，即以基督教在罗马帝国的合法化为古代史的终结与中世纪史的开端，而将拜占庭帝国（东罗马帝国）之首都君士坦丁堡被信奉伊斯兰教的土耳其人攻陷的1453年，作为中世纪史的结束和近代史的肇始。

18世纪初，意大利史学家贾巴斯蒂塔·维科在《论民族共同性的新科学原理》（简称《新科学》）一书中，把人类历史分为神的时代、英雄时代和人的时代。以他之见，所谓“中世纪”主要指新一轮的神的时代，即从西罗马帝国灭亡到人文主义先驱但丁所处的时代。而在18世纪的法国启蒙运动中，启蒙思想大师伏尔泰和孟德斯鸠等人，则立足于从法律、政治制度、思想文化等方面考察，认定中世纪是一个神权、封建制度禁锢人性、摧残人道的时代。从那以后，“中世纪”一词逐渐被欧美史学界普遍采用至今，成为西方历史编撰学中用于历史分期的一个重要术语与概念。随着西方学术的传播，“中世纪”这一术语与概念也日益被非西方的国家、地区的史学界所认同。

二、世界中世纪史的历史分期

多年来，西方史学界的中世纪史研究有着特定的范畴，其历史分期基本上是沿着欧洲特别是西欧的历史线索而展开的。从时间上看，一般限定是指5至15世纪。在上限上，通常把它确定在民族大迁徙时期（375—568），有的则更具体确定在西罗马帝国的灭亡（476），但大多都没有以一个突出的历史事件作为分期界标。而在下限上则观点多有不同，其中有“文艺复兴”说、“宗教改革”说（以1517年10月31日马丁·路德发表《九十五条论纲》为标志）、“新航路开辟”说（以1492年哥伦布起航探险为标志）等，认为应以它们作为中世纪史的结束和近代史的发端。而在一些国别史的分期上，还有不同的见解。例如，有的英国史学家将1485年的博斯沃思（Bosworth）之战作为历史分期界标，认为它结束了封建家族争夺王位的“红白玫瑰战争”，建立起都铎王朝的“新君主制”，开启了英国近代史的端绪。对中世纪时期的历史，西方史学界一般按照这一千年西欧社会的经济、政治和思想文化以及与伊斯兰世界的关系等，作了“三时段”的划分，即5至9世纪为中世纪早期（Early Middle Ages），10至12世纪为中世纪盛期（High Middle Ages），13至15世纪为中世纪晚期（Later Middle Ages）。

西方的上述历史分期，主要是在对中世纪史特定空间范围之认知的基础上进行的。由于西方历史编撰学学术传统及其中所盛行的“西欧中心”论的影响，在大多西方史家的视野中，中世纪史特指欧洲特别是西欧介于古代和近代之间的历史，这是“中心”，是主流；而非西方的国家和地区有着自身独特的社会形态或历史路径，并不属于只适合于欧洲的“中世纪”的历史范畴。因此，他们只是在诠释欧洲人的历史活动时才多少涉及个别非西方的地区、国家的历史（如西亚、北非地区的阿拉伯人的国家、土耳其人的国家）。他们所谓的“中世纪史”，其实特指的是西欧中世纪史，宽泛一点则是指欧洲中世纪史，而非世界范围内的中世纪史。随着史学理念的更新和学术视野的扩展，一些西方学者开始将非西方的国家和地区（如拜占庭、阿拉伯、印度、日本等）与西欧大致相同时代的历史纳入“中世纪史”的范畴。一些拥有宏阔的“全球史”眼光的史学家，更是从“整体联系”“文明交往”的角度将这一时期的中国历史纳入“中世纪史”的范畴。例如，美国史家斯塔夫里阿诺斯在其名著《全球通史》中，就专门编撰了第四编“欧亚大陆的中世纪文明，500—1500年”，其间分“伊斯兰教的兴起”、“突厥人和蒙古人的侵略”、“传统的儒家文明”（包括日本）、“革命的西方文明”等章来展开叙述。这样看来，突破“西欧”乃至“欧洲”的有限地域范畴，从世界的广阔角度来叙述“中世纪史”，已经是历史编撰学发展的不可逆转的新趋势。

马克思、恩格斯等经典作家的论著也常常使用“中世纪”这一术语与概念。在《共产党宣言》《反杜林论》《社会主义从空想到科学的发展》《家庭、私有制和国家的起源》《德国农民战争》《论封建制度的瓦解和民族国家的产生》等著作中，一般也都把“中世纪”视为介于古代和近代之间的历史时期，同时也都主要是围绕着欧洲特别是西欧的历史发展来进行阐述的。尽管如此，经典作家却赋予了“中世纪”以历史唯物主义的科学含义。在他们看来，中世纪史是封建经济形态兴起、发展和衰落的历史；与奴隶制的古代比起来，封建制的中世纪在社会物质生产、民族国家形成、思想文化发展等诸方面都取得了巨大的历史进步。尤其值得注意的是，经典作家还尽力从封建经济形态最本质的要素出发，力图超越西欧的地域范畴，涵盖非西方的地区和国家，构建起世界范围的中世纪史范畴，将中世纪的封建制度看作是整个人类社会演进过程中承先启后的重要历史阶段。

在马克思主义唯物史观的熏陶下，我国史学界一直都注重从世界而非欧洲的范围来构建“中世纪史”的学科体系。在中世纪史分期上，过去一直沿用苏联史学界的做法，一般以476年西罗马帝国灭亡到1640年英国资产阶级革命爆发，作为世界中世纪史的时间界限。随着学术研究的拓展，这样的界定在史学界引发不少争论，主要聚焦在世界中世纪史的下限上，相继出现了“文艺复兴”说、“宗教改革”说、“尼德兰革命”说。更有人主张从“全球史”的眼光，以整个15、16世纪为下限。因为正是在这一时期，随着新航路的开辟，“西力东渐”的浪潮突破了有史以来世界各个地区、国家封闭、隔绝的格局，人类历史开始了“从分散到整体的世界史”的形成过程。此外，还有学者认为可将世界中世纪史的终结定在1789年法国大革命的爆发。因为在此之前，在比较先进的西欧，虽然有了新兴的资本主义经济和资产阶级，但广大农村的生产力还十分落后，封建生产关系仍旧占据主导地位，在政治上，到处都充满了封建统治。而在东欧乃至阿拉伯、印度和中国等广大地区与国家，16至18世纪更是封建统治的时代。尽管在这一问题上众说纷纭，但从目前来看，国内史学界多倾向于采用以15世纪为中世纪史的下限。

在世界中世纪史各个历史时段的划分上，国内史学界一般都将中世纪史视为封建社会发生、发展和衰落的历史，并将之大致划分为三个阶段：5至10世纪为中世纪早期——封建制度的形成时期，亦即“封建化时期”；11至14世纪为中世纪中期——封建制度的兴盛时期；15至17世纪为中世纪晚期——封建制度的解体时期，亦即从中世纪向近代的历史过渡时期。不过，由于对中世纪史下限的认识分歧，这样的时段划分模式在近年来开始受到质疑和得到修正，不少教材开始将15世纪以后的世界史划入世界近代史的范畴。

第二节 “封建制度”与封建社会

一、狭义与广义的“封建制度”概念

世界中世纪史既然是封建社会发生、发展和衰亡的历史，那就需要厘清封建社会的基本特征。在这一问题上，首先必须辨析有关“封建制度”的概念。

在西方，“封建制度”或“封建主义”（feudalism）概念的端绪可以追溯到近代之初。17世纪，随着英国学者斯佩尔曼对伦巴德12世纪的法律文献“封土之律”（Libri Feudorum）研究的展开，“封建”（feudal）一词出现，被作为一种司法制度来加以考量。此后，经过18世纪法国启蒙思想家孟德斯鸠与19世纪西方一些史学家对其内涵的不断扩充，才最后形成“封建制度”的概念，并为西方史学界普遍使用。西方学者一般将西欧“封建制度”理解为一种法律制度和政治制度，即9至13世纪建立在土地层层分封和逐级占有基础上的封君封臣制。其主要内容概括为：土地分封和相应的封君封臣制的形成，使各级封建领主在其领地内拥有较独立的政治权力或司法权力，由此导致国家权力衰落与中央王权孱弱。这其实是一种狭义的“封建制度”概念，它主要是从中世纪法兰克国家北部卢瓦尔河与莱茵河之间的若干典型史实中归纳和抽象出来的，聚焦的是法律和政治形态，强调的是西欧的封君封臣关系。这一概念本身就较为褊狭与不尽准确，不仅不适用于广大非西方的地区、国家的历史，而且就连西欧各国的历史也都不能涵盖。因此，西方的这一“封建制度”概念并不具有普遍的世界意义。

马克思主义唯物史观诞生后，开始赋予“封建制度”以深刻的科学内涵，使之成为一种包括经济基础、上层建筑这两个方面的广义的概念，将“封建制度”看作是一种社会经济形态，是人类社会介于古代奴隶制和近代资本主义之间的一个历史阶段。在唯物史观看来，“大地产是中世纪**封建社会**的真正基础”①，是封建贵族榨取农民地租乃至实施“超经济强制”的先决条件，也是农民对封建主人身依附关系的根源。也正因为如此，唯物史观将古代奴隶制、中世纪农奴制和近代雇佣劳动制合称为“文明时代的三大时期所特有的三大奴役形式”②。在封建社会中，小手工业生产同样也带有人身依附关系的特征。基于这样的认识，唯物史观指出，“封建时代的所有制的主要形式，一方面是土地所有制和束缚于土地所有制的农奴劳动，另一方面是拥有少量资本并支配着帮工劳动的自身劳动。这两种所有制的结构都是由狭隘的生产关系——小规模的粗陋的土地耕作和手工业式的工业——决定的”③。同时，唯物史观也指出农业和手工业的个体生

---

① 马克思恩格斯全集：第6卷．北京：人民出版社，1961：290.

② 马克思恩格斯选集：第4卷．3版．北京：人民出版社，2012：193.

③ 马克思恩格斯选集：第1卷．3版．北京：人民出版社，2012：150.

产者的存在，从事“以劳动者自己的生产资料的私有制为基础的小生产”①。

应当说，由于所处时代的局限，马克思、恩格斯对东方国家、地区历史的了解还十分有限，他们在很多场合下的确是从中世纪西欧的历史来谈论“封建”的，而且也受到西方学者狭义的“封建”概念的影响。然而，他们以唯物史观的科学理论超越了这种概念，从剩余劳动的获取方式，从封建的人身依附关系和剥削方式，从劳动者与生产资料结合方式等方面，来揭示封建社会形态的最本质的要素，由此并不把封建制度局限于西欧一地，而把它看作人类历史上的一种生产方式、一种社会形态。虽然他们没有明确地断定这一社会形态在世界各地普遍存在，但事实上谈到了东欧、亚洲等地区的封建社会的问题。唯物史观广义的“封建制度”概念，为我们进一步研究世界主要地区、国家中世纪的封建社会开辟了广阔道路。

二、封建社会的基本特征

近年来，国内史学界对有关“封建制度”（feudalism）的争论逐渐显现。作为一种社会经济形态或社会历史形态，“封建主义”是否具有普遍的意义不时引起质疑。这样的学术争鸣，对于我们进一步思考有关封建社会的基本特征，探求世界历史的多样性与统一性，无疑具有积极的推动作用。

事实上，西方学者的那种封建主义或封建制度的概念、范畴原本出自西欧，不仅不符合其他地区和国家的社会状况，而且就连中世纪西欧的历史都难以契合。唯物史观在这一问题上实现了重大的理论超越。马克思、恩格斯主要是依据西欧的情况来建构广义的“封建制度”概念，但他们同时也力图从宏观的角度将中世纪的西欧与非西欧的国家、地区的社会作一本质的比较思考。在《经济学手稿（1857—1858年）》中，马克思所提出的“三大形态”说，就明确指出西欧的封建制度与东方国家的“家长制的关系”具有共同的本质属性。他指出：“人的依赖关系（起初完全是自然发生的），是最初的社会形态，在这种形态下，人的生产能力只是在狭窄的范围内和孤立的地点上发展着。以**物的**依赖性为基础的人的独立性，是第二大形态，在这种形态下，才形成普遍的社会物质变换，全面的关系，多方面的需求以及全面的能力的体系。建立在个人全面发展和他们共同的社会生产能力成为他们的社会财富这一基础上的自由个性，是第三个阶段。第二个阶段为第三个阶段创造条件。因此，家长制的，古代的（以及封建的）状态随着商业、奢侈、**货币**、**交换价值**的发展而没落下去，现代社会则随着这些东西一道发展起来。”② 马克思在这里把“家长制的关系，古代共同体，封建制度和行会制度”并称为第一大形态。其中的“家长制的关系”，实际上主要是指小生产农业和自然经济结构解体以前的中国和其他一些“东方国家”的社会。马克思把它与古代的（即古希腊罗马的）和西欧封建的所有制关系归并为同一个大的社会形态，这是因为它们有一个共同点，即同样处于由小生产农业和自然经济占主导地位决定的“人的依赖关系”之中。这种“人的依赖关系”，实际上指的就是个人之间的统治和服从关系或《资本论》中所称

---

① 马克思恩格斯选集：第3卷．3版．北京：人民出版社，2012：511.

② 马克思恩格斯全集：第46卷上．北京：人民出版社，1979：104.

的“直接的统治和服从的关系”。而这种关系无论最初是自然发生的还是后来由于社会生产的狭隘性所决定的，它都在前资本主义时期的东、西方普遍存在，并由此而产生“家长制的关系，古代共同体，封建制度和行会制度”；一旦人们的生产能力水平突破了狭窄的范围和孤立的地点的局限，出现了普遍的物质产品交换和社会活动的交往，就必定要抛弃这样的人身依附关系，建立具有“以**物的**依赖性为基础的人的独立性”的社会关系（所谓“物的依赖”，主要是指资本主义生产中对作为普遍交换手段的货币的依赖），即进入第二大阶段。在这里，马克思从小生产农业和自然经济的角度把前资本主义时期的西欧封建社会同东方国家的“家长制”或“宗法制”社会并列起来，认为它们赖以存在的共同的经济基础都是小生产农业和自然经济，只能随着这种经济基础的衰亡而消解并过渡到资本主义。也正是基于这样的历史视野，他才将封建制度看作一种社会经济形态、一个历史阶段。此外，马克思也谈及过一些非西欧国家、地区的封建制度。例如他曾经指出：“日本有纯粹封建性的土地占有组织和发达的小农经济”，“它为欧洲的中世纪提供了一幅更真实得多的图画”①。

当然，经典作家既没有概括出一个通行于东、西方的统一的封建社会的外观模式，更反对以中世纪西欧为标本来裁量其他国家和地区。因此，以西欧封建社会的制度模式来涵盖并机械地比附其他地区、国家，无疑是错误的、行不通的。然而必须看到，在前资本主义时期，作为社会经济形态的封建制度在欧亚大陆乃至北非地区的普遍流行，应是不可否认的客观历史存在。唯物史观所科学揭示的封建社会的本质，基本上是适合于欧亚大陆乃至北非的某些地区的中世纪社会的。这些年来，西方史学家、苏联史学家和日本、印度与中国的史学界通过长期研究得出的诸多成果，就已经从不同的层次和角度证明了这一点②。由于各自的具体历史条件不同，各个地区、国家的封建制度也必然要显示出各自的特点。对此，马克思曾明确指出：“相同的经济基础——按主要条件来说相同——可以由于无数不同的经验的事实，自然条件，种族关系，各种从外部发生作用的历史影响等等，而在现象上显示出无穷无尽的变异和程度差别”③。正因为如此，各个地区、国家的封建制度必然要体现为不同的外观类型或模式。然而，正是由于它们都蕴含着封建制度的本质，这些不同的外观类型或模式也都必然要显示：在前资本主义时期的中世纪时代，大土地所有制和小生产的结合以及与之相应的人身依附关系，是这些地区、国家共同具有的封建社会的基本特征。

正是基于上述封建社会的共同基本特征，包括西欧、中国在内的欧亚大陆的大多数地区和国家，其中世纪社会的面貌虽然表现不同，但从深层次上看，其实并无多大的本质差异。在封建生产方式上，一般都表现为封建主大土地所有制和农民小生产相结合。在生产力上，“中世纪社会”表现为“个体的小生产”，生产效率较低，“生产或者是为了生产者本身的直接消费，或者是为了他的封建领主的直接消费”④，剩余的产品才用来交换。生产一般都依赖于畜力和人工劳动，农业是主要生产部门，手工业有一定程度

---

① 马克思恩格斯全集：第 23 卷．北京：人民出版社，1972：785 页脚注．

② 马克垚．中西封建社会比较研究．上海：学林出版社，1997：“导论”，其他诸章“概述”．

③ 马克思恩格斯全集：第 25 卷．北京：人民出版社，1974：892．

④ 马克思恩格斯全集：第 19 卷．北京：人民出版社，1963：245．

的发展，生产具有封闭性和狭隘性。自然经济占有支配地位，但商品经济也有一定发展。而在生产关系方面，则是封建大地主占统治地位，广大农民在地主或封建国家分给的土地上劳动，除了受到沉重的封建地租剥削外，还受到“超经济强制”的控制。从地租形态上看，其形式也都大体经历了从劳役地租向实物地租再向货币地租的依次过渡。在社会关系上，都体现了牢固的自上而下的逐级统属和自下而上的层层依附的关系。这既表现为封建主阶级内部的尊卑有差、贵贱有别的森严的等级制度，也表现为地主对农民严格控制的阶级关系。这种由土地占有和分授所决定的“人身依附关系”，充分反映了中世纪的“身份”社会和等级社会的本质。因此，农民和地主的阶级矛盾也都构成了社会的主要矛盾，由此而常常酝酿起农民的反封建斗争。此外，封建主阶级内部的矛盾也都时有显现，不同政治集团争夺封建权益乃至最高统治权的斗争屡见不鲜。封建经济以及封建社会的阶级斗争，也决定了封建国家政治的性质，使得封建主阶级都采用封建君主制的统治方式，利用封建国家机器来维护封建剥削制度，镇压农民阶级反抗。而在意识形态上，为了维护等级身份秩序的神圣性与权威性，这一历史时期的主流思想文化一般都包含着“群体本位”的思想底蕴，严厉排除个人的独立性，蔑视个性的高贵与尊严，并把那些不符合主流思想的观念、学说视为异端而严加扼制。而在中世纪后期社会的发展演进中，商品经济也都扮演着十分重要的角色，能否向近代资本主义社会过渡，最终都取决于商品经济对自然经济瓦解的深度与广度。

从上述诸方面来看，如果我们不是拘泥于西方狭义的“封建主义”概念，而是按照唯物史观的理论去探寻，既看到东、西方封建社会在外观或模式上的差异性，更透过这些外观或模式来探究它们之间所共有的深层次的社会本质，那就不难发现，封建制度是人类历史上前资本主义社会中的一种社会经济形态或历史形态，它既包含了9至13世纪西欧的封君封臣制，也包含了整个中世纪时期的西欧和非西欧的地区、国家的封建的生产方式、人身依附关系、政治制度和意识形态。尽管世界各地的封建社会显示出千差万别的多样性，但却都有着本质的统一性，而这正是世界历史发展的多样性与统一性的体现。在深入研究各地封建社会特殊性的基础上来科学地总结、揭示其中所体现的共同规律，丰富对整个人类社会历史发展规律的认识，正是学习和研究世界中世纪史的一项重要任务。

第三节　世界中世纪史教材编撰的理路和体例

一、以往的探索与成果

世界中世纪史在时间上经历了千余年，在空间上囊括了欧洲、亚洲、非洲、美洲等大部分地区，涉及诸多不同的种族和民族。这一时期不仅经历了从奴隶制向封建制，特别是从封建制向资本主义的社会形态的演进变革，而且也是跨地区、跨国度的所谓基督教、伊斯兰教、佛教和儒学四大文明圈成长与定型的时期。此外，在中世纪，各个地区、国家的历史发展更显示出不对称、不平衡的状态。所有这些，都使得世界中世纪史头绪复杂、纷繁，内容晦暗而零散，难以梳理和把握。尽管如此，我国史学界创榛辟莽，勇于开拓，在唯物史观的理论指导下，借鉴西方和苏联史学界的成果，在学术研究的基础上对世界中世纪史教材的编撰进行了大量的探索与革新，取得了令人瞩目的成果。新中国成立前，国内只有北京大学等少数高校开设“欧洲中古史”或“西洋中古史”一课，并无系统的“世界中世纪史”课程，且多是依据西方人的史书编撰讲义。新中国成立后，国内史学界开始引进苏联史学家编写的教材，其中谢苗诺夫的《世界中世纪史》、斯卡兹金和科斯敏斯基主编的《中世纪史》、苏联科学院集体编写的多卷本《世界通史》（第3、4卷是中世纪史），大大促进了世界中世纪史的教材编撰。1962年，周一良、吴于廑主编的《世界通史》出版，其中朱寰负责编撰的世界中古史分册，成为我国史学界在这一领域中的第一部系统的教材。此后，特别是在改革开放以后，国内的有关教材编撰日益展开，成果众多。朱寰主编的《世界中古史》，马克垚主编的《世界历史》（中古部分），刘明翰主编的《世界通史·中世纪卷》，孔祥民主编的《世界中古史》，朱寰、马克垚主编的《世界史》的古代史编下卷（即世界中古史）等先后问世。这些教材内容丰厚，结构完整，叙事平实，且破除了“西方中心”论的倾向，因而受到我国史学界的普遍好评，成为各高校师生所欢迎的专业教材。

在编撰的理路上，上述这些教材基本上是围绕着对社会历史形态的诠释而展开的，在教材主旨、编撰结构、章节安排上，都力求在大范围内叙述各个地区、国家封建社会产生、发展、衰落的历史进程。

在编撰的体例上，上述教材大致可以划分为两类。第一类基本上是将世界划分为若干大的地区板块，如西欧、东欧、西亚、南亚、东亚、非洲和美洲等来进行叙述，其中再分述若干主要国家。这一体例的长处是，将各个地区、国家划分为若干单元，从纵向上将它们在不同历史时段的基本特点和整个时期的历史脉络梳理清楚，凸显各地封建社会的独特性与多样性，便于初学者学习与掌握。但不足之处是，未对各个地区相同历史时段的社会发展状态进行横向的互参对照。第二类则以历史时段来划分单元，注重从封建社会发展的不同阶段入手，将世界各个地区、国家按照早期、中期、晚期划分为三个横切面来加以叙述。这一体例有利于让读者通过对各板块之间不同地区、国家同时段历史的特色和联系作横向参照与比较，进而从整体、宏观的角度来理解封建社会的基本特征，但却不便于从纵向上厘清各个地区、国家的基本史实与演进线索，对于初学者来说难度较大。

值得注意的是，改革开放以来，受西方“全球史”探索热潮的影响，我国史学界在世界中世纪史教材的编撰上，更多地注重打破“板块”或单元界限，从各个地区、国家之间的历史关联度，特别是从游牧世界与农耕世界的冲突、融合与新航路的开辟等来加以考量，力图将世界中世纪史作为一个由各个分散、孤立的地区、国家的历史逐渐向密切联系的整体的世界史的转换过程来进行阐述。上述第二类编撰体例，就明显地带有这一学术趋势的印痕。将这样的“整体性”理路贯穿于教材之中，彰显中世纪史之“世界性”的孕育与拓展，无疑有助于深化对人类历史发展之普遍规律的理解，有助于学生整体宏观思维能力的培养。但也应该看到，在整个中世纪时期，虽然各个地区、国家之间有着这样那样的联系，并且总体的趋势是向“整体化”演进，但不同区域、国家在大多数时段仍然不同程度地处于孤立、分散的“板块”状态。在我国中世纪史研究群体还相当薄弱的情况下，要按照这一新的理路来编撰一本好教材并非易事①。因此，在教材中将各地区、国家历史发展的纵向进程与相互间的横向联系有机地整合起来，还远不是史学界短期能够完成的任务。此外还应看到，我国目前的世界中世纪史教学，在整个世界史领域最为薄弱。在中学历史教材中，世界中世纪史部分的内容寥寥无几，远比上古史部分的内容要少得多。因此，高校历史学本科生在学习世界中世纪史这一课程时，几乎没有多少相关的知识基础。在此情况下，如果过多地注重各“板块”之间的“整体性”联系，无疑会淡化对它们本身之具体状况的叙述。这当然不利于学生对各地区、国家基本历史知识、线索及其独特性的学习与认知。

二、本教材的编写方案

本教材的编撰，既借鉴国内比较完善成熟的优秀教材的编写模式，同时也在某些章节适量地吸收国内外史学界的有关研究成果，在此基础上，结合自己多年执教实践的经验与体会而展开。

在学术理路上，本教材依据唯物史观的理论，将世界中世纪史看作以封建社会的缘起、兴盛、衰落为主线的历史过程，着重叙述欧亚大陆这一过程中封建的生产方式、阶级结构、政治制度与思想文化的发展演进，同时也叙述历史发展相对滞后的国家和地区的状况。由此出发，本教材仍将5至17世纪作为世界中世纪史的上下时限。不过，由于各地历史发展的不平衡，很难建构出一个完美无缺的历史分期模式，使之既能从世界范围内反映中世纪历史的主要脉络，又能贴切于各个地区、国家具体的历史实际。就西欧而言，各个国家和地区封建社会的形成时间与进程并非一致，向近代资本主义过渡的路径与时期也多有不同。而中国封建社会的形成，即便按照“魏晋封建说”的界定，也远比西欧要早。在非洲大部分地区和整个美洲，其社会形态的演进十分缓慢滞后，基本是古代原有形态的延续，有的是奴隶制，有的还处于原始社会。此外，非西欧的国家和地区从中世纪走向近代的时间与路径也与西欧完全不同。因此，本教材的分期并非是要削足适履而把不少非西欧的国家和地区硬套进这个历史分期模式，而是为了便于学生学习思考，使之能够据此理顺世界中世纪史的历史线索，在理解各主要地区、国家封建社会缘起、兴盛与衰落之线索的同时，把握封建社会演进发展的总体进程及其历史规律，同时也了解大致相同时期非洲和美洲的历史状况。也正因为如此，本教材在叙述各主要地区、国家的历史时，并未设定一个具体的中世纪的起止年代，而是依据其具体的历史情况作弹性而变通的处理。

依照上述理路，本教材将封建社会兴衰的历史主线贯穿在大部分地区、国家的历史

---

① 马克垚在主编《世界历史》（中古部分）教材时，曾“不断地想到应增加一些专题性的综合篇章，以更多地显示出它是一本世界史，而不是国别史的堆砌”。这些篇章有“佛教向东亚与南亚的传播及其与当地文化的交融”“儒家思想对中古世界的影响”“中古时代的交通与世界经济、文化交流”“封建生产方式总论”等，他甚至还打算“写出16—17世纪的世界性的远洋航行与贸易发展（包括中国人、阿拉伯人的航海事业）”。但同时又感叹道：“这些题目难度太大，编者学力有限，一时难以完成，只得俟诸异日。”马克垚. 世界历史：中古部分. 北京：北京大学出版社，1992：导论.

之中，按照地区、国别的划分来进行叙述，旨在让学生通过“板块”全面系统的学习，奠定牢固的知识基础。同时，书中也对地区之间、国家之间的横向联系作了必要的勾勒，期以适度地折射出它们之间的“世界性”滥觞，培养学生宏观思考的整体历史思维。此外，参照目前“文明史”“社会史”的研究热，本教材加大了宗教、思想文化等方面内容的比重，也在个别章节增加了日常生活的内容。

本教材插入了一些史料选摘、地图和插图，希望借此便于学生学习，通过接触史料和图像，加深对历史事实和历史空间的认识。此外，在每章最后开列出一些推荐阅读书目，以作拓展知识之用。

第二章

西欧封建制度的构建

公元5世纪后期，在日耳曼人“民族大迁徙”浪潮与境内奴隶、隶农大起义风暴的交相冲击下，西罗马奴隶制帝国土崩瓦解。476年，末代皇帝罗穆洛·奥古斯都被雇佣兵统帅日耳曼人奥多亚克（约434—493）举兵推翻，西罗马帝国灭亡。这一历史事件当然远不是一姓王朝的覆没，它还是西方历史发展进程中的一个重要界标。在此之前，西方的历史重心主要是在阿尔卑斯山以南的地中海沿岸区域，其间先后出现了古希腊诸城邦国家和罗马国家。罗马人的帝国后来虽然一直向北扩张，但其文明中心始终局限在意大利半岛。在此之后，随着一系列日耳曼“蛮族”新兴封建王国的建立和基督教的传播，西方的历史重心逐渐北移，作为历史地缘的西欧才真正形成。更重要的是，在西方历史上，这一历史事件也标志着古代奴隶社会的终结和中世纪封建社会的开端。从此，开始了从奴隶制向封建制度过渡的进程，一种不同于古代奴隶制的社会形态逐渐产生。这样的过渡并没有一个统一的模式，但却可以划分为两种类型。一种是“综合”型，即西罗马帝国瓦解时孕育的封建因素与日耳曼农村公社瓦解时产生的私有制和阶级因素，在罗马生产力的影响下相互发生作用而形成的封建制度。在原西罗马帝国版图范围内所建立的日耳曼人王国里，如法兰克、西哥特、东哥特、勃艮第等王国，出现的正是这种“罗马因素”与“日耳曼因素”的综合。另一种则是“超越”型，即是在日耳曼人农村公社瓦解的基础上，越过奴隶制社会阶段而直接过渡到封建社会。这一类型主要发生在英国和德国那样的日耳曼“蛮族”王国，它们并不在原西罗马帝国的政治统治版图范围之内，并未明显受到罗马的经济和文化影响，没有什么所谓的

“罗马因素”。尽管这两种类型有所差异，但最终都形成了大土地所有制和小生产相结合的封建生产方式，以及在此基础上的封建人身依附体制。由于法兰克王国在其后的扩张中占据了西欧大陆的大部分版图，同时也是“罗马因素”与“日耳曼因素”之综合典型，一般都从法兰克社会的封建化来追溯西欧封建制度的产生。从当时的情况看，所谓的“封建化”，实际上是指自由农民的农奴化、土地占有的采邑化和封建主内部关系的等级化。

第一节　西罗马帝国灭亡和日耳曼人建国

一、西罗马帝国的衰落

1. 帝国的奴隶制危机与封建因素的萌生

罗马帝国初期，社会秩序相对稳定和平，在广大奴隶和下层人民的辛勤劳动下，农业、手工业和商业都得到发展，重犁、锄头、水力风车等生产工具的应用，更把奴隶制社会经济推向高度繁荣。然而，奴隶制的生产关系逐渐不适应生产力的发展。随着这一基本矛盾的日益积累，从公元3世纪开始，帝国陷入深重的统治危机。

这一时期罗马帝国的政局十分混乱。军人跋扈、军队分裂，中央政权经常瘫痪。253年至268年各地军团都拥立皇帝，出现了“三十僭主”的分裂局面。日耳曼雇佣军头领往往可以统率罗马军队，直接影响到罗马皇帝的废立。由此，帝国停止了对外的军事扩张，海外霸权也随之日益萎缩。

政治动荡加深了奴隶制经济危机。在帝国的中心意大利，由于奴隶来源趋于枯竭和奴隶反抗的不时出现，也由于不事生产而仅靠政府补贴的贫民流浪无产者不断增加，劳动力极度匮乏，帝国的经济陷入困境。这主要表现在农业衰落，手工业、商业萎缩，奴隶主大庄园解体。在此情况下，意大利的货币贬值，物价高涨，投机成风。作为帝国之支柱的城市也日趋凋敝，濒于崩溃。许多城市的财政收支窘迫，难以为继，以至于市议员、市政官员因无法完成税收重负而纷纷设法逃避，甚至被迫放弃市议员的荣誉资格，弃家外逃，有的还被迫投向大地产者去充当隶农。

在帝国的农村，奴隶制大地产仍然存在，并且以新的剥削方式来求得生存和发展。皇帝庄园、元老和富有市议员以及教会的地产都有相当大的规模。奴隶消极怠工、破坏工具、逃亡甚至杀死奴隶主和发动暴动的现象屡有发生，使得集中强制性的奴隶劳动效率低下。因此，大地产者采用了多样的生产经营方式。有的采取租佃式，把大块土地交给包租人，包租人再把土地分成若干小块交给隶农，对其征收实物地租。也有的把其地产分为大块集中的自营地和若干小块的耕作者份地，自己经营自营地，而把份地交给隶农等依附农民耕种来收取地租。还有的则把大地产改为大牧场，让少数牧人为自己看管畜群。此外，一些原来居住在城市中的大地产者，因为城市凋敝而退居自己在乡村的庄园，并在其中建立由奴隶生产的手工业作坊以供己用。此时奴隶仍然多使用在农业生产中，但不再是奴隶制大田庄原有的那种集体奴役方式，而是将土地分给奴隶，令其自行耕种而缴纳租税。故奴隶大多有财产和家庭，景况有所改善，但原来最低下的法律地位并未改变。

农业劳动者中更多的还是隶农。隶农最早出现于公元前2世纪的意大利，最初是指通过契约承租别人土地并缴纳货币地租的佃户，其中小佃户大多是失地或少地的农民，而大佃户则是拥有雄厚资金和众多奴隶而以经营农业获利的人，他们都是享有公民权的自由民。起初，小佃农承租土地限于偏远地区，隶农制尚不流行。后来，由于受到斯巴达克奴隶大起义的冲击，一些大奴隶主鉴于集中使用奴隶劳动存在危险，转而把一部分土地作为特许析产交给奴隶经营，或出租给隶农耕作，隶农数量日益增多。从公元1世纪开始，随着奴隶数量来源的日益短缺，作为奴隶制补充的隶农制便在意大利逐渐盛行，并扩展到许多行省。在帝国初期，隶农的身份仍是自由佃农，他们和大地产者的关系仍然建立在契约之上。后来，随着大地产者势力的膨胀和大庄园自给自足趋向的加强，商品货币关系逐渐萎缩，实物地租逐步代替了货币地租，隶农也就逐渐固着于土地上，越来越多地依附于地主，深受地租乃至一些超经济强制的剥削，丧失了自由民的身份和独立的经济地位，转变为一种特殊类型的依附农民。当时的奴隶制国家政权，竭力用法律手段来限制隶农的权利。323年，罗马皇帝君士坦丁就颁布法令，严禁隶农逃亡，规定隶农及其后代必须固着在主人的土地上，对逃亡的隶农要戴上镣铐解归原主。这是隶农身份不自由之开始的标志。此后，隶农的社会地位日益恶化，隶农出让自己的财产必须征得主人的同意，其所负担的国税也要由主人收齐上缴，无权指控自己的主人，不经主人允许不得参加军队。有的法律文献甚至将奴隶与隶农同等看待。不过隶农的社会地位毕竟与奴隶有着根本的不同。隶农在法律上仍然保持其自由人的身份特征，可以缴纳赋税、出庭诉讼，可以订立遗嘱，等等。由此，隶农实际上成为新兴的带有封建人身依附关系的劳动者阶层。

2. 隶农、奴隶的大起义

罗马帝国后期大地产经营方式的变革特别是隶农制的出现，表明了奴隶制生产关系的衰落和封建因素的滋长。隶农是中世纪封建农奴的先辈，但帝国统治者却设法用强制的法律手段要把隶农重新纳入奴隶制奴役的轨道。因此，只有用暴力摧毁罗马帝国的国家机器，才能从根本上瓦解旧的生产关系，推动奴隶制向封建制的过渡。

在罗马帝国后期，广大隶农、奴隶和其他下层民众的反抗如火如荼。公元3世纪时，在高卢地区爆发了巴高达（意为“战士”）运动，农民、牧民组织起步兵、骑兵攻击罗马贵族。这一斗争到5世纪再度兴起，并扩展到了西班牙，沉重冲击了帝国统治秩序。而在北非，4世纪时爆发了由基督教的一个派别发起的阿哥尼斯特（意为“争取正当信仰的战士”）运动，起义的奴隶、隶农和农民攻击正统教会，摧毁大地主和高利贷者，焚烧庄园档案，有力打击了罗马在北非的政权。此外，在意大利、西西里、小亚细亚先后发生奴隶起义、人民暴动。不过，这些下层人民的反抗远远不是有计划、有纲领的斗争，始终处于自发的、分散的状态，难以从根本上推翻罗马奴隶主阶级的统治。只是在日耳曼人“民族大迁徙”南下浪潮的席卷下，罗马帝国才最终土崩瓦解，社会才开始了从奴隶制向封建制演变的历史转折。

二、日耳曼人与“日耳曼因素”

1. 日耳曼人与相关记载

日耳曼人（Germani 或 Germans）亦称条顿诸民族（Teutonic Peoples），系指使用

印欧语系中日耳曼诸语言的任何一个民族，是一些语言、文化和习俗相近的民族的总称。日耳曼诸民族的族源尚无确说，大约在公元前6世纪中叶，由使用铁器的北欧人与使用青铜器、操印欧语系的波罗的海南岸居民混合而成。在长期的发展中，日耳曼人逐渐形成了若干分支，如法兰克人、撒克逊人、哥特人、阿勒曼尼人、苏维汇人、汪达尔人和伦巴德人等。在公元前后，日耳曼人的部落散居在莱茵河、多瑙河、维斯杜拉河和北海之间的广大地区，正处于原始公社解体、国家萌发的历史时期。日耳曼人的一些部落时常南下侵扰，与罗马人发生冲突。由于不甚开化，他们被罗马人称为“野蛮人”或“蛮族”。

最早记载日耳曼人的是古希腊作家皮提亚斯（Pytheas）。大约公元前325年，他航行到北方琥珀海岸，依据见闻在其旅行记中描写了住在那里的“条顿人”即日耳曼人的情况。在古罗马，曾经率军征讨过日耳曼人的恺撒，在公元前49年撰写出《高卢战记》一书，这是详细记载日耳曼人状况的第一部著作。到了公元98年，罗马历史学家塔西佗又完成名著《日耳曼尼亚志》，它和《高卢战记》一样，都留下了研究古日耳曼人历史的宝贵资料。

2. 日耳曼人的社会分化与宗教

公元前1世纪中叶，日耳曼人尚未完全定居，他们以畜牧和打猎为生，农业上采用原始的刀耕火种方法，实行的是土地公有制和原始民主制。到了公元2世纪时，日耳曼人的社会发生了很大变化，有了定居的村落，畜牧业仍占重要地位，但也种植谷物，能制作轻便的铁制武器，并在罗马帝国边境地区使用罗马货币进行交换。此时的日耳曼人土地公有，但已不再平均分配，而是按照身份的尊卑贵贱分授。森林和荒地仍属公社共有，集体使用。耕畜和住宅已经归各家私有，不再是公共财产。随着土地占有从氏族公社向私有制的过渡，阶级分化开始出现，一些人沦为奴隶。不过，奴隶都有自己的房屋和家庭，犹如古罗马的隶农，主人只对其索取一定数量的谷物和牲畜，主人和奴隶的孩子可在一起嬉戏。因此，恩格斯称之为一种“比较温和的隶属形式”①。这一形式，也是中世纪封建农奴制的又一历史渊源。

塔西佗《日耳曼尼亚志》节选

重大的事情必先由酋长们详细讨论，再交部落议事会讨论作最后决定。除非遇着意外的变故，部落议事会是有定期的。……等到人数到齐，大家愿意开会时，大家都坐着，手执武器。祭司们宣布肃静，在开会时担任维持秩序的责任，王或酋长首先发言，其余以年龄、地位、在战争中的声望、辩才，先后发言。这些发言都是用道理来说服听众，而不是发号施令，命大家遵守。如群众对发言不同意，便以喧哗表示他们的不满；如同意，便以碰击武器表示赞成。

——欧洲原始史料翻译与重印（英译本）//郭守田. 世界通史资料选辑·中古部分. 北京：商务印书馆，1981：4-5.

① 马克思恩格斯选集：第4卷. 3版. 北京：人民出版社，2012：173.

随着贫富分化和阶级的形成，日耳曼人的部落组织开始向国家政权嬗变。其时，部落首领因占有较多地产和战利品而成为氏族贵族，原来的部落民主制逐渐消解，出现了原始军事民主制。军事首领虽仍然由选举产生，但由于战争频繁且需要绝对的指挥权，军事首领的权势日益显赫。亲兵制（扈从队制）也发展起来。军事首领周围聚集起一批亲兵，彼此之间缔结起一种与氏族成员之平等关系根本不同的个人效忠关系。亲兵不事生产，专门打仗，其生活和战马、长矛等均由首领供给，并以忠诚服务于首领为荣。中世纪西欧的封君封臣制，正是从这种亲兵制发展起来的。不过这些军事首领并非权力无限，他们并非因血统世袭而掌权，而是以聪明善战而由选举产生，不能唯其意志行事。部落的贵族议事会处理一般事务，军事首领只是其中的一员。部落成员大会有权决定和战、判处死刑，但在决定要事时并不讨论议决，而由成员以挥舞武器表示赞同，以叹息表示反对。尽管如此，军事首领的权势因亲兵制形成和战争增多而日益拓展，致使日耳曼人的社会已经濒临国家产生的边缘。

日耳曼人的宗教信仰为多神崇拜。此时，随着军事民主制的形成，他们最为尊崇的是战神“瓦登”（Woden），“瓦登”也被视为人类和文化艺术的创造者。只是随着战争增多和军事首领的权势日大，“瓦登”才被赋予了战神的象征意义，其形象是一个雄健赤身的男子手持长矛或刀剑在战场上飞奔。“瓦登”神之妻弗列亚，被视为婚姻和家庭的保护神。瑟诺尔则是雷电之神，有时也被看作战神。到了公元3世纪，一些日耳曼部落开始接触基督教并崇拜它，但仍然保留本民族的多神崇拜。到了中世纪初，他们才逐渐皈依了基督教。

公元前2世纪起，日耳曼人与罗马人的接触日益增多。原住日德兰半岛的条顿人和森布里人，因农业歉收被迫渡海沿奥得河南下，辗转至高卢后，多次与罗马军队交战。除了军事冲突以外，日耳曼人与罗马的和平交往也持续不断。他们用家畜、奴隶和琥珀换取罗马的武器、纺织品和金银制品。随着日耳曼社会的变迁和罗马统治危机的加深，日耳曼人逐渐掀起征服罗马帝国的“民族大迁徙”浪潮。

三、“民族大迁徙”与日耳曼诸“蛮族”王国的建立

1.“民族大迁徙”的原因与发端

从3世纪开始，日耳曼人的农牧业、金属加工、纺织和造船业得到进一步发展，人口急剧增加。为了拓展生存空间，许多日耳曼部落不断越过莱茵河、多瑙河边界进入罗马帝国境内。由于劳动力匮乏，罗马贵族纷纷将他们内迁，并分与土地让他们耕种。罗马政府则因兵源不足而不断招募日耳曼人当兵，一些勇武善战的日耳曼人还被晋升为将领，致使罗马军队出现所谓“蛮族化”的倾向。此外，还有不少日耳曼人因被俘虏、掠卖而散居在意大利各地。到了4世纪后半期，日耳曼社会处于向国家过渡的军事民主制阶段，其部落贵族特别是其军事首领及其亲兵，十分渴望向外扩张，掠夺人口、土地和财富。而此时的罗马帝国日薄西山，面临崩溃，已经没有力量固守疆土、遏止外族的进犯。因此，当原住在中国北方的北匈奴被东汉王朝击败而举族西迁引起欧、亚民族的连锁性大移动时，日耳曼诸部落大规模南下的“民族大迁徙”浪潮也就涌动起来。

4世纪，西迁的匈奴人出现在欧亚大陆交界的草原上，于372年击败阿兰人；374

年渡过顿河，进入黑海北岸，打败了这里的日耳曼人的一支——东哥特人，占据了黑海至多瑙河以北的大片地区，并不断向罗马进攻。日耳曼人的另一支——西哥特人因抵抗匈奴人失败，受罗马皇帝的允准而于 376 年率部渡过多瑙河，定居在罗马境内，以“同盟者”身份为罗马防守帝国边境。这是日耳曼人中最早迁入罗马帝国的一支。因此，一般都把 376 年看作是日耳曼人“民族大迁徙”的开端。

2. 罗马帝国的灭亡和日耳曼诸王国的建立

西哥特人迁入后不久，因不堪罗马官吏的欺凌压榨，于 377 年举行声势浩大的起义，得到奴隶和隶农的支持，他们把西哥特人看作自己的解放者，纷纷参加起义。378 年，起义队伍在亚得里亚堡（今土耳其的埃迪尔内）之战中，歼灭罗马军团约 4 万人，罗马皇帝瓦伦斯（364—378）也阵亡。义军席卷整个巴尔干半岛，迫使罗马人与之订立和约。不久，西哥特人又在阿拉里克的率领下再度起兵反抗，于 401 年向意大利进军，并在 410 年攻克帝国首都罗马城，大掠三日撤兵向北方进攻。419 年，西哥特人在高卢南部和西班牙地区，建立了以土鲁斯为中心的西哥特王国（419—711）。此后不久，其在比利牛斯山以南不断扩张，占领了西班牙和南部高卢广大地区。507 年，法兰克人南侵，西哥特王国版图收缩，限于西班牙境内，并在 711 年被阿拉伯人征服。

日耳曼人的另一支——汪达尔人于 5 世纪初越过莱茵河进入高卢地区，不断向南推进，409 年占领西班牙半岛西部和南部的广大地区，411 年建立汪达尔王国。由于受到西哥特人的进逼，汪达尔人于 429 年在盖瑟里克的率领下，越过直布罗陀海峡进入北非，439 年又攻占罗马北非首府迦太基并以此为都。不久他们又派遣武装船队横行地中海，相继攻占了撒丁岛、科西嘉岛与西西里岛等，并于 455 年攻陷罗马城，大肆焚掠，致使罗马古城及其文化遗产遭到严重破坏。从此，所谓的“汪达尔主义”就成了毁灭文化之野蛮行为的同义语。但汪达尔王国存在的时间不长，在 534 年为拜占庭皇帝查士丁尼派出的远征军所灭。

同属日耳曼人支系的勃艮第人于 5 世纪初渡过莱茵河，5 世纪中期进占了罗纳河和索恩河流域一带并在此建立了勃艮第王国。到 6 世纪时，该王国遭到法兰克人的进攻，534 年成为法兰克王国的一部分。

在战乱纷争中，匈奴人也没有放弃对罗马帝国的进攻。他们不仅武力迫使东罗马帝国向自己纳贡，而且于 451 年在其首领阿提拉的率领下攻入西欧。西罗马的将领为了对付匈奴人，曾联合西哥特人、勃艮第人等在 451 年夏天与匈奴人作战，迫使其退兵。不久阿提拉卷土重来，肆意攻掠意大利各地。只是在 453 年阿提拉病死后，匈奴同盟才告瓦解。

经过一系列的战争，西罗马帝国分崩离析。帝国的高卢、西班牙、北非等广大区域已经为日耳曼诸“蛮族”王国瓜分，帝国的核心地带意大利更因兵燹而残破不堪，罗马皇帝丧失了至高无上的权威，沦落为受雇的“蛮族”将领的傀儡。476 年，最后一个皇帝罗穆洛被帝国的“蛮族”将领奥多亚克废除，帝国政权也就寿终正寝。

西罗马帝国的灭亡，引起东罗马帝国的震惊，由此而唆使东哥特首领狄奥多里克入侵意大利。东哥特用兵三年，最后于 493 年迫使奥多亚克投降，在意大利北部和中部建立了东哥特王国（493—555），首都设在拉文那。534 年，东罗马帝国令远征北非的东

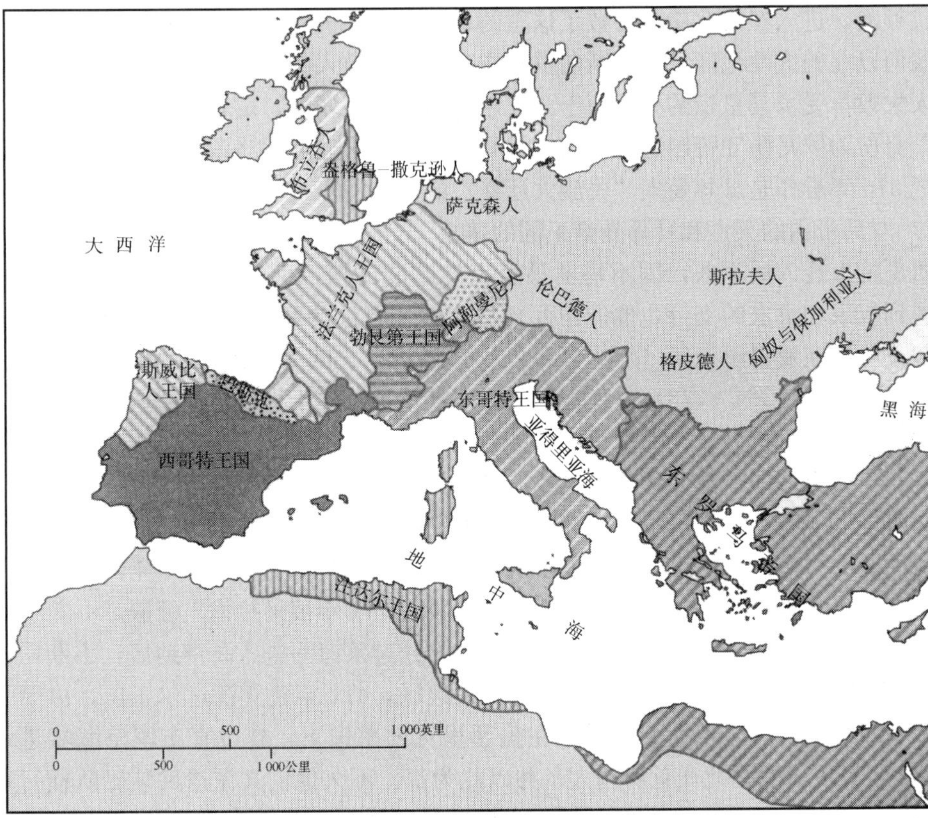

约公元500年西欧日耳曼人的诸“蛮族”王国

罗马军队回师意大利，历经20余年苦战，于555年灭掉东哥特王国。

差不多在同一时期，北方日耳曼人的分支盎格鲁人、撒克逊人和裘特人，也大规模地渡海进入不列颠，他们征服了岛上的土著，建立了许多“蛮族”小王国。

伦巴德人在568年攻入意大利北部，是“民族大迁徙”的最后一幕。伦巴德人原住易北河口，后迁潘诺尼亚。他们在首领阿尔波音率领下占领波河流域，建立以拉文那为中心的伦巴德王国。阿尔波音死后，伦巴德王国衰落，774年被法兰克灭亡。

3. “民族大迁徙”的意义

持续了两个多世纪的日耳曼人的“民族大迁徙”的浪潮，与如火如荼的奴隶、隶农起义交相涤荡，最终摧毁了西罗马帝国的统治，为“罗马因素”与“日耳曼因素”的有机整合创造了条件，有力推动了奴隶社会向封建社会的过渡与转型，也促成了西欧开始走上基督教化的道路，这在世界历史特别是西欧历史上，有着十分重大的历史意义。

在大迁徙过程中，由于战争的持续进行，日耳曼人的部落组织逐渐解体，以血缘关系为纽带的氏族公社，逐渐演变为以村居地缘关系为纽带的农村公社，军事民主制也相应转化为王国的君主制。在征服过程中，日耳曼诸王夺取了大片土地，把一部分分给日耳曼人的各农村公社，一部分自己直接占有，剩下一部分则连同土地上的奴隶和隶农分给自己的亲兵和下属廷臣与贵族。由此，产生了新兴的封建大土地所有制，受封者与国王缔结起封建君臣的依附关系，成为新兴的封建主阶级。在这一过程中，许多罗马贵族被杀，其土地被剥夺，但也有部分人因投靠“蛮族”国王而保住了权益，成为封建主阶级的一部分。同时，劳动者阶级的状况也发生了变化。此时大量的战俘被日耳曼人用来充当奴隶，但他们大多被分给小块土地而自己耕种，向主人缴纳地租和为其服劳役。数量更多的隶农，此时地位也有所改善。随着时间的推移，奴隶与隶农的身份、地位差别逐渐消失，他们与日耳曼人农村公社中破产的自由农民一道形成了新兴的农奴阶级。在征服过程中，为了获得罗马教会的支持，日耳曼国王纷纷放弃原始的部落多神崇拜，皈依了罗马正教。而失去罗马帝国这一政治靠山的罗马教会为求得生存与发展，也转而投靠“蛮族”的国王。由此，西欧社会的基督教化也随着其封建化的进程而渐次展开。由于新兴的日耳曼封建王国大多在战争中夭折，西欧基督教封建文明的孕育和发展，主要是在法兰克王国中完成的。

第二节　法兰克国家的封建化

一、克洛维与墨洛温王朝

1. 法兰克人国家的建立与扩张

法兰克人系日耳曼人的一支。大约 3 世纪中叶，在莱茵河下游出现了法兰克人的部落联盟，时常对莱茵河左岸的罗马帝国境内进行武装骚扰。486 年，法兰克人的一支——萨利克人在其首领克洛维（481—511）的率领下越过阿登森林（今比利时境内）南下，并联合住在康布雷的另一支萨利克法兰克人，在苏瓦松之战中击败前罗马军队，相继占领了巴黎和罗亚尔河以北的地区，建立了法兰克王国。克洛维也就从部落联盟的军事首领变成王国的君主，他开创的王朝被称为墨洛温王朝（481—751）。

建国之初，克洛维尚未建立起国家行政权力体制，其权威还受部落民主制传统之残余的影响。为巩固统治，克洛维注重利用基督教神权。496 年，克洛维在击退阿勒曼尼人的进攻后，立即改信基督教。据说，因耶稣的神助使这次战斗转败为胜，于是克洛维在兰斯主教的主持下率领三千亲兵接受隆重洗礼，皈依了罗马教会。当时大多数日耳曼人信奉基督教的异端——阿利乌派。克洛维的这一举措，标志着法兰克“蛮族”王权和罗马教会的联合。他把教会作为巩固统治和向外扩张的精神工具，而后者则借助法兰克王权来维护教会权益，清除基督教异端。从此，罗马教会在法兰克王国的政治生活中扮演重要角色，而拉丁语也就成为官方的通用语言。500 年，克洛维迫使勃艮第人臣服，势力扩展到高卢东南部和莱茵

墨洛温王朝的开国君主克洛维

河以东地区。507年至510年，在教会支持下，克洛维以征讨异端为名对西哥特人进行战争。在普瓦提埃之战获胜后，又相继占领波尔多和土鲁斯，把西哥特人驱逐到西班牙。接着，克洛维为巩固其权威，又设法剪除本部落联盟其他首领和昔日同盟者，统治着几乎整个高卢。511年，克洛维接受东罗马皇帝颁布的敕书，被封为执政官，穿起紫袍披肩，戴上王冠。此外，他还把萨利克人的习惯法，汇编成《萨利克法典》。这样，法兰克成为当时西欧最强大的新兴封建国家。

2. 宫相专权

克洛维死后，他的四个儿子根据法兰克人的继承习惯，裂土而治，不久又相继展开内战。结果法兰克王国分裂为好几个独立王国，主要有奥斯特拉西亚、纽斯特里亚、勃艮第和苏瓦松等。虽然苏瓦松王洛塔尔一世一度在558年至561年短暂地统一王国，但他死后，诸子也因瓜分王国而内战不断，直至纽斯特里亚王洛塔尔二世再度于613年至629年统一王国。长期的分裂内战，大大削弱了法兰克王权的统治力量，地方显贵在朝廷中的代表——“宫相”（Major domus）开始专权。宫相最初身份微贱，后来势大，掌管王室庄园的收支，成了国王进款的控制者、恩赐的分配者，成为权力显赫的官职。如年幼或懦弱的君主在位，宫相就操持军政大权。因此，在此后的一个多世纪里，墨洛温王朝出现了所谓“懒王”时期，国王大权旁落，不理政事，而割据一方的大贵族势力不断增长。

二、封建制的勃发

1.《萨利克法典》

自墨洛温王朝建立起，法兰克社会就开始了封建化的过程。所谓的“封建化”，主要是指封建生产关系的形成过程，其主要表征是自由农民的农奴化、土地占有的采邑化、封建主内部关系的等级化。在法兰克社会，这一过程是在罗马因素和日耳曼因素有机整合的基础上拓展的。在这个过程中，一方面，法兰克人的新贵和部分罗马贵族等共同融合成新兴的封建主阶级；另一方面，作为社会生产主要劳动者的奴隶阶级逐渐消失，隶农以及其他依附农与逐渐破产的马尔克农村公社成员融合为农奴阶级。法兰克社会的封建化过程持续数百年之久，大致到9世纪时才完成。

公元6世纪初颁布的《萨利克法典》，是由臣服于法兰克王国的罗马文化人（法学家、基督教僧侣）负责编纂的，其内容主要来源于两个方面：其一是把法兰克人的习惯法吸收、汇编为法典条文；其二是王国颁布的法令。《萨利克法典》是研究墨洛温王朝时期法兰克人社会变迁与封建化起点的珍贵史料。尽管它所覆盖的只是萨利克法兰克人，但从中可以大致看到法兰克社会封建化最初的基本情况。

据《萨利克法典》载，当时法兰克人主要从事农业，也兼畜牧业。生产力有了相当发展，铁制农具广泛使用，知道施肥、除草等田间管理，二圃制逐渐取代原始的休耕，并出现三圃制①。在土地占有形态上，存在着农村公社（马尔克）和王室领主两种土地

---

① 耕地分区轮作法之一。在欧洲盛行于公元9世纪前。耕地常分成两块，每年一块耕作，一块休耕，逐年调换以保地力，作物也轮种。生产技术进步后，二圃制由三圃制替代。三圃制大致分为春耕、秋耕、休闲三部分，轮流用于春播、秋播、休闲。这样，每一块土地在连续耕种两年之后，可以休闲一年，这被称为“三圃制”。由于土地、气候等条件的不同，在欧洲的不少地区二圃制与三圃制常同时存在。

所有制形式。以村居地缘关系为基础的农村公社，逐渐取代了以血缘关系为纽带的氏族公社。由此，动产如牲畜、奴隶、粮食等的私有制相当发达，住宅和宅旁园地已成为私有财产，侵犯者要被罚款。耕地仍属公社所有，但已分配给各个家庭世代使用，不再重新分配。森林、牧场、水源为集体所有，共同使用，每个社员都拥有平等的共用权。这样，土地的占有、使用、处分的权能被分割了，形成双重所有权。各个家庭的土地使用、收益与其家长的社员身份是一致的。法典规定只有国王有权处理土地，对公共森林等的使用，国王有干预权，各个村落的居民不得自由迁徙。这是一种典型的农村公社的土地所有制。最初，土地不可转让，后来，规定土地可在公社内部进行转让。早期法典规定只有男性有土地继承权。6 世纪下半期，国王宣布女子也可以继承土地，由于女子出嫁后要把土地带给丈夫家，这种立法破坏了氏族的土地制度，实质上是明确承认了土地私有权。原来公有私营的法兰克自由农民的份地，就由此转变为可以自由买卖转让的私有土地——“自主地”，即成为对农村公社负有一定义务（如收割后成为公共牧场）的私有财产。这样的变动，预示着法兰克人的公社土地制度开始解体并向封建地产过渡。

与此同时，王室地主土地所有制也逐渐形成。在征服战争过程中，法兰克君主把罗马帝国的国有地、荒地攫为己有，变成王室的财产，然后封赐给亲兵、教会和效忠的臣属，这样就形成以国王为首的封建大土地所有者。此外，一些高卢的罗马大地产者因归附法兰克人而保住了自己的财产和特权，他们有的地位显赫，甚至有资格“与国王共桌”，偿命金最少为 300 金币，远远高于普通法兰克人。他们与法兰克人的新贵一起组成新的封建主阶级。

在农村公社的生活中，由于血缘关系的残存，仍然保有许多氏族公社遗风。按《萨利克法典》的一些规定，寡妇如再嫁，其外甥、外孙和舅父比其前夫亲属更多地享有取得聘礼的优先权；若杀人犯缴不起罚款，经过确认和一定的手续，其父母两系近亲有义务代为缴纳。不过，社会成员的阶级分化也很明显，穷人、富人与债务人都相继出现，其尊卑贵贱的不同身份与地位在法典中也有反映。如法典规定，杀死一个自由法兰克人罚款 200 金币，杀死一个半自由人和罗马农民罚款 100 金币，杀害一个贵族罚款 300 到 600 金币，而盗走一个奴隶同盗走一匹马或役畜一样，仅罚款 30 金币。

《萨利克法典》从一个角度反映了法兰克社会封建化进程的肇始。从 6 世纪末起，法兰克王国农村公社成员的贫富分化日益加剧。在苛捐杂税、天灾战乱和沉重的兵役负担的交相摧残下，本身就十分脆弱的村社小农经济难以为继，许多人因此而贫困、破产。为了求得生存，他们被迫将自己的土地、人身以“投献”“委身”的方式交付给地主和教会，以乞求庇护，为他们承担私家劳役，逐渐转化为丧失土地、在人身上依附主人的农奴。由此，教、俗贵族的地产开始膨胀，到 7 世纪时高卢的教会已是大地主，约占有全部土地的 1/3。村社成员的大量破产，加强了大封建主特别是教会的政治经济实力，严重削弱了王国政府的税收和兵源，最终导致了王权衰落和宫相专权。

《萨利克法典》节选

如果有人杀死伯爵，应罚24 000银币，折合600金币。

如果有人杀死男爵或副伯爵——国王的奴仆（奴隶），杀害者应罚付12 000银币，折合300金币。

如果有人杀死男爵——自由人，判付24 000银币，折合600金币。

——汉德森．中世纪史料选集//郭守田．世界通史资料选辑·中古部分．北京：商务印书馆，1981：26.

2. 查理·马特的采邑改革

由于宫相权势显赫，各地大贵族都力图占据或控制这一职位。687年，奥斯特拉西亚宫相赫里斯塔尔·丕平剪灭群雄，成为全法兰克王国的唯一宫相，但他死后权力之争再度展开，其子查理在奥斯特拉西亚贵族的支持下，打败了其他竞争者，于715年继任为宫相。查理上台后，各地贵族反叛和边患仍然不断，而当时东方的阿拉伯帝国势力已占据了西班牙，对法兰克王国形成严重威胁。面对内忧外患的形势，查理依靠奥斯特拉西亚自由农民组成的军队，平定了各地叛乱，重新统一了纽斯特里亚、勃艮第和阿奎丹等地，并遏止了萨克森人和阿勒曼尼人的新进攻。在此期间，查理还组建了一支强大的骑兵，于732年在普瓦提埃战役中打败了入侵的阿拉伯人，收复了被占领土，将伊斯兰势力驱逐回比利牛斯半岛。从此，查理声名大振，被誉称为查理·马特（“马特”即锤子之意）。

查理·马特

为了从根本上解决国家兵源的匮乏，消除国内的动荡纷争，抵御连绵不断的外敌入侵，实现王国的长治久安，查理·马特果断推行采邑改革。他将国家掌握的土地、没收的叛乱贵族土地和教会土地，划分为若干采邑，分封给官员、将领和地方贵族，条件是他们必须向王权宣誓效忠、服兵役和履行臣民义务（如缴纳租税、维持治安等），同时，国王也有义务保护忠心效力的受领者，使其不受他人的侵害。查理·马特还规定采邑只限于终身占有而不得世袭。如果受封者不履行义务或者死亡，那就要收回采邑，终止封授关系；继承人如要继续享有采邑，必须重新进行分封。

查理·马特的采邑改革影响重大。它从根本上改变了墨洛温王朝无条件封赠土地的制度，通过有条件的土地分封，将豪绅显贵与王室紧密联系起来，从而加强了中央王权的统治权力。从此，王室把土地作为采邑封给大封建主，大封建主再把它封给自己的臣下为采邑，通过逐级分封，大小封建主缔结起层层统属和依附的主从关系，封建等级制开始形成。同时，由于大规模的土地分封是连着土地上的劳动者一起分授的，封建主在获得采邑的同时，也获得了对封地上的农民的人身控制权，自由农民农奴化的现象更趋严重。此外，采邑改革后，由自由农民履行的兵役让位给以土地占有为条件的封建军役，由封建主率领的骑士军队逐渐代替了原来由自由农民组成的步兵，西欧封建骑士制度由此而发端。

737 年，墨洛温王朝国王去世，查理·马特直接以宫相的名义管理国家。为缓和与教会的关系，查理·马特还积极支持传教活动。740 年，教皇格里高利二世封他罗马贵族的称号，赠以圣彼得墓钥匙，查理·马特则答应帮助教皇反对伦巴德人。741 年，查理·马特逝世，他虽然最终未能登上法兰克国王的宝座，但却为法兰克王国的强大奠定了牢固基础。

三、加洛林帝国

1. 加洛林王朝的建立与查理曼的扩张

747 年，查理·马特之子矮子丕平继其父位任宫相，独自执政。为篡夺王位，他以帮助教皇解除伦巴德人威胁为条件来拉拢罗马教廷。751 年，在教皇的支持下，矮子丕平把墨洛温王朝的最后一个国王希尔德里克逼进了修道院，由教会为自己举行神圣的涂油加冕典礼，成为国王（751—768）。因矮子丕平出身于加洛林家族，故其开创的王朝被称为“加洛林王朝”（751—843）。作为回报，丕平于 754 年和 756 年，两次出兵意大利打败伦巴德人，并将夺得的从罗马到拉文那的狭长地带及其上诸城市赠给教皇。这一事件被称为“丕平献土”，它奠定了教皇国的基础。768 年矮子丕平死后，他的两个儿子查理和卡洛曼也按传统“裂土而治”平分国土。查理设法削夺其弟的权势，在 771 年阴谋害死卡洛曼，重新统一法兰克而独揽统治大权。

查理在位时期（768—814 年是法兰克国王，800—814 年为皇帝），加洛林王朝因其扩张而臻于极盛，他本人也被称为“查理曼”（意即伟大的查理）或“查理大帝”。

为了开疆拓土，查理曼即位不久就在罗马教会的支持下，对周边地区展开旷日持久的征服战争。769 年，他派军队攻占了阿奎丹和加斯科尼。773 年至 774 年，应教皇之请，他出兵击败伦巴德人并迫使其投降。778、801 年，查理曼数次派大军翻越比利牛斯山，进攻占领西班牙的阿拉伯人，虽然遭到挫折而被迫退兵，但最终夺得包括巴塞罗那在内的埃布罗河以北土地，建立西班牙边境区。787 年，查理曼又亲自带兵从罗马南下卡普亚，迫使本内文图姆公国投降。从 772 年到 804 年，查理曼还对萨克森进行了 10 多次持续而残酷的战争。萨克森人 3 世纪时在莱茵河下游与易北河之间形成部落联盟，至 8 世纪时仍未建立国家，在宗教上保持日耳曼人的多神崇拜。法兰克人的征服遇到了顽强的抵抗，曾数度被萨克森人的武装重创。在征服成功后，查理曼颁布“萨克森敕令”，实行恐怖统治，凡稍微对国王不忠者、拒绝改信基督教者，都一律被看作“异教”徒处以死刑，居民被强迫缴纳什一税。此外，他还强迫大量易北河畔的萨克森人连同其妻子儿女迁往他处。在征讨萨克森的同时，查理曼还对东方的巴伐利亚和阿瓦尔汗国进行远征。巴伐利亚 6 世纪因巴伐尔人居住而得名，一度臣服于墨洛温王朝，7 世纪中叶独立。787 年

查理曼

查理曼陈兵莱希河畔，巴伐利亚公爵被迫臣服。阿瓦尔汗国在潘诺尼亚，其统治者有着东方匈奴族的血统，是巴伐利亚的盟友。查理曼征服巴伐利亚后，经过 8 年战争终于将阿瓦尔汗国征服，确保了东部边界地区的安全。

2. 查理曼对帝国的统治

查理曼在统治的 46 年中，戎马倥偬，四处征伐，进行了 50 多次对外战争，将法兰克国家的领土几乎扩大一倍，其版图从易北河畔到比利牛斯山南麓，从北海到本内文图姆，大致与原西罗马帝国的版图相当，成为一个地跨西欧、中欧的庞大王国。公元 800 年圣诞节，查理曼赴罗马，在圣彼得大教堂由罗马教皇隆重为之举行即皇帝位的涂油加冕典礼，他头戴金冠，接受朝拜，称“罗马人的皇帝”。这样，在西罗马帝国灭亡三百多年后，西欧又出现了一个披着罗马帝国皇统外衣的帝国，这个帝国被称为“加洛林帝国”或“查理曼帝国”。

为了统治辽阔的疆域，查理曼采取了不少重要措施。他营造了都城亚琛，常驻那里直接处理政务。在中央，他设立王廷作为王国的政治中枢，任用宫廷中的亲信和仆役来掌管政务，并注重立法来进行统治。在地方，将全国划分为若干伯爵区来统治，初期大约有 300 个，后来随着疆域的扩大增加到大约 600 个，伯爵由地方显要贵族充任，总揽一方行政、军事、财政与司法大权。每个伯爵区下面又设若干的百户区掌管当地的治安与司法。为了确保对地方的控制，他还创设了巡按使出巡地方的制度，将全国划分为若干巡察区，派巡按使到各地巡视，每次巡察 6 个以上的伯爵区，每年出巡数次，以强化对地方贵族的控制，确保君主的政令顺利实施。此外，为了弥补行政制度上的严重不足，查理曼继续推行“采邑”制，让受封的贵族向自己效忠和提供军役等封建义务，维护地方统治秩序，使封君封臣制成为王权的政治统治基础。

查理曼还力图控制帝国境内的教会。他将久已废弃的原罗马帝国的省主教区制度重新推行，最终建立了 22 个省主教区。同时，他尽力操持主教、修道院院长等高级教职的荐选和任命权，亲自主持帝国境内的宗教会议。因此，查理曼实际上控制了法兰克教会，教会也就成为帝国统治的精神支柱，而亚琛也因之而被称为“北方的罗马”。

在外交上，查理曼与苏格兰、阿斯都里亚和阿拉伯人的阿拔斯王朝都建立了友好关系。在支持罗马教廷与拜占庭支持的东正教进行正统之争时，也注意发展与拜占庭的往来，最终让拜占庭认可了他的皇帝地位。

查理曼还奖掖文化教育，让教会广设学校培养神职人员，建宫廷学校培养贵族子弟，聘请学者前来讲学与进行学术研究，促成了基督教文化的复苏，此即所谓的“加洛林文艺复兴”。

查理曼是新兴封建主阶级的杰出的军事家和政治家，他所推行的一系列统治措施不仅巩固了对帝国的统治，而且对后来西欧封建社会的发展产生了深远影响。

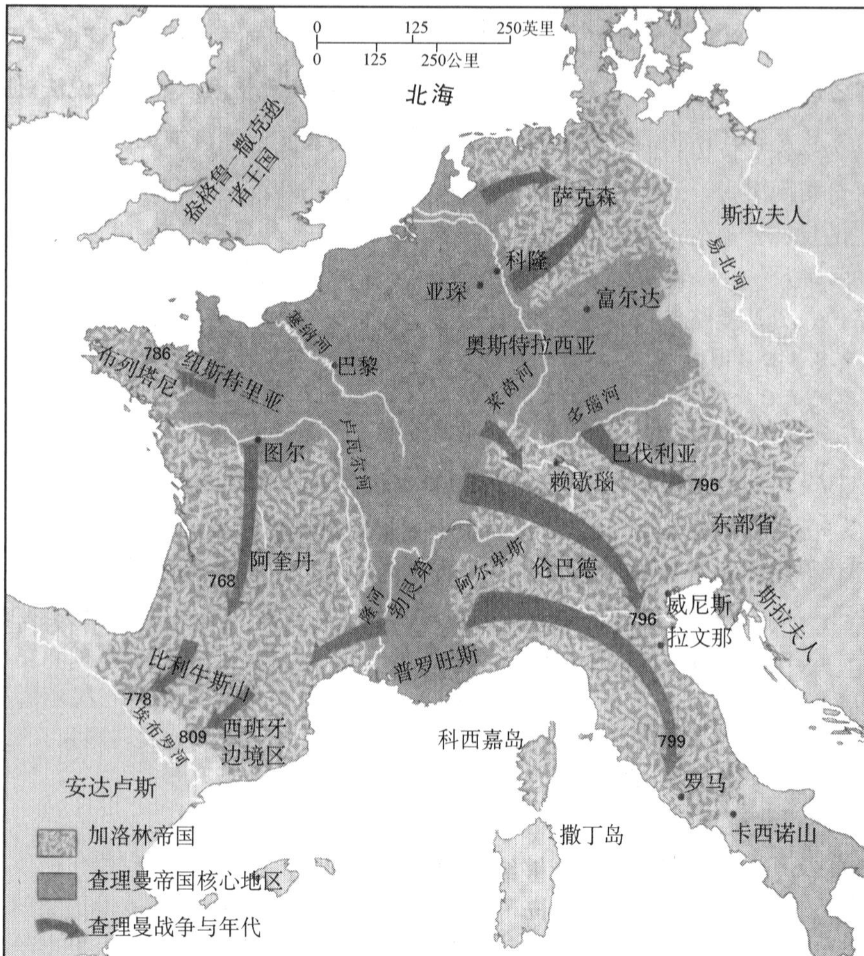

约公元 800 年的加洛林帝国（查理曼帝国）

四、帝国的瓦解和封建化的完成

1. 帝国的瓦解

加洛林帝国是西欧中世纪最先出现的大帝国。它虽然疆域辽阔，貌似强大，但实际上只不过是以武力征服所建立的松散的军事行政联合体。在加洛林帝国境内，居住着诸多的民族与部落，它们在社会发展水平、风俗习惯、语言文化上存在着巨大的差异，同时，由于经济发展水平有限，帝国境内各地基本上处于封闭、落后的状态。因此，帝国的统治缺乏统一而巩固的经济基础和社会基础。由是，帝国没有建立一整套有效的行政系统和赋税制度，也无一支常备军和普遍适用于各地的统一的法律。此外，受日耳曼政治文化传统的影响，帝国缺乏嫡长子继承王位的制度。所有这些，都使帝国难以长期维持。查理曼晚年，帝国的统治内忧外患相互交织。在国内，不仅发生了王子驼背丕平谋反的事件，而且萨克森人的反叛也接连不断。此外，瘟疫屡次流行，大量人口和牲畜死亡，导致人心惶惶。在国外，盘踞西班牙的阿拉伯人时常袭击地中海沿岸与撒丁岛、科西嘉岛，拜占庭帝国为了控制威尼斯而屡派舰队骚扰达尔马提亚海岸，而北方丹麦人的首领哥特里克在806年还率舰队南下，袭击佛里西亚的海岸和岛屿。814年，查理曼去世，其子路易继承帝位（814—840）。路易虔诚信教，优柔寡断，难以维系国运。817年，路易为确保王位传递而提前安排，把帝国分给三个儿子：长子洛塔尔得到意大利，次子丕平分得阿奎丹，幼子日耳曼路易分到巴伐利亚。这次分封立即引起意大利和奥尔良封建主的反抗。不久，路易想给他与第二个妻子生的儿子秃头查理一块封地，遭到三个儿子的武装反抗，一度被囚禁。838年和840年，丕平和虔诚者路易先后逝世，由洛塔尔袭帝位，日耳曼路易和秃头查理联合起来反对。841年方特奈莱斯一仗，洛塔尔败北。842年2月，日耳曼路易和秃头查理在斯特拉斯堡会晤，发誓密切联合，共同反对洛塔尔，是为"斯特拉斯堡誓约"。这一誓约无疑是封建内战促使帝国瓦解的先兆。经过斗争，843年8月，争战三方达成谅解并签订《凡尔登条约》，正式瓜分帝国。日耳曼路易得到莱茵河以东包括巴伐利亚在内的地区，还有莱茵河西岸的沃姆斯、美因兹和斯拜伊尔，其所得大致与今天德国的西部相合，地理上称德意志，是为东法兰克王国。秃头查理获得高卢和些耳德河、默兹河以西地区，地理上称法兰西，是为西法兰克王国。介于东、西法兰克之间，北起北海南至意大利中部为洛塔尔所有，他仍然承袭"皇帝"称号，但不再享有对其他两人所辖地区的最高统治权。855年洛塔尔死，洛塔尔二世据北方称洛林王国。870年，秃头查理和日耳曼路易两兄弟又签订《墨尔森条约》，大致以默兹河和索恩河为界，瓜分洛林王国。洛林南部后来形成意大利国家。《凡尔登条约》大致奠定了近代法、德、意三国之间的疆界。

2. 封建化的加深

查理曼及其子孙的对外军事扩张及封建内战，促进了法兰克社会封建化的发展。一方面，自由农民因繁重的兵役、赋税和战火的摧残而大量破产；为了逃避国家的压迫剥削，越来越多地采取"投献"与"委身"的方式，将小块土地和人身自由上交给教会或豪绅显贵以求庇护，自己沦为依附农或农奴。另一方面，原来只能终身使用的"采邑"，也逐渐演变为可以世袭占有的领地，即"封土"。主教、修道院院长和公爵、伯爵以及地方的显要贵族，都成为封建的大地产者。他们从国王那里得到封土，成为他的封臣，并向国王行臣服礼和宣誓效忠。为了弥补粗陋的公共权力系统对地方控制的缺陷，帝国政府还在9世纪初推行"特恩权"，让这些教、俗贵族在自己的世袭领地上拥有不受国家干预的行政、司法、财政等种种特权。这样，政治统治权与土地占有权相结合，就形成了封建的领主权，以此来强化对其领地上的农奴和其他依附农民的控制。

不堪剥削压迫的广大农奴经常逃亡，或者掀起大规模起义。841年至842年萨克森爆发的农民起义提出"照往昔一样生活"，要求恢复古老的农村公社，被称为"斯特林加"（意为"古法之子"）起义。848年和866年，美因兹也发生类似的农民起义。这些起义沉重地冲击了封建统治秩序，迫使封建领主将剥削固定在一定的限度内，有利于社会生产的恢复和发展。

从9世纪初期开始的外敌入侵浪潮，则导致了法兰克社会封建化的加深。帝国瓦解后，由于封建内战和王权的孱弱，"外患"也接踵而至。来自北欧的丹麦人、诺曼人乘机大规模地漂海南侵，然后沿河口进入内地，烧杀掳掠，使诸多城市和乡村饱受摧残。

同时，阿拉伯人则从西班牙和地中海一带袭击沿海地区。东边的马札尔人从多瑙河中游地区时常派骑兵进攻萨克森、巴伐利亚等地区。在这样的环境中，许多封建大贵族乘机筑堡自守，扩充武装，不纳王命，强化了对封建领地的统治。原来的一些公爵、伯爵，更是乘势夺取王室地产，扩展势力范围，将自己的领地变成了“独立王国”。孱弱的中央王权对封建化的秩序也不得不予以承认，西法兰克王国在847年颁布的《麦尔森法令》即是如此。与此相应，大封建主之间的私家战争也随之兴起，整个西欧大陆都陷于封建割据的无政府状态。

《麦尔森法令》节选

在我们的王国里的每个自由人必须按照他的意愿从我们或我们的忠臣中，选择一个领主。

如无正当理由任何人都不得离开他的领主，任何人也不得接纳他们，除非通过在我们的诸先王已成为惯例的方式。

我们也希望你们知道，我们要把权利赐给我们的忠臣们，而且我们决不愿对他们做任何违反理性的事。我们也告诫你们以及我们的其他忠臣把权利授给你们的附庸，对他们绝不做违反理性的事。

——中世纪史基本文献（英文）//郭守田. 世界通史资料选辑・中古部分. 北京：商务印书馆，1981：43.

推荐阅读书目

马克垚. 西欧封建经济形态研究. 北京：人民出版社，1985.

孟广林. 战争巨人：查理曼. 哈尔滨：黑龙江人民出版社，1998.

齐思和，等. 中世纪初期的西欧. 北京：三联书店，1958.

艾因哈德. 查理大帝传. 戚国淦，译. 北京：商务印书馆，1996.

盖乌斯・尤利乌斯・恺撒. 高卢战记. 任炳湘，译. 北京：商务印书馆，1979.

格雷戈里. 法兰克人史. 寿纪瑜，戚国淦，译. 北京：商务印书馆，1991.

马克・布洛赫. 封建社会. 张绪山，等译. 北京：商务印书馆，2004.

普布利乌斯・科尔奈利乌斯・塔西佗. 日耳曼尼亚志. 马雍，等译. 北京：商务印书馆，1959.

朱迪斯・本内特，C. 沃伦・霍利斯特. 欧洲中世纪史（导言和第一部分“中世纪早期”）. 杨宁，等译. 上海：上海社会科学院出版社，2007.

第三章

西欧封建社会的发展

第一节　封建等级制度与庄园农奴制度

一、封君封臣制

1. 封君封臣制的形成

经过近 5 个世纪的封建化过程，到了 10 世纪，封建制度作为一种社会形态在西欧大多数地区盛行开来，而封建主阶级内部的等级制度——封君封臣制，就是其中的一个重要组成部分。

所谓的封君封臣制，就是以土地的层层分封、占有为基础，以封君和封臣之间的权利和义务关系为纽带的封建等级制。首先是国王将全国土地留下一部分作为王领后，将其余的分授给大封建主，国王成为封君，被分封的人就成为封臣。大封建主在获得土地以后，也将其中一部分划为自己直接经营的领地，其余的则再对中等贵族进行分封，大封建主成为封君，而受封者也成为封臣。这一级受封者也作为封君将部分土地分封给骑士，让其作为自己的封臣。这样，在各个等级之间，都缔结起相互统属和依附的封君封臣关系。

封君封臣之间在缔结这种关系时，要举行相关仪式。封君在行分封前，由封臣向封君行臣服礼，封臣必须跪下，不带武器，合掌置于封君手中，表示愿意依附封君，成为其封臣。臣服礼后再举行宣誓效忠仪式，即封臣站着，把手放在《圣经》或圣物上，然后，封君要亲吻封臣的额头，并将具有象征意义的树枝或泥土交给封臣，表示对其封土的授予。封臣死后，其子需重新行臣服礼，以继续领有封土，从而使主从关系世代相传。从理论上讲，封君对土地拥有授予权，而封臣只有使用权，而且在死后必须归还。但现实与之大相径庭，封君很少真正收回土地，因为多层分封的关系，使得封臣封君之间彼此关系错综关联，而且土地零散，封君要收回土地比较麻烦。所以，封土在维持一定时期后，逐渐转变为可继承、可转让、可买卖的私人财产，但封臣对封君的隶属身份基本不变。

2. 封君封臣之间的权利与义务

各个层级的封君封臣的关系一旦形成，双方就有了封建的权利和义务。封君对封臣要尽一些义务或责任，如要维持封臣的生计，确保封臣对其土地财产的享有；保护封臣的人身安全，封臣如果处于危险中，封君必须出面相救；或者封臣陷入官司纠葛中，封君应该为封臣在法庭上讨回公道；维护封臣的社会荣誉，如其遭到污蔑和诋毁，封君要为其澄清和辩护。封臣应对封君履行的义务则更多。他必须效忠于封君，保证封君安全，不能疏忽于防卫。同时，不能在司法审判上做有害封君名誉的事情；更不能随意反叛，加害封君的身体和财产。除此之外，还需要履行三项主要的义务。其一是提供军役。封臣每年都要为封君服兵役，自备兵甲粮草，或跟随其从事征战，或为之驻守城堡、要塞或边境。这样的服役有时间限制，在 12 世纪一般为每年服役 40 天。超过 40 天之外的服役，则由封君提供一定的报酬。从 12 世纪开始，在英、法等国，国王开始征收“盾牌钱”来取代封建军役，这项义务也就常常改为货币支付。其二是“支助”，即给予封君“协助金”以示资助。尤其是在一些特殊的场合，如封君的长女出嫁、长子晋封为骑士以及封君的远行等，封臣都须提供经费资助。而当封君在战场上或其他地方被俘或被扣押作为人质，封臣也必须筹措赎金赎回主人。其三是“劝告”与作证。封臣必须向封君的事务提供好的建议或劝谏，使封君作出最合理的判断。此外还必须出席封君的法庭，在其司法审判中充当证人，或帮助封君仲裁封臣之间的诉讼。

封君与封臣的权利和义务关系，是通过双方的约定来缔结的，久而久之就形成封建习惯。如果一方违背了应尽义务，约定就自动解除。表面上看，这一约定是约束双方的，但实际上，这却是一种不平等的人身统属和依附的关系。如果封臣不效忠和反叛，封君就有权扣押封臣的人身与家属，收回其所得的封土。当然，如封君不履行其义务，封臣即可摈弃其对主人的效忠，而对封君的侵害，封臣也可予以抵抗。不过双方关系处于什么状态，常常是由双方的实力对比所决定的。拥有人力和物力之资源优势的封君，大多处于支配地位。

在西欧大陆，由于土地是层层分封的，附庸只承认分封自己的人为封主，对自己封主的封主则没有臣属关系。所以，在西欧出现了“我的附庸的附庸不是我的附庸”的现象。这种情形使封建等级制度复杂而混乱。如封建主甲可以是乙的封主，而乙的封臣又可以是甲的封君，往往一个封建主有多个封臣，从而加剧了封建主之间的争夺和冲突。为了克服这一局面，在 1066 年“诺曼征服”后，英国的君主将其从诺曼底引进的封建制加以改造，要所有大小封建主向其效忠，形成了“我的附庸的附庸也是我的附庸”的局面。此外，在德意志地区，由于封建化启动较晚且不充分，并未形成以君主为“塔尖”的层层分封统属和依附的等级制。

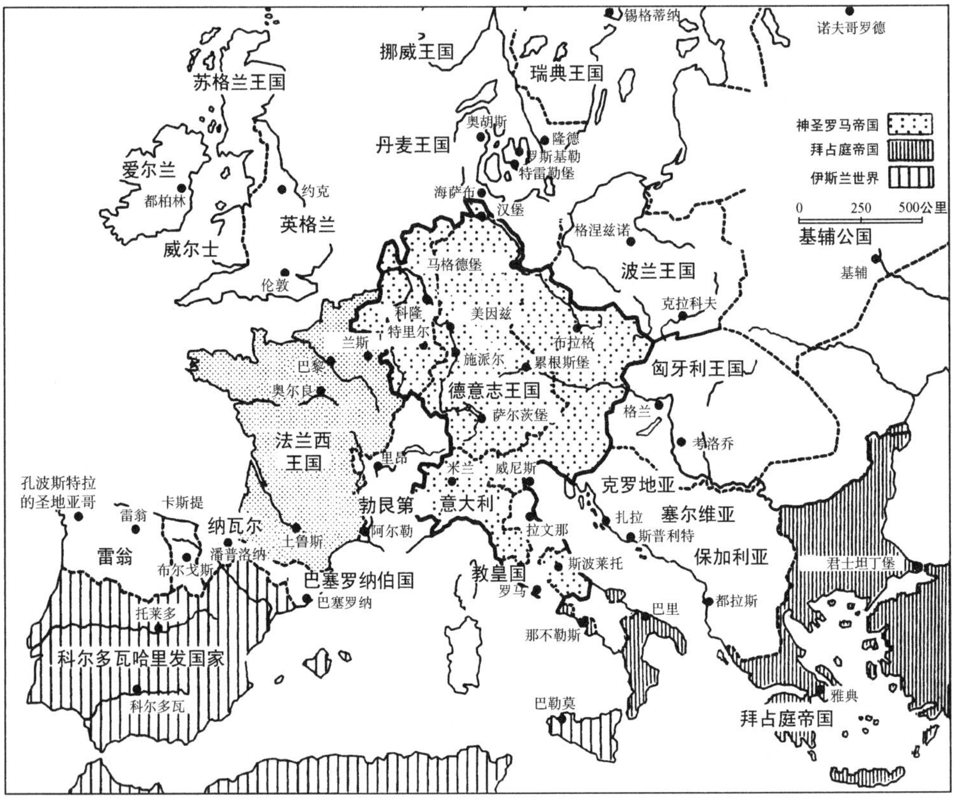

公元1000年的欧洲

在国家公共权力系统和政府官僚机构尚不完备的情况下，封君封臣制在维系和协调封建主阶级内部的关系、维护地方封建统治秩序上发挥了重要作用。同时，分封的内容不仅是土地，也包括土地上的农奴以及其他依附农民。通过按照等级来占有土地和人力资源的方式，各级封建主才得以推行庄园农奴制，使封建生产在动荡纷争的环境中能够相对安定地进行。

二、庄园农奴制

1. 自给自足的庄园

在中世纪西欧，与封君封臣制相应的是中世纪封建主阶级的压迫剥削制度——庄园农奴制。当时的社会生产力比较低下，封建主主要依靠自己的封建地产生活，所以国王、教会和大封建主都在其领地上建立庄园。典型的庄园一般是一村一庄，但也有一些大庄园可以包括几个村庄，有些小庄园也只有一个村庄的一部分。庄园的耕地大多呈现出条田状插花分布，领主自营地、各家各户的农奴份地互相交错。庄园既是西欧封建社会农业领域的基本生产单位，也是封建主阶级压迫剥削农民的组织形式。

庄园一般都采用劳役地租的剥削方式。庄园土地被划分为领主自营地和农奴份地两部分。领主自营地由封建领主派管家监督农奴耕种，其收获全归领主。农奴则依靠耕种自己的小块份地维持生计。封建主在庄园里建有住宅、教堂、磨坊、马厩、仓库等设施，而且备有耕畜和各种生产工具。有的大庄园还有一些手工业作坊及专职手工业者。一个大封建主往往拥有若干个庄园，庄园设总管、管家等，监督依附农和奴仆的劳役，负责庄园的收支、劳力支配、物资保管等。各庄园统由总管负责，各管家须定期向总管报告经营情况。当时的庄园几乎是自给自足，庄园生产主要是为生产者自家和领主提供生活资料，庄园的产品很少拿出去卖。庄园里有手工作坊、磨坊和烤面包坊等，可以生产各种生活和生产所需的物品，除非万不得已，庄园很少出去采购，只有少数庄园不能生产的物品（如盐、铁等）才从城市购买。

2. 庄园农奴所受的压迫和剥削

庄园中的劳动者，主要是各种不同身份的依附农民，尤以农奴占大多数，也有半自由的农民、佃农和雇工。农奴是相对独立的农业小生产者，地位比奴隶有了很大改善，领有一小块份地世代使用，用自己的生产工具耕作，有较为独立的个体经济，有自己的家庭和为数不多的财产，可以维持本身的简单再生产。但是，农奴在法律上不属于自由人，虽然不得被领主任意杀害，但可以买卖、转让、交换或赠送他人。他们属于某一个领主，要向主人缴纳人头税。法律也不承认农奴有财产权，他们的份地所有权属于领主。在农奴死后，死者子弟要继承其份地的使用还必须向主人缴纳继承金“死手捐”。农奴没有迁徙自由，在婚姻上也不能自主，如果要与其他庄园的农奴结婚，也需向主人缴纳婚姻捐税。农奴还受到教会神权的制约，必须缴纳“什一税”。农奴的案件与纠纷，由封建主的庄园法庭来审判，由此常常需向领主缴纳各种司法罚金。农奴在法律上和主人地位不平等，他们归主人审判，无权控告主人，国家法庭也不受理农奴案件。农奴不得服军役，亦不得担任教职。

农奴更受到诸多超经济强制的剥削和奴役。他们必须按照领主的要求来安排劳动时间。除耕种自己的份地外，还须自带工具无偿地耕种领主自营地，一个星期劳动 3 至 5 天，农忙时还被强迫增加工作量，且需先完成领主自营地上的生产，因而常常耽误了经营自己份地的农时。此外，农奴还要为领主服各种杂役，如砍柴、割草、筑路、修桥、挖渠、盖房等等。领主要出征打仗，农奴还常常被征调一同去搬运粮草、饲养马匹。农奴要使用原来公用的森林、池塘和牧场等，使用庄园里的磨坊和面包烤炉等，也要向领主缴纳费用。此外，农奴还常常要向领主献贡各种实物，如家禽、牲畜、水果、蔬菜、羊毛等等。

西欧封建庄园里农奴在管家的监视下劳动

应当指出，以上情况主要体现在卢瓦尔河以北的法兰西和英格兰的庄园中，在西欧并没有统一的庄园农奴制模式。实际上，在不少庄园里，土地除领主自营地和农奴份地外，还有自由地；庄园里的生产者也并非清一色的农奴，还有自由佃户、雇工等；劳役地租也并非唯一的形式，与其并行的还有实物地租和货币地租。12、13世纪，随着社会生产力的发展与商品经济的复苏，在一些地区，庄园内自营地缩减、劳役地租改为实物地租或货币地租等现象开始显现。但也有不少地方，特别是大修道院所属庄园反而扩大自营地，加强劳役地租剥削。在这一过程中，许多农奴对封建主的人身依附关系有所松弛，但其所承受的封建剥削并未减轻。因此，在12、13世纪，西欧的农奴和其他农民纷纷利用马尔克公社传统组织起来进行抗争，要求把劳役和租税明确地限制在固定的数额内，有的还组成农民公社进行斗争。这种乡村的“公社运动”，对庄园农奴制是一有力冲击。从14世纪起，随着城市商品经济向乡村的渗透，封建领主纷纷放弃庄园的自营地，改征货币地租，农奴也通过“赎买”等途径取得人身自由，劳役制庄园趋于瓦解。

第二节　城市与商品经济

一、城市的兴起

1. 城市兴起的原因与状况

大约从11世纪开始，城市随着社会经济的复苏而逐渐兴起，成为西欧封建社会发展的一个明显标志。

中世纪西欧的城市产生，几乎是重复了原始社会末期城市兴起的道路。在奴隶、隶农起义和日耳曼“蛮族”大迁徙的交相冲击下，原来罗马帝国的城市在中世纪初大多残破不堪，日益衰落，失去了作为经济中心的意义，有的成为主教的驻节地，有的成为封建领主的堡垒。随之而来的封建化及其政治分裂割据局面，也阻碍了经济交流和商业复苏。因此，在公元5至10世纪的西欧，封闭狭小的自然经济模式盛行各地。尽管在地中海沿岸和意大利地区也有一些原来的城市及其工商业活动，但在西欧大部分地区，几乎只有单一的农业经济，辅之以庄园或寺院的手工作坊。一个村庄或庄园就是一个自给自足的经济单位，与外界的产品交换和社会交往都十分稀少。在这样的环境中，城市缺乏兴起的社会条件。

从11世纪开始，社会生产力的逐步发展、社会分工和产品交换的日益显现，为城市的勃兴创造了基本的历史前提。其时，铁制农具在农业生产中推广，马匹牵引的带轮铁犁已用于耕地，由此而出现了大面积的垦荒运动，许多沼泽、森林、荒地被开垦成农田。轮作休耕的三圃制也盛行各地，促使劳动生产率显著提高。主要粮食作物如大麦、小麦和豌豆的产量，都比8至9世纪提高了大约三倍。葡萄、亚麻等经济作物的种植与畜牧业也都有明显发展。此外，在生产中不仅使用水磨，还发明了风磨。而马颈皮项圈和马蹄铁等马具的改进，也使马在农业特别是繁重的运输业中发挥重大作用。与此相应，采矿、冶金、金属加工、纺织、制革、制陶、磨面和建筑等行业逐渐兴起，手工业逐渐从农业中分离出来。

手工业作为专业部门的独立发展，促进了产品交换的扩大，有力刺激了商业的发展。许多手工业者和商人纷纷聚集到交通便利、安全可靠的地方，如渡口、道口、海湾、城堡与教堂附近、古代城市的旧址等地点，从事专门的工商业活动，这些地方的人口不断增多，出现了作坊、商铺和货栈，由此逐渐形成了城市，像法兰克福、奥格斯堡、特里尔、伦敦等城市都是如此。有些城市则主要是靠商业和对外贸易兴起的，如威尼斯、热那亚、那不勒斯、米兰等意大利城市和根特、布鲁日等尼德兰城市。

西欧封建社会内部经济矛盾和阶级矛盾的发展，也促成了城市的复兴。由于封建庄园的生产生活资源十分有限，封建领主和寺院僧侣都要从市场上购买若干生活必需品（如盐、铁、染料等）和奢侈品（如丝绸、香料等），同时也要出卖自己庄园中多余的产品，为此他们也允许工商业者汇集在其领地上建立城市。而在英国和法国，以国王为首的教、俗大贵族，更是从开掘财源的角度，招徕和鼓励工商业者在自己的领地上建立城市。在城市萌发的过程中，逃亡农奴发挥了重要作用。为了摆脱封建领主的奴役与剥削，不少农奴特别是其中有某种手艺的人，往往逃到城里谋求生计，成为城市居民的一大来源。按照当时的习惯，逃亡农奴只要在城市住满一年零一天就成了自由人，领主对他们的追捕权就自然失效，所以有中世纪城市是“由逃亡农奴建立的”这一说法。

由于历史条件的不同，西欧的新兴城市大致可分为三种。第一种是为满足地方市场需要而生产的中小城市，其经济活动的范围比较有限，这种城市数量最多。第二种是主要生产和经营某种专业产品的城市，而且产品主要供出口，其经济活动的辐射力较大，但也多受国际贸易的制约。意大利的佛罗伦萨就是典型，它生产的毛纺织品享誉欧洲。第三种是主要从事国际贸易的商业城市，依赖过境商品的中介贸易经营，其手工业占次要地位。意大利的威尼斯、热那亚，德国北方的汉堡、吕贝克等，都属于这一类城市。

中世纪西欧的城市规模不大。人口在 2 000 人以下的小城镇数量最多，而 2 000 至 1 万人的城市数量次之，1 万至 2.5 万人的大城市则为数不多。14 世纪时，伦敦和科隆约有 4 万人，就被认为是大城市了。而当时的巴黎，也只有约 8 万人。意大利的城市规模最大，在 14 世纪时，威尼斯、米兰、那不勒斯的人口都超过 5 万人，而佛罗伦萨则达到了 10 万人，15 世纪末威尼斯约有 11 万人，是少有的大城市。当时的市民成分也比较复杂，除手工业者和商人外，还有大封建主、高级教士和为数相当多的下层贫民。此外，城市还带有原始粗陋的面貌。城市一般筑有城墙，上有塔楼，并围以壕沟，靠吊桥与外界相通，拉起吊桥就是一座防御敌人袭击的堡垒。城区之中常常散布有小块农田，街道上也时有牲畜家禽游走。城区的面积不大，街道狭窄，房屋拥挤，卫生条件恶劣。如遇瘟疫流行，人口就会大量死亡，14 世纪中期肆虐于西欧的“黑死病”就在许多城市造成了这种灾难。

2. 手工业行会和商人公会

城市手工业的生产单位是规模狭小的家庭作坊。作坊主人被称为师傅或匠师，其家属与帮工、学徒数人一起劳动，制造同一产品，他们之间不存在分工，每人都必须熟悉主要的生产工序。他们之间存在着一定程度的封建依附关系。学徒从师数年期满才能取得帮工的资格，然后还要低薪为师傅工作几年，经过考试合格才能升为师傅而独立开设作坊。学徒地位低下，除了要为师傅无偿劳动外，还要承担其家务劳动。为了对付封建主的侵扰，保护辛苦学得的手艺免遭竞争，捍卫同业者的共同利益，也为了垄断本行业生产和经营，避免同行业之间的竞争，城市手工业者按行业组成特殊的团体——行会。除法国南部的一些城市外，几乎所有的西欧城市从一开始就建有行会组织。随着生产力的提高和行业分工的发展，行会的数目也不断增加。如纺织业中分出纺纱、织、染、梳毛等行业的行会，而铁器制作又分出制造军器、制锅、制刀等行业的行会。在较大的城市，常常有几十到百余家行会。

西欧中世纪城市行会的印章

行会成员都是手工业作坊的作坊主。不属于本行会的人，不得开设本行业的作坊。行会成员选举产生行会的管理机关，交纳一定的费用，实行福利互助，制定规章，约束本行业的经营。为了消除内部的竞争，行会章程明确规定每个师傅拥有工具的数量，产品的数量、质量和价格，以及帮工、学徒的数目。师傅必须遵守固定的作息规定，不准延长劳动时间。若违反规章，就要受到严厉处罚。

在商品经济规模有限的条件下，行会的发展有利于不同行业之间社会分工的扩大，有利于劳动技能的传承、生产经验的积累和产品质量的改善，从而促进商品生产的发展。但随着商品经济的日益兴盛，行会的平均主义管理原则和模式逐渐显示出其消极的效应。因为它墨守成规，故步自封，不思改革与进取，反对扩大生产和同行竞争，成为社会生产力进一步发展的障碍。

最初，城市手工业者兼营商业，自产自销。随着贸易的发展，独立的商人阶层逐渐兴起。他们中，既有从事贩运的行商，也有开铺设店的坐商。随着经营规模的扩大和商业资本的积累，有的商人进而涉足高利贷与银行业。由此，商人势力日益膨胀起来。为确保商业贸易的独占权和其他权益，城市商人联合起来组建自己的行业团体——商人公会。商人公会比较富有，其经济势力和社会地位远高于手工业行会。一些大富商和高利贷者、大房主、大银行家等，以其显赫的财力控制了商人公会，进而操纵市政，形成了城市贵族。商人公会在规范城市商品交易、防止无序的恶性竞争方面发挥了关键作用。在城市反对封建领主控制与争取城市特权的斗争中，商人公会更是扮演了领导者的重要角色。但在城市贵族集团的把持下，商人公会对商品交易的品种、价格、规模等方面都予以垄断，不利于手工业、商业的进一步发展。

二、城市的政治斗争

1. 城市争取特权的斗争和城市同盟

城市的兴起与发展，引起了阶级结构和阶级斗争形势的重要变化，对中世纪西欧封建社会的面貌产生深刻影响。

在城市兴起前，西欧社会的阶级结构比较简单，社会成员划分为封建主和农民两大阶级。随着城市的发展，在封建的阶级结构中，又产生了中世纪的市民阶级。“市民”一词最初指全体城市的居民。随着城市的发展和城市居民的分化，出现了富裕的商人和手工业作坊主与贫穷的城市平民，后者包括帮工、学徒、日工、奴仆、破产手工业者和其他下层群众。市民阶级仍然带有封建性，但他们在生产生活方式与思想观念上都有别于封建主与农民。他们依赖于市场而非土地生活，活动的地域范围开阔，因而要求人身自由与经营自主，由此展开一系列有别于以往农奴反抗的政治斗争。

争取城市自治和自由特权的运动，是西欧城市反封建政治斗争的主要表现形式。在城市兴起前，西欧的土地已为教、俗封建主瓜分。由于城市多兴起于封建主的领地上，因而市民也受到封建领主的盘剥。封建领主有权对城市市民征发封建的劳役和军役、征收实物或货币贡赋，对城市的手工业产品实行专卖，有权派代表治理城市并享有司法审判权，甚至有权继承、转让与瓜分城市。为争取自治或自由特权，城市往往利用国王同大封主以及封建主阶级内部的矛盾，主要采取两种形式与领主进行斗争。其一是“赎买”。即用金钱赎买的方法来摆脱某些封建义务，获得相应的经济与政治特权。“赎买”成功后，城市市民摆脱了对封建主的人身依附，获得了人身自由和从事工商业活动的自由，不再为其承担封建的劳役与兵役，不再接受领主法庭的司法审判，领主也不得再随意设置关卡与征收市场税，不得再有禁用权和专卖权。其结果，有的城市取得某种程度的自由与特权，成为“自由城市”。一部分自由城市不久又取得建立市议会、选举市政官员和市长、设立城市法庭的权利，成为“自治城市”。其二是武装斗争。如果“赎买”方式不成功，市民就诉诸武力。11 世纪，伦巴德的城市就掀起城市公社运动，反对教、俗封建主的统治。米兰市民用暴力赶走大主教和封建贵族的军队，成立城市公社，选举市政官来管理城市。13 世纪，科隆的市民多次暴动反抗大主教的奴役，最终获得了城市的自由特权。而在 11、12 世纪，法国的城市公社运动更是普遍高涨。1077 年，康布雷城首先成立公社。法国东北部的琅城的公社运动则是一个典型。琅城是著名的毛纺织生产中心，曾经用金钱从主教戈德里手里买得成立“公社”即自治机构的权力。该主教将钱挥霍一空后又来勒索，扬言不给就取消公社。市民忍无可忍，于 1122 年武装起义，杀死戈德里。后又经过反复斗争，终于在 1128 年恢复了公社的权力。西欧城市争取城市特权的反封建斗争在各国呈现不同形态，在英国，由于封建王权比较强大，而城市多兴起于王领上，因此并没有出现欧洲大陆那种城市公社运动，而是通过向王权“赎买”的方式而形成“自由城市”。通常是每年向国王缴纳一笔款项，购买财政和司法等自治权。而在法国，由于王领最初狭小，各诸侯占据大多地区，故同时出现了以“赎买”和起义这两种方式而建立起来的“自由城市”和“自治城市”。

有关琅城大主教戈德里被杀的记载

衣服被剥光了的戈德里的尸体，被丢在他的副牧师房前的小路上。……凡是走过主教尸体躺着的地方的人，几乎没有一个不向他投掷泥块，不谩骂他，而且谁也没有想到埋葬他。

——吉伯尔·得·诺戎．自传（节选）//郭守田．世界通史资料选辑·中古部分．北京：商务印书馆，1981：132.

意大利的情形则比较特殊，在城市获取自由后，都取得了完全的政治独立地位，成为城市共和国。这种城市拥有独立的行政、司法、财政与外交大权，可以铸造货币、自行宣战媾和，有选举产生的市政会。

城市自由特权和自治权的取得，一般都以从领主和国王处取得特权证书作保证。不过，除了意大利以外，西欧城市获得自由、自治特权，并不意味着它们完全游离于封建制度之外。即便是自治城市，在政治上也不能完全摆脱国王或封建贵族、教会的控制。城市仍然被看作封建等级中的一个集体，实际上仍要尽各种封建义务，城市的司法权仍然是封建王国司法权系统的组成部分。在法国和英国，城市为了获得特权而支持王权的强化和国家的政治统一，而君主为了消除封建割据也需要城市财力和人力的支持，因此君主普遍地接受城市的“赎买”，赐予它们各种特权。不过，随着封建王权的加强，不少城市的特权往往被国王收回，其自由和自治的地位也就逐渐消失。

在德国，城市斗争的结果，是城市多成为名义上直属皇帝的帝国城市，这类城市拥有各种几乎是独立的权力。在中世纪，德国的君权孱弱无力，封建割据严重，而德国的城市又多兴起于边境地带，依赖过境贸易发展。这样，为了求得生存与发展，德国城市常常采用相互结盟的方式来对付封建主的干涉与掠夺。1226年，莱茵河沿线的诸城市成立了以美因兹为首的“莱茵同盟”，包括科隆、沃姆斯、施派尔、斯特拉斯堡、巴塞尔等60多座城市。按其盟约规定，如无同盟首肯，其成员不得采取军事行动，不得给予共同敌人以武器或贷款；每个入盟城市应选派代表4人组成同盟大会，每年召开4次会议来议决有关事项；设仲裁法庭来裁决盟员之间的纠纷。但“莱茵同盟”并不稳固，一度解体，虽1254年重新恢复，但不久就走向瓦解。1376年7月，德意志南部14个城市建立“士瓦本同盟”，相约维护和平，保持自治，反对贵族掠夺。加盟城市曾达到84个，后因与封建主斗争失败而于1389年被迫解散。“汉萨同盟”是最重要的城市同盟，它是德意志北部城市的联合体，汉萨（Hanse）一词意为“公所”或者“会馆”。1260年，“汉萨同盟”在维斯马召开会议，通过第一个同盟条例，宣布每个加盟城市应全力维护海道通畅，反对海盗的掠夺，保障自由贸易。14世纪，同盟达到鼎盛时期，加盟城市多达70～80个。除吕贝克、汉堡外，还有不来梅、科隆、爱尔福特、马格德堡、柏林等德意志北部城市。1367年成立以吕贝克城为首的领导机构，有汉堡、科隆、不来梅等大城市的富商、贵族参加。同盟大会一般每3年举行一次，拥有武装和金库。任何城市加入同盟后即可受到保护，使得商业诉讼不受封建法庭的管辖。任何逮捕同盟成员、对同盟失信或出售夺自“汉萨同盟”商人的赃物的城市，都将受到“汉萨同盟”的贸易抵制。一个汉萨城市的市民可以在其他汉萨城市受到公正审判，若遭到骚扰则可向任何一个城市求援。在同盟的集市上，禁止任何非同盟成员的商人进行相互交易。“汉萨同盟”1370年战胜丹麦，迫使其订立《斯特拉尔松德条约》，将厄勒海峡东岸的渔业基地租给“汉萨同盟”，租期15年，同时“汉萨同盟”有权干预丹麦国王的选举。同盟垄断了波罗的海地区贸易，并在西起伦敦、东至诺夫哥罗德的沿海地区建立商站，实力雄厚。15世纪以降，随着新航路开辟和欧洲国际贸易中心的转移，以及英、法等民族国家和专制王权的形成，“汉萨同盟”日益衰落。

2. “行会革命”和手工业者的斗争

城市政治斗争的第二阶段，表现为“行会革命”。城市反对封建主斗争的成果，常常被城市贵族所攫取。他们由大商人、高利贷者、房产主等组成，从一开始就获得自治城市的立法、行政、财政和军事大权，凭借自己优越的经济地位和政治地位，利用各种手段来剥削和压榨一般市民。13至14世纪，许多城市的行会手工业者为了保护自己的利益，在行会组织的领导下展开反抗城市贵族的斗争。斗争的结果，在某些城市，如佛罗伦萨、科隆和奥格斯堡，是将城市贵族彻底推翻，而由行会上层分子掌权。但更多的情况是迫使城市贵族和最有势力的行会上层共同掌握城市的自治权。而在对外贸易特别发达的城市，如威尼斯、热那亚、吕贝克、汉堡等，上层贵族根本未作让步而仍垄断权力。

城市斗争的第三阶段，表现为14至15世纪行会内部手工业者反对行会上层分子的斗争。在当时，手工业者饱受行东的压迫。行东竭力延长学徒学习期限，限制帮工升为师傅的机会，致使他们中许多人成了“永久帮工”。而行东的儿子、女婿或近亲，则往往可以不经考核便成为师傅，独立开设作坊。因此，帮工、学徒联合起来组成“兄弟会”“伙伴社”等组织来斗争。他们要求缩短学徒期、缩短工时、放宽帮工开设作坊的条件、提高工资等。这种斗争采取同盟罢工甚至是武装起义的方式，1481年科隆就爆发了反对行会上层统治的起义。这样的斗争，给行会制度以沉重打击，促使其日益衰落解体。

三、城市商品经济的发展

1. 商品市场和国际贸易区

随着城市的兴起和发展，城乡之间、城市之间和地区之间的商品交换日益增多，商品经济渐趋兴盛，大大小小的市场、市集乃至区域性的贸易圈遍布和覆盖了西欧各地。

市场是规模较小的贸易集市，城市与周围农村的手工业品、农产品、畜产品都依靠这个平台来进行交换。市场每周一次、两次或两周一次，其规模较小，大部分交易都由小生产者以零售方式进行，并不需要专业商人作媒介。

市集则是规模较大的贸易场所，它不仅是区域性的，而且有时是国际性的。市集一般每年一次或几次，每次时间长短不一，通常1至2周，有时可达2至3周甚至几个月。市集的举办一般需要国王或诸侯批准，并由其对市集采取特别措施以保障交易者及其货物的安全。市集一般设于城市，中世纪西欧著名的市集有法国的香槟市集、里昂市集，佛兰德尔的布鲁日市集、安特卫普市集、日内瓦市集，英国的圣爱弗斯市集和斯密思菲尔德的圣巴托罗缪市集等等。

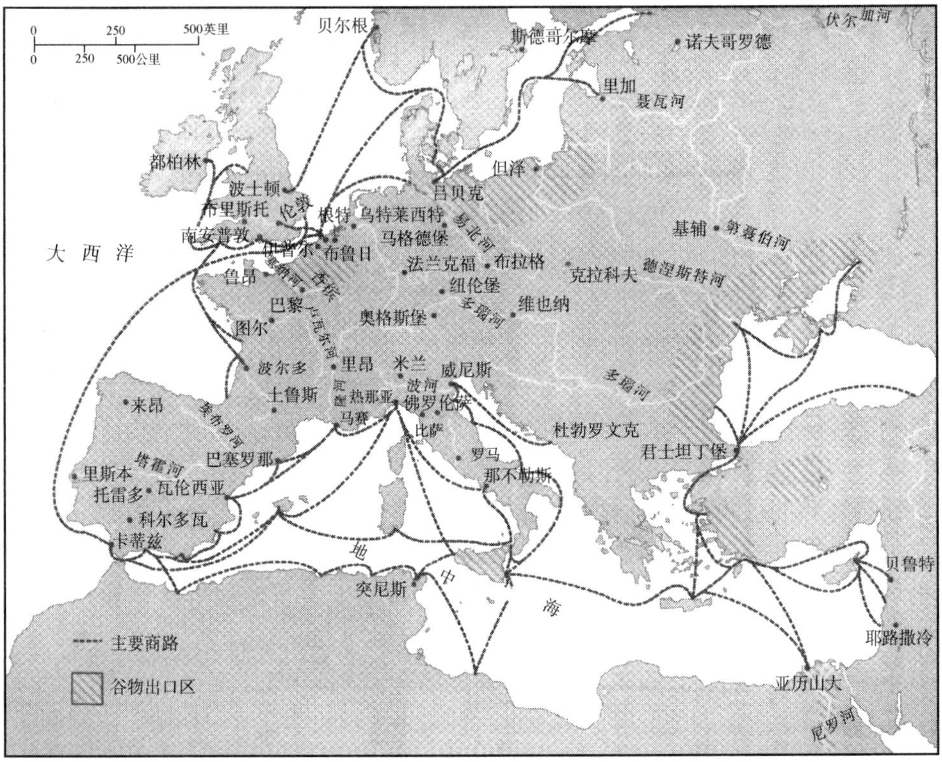

西欧城市兴起后的商路

区域性和国际性贸易的发展，在当时的西欧形成两大贸易区。一是传统的地中海贸易区，主要进行东西方商品中介贸易，经营奢侈品如香料、丝绸、瓷器、宝石、象牙、明矾等，香料贸易占有非常重要的地位。这一贸易区主要由意大利商人控制，此外，法国南部的马赛、蒙彼利埃和那旁，西班牙的巴塞罗那也在一定程度上参加贸易。另一则是北海、波罗的海贸易区，由佛兰德尔和德国的商人控制，主要经营各国的土特产，罗斯的皮毛、蜂蜜，英国的羊毛，佛兰德尔的呢绒，德意志的粮食，都是交易的主要商品。联结这两大国际贸易区的先后有两条通路。12 至 13 世纪主要走陆路，即翻过阿尔卑斯山，经法国香槟伯爵的领地到达佛兰德尔。而在 13 世纪以后，又开辟了海路，即从地中海出直布罗陀海峡，沿大西洋到达英国和北海各港口。犹太商人在这两大贸易区的长途贸易中，也发挥了重要作用。

大贸易区之间的频繁交往，产生了一些著名的市集。12 世纪初，佛兰德尔的定期集市很有名。到 13 世纪，法国的具有国际性的香槟市集发展起来，成为沟通欧洲南、北两大贸易区的枢纽。香槟位于巴黎东南方香槟伯爵领地内，地理位置十分优越。该地区的城市商品，沿塞纳河而下可抵巴黎、英吉利海峡和伦敦；通过马斯河可通尼德兰和北海，顺卢瓦尔河可以进入大西洋；顺索恩河、罗纳河可以进入地中海，穿越阿尔卑斯山口可以到达亚平宁半岛。此外，该地区盛产谷物、葡萄、羊毛和各种牲畜，手工业也很发达。为了获取商业利润，法国国王和香槟伯爵采取诸多鼓励和保护商业的政策，颁发经商特许状，加强市场监督，维护交易秩序，并为商人提供必要的设备，如房屋、货栈、旅店等等。由此，香槟市集发展起来，包括该地区四个城市的好几个市集，每年从1月持续到10月，依次在拉革尼、巴尔、普罗旺斯和特鲁瓦举行，每次16至20天，其中普罗旺斯和特鲁瓦一年举行两次。云集在这里贸易的既有西欧各国的商人，也有来自希腊、北非和小亚细亚等地区的商人。所经营的商品种类繁多，除了当地的农、畜产品外，东方的香料、丝绸等奢侈品以及染料，佛兰德尔和多斯加纳的呢绒，西班牙的武器与皮革，斯堪的那维亚和俄罗斯的毛皮，德意志的铁与皮革，法国南部和西班牙的葡萄酒等也都是重要商品。此外，还有各种药材、食盐、麻绳、药膏、猪油、糖、蜡、瓜果、服装等。布匹尤其是呢绒占据着重要地位。出售的布匹种类繁多，有很精细的也有很粗糙的，适用于各种人群。不管是普通居民，还是权贵、僧侣，都能在香槟市集上找到他们所需的布料。香槟市集在推动西欧商品经济发展上发挥了重要作用。到了14世纪，法王腓力四世通过联姻兼并了伯爵领地，对之征收大量捐税，不久又爆发了旷日持久的英、法"百年战争"，导致香槟市集逐渐趋于衰落。

中世纪的珠宝行

"汉萨同盟"在国际性贸易中也扮演了重要角色。它不仅通过美因河上的法兰克福与奥格斯堡等城市保持着商业联系，而且与波罗的海、北海周围的国家有着密切的贸易往来。它在俄国的诺夫哥罗德、普斯科夫，挪威的卑尔根，尼德兰的布鲁日，英国的伦敦，塞纳河口的贝叶等不少城市，都设有商人会馆或商业代表处。同盟商人主要从事中介贸易，所经营的商品主要有盐、青鱼、鳕鱼、咸肉、粮食、酒类、呢绒、羊毛、毛皮、牲畜、鲸鱼、木材、大麻、树脂、蜂蜜、蜂蜡、弓料、桶板、铁、铜、锡和金属制品。这些贸易不仅沟通了原料产地与制成品产地之间的联系，而且也促使了商业活动的国际化。

2. 商业组织与货币流通方式的变革

商业的发展促使商业组织机构出现。意大利商人对此贡献尤为突出。最初，为了便捷地行销商品，他们合伙经营，以一方为坐商来提供资本，而另一方为行商来负责押运货物，然后进行利润分配。不久随着运输业的兴起，行商也就逐渐变成坐商，商人的合伙制则转变为商行、公司，通常是以一个家族的成员为主体，并以该家族的名字来为之命名。在14至15世纪，意大利就有200余家公司或商行，在巴黎、伦敦、布鲁日等许多大城市都设有分号。

国际贸易的发展促进了货币流通方式的变革。当时欧洲的货币体系十分紊乱，币值低劣，伪币丛生，由此出现一批专门鉴别和经营货币的兑换商。这类商人主要是意大利人，他们的业务逐渐扩大，在欧洲各国都派驻有代理人。外出从事贸易的商人把巨款交给兑换商，领取相关的凭证，然后在目的地从兑换商的代理人那里以凭证领取钱款。这种凭证就是最初的汇票。与此相应，信贷业务以及借贷记账法、结算办法等也相继出现，最终导致了银行的产生。意大利的热那亚、佛罗伦萨等地的银行出现最早，且很有实力。佛罗伦萨的银行家曾一度代教廷征收西欧一些国家的什一税，有的还把钱款借贷给英国等国的国王，其中以佩鲁齐家族的银行最为有名。

3. 城市商品经济的影响

中世纪西欧城市商品经济的发展，在相当大的程度上改变了封建社会的落后面貌，具有重要的历史影响。

城市商品经济勃兴后，市民阶级强烈要求建立一个稳定和平的社会环境，来确保工商业活动的顺利进行，因而反对封建割据和战乱，支持国家的政治统一和封建王权的强化。封建王权为了获得市民在政治上和财政上的支持，也注意采纳市民的意见，并吸收市民的代表参政议政。在此背景下，在13、14世纪，英国形成了议会君主制，而法国则建立了等级君主制，封建王权进一步发展。

城市商品经济的发展，促进了庄园农奴制经济的瓦解。从13世纪末开始，在英国、法国的许多地区，由于商品经济对乡村的渗透，封建领主为追求物质享受而渴望大量货币，于是就纷纷将庄园的地租折算成货币地租来征收，劳役地租和实物地租逐渐被货币地租取代。货币地租出现后，农民虽然还要受领主剥削，但他们提供的是产品的价格而不是产品或直接劳动，因而必须把一部分产品当作商品来生产与出售。封建领主为获得更多的货币，常常把自营地几乎全部租出去，甚至要农奴缴纳一笔赎金来赎买其人身自由。这样，不少农奴开始摆脱领主的直接控制，获得了人身的自由解放，变成拥有工具和动产甚至拥有土地所有权的自耕农，领主制渐渐被地主制代替，庄园农奴制经济走向解体。

城市商品经济还导致了社会贫富两极分化的日益加深。商品货币关系的发展，使农民、手工业者直接卷入市场，他们常常受到商人的严重剥削，不少人因此而负债破产，沦为靠出卖劳动力为生的雇工。而一些封建领主为了扩大农产品的生产，或加重对农民的敲剥，或重新将获得人身自由的农民收为农奴。有的封建国家如英国，还通过议会颁布法令，强迫雇工按照极低的工资标准来劳动，并加重对民众的税收。同时，由于部分商业资本转化为高利贷资本，高利贷业普遍兴起。为了满足自身需要而借债的现象浮现于社会。君主要维持政府官僚机构和宫廷的奢侈生活，要雇佣军队并不断进行战争，就需要巨额费用。封建贵族既要穷于应付物价波动的新局面，又要追求物质享受，也需要大量金钱。而农民要缴纳货币地租、小手工业者要筹措生产资金，也都需要货币。由此，高利贷者乘机牟利放贷，四处设网，重利盘剥。对君主的借贷常常因王权的强大而难以收回，但在高利贷的重压下，各阶层的贫富分化逐渐严重，一些封建贵族走向没落，众多的农民、手工业者日益贫困，阶级矛盾趋于激化，社会动荡不安。

第三节　封建国家政治

一、英国封建王权的强化与议会君主制的兴起

1. 盎格鲁-撒克逊时期的英国

在公元前后，不列颠群岛上居住着凯尔特（Celts）等民族，其社会已经发展到了铁器时代。罗马军团曾数度攻入不列颠，最终在公元 43 年将其攻占。罗马在不列颠岛上曾经修建了城堡、道路，以维持其长期的军事性占领，但却没能够建立真正的行政统治。罗马军团在 442 年全部撤回大陆，其占领不列颠的历史宣告终结。

自 5 世纪开始，“蛮族”大迁徙的浪潮也席卷不列颠。属于日耳曼人支系的盎格鲁人、撒克逊人以及裘特人渡海西侵，打败了顽强抵抗的凯尔特人，相继建立十来个小王国，后来又经过兼并组合形成七个小国，它们分别是三个撒克逊人的王国——苏塞克斯、埃塞克斯、威塞克斯；三个盎格鲁人王国——东盎格利亚、诺森布里、麦西亚；一个裘特人的王国——肯特。英国史上称这七个王国并存的局面为“七国时代”（600—870）。这七个王国常常为了争夺人口和土地而相互兼并混战，其中以威塞克斯的势力最强。

大约在 6 世纪末，基督教开始在不列颠传播。到了 8 世纪初，各王国都皈依了基督教。9 世纪初，威塞克斯国王爱格伯特（802—839）四处扩张，于 829 年初步统一了各王国，“英格兰”一词大约从此时起开始使用，其含义是“盎格鲁人的土地”。从 8 世纪后期开始，居住在斯堪的纳维亚半岛的诺曼人（主要是其中的丹麦人）不断漂海南下，侵略不列颠，给英格兰沿海地区造成严重摧残。威塞克斯国王阿尔弗烈德（871—899）遏止住丹麦人的进攻，并迫使其媾和，规定沿沃林大道到彻斯特一线的北边按丹麦法律进行统治，称“丹麦法区”（Danelaw）；这条线以南地区则由威塞克斯王国统治。阿尔弗烈德国王还废除义务兵役制，建立一支有战斗力的军队，并创建了王家舰队。此外，阿尔弗烈德还重视教育，奖掖学术，主持编纂了《撒克逊编年史》和法典。10 世纪后半期，不列颠岛上的丹麦人逐渐同当地居民融合。10 世纪末，大陆上的丹麦人重新侵入英格兰，其首领卡纽特（1014—1035）建立起一个囊括丹麦、挪威、瑞典和英格兰的国家，史称“卡纽特帝国”。1042 年，帝国崩溃，英格兰恢复独立。

长期的社会动荡与战争，使英格兰步入了封建化的轨道。在战争的摧残和繁重的兵

役赋税的重压下，农村公社的不少自由农民纷纷破产，沦为教、俗贵族役使的农奴。而国王对其亲兵和教、俗贵族的大量土地封赐，也促使封建大土地所有制逐渐形成。同时，随着封建化的不断拓展，在教、俗贵族的支持下，新兴的英国封建王权日益摆脱日耳曼原始军事民主制残余的束缚，得以巩固和发展，国王已拥有全国行政、军事和司法大权，并创建出地方的伯爵领制和分郡制，向全国征收捐税，其中最主要的是按照土地征收的“丹麦金”。但到了11世纪中期，地方伯爵等大贵族势力坐大，形成了对王权的有力钳制。

2. “诺曼征服”与英国封建制度的确立

1066年诺曼底公爵威廉的“诺曼征服”是英国中世纪史上的一次重大事件，对英国封建制度的最终确立产生了决定性影响。

诺曼底公国（公爵领）包括法国西北的塞纳河下游至滨海地区，为南侵的诺曼人首领罗洛于911年迫使西法兰克国王封赐所建。此后，诺曼底公爵依赖教、俗贵族的支持，逐渐强化其封建政权，名义上仍以法王为宗主，但实际上摆脱了法国王权的控制；同时，还建立一整套以采邑为纽带的封君封臣制度，让领受采邑的贵族为公爵提供骑士服封建军役，自由农民也由此而纷纷农奴化。在丹麦人统治期间，王室曾与诺曼底公爵的家族联姻。英王爱德华1042年即位后，受到国内大贵族势力的扼制，威塞克斯伯爵权势显赫，垄断朝政，权倾朝野。受形势所迫，爱德华王渐疏于政务，醉心于宗教事业，史称“忏悔者爱德华”。这一乱局为外敌入侵提供了便利条件。

征服者威廉

1066年1月爱德华王死，哈罗德伯爵被御前会议“推选”为王。作为英王爱德华表兄的诺曼底公爵威廉见时机成熟，就以哈罗德“篡位”和自己是王位合法继承人为由，乘英王与北方挪威军队及叛军作战之机，率领其部众约7 000人于8月渡过英吉利海峡，进攻不列颠。是年10月，威廉公爵在英国东南部的哈斯丁斯战役中对英军取得决定性的胜利，英王哈罗德和许多贵族战死。不久，他在西敏寺举行涂油加冕典礼，成为英王威廉一世（1066—1087）。随后，又经过5年的战争，彻底征服了英格兰。

“诺曼征服”将大陆的封君封臣制导入不列颠，加速了英国的封建化过程，使之最终确立起封建制度。在征服过程中，威廉一世将盎格鲁-撒克逊贵族的土地没收，将一部分留作王室领地；其余连同土地上的各类农奴和自由农民分封给诺曼底的教、俗贵族，使之成为国王的总封臣，让其为自己提供兵役，共获得大约5 000名骑士服役。国王占有全国耕地的1/7、全国森林的 1/3，而征服前的几千个领地被合并成 180 个，其中 10 个领地约占总面积的一半，5 个授予他的兄弟和堂兄弟，另外 5 个封给从诺曼底来的大贵族。在这一过程中，威廉一世意识到，必须打破大陆的那种将权利义务限定在直接的封君与封臣之间的封建原则，以便有力地控制封建贵族。由此，他于 1086 年 8 月在索尔兹伯里召开誓忠会，让所有等级的领主前来对他行“臣服礼”并宣誓效忠。这样，在欧洲大陆通行的“我的附庸的附庸不是我的附庸”的封君统辖封臣的原则，在英国转化成“我的附庸的附庸也是我的附庸”的原则。

为了加强对领主的控制，确定其所承担的土地税额和封臣义务，威廉一世还于 1086 年派出人员，在全英范围内详细地核对与查证各级封臣及自由人的土地财产、收入数额，以及农奴数量、庄园生产等的情况，并将调查结果载案入册，于第二年编成《土地赋役调查簿》。由于调查过程十分严格，清查项目细致无遗，该调查册又被称为“末日审判书”[①]。从这一文件显示的调查情况看，绝大部分土地为封建主所占有，他们推行庄园农奴制经济。各种依附者被简化为维兰和边地农（包括茅舍农），构成了农奴阶级的主要部分。他们都从领主那里分得份地，每周为领主服劳役，同时负担包括遗产税、结婚税、大小什一税等在内的各种苛捐杂税。这样，封建生产关系在英国得以最终确立。

3. 英国封建王权的建立与强化

“诺曼征服”后，英国建立起了当时西欧最强大的封建王权。威廉一世借助于有力的军事征服，推行有利于君主的封土制和封君封臣制，由此为封建王权的发展奠定了物质基础与政治基础。据统计，其时全英土地年收入总计约为 73 000 镑，其中王室约占 17%，约 12 600 镑；主教区和宗教团体约占 26%；世俗贵族约占 54%。而当时收入最多的总封臣年收入也仅 2 500 镑，半数以上的总封臣年收入不到 100 镑。由此可见，当时全国的耕地总面积中，约 1/5 属于国王，约 1/4 属于教会，约 1/2 属于世俗贵族，还有一小部分属于支持威廉而继续享有其领地的英国旧贵族及自由农民。王室的地产之大是任何总封臣都望尘莫及的。并且，全国未开垦的荒山森林区亦收归王室所有。此外，总封臣的封建大地产并不集中在一处，而是分散在各地，约有 20 个总封臣的领地分散在 10 个以上的郡里，甚至有的分散到约 20 个郡之中。而国王本人的许多大地产，也星罗棋布地间杂在各地封臣的大地产中。这种相互分割交错的地产占有格局，由于时间和距离的限制，既使封建贵族难以迅速积聚起对抗王权的政治和军事力量，难以在其所有领地上实行有效的私家统治，也使他们能以较开阔的视野关注其在广泛地区的经济利益，由此而渴求王国社会秩序的稳定。此外，通过“索尔兹伯里誓约”和《土地赋役调查簿》，各级领主直接受到英王封建宗主权的控制。

与此同时，威廉一世继承了旧英王国的国家遗产。他继续伸张对原盎格鲁-撒克逊王位的血统世袭权，并仿效旧英王，让教会为他举行神圣的涂油加冕典礼，由此而号称合法的、权力神授的国君。他吸收了旧英王有关“王之和平”的法治观念，将臣民的重

---

① 意指它所记录的情况不容否认，犹如末日审判一样。另一说法是，严格的调查使人们感到恐慌，如履薄冰，好像基督教传说中的“末日审判”降临，故名。

大刑事案件乃至封臣的反叛要案，都划入国王的司法权范围。此外，他对原有的地方政治制度进行改造。基于旧英国伯爵以势干政的教训，他废除原有的地区性的伯爵领，而在沿边重要地区分设伯爵镇守。先后设彻斯特、施鲁斯伯里、赫里福德、诺福克、肯特、苏塞克斯、康沃尔等伯爵领，让自己的总封臣充任伯爵，伯爵只负有卫国御敌的重任，不得参与其领地以外的地方诸政务。这样，征服前伯爵干政的局面基本上不复存在。同时，威廉王仍袭设郡制，但将郡守变成不受伯爵制约而由国王任命的地方最高行政长官，郡守的权力远远超过征服前，拥有本郡行政、财政、司法、军事诸大权，负责为国王传达政令、征调钱物、征发军役、主持郡法庭审判、维持社会治安、守护王家堡垒等等。每郡管辖若干百户区，设百户长统辖。此外，他也继承了英王国的土地税（丹麦金）制和地方民团制。同时，威廉一世还重新组建英国教会。他不仅任用诺曼人充当英格兰教会的大主教、主教和修道院院长，而且把教士纳入封建化的轨道，将全国 1/4 的土地赏赐给教会，让高级教士承担为国王提供兵役等封建义务，并援引他们参与王国政府。由此，主教等高级教职的人选要经过国王推荐，新主教就职时首先要向国王行“臣服礼”并宣誓效忠，然后由国王授予象征宗教权力的权戒与权杖。这样，英国封建王权就有了赖以巩固和发展的神权支柱。

通过威廉一世的上述措施，英王获得了一国之君与封建宗主的双重政治身份与地位，为以后英国封建王权的强化与发展奠定了重要基础。

“诺曼征服”后，英王国跨海而治，其版图包括诺曼底，仍然带有法国国王之封臣的身份。法王的干预构成了英国政局动荡的一大根源。威廉二世（1087—1100）在位期间，一些英国贵族在法王的支持下反叛，王权的发展受到威胁。亨利一世（1100—1135）上台后，对大贵族采取“恩威并重”的政策，并延揽一批小贵族精英参政。同时，他扩大御前会议的决策和治政功能，对王廷的官员实行薪金制，拓展国王的司法权，创建了宰相一职和中书省、财政署、巡回法庭，将郡守世袭改为朝廷任命，征收“盾牌钱”来取代骑士军役，招募雇佣军，并派军收回了贵族割据的诺曼底。通过这些措施，王权得到进一步加强。但在他去世后，其远嫁给法国安茹伯爵的公主玛蒂尔达率众回国与斯蒂芬王（1135—1154）争夺王位，致使英国爆发了十多年的大内战。

1154 年，玛蒂尔达之子、法国安茹伯爵亨利继承英国王位，史称亨利二世（1154—1189），开始了英国史上的安茹王朝（1154—1399）的统治。由于此前安茹伯爵通过兼并在大陆空前地拓展了其领地，封建的继承关系使跨海而治的安茹王朝占有英国和大部分法国土地，其统治下的英国又被称为“安茹帝国”，其领土从苏格兰边境一直延伸到比利牛斯山。

为消除封建内战影响，有效统治辽阔的疆域，亨利二世采取了一系列集权措施。在政治上，他摧毁了贵族在内战中修建的私家城堡，收回被侵占的王室领地；禁止伯爵控制郡政，并尽力以自然减员的方式来削减内战中数目剧增的伯爵领，将 1154 年的 24 个伯爵领减至 12 个。同时，他整顿王国政府机构，强化御前会议的政治功能，重设宰相，扩大和完善中书省、财政署的建制与运作。此外还废郡守世袭制，行任免制，选地方中小贵族充任郡守。在军事上，普遍推行“盾牌钱”取代骑士役，扩大雇佣军规模，同时规定自由民必须按财产状况自备兵甲衣粮为国王服军役。在司法上，他进行了诸多的立

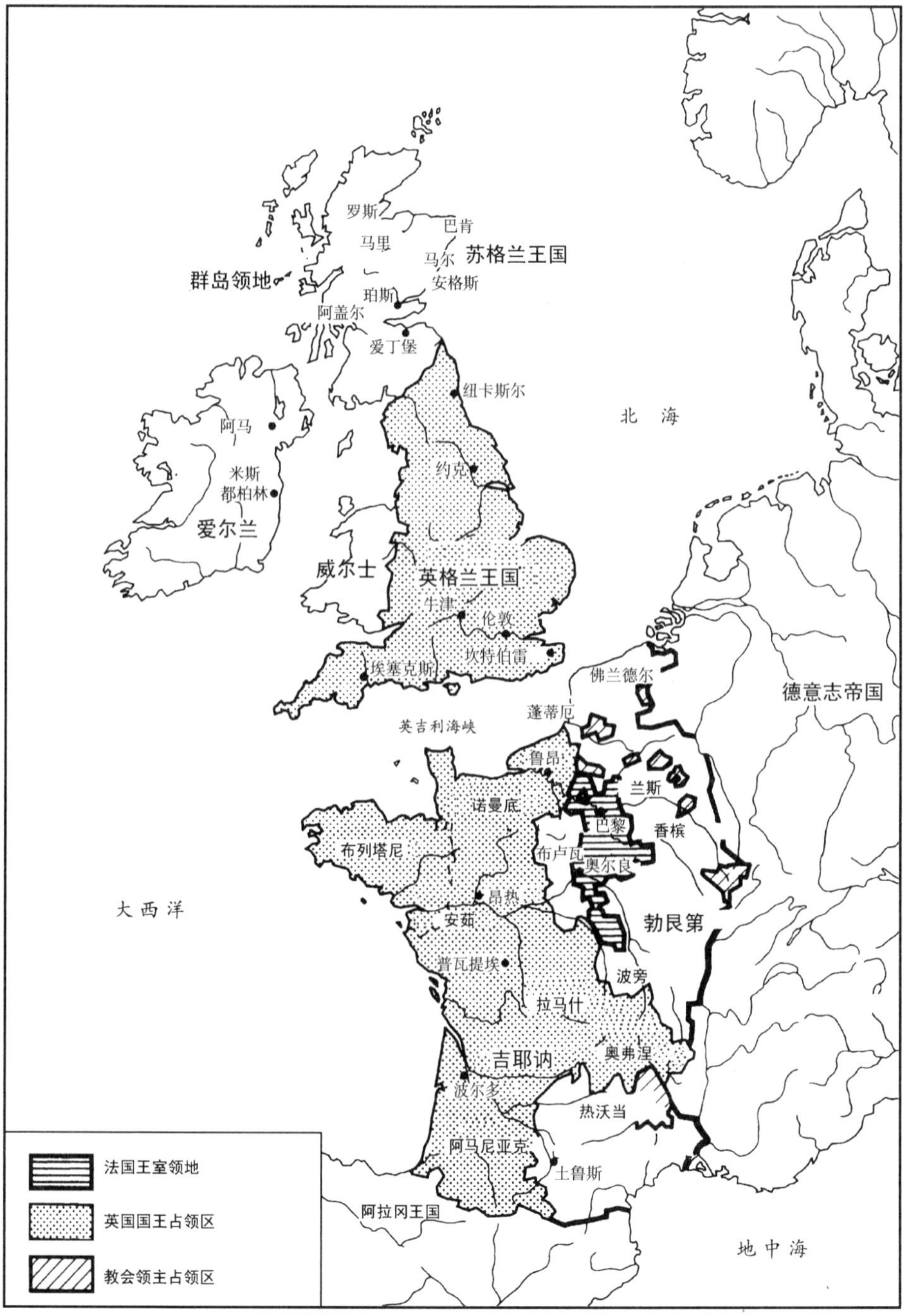

初期的英国安茹王朝

法活动，任用一批法律专家，参照罗马法和英国习惯法来统一英国的法律，将全国划分为四大巡游区，扩大巡回法庭对各地的按期巡游办案，加强中央司法权对地方的控制。又创建中央法庭，常年在西敏寺办案，审理重大案件，这是英国王座法庭的肇始。他还设立陪审团制度，用誓证法代替原始、落后的“神命裁判法”和决斗法。陪审团制度此后就成为英国司法制度的核心，并以此与以罗马法为基础的大陆法系区别开来。

亨利二世的改革推动了英国王权的强化。然而，由于此时罗马教廷干预英国的教务，导致他与坎特伯雷大主教贝克特发生激烈冲突。而法王腓力二世则支持其王子反叛。最终，亨利二世因兵败而含恨去世。他死后，理查德一世（1189—1199）穷兵黩武，参加十字军东侵，且多住在其在法国的领地，疏于治理国政，王权由此而趋于转弱。

4.《大宪章》

到了约翰王统治时期（1199—1216），英国王权遭遇到了巨大的统治危机。由于羊毛、粮食等商品出口的激增和白银的大量输入，英国历史上有记录的第一次通货膨胀出现，物价的飞涨进而导致了王室实际收入的锐减和费用支出的剧增。同时，与法国争夺大陆领地的战争也接连不断，军费迅速增加。为了解决财政危机，约翰王被迫打破封建习惯法，任意高额征收封臣的封地继承金，利用封君的婚姻干涉权来榨取贵族的钱财，导致不少贵族经济拮据，有的甚至债台高筑。再就是出卖王家森林开垦权和郡守职位，甚至用“宫市”的形式低价强购宫廷用品。约翰王还加倍征收“盾牌钱”，并发明征收所有进出口货物的商税，又对教会进行敲剥。所有这些，都引起了贵族、教会以及骑士、市民的愤恨。

在政治上，约翰王专横独断且惯于猜忌。由于对法战争的失败，英国在大陆丧失了大部分领地，约翰王的政治形象严重受损，被称为“无地王”或“软剑”，由此而加重了他对臣属的猜忌。他排斥贵族参与政务，重用王廷中的心腹臣仆来操持王国的财政、司法诸大权，委任雇佣军首领为地方郡守。他甚至采用酷刑来惩处那些不满的贵族，打破封建习惯而干涉领主法庭的审判权。此外，约翰王还不识时务，肆意干涉教会高级教职的选举，由此而与罗马教廷发生了激烈的正面冲突。

随着矛盾的尖锐激化，北方大贵族首先发难反叛王权，过去一向支持国王的骑士和市民倒向诸侯。1215年初，他们在斯坦福集会，并向伦敦武装进军，在强大的压力下，经过坎特伯雷大主教朗顿的斡旋，约翰王被迫在兰尼米德草地举行会谈，并于1215年6月中旬与贵族签订了《大宪章》。

《大宪章》全文共63条。作为一种政治妥协方案，它仍然肯定封建王权的合法地位和国王人身不可侵犯的尊严，将国王视为贵族权益的恩赐者。但《大宪章》旨在约束王权，保障教俗封建主的特权不受侵犯。它重申贵族、教会享有诸种传统的特权，对国王的权威作了种种限制。主要内容有：保障教会选举教职的自由；保护贵族和骑士的领地继承权，国王不得违例征收领地继承税；未经教、俗贵族同意，国王不得直接向封臣征派补助金和盾牌钱；禁止国王干涉封建主法庭的司法审判；未经同级贵族判决，国王不得任意逮捕或监禁任何自由人或没收他们的财产。此外，少数条款涉及城市，如确认城市已享有的权利、保护商业自由、统一度量衡等。《大宪章》还规定，由25名大贵族组成委员会负责监督宪章的执行。一旦发现国王有破坏宪章条款的行为，委员会有权要求国王立即改正，并赋予贵族使用武力迫使国王改正错误的权利。

《大宪章》节选

英国教会当享有自由，其权利将不受干扰，其自由将不受侵犯。

伦敦城，无论水上或陆上，俱应享有其旧有之自由与自由习惯。

如欲征收贡金与免役税，应用加印诏书致送各大主教、主教、住持、伯爵与男爵指明时间与地点召集会议，以期获得全国公意。

任何自由人，如未经其同级贵族之依法裁判，或经国法判决，皆不得被逮捕、监禁、没收财产、剥夺法律保护权、流放，或加以任何其他损害。

任何人凡未经其同级贵族之合法裁决而被予夺去其土地、城堡、特许权或合法权利者，予应立即归还之。

——汉德森. 中世纪历史文件选辑//郭守田. 世界通史资料选辑·中古部分. 北京：商务印书馆，1981：183-184.

《大宪章》的签订，标志着封建王权统治危机的暂告结束。但它不可能消除统治阶级内部的权益争夺，不可能切实规范签订者双方日后的政治行为。尽管如此，《大宪章》的诞生表明，英国封建王权与教、俗贵族以及骑士和市民之间难免发生大的政治冲突，但能够通过政治协商、妥协来缓解危机。这也就预示着君主与各阶层进行制度化合作的议会君主制即将出现。

5. 议会君主制的形成和发展

在约翰王之子亨利三世在位期间（1216—1272），王权与贵族的冲突更为激烈。他幼年继承王位，由贵族辅政。待到成年亲政时，又开征巨额捐税。同时，因其王后是法国人，亨利三世重用来自法国的一批宠臣，并容忍教廷榨取的政策。所有这些都招致贵族的普遍不满。1258 年，以西蒙·德·孟福尔为首的贵族发动兵谏，迫使亨利三世签订了《牛津条例》，要求国王按照《大宪章》及习惯与重臣协商治理国家，规定由国王的 15 名大贵族组成会议执掌国家统治大权。同时，由这 15 名大贵族和另选的 12 名王廷会议成员组成联席会议，每年开会三次，协商决定国家的重大政务。由此建立的贵族寡头统治，不久就引起了骑士与市民的不满。1262 年，亨利三世试图取消《牛津条例》，结果导致贵族叛乱，在刘易斯一役遭到惨败并被俘虏。贵族获胜后，孟福尔于 1265 年 1 月在伦敦召开会议，除大贵族与会外，还邀请每郡两名骑士代表和每个大城市两名市民代表参加会议。一般认为这是英国议会君主制的萌发。

1265 年 8 月，亨利三世之子爱德华在伊夫夏姆战胜并杀死了贵族首领孟福尔，后继承王位成为爱德华一世（1272—1307）。他即位后既继续扫荡反叛势力，也恢复了与贵族的合作。1295 年，为筹措对威尔士、苏格兰和法国进行战争的费用，爱德华一世召开英国历史上的首次议会，其人员构成完全仿效 1265 年的会议。自此以后，议会均按这一模式经常召开，故 1295 年的议会又被称为“模范国会”。它的举行，是英国议会君主制形成的明显标志。

从 14 世纪起，由于财政和战争形势的需要，国王不断召集议会，议会的作用也就逐渐凸显。在爱德华三世时期（1327—1377），议会形成两院制。上议院由教、俗大贵族组成，有权审理重要的司法案件，纠正下级法庭的错误，有权进谏国王，批准税收和制定法律。下议院则由地方骑士和市民的代表共同组成，但权限十分有限，多为回答国王顾问的询问。大约从14世纪末开始，下议院才产生了“议长”，且与上议院分别集会，商讨和提出一般请愿书，并取得投票决定税收和批准法律的权力。

议会君主制的产生和运作，使英国封建君主与各封建等级的政治协商有了一个制度化的平台。议会既对王权的统治提供了政治决策的支持，也对王权形成某种程度的限制。但此时的议会远未形成独立的王国主权机构，它仍然从属于国王。议会只是国王的议会，没有国王就没有议会。国王决定了议会的召集与人员的构成及其议决的内容，也有权使其休会或者解散，国王的个人意志对议会有着很大的、有时甚至是决定性的影响。

二、法国封建王权的发展与等级君主制的形成

1. 加佩王朝初期的孱弱王权

中世纪的法兰西王国是从加洛林王朝的西法兰克王国演变而来的。查理曼帝国分裂后，加洛林王朝在西法兰克的统治又延续了一百多年。从840年到987年，加洛林家族先后有8人继承王位，但他们大多是昏庸无能之辈，权力孱弱，难以驾驭势力趋强的地方大贵族，封建割据日益严重。由于国力不振，在9至10世纪，北欧的诺曼人不断漂海南下，袭击王国的沿海地区，甚至沿些耳德河、卢瓦尔河、加隆河等水道侵入内地，洗劫城市和乡村，致使田园荒芜、经济衰败。加洛林王室无力保疆卫国，政治威望日益跌落。各地大贵族则纷纷修建城堡，扩展实力，政治分裂割据局面进一步加深。在这一过程中，一些大贵族家族开始崛起。9世纪后期，大贵族强者罗伯特因抗击诺曼人入侵有功，被封为法兰西公爵，统治着“法兰西岛”，即塞纳河和卢瓦尔河中游、以巴黎和奥尔良为中心的南北狭长地带。罗伯特公爵之子、巴黎伯爵厄德也因抵抗诺曼人有功，逐渐控制加洛林王朝的实权。987年，加洛林王朝末代国王路易五世死后无嗣，教、俗大贵族就拥戴罗伯特家族的休·加佩为王，从此开始了加佩王朝（987—1328）的统治。

加佩王朝初期，法国仍处于王权孱弱、封建割据的状态。国王不但没有行政机构和固定的财政收入，而且没有固定的驻地，时而住在巴黎，时而住在奥尔良。王室的领地局限在“法兰西岛”，国王统治的区域只有约3万平方公里的范围，而当时在名义上属于法兰西王国的领土则约有45万平方公里，王领仅占总领土的1/15。即便是在王室领地内，也存在着某种程度的封建割据，贵族不纳王命的现象常常发生。而在王领之外，则存在着诸多的公国（公爵领）和伯国（伯爵领），这些公爵、伯爵虽然名义上是法王的封臣，但在其领地内不纳王命，行使独立的政治统治权，时常相互征战，甚至兴兵反叛王权。这些封建割据政权主要有北部的佛兰德尔伯国，西北部的诺曼底公国，西部的安茹伯国和布列塔尼公国，南部的阿奎丹公国、土鲁斯伯国和巴塞罗那伯国，东部的勃艮第公国和布卢瓦-香槟伯国。尤其重要的是，孱弱的法国王权还遭到英王国领土扩张的强大挑战。“诺曼征服”后，诺曼底公国被划入英王国的统治版图。1154年安茹伯爵亨利又被立为英王亨利二世，而此时经过兼并扩张的安茹伯国在大陆的领地已经包括安茹、缅因、屠棱、阿奎丹、诺曼底等地区，面积几乎相当于法国领土的2/3。在这样的

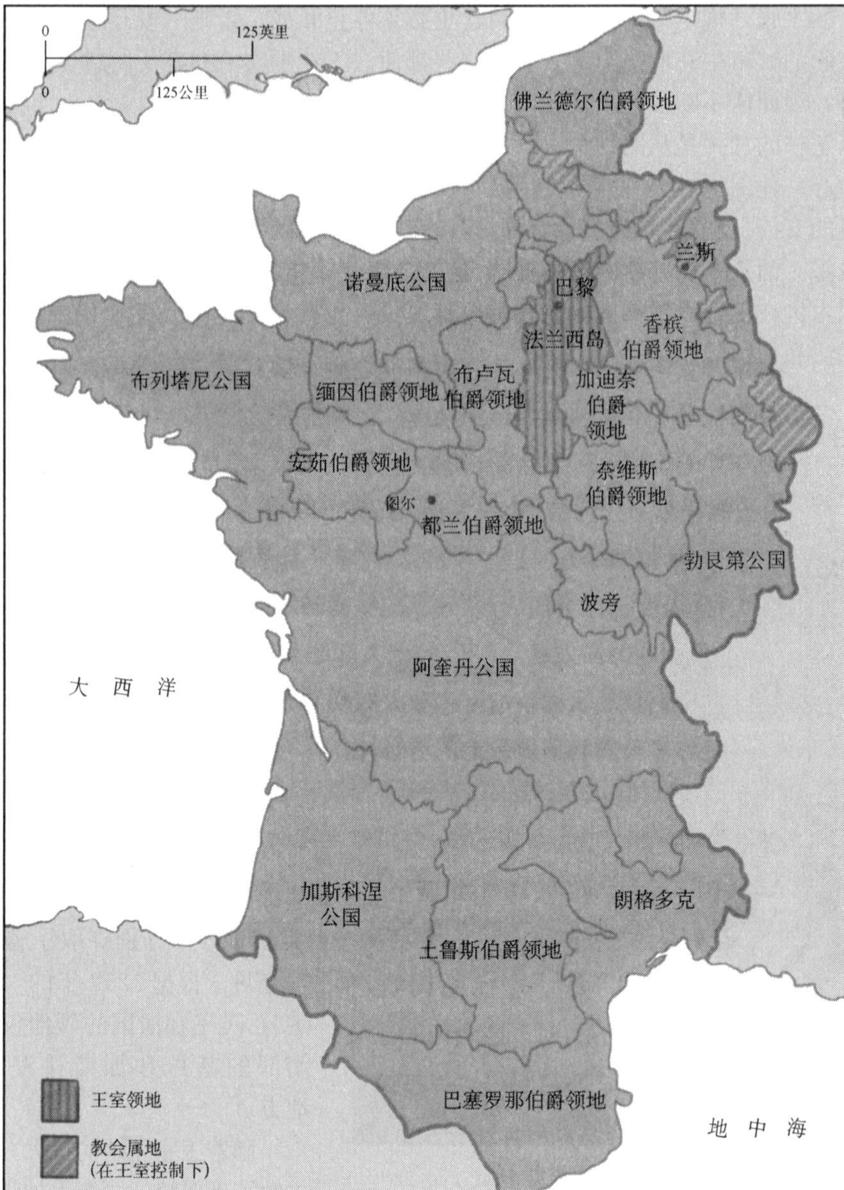

加佩王朝初期法国的分裂割据

严峻形势下，法国封建王权要获得巩固和发展，就必须与英国的扩张以及其他割据诸侯展开斗争，实现王国领土的政治统一。同时，还必须打破封建等级制中居间权力的障碍，将封建宗主权转化为王国君权，对封建诸侯及其各级附庸进行直接而有力的统治。

2. 法国封建王权的崛起

加佩王朝初期的法国国王虽然孱弱，但他毕竟在理论上是各级封建贵族的最高封君，对他们拥有封建的宗主权。同时，教会也鼓吹“王权神授”，并为之举行神圣的涂油加冕典礼。教会还致力于稳定社会秩序，在10世纪中叶提出“上帝的和平”和“上帝休战”的主张，规定每周五到周日封建主必须停止私战，否则一概开除出教。国王还从日益兴起的城市中获取财力和人力。这些都使法王在事实上拥有任何封建诸侯所不具备的优势，因而能不断强化王权。

法国王权的加强是从路易六世（1108—1137）开始的。他长驻巴黎，以之作为王国的政治中心。他保护教会利益，支持城市反对封建领主、争取自治的公社运动，得到教会与市民的支持。他扩展王室领地，并先后铲除了蒙莫朗西、芒特斯、科尔贝等王室领地内的城堡，消灭了那些横行不法的小领主，恢复了国王对王室领地的实际统治。此外，亨利六世在王廷设置御前会议辅政，其成员有显贵、宫廷官员和国王的封臣，具有咨询、立法和司法的职能。

到了著名君主腓力二世（1180—1223）在位时，法国王权进一步拓展。他先是利用英国王子的反叛，后又借口约翰王不履行封建义务，宣布剥夺英王在法国的领地，并对之展开领土战争，先后夺得诺曼底、安茹、缅因、屠棱和布列塔尼等地，将法国王室的领地面积扩大一倍。约翰王不甘心失败，联合德意志皇帝等反法势力反扑，1214年7月，在布汶战役中，法王的军队在大约2万市民的支持下彻底击败对方，奠定了领土战争胜利的基础。后来的法王又先后在1224年、1258年分别夺取了普瓦都与阿奎丹。根据1259年的《巴黎和约》，英王在法国的领地仅剩下西南部的基恩和加斯科涅等少数地方。

法王腓力二世

随着王室领地的扩大，法国君主为了确保统一，着手加强政治集权。腓力二世时期，扩建巴黎，将塞纳河两岸都划归为市区，修建城堡和广场以及引水设施，使巴黎成为当时西欧的著名都市。国王还直接掌握王室法庭的司法权，一些主要案件由国王亲自审理。在地方，则实施新的“拜宜制”，由国王直接任命官员驻在各地，拥有固定的辖区，代表国家享有当地的财政和司法大权，国王发给他们薪俸，可随时对之罢免。路易九世（1226—1270）统治时，更推行了一系列强化王权的改革。在政治方面，派巡按使奔赴各地，督察各级官员的非法行为。对南方地区原有的地方“塞尔夏尔制”进行改革，其官员改为由国王任免。在司法方面，加强国王的立法权，颁布诸多的法律来规范社会生活。同时加强国王的司法权，规定王室法庭有权审理重大案件和复审地方法庭的判决；严禁领主之间私斗，实行“国王四十日”制，有纷争可在40日内向国王上诉，由王室法庭裁决。在军事上，开始推行募兵制，建立训练有素的常备军，逐渐取代骑士军役制。在经济上，下令铸造通行全国的货币，限制劣质货币的流通，促进国内各地区之间的经济联系。

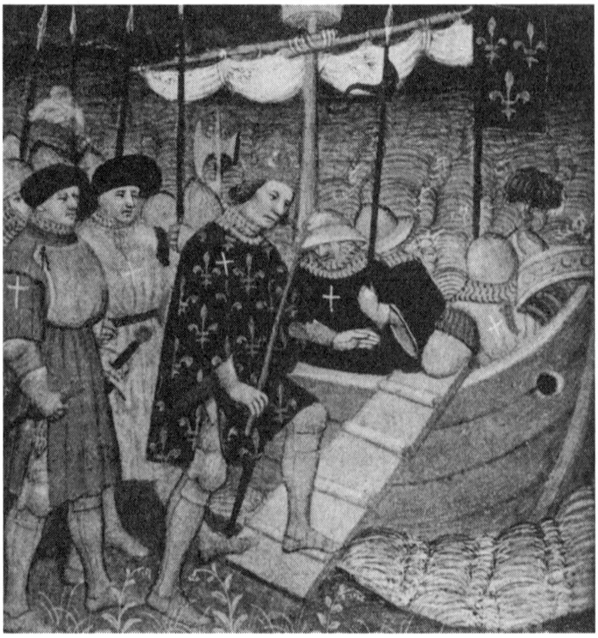

圣路易——法王路易九世

3. 腓力四世与等级君主制的建立

腓力四世在位时期（1285—1314），法国封建王权进一步加强，并在此基础上建立了等级君主制。在这以前，王室已经兼并了香槟伯国和那瓦尔王国，腓力四世则进一步夺取勃艮第和里昂，并取得了对富庶的佛兰德尔地区的控制权。

在政治集权的过程中，腓力四世采取了诸多有力措施。他专门任用一批出身于城市富裕市民或小贵族家庭的精通罗马法的法律专家，这些人宣传王权至上，为君主的权威辩护。同时，国王还组织他们制订通行法国全境的法律，然后以自己的名义公之于众。在腓力四世统治时期，其所颁布的法令总数达 300 多项，比路易九世时代增加了好几倍。这些法令内容广泛，涉及法国社会各个阶层的生活，从中可以看出王权对社会的严厉干预。如 1294 年禁止奢侈浪费的法令这样规定：任何女自由民都不得保有一辆四轮畜力车；任何男女自由民都不得穿灰色皮袍或貂皮长袍；公爵、伯爵、男爵，一年有 6 000 列佛或更多的土地收入的，每年可以做四套衣服，不能更多，他们的夫人也一样，等等。为了提高法律的权威，腓力四世致力于完善国家的司法制度，使巴黎高等法院成为一个完备的常设司法机构，扮演着法国最高法院的重要角色。同时，地方司法和行政系统也逐步完善，当时有 36 个行政和司法官员在各地代表国王，北方称“拜宜”，南方称“塞内加尔”，他们从国王处领取报酬，享有解释国王法令的权力，并代表国王在地方行使各种权力，主要是财政权和司法权，还有部分行政权。在他们之下，还有一批官员来处理具体事务，北方称“普雷沃”，南方称“培雷”。腓力四世时，战争增多与官僚机构的发展使王国财政日显拮据。为筹得充足经费，腓力四世采取了不少措施：允许封建主将对国王的军事义务折算成免役金，多次贬低币值，并强调以金块来偿付税款；下令没收法国境内犹太人、伦巴德人的财产，包括动产和不动产；尝试直接向民众征税，税种主要有人头税和间接税；向富庶的圣殿骑士团开刀，强掠其巨额财产归法王所有。而最大的举措则是向教会征税，让教会按其财产20%的比率征税。这一举措引起法王与罗马教皇的直接冲突。为了争取各社会阶层的支持，腓力四世于1302年在巴黎圣母院召开法国史上第一次三级会议，参加会议的有贵族、僧侣、市民三个等级的代表。在会议上，三个等级的代表一起谴责教皇是异端，要召开宗教会议予以审判。同时，会议确立了国王有权征税的原则，会议代表可以在答应国王征税的前提下提出一些改良性要求，沟通国王与民众的联系，避免社会矛盾的激化。

三级会议的召开，标志着法国封建王权的发展进入等级君主制阶段，在法国史上具有重要意义。通过这一统治形式，法国国王与贵族、教会和市民有了协商的政治平台，促进了其相互间的合作；国王可以更充分地利用他在其中的主动支配地位来控制各个等级，进一步强化王权。三级会议在反对国王暴政、限制王权独裁方面有一定的作用。会议代表常常在会议上批评弊政，有时要求国王改革，作为通过决议的交换条件。不过，三级会议远不具有英国议会对国王的约束力。三级会议何时召开，完全由国王根据形势而定，也没有进一步取得国家的立法权。三级会议开会时，三个等级只能分别讨论议案，每个等级也仅有一票表决权，只有在向国王作出答复时三个等级才集合在一起。法国王权的专制倾向并没有因此而被遏止。

三、英、法“百年战争”和农民起义

1.“百年战争”

在英、法王权发展的过程中，两国从14世纪中叶开始就断断续续地展开了长达百余年的“百年战争”(1337—1453)。

“百年战争”是自诺曼征服以来英、法两国领土战争的继续与发展。为了恢复英国往日“安茹帝国”的辽阔版图，维护在法国西南部的诸多领地，英国从未停止在大陆的军事行动。而法国在夺取英国在大陆的大多领地后，更设法将其巩固，并欲将英国势力彻底驱除。因此，法王腓力四世和英王爱德华一世在1294年至1303年期间继续争战。此外，两国对工商业发达的佛兰德尔的争夺也加剧了双方冲突。佛兰德尔原是法王的伯国，名义上属于法王。在12世纪以前，由于法国王权孱弱，佛兰德尔伯爵实际上处于政治独立的地位。腓力四世曾试图吞并佛兰德尔地区，但未能得逞。佛兰德尔的呢绒业发达，但毛纺织业原料羊毛却依赖从英国进口。因此，从自身利益出发，佛兰德尔市民在政治上倾向于英国，承认英王爱德华三世（1327—1377）为法国王位的合法继承人以及佛兰德尔的最高宗主。但佛兰德尔伯爵路易为了压制和搜括城市，倾向于支持其名义上的宗主法王，并借助于法国军队来镇压市民。1336年，路易逮捕英国商人，禁止佛兰德尔与英国通商。爱德华三世也随之禁止羊毛输往佛兰德尔，佛兰德尔市民遂向英王求援。英、法之间的矛盾趋于激化。

法国王位的继承问题成为英、法两国战争的导火线。由于两国王室之间长期存在着联姻，使双方的王位继承问题复杂化。腓力四世去世后，其三个儿子曾相继继承王位。1328 年，查理四世（1322—1328）去世，加佩王朝绝嗣。查理无子无兄，其妹是英国王太后即爱德华三世之母，爱德华三世即以法王外甥的资格要求继承法国王位。法国的三级会议以王位应为男系后嗣继承为由，拒绝了爱德华三世的继位要求，转而推举查理的堂兄弟瓦洛亚伯爵之子为王，称腓力六世（1328—1350），开始了瓦洛亚王朝（1328—1589）的统治。由此，双方的战争一触即发。

1337 年 11 月，英国不宣而战进攻法国，不久，双方都向对方宣战，“百年战争”爆发。整个战争大致分为四个阶段：

1337 年至 1360 年的“英胜法败”，是战争的第一阶段。战争初期，英国舰队连续挫败法国水师，控制了英吉利海峡。1346 年春，双方会战于克勒西。法国投入的军队是英军的三倍，其中的法兰西骑士号称“骑士之花”，凶悍善战。但英国使用了新型步兵，配备出身于自耕农的弓箭手，重创法军。是役中，法军损失 1 万多人。克勒西之战后，封建骑士军队在军事上的重要作用逐渐消解。1356 年，黑太子爱德华指挥的 6 000 名英军，又在普瓦提埃以较小的代价力克约 2 万名法军，致使其伤亡 4 000 多人，法王及其幼子以及大批法国贵族被俘。1360 年，法国被迫签订《布勒丁尼和约》：英王放弃对法国王位的要求，但加莱和阿奎丹等地重归英国，法国以相当于英王 5 年收入的 50 万镑巨款赎回国王。

英法“百年战争”中的战争场面

1369 年至 1380 年的法国反攻，是战争的第二阶段。法王查理五世（1364—1380）即位后，推行一系列旨在抵御英军的改革。他建立税收制度以增加财政收入，组建和整顿军队，起用优秀将领。在此基础上，于 1369 年开始向英军发起反攻，并宣布废除

《布勒丁尼和约》。最终迫使英军于 1380 年停战，英国除保留加来等几个沿海城市外，将其余领地归还法国。

1415 年至 1422 年的英军卷土重来，是战争的第三阶段。英国兰开斯特王朝（1399—1461）建立后不久，即开始筹划对法国的新一轮战争。1415 年 8 月，英王亨利五世（1413—1422）率大军在塞纳河口登陆，10 月在阿让库尔一战中大获全胜，法军伤亡近万人，另有约 1 000 人被俘。英军随即占领了巴黎和法国北部。1420 年，法国被迫签订屈辱的《特洛伊斯条约》，除割让大片领土外，还承认英王亨利五世为法王查理六世（1380—1422）的王位继承人。

1422 年至 1453 年法国的反败为胜，是战争的最终阶段。英王亨利五世死后，其幼子即位为亨利六世（1422—1461），双方战争一度平息。不过在 1428 年英军又发动攻势，围攻通往法国南部的要塞奥尔良，法国的瓦洛亚王朝仅剩下卢瓦尔河流域及其以南地区，面临全部沦陷的危机。在这关键时刻，法国民众的爱国激情迅速高涨，出身于农家的少女贞德（约 1412—1431）挺身而出，声称上帝授意她去解救奥尔良之围，前往规劝太子查理坚持抗战。在查理的委派下，1428 年 4 月底，贞德率援军进抵奥尔良杀敌。在其爱国热诚的感召下，法军英勇奋战，解除了奥尔良之围，并乘胜追击，收复巴黎东北的兰斯城。不幸的是，在次年 5 月底向康边城退却中，贞德因得不到掩护而落入敌人之手。英军以巫术和异端罪对贞德进行审判，1431 年将她残忍地处以火刑。贞德为拯救法兰西危亡而捐躯，受到民众的深切怀念，称她为“奥尔良的女儿”。在贞德爱国精神的鼓舞下，法国军民奋勇作战，节节取胜，最终赢得了百年战争的最后胜利。1453 年，英、法两国签约，除加来港以外，英国军队全部撤出法国。

圣女贞德

"百年战争"对英、法两国的历史发展产生了重要影响。旷日持久的战争，给两国的人力、物力造成巨大损失，更给法国的社会经济发展带来严重破坏。为了应付战争，两国的封建统治者都加重了对民众的经济剥削，导致阶级矛盾严重激化，酝酿出以农民为主体的反封建大起义。这场战争也推动了英、法民族国家的形成和封建君主政治的演进。就法国而言，由于战争自始至终是在法国领土上进行的，深受战争灾祸之苦的法国各阶层的民族认同观念日益积淀，国家意识不断加深，这就为法兰西民族的形成和民族国家的建立创造了有利条件。到路易十一（1461—1483）及其后继者统治时期，法国终于建立起君主专制制度。对英国来说，战争带来的严重财政危机迫使英王更多地依赖议会来征调赋税，议会下议院的功能与权威得到迅速提升，议会君主制进一步发展。同时，战争的失败最终结束了英王自"诺曼征服"以来"跨海而治"的政治情结与格局，转而注重对英格兰内部的统治经营，也使英国封建贵族树立起浓厚的"本土"意识，促进了民族观念的形成。这样，其统治集团内部的矛盾开始积聚，终于爆发了约克家族与兰开斯特家族争夺王位的玫瑰战争（1455—1485），不少旧的大贵族在战争中自相残杀，实力耗尽，这就为都铎王朝建立君主专制扫清了道路。

2. 法国的"扎克雷起义"

在法国，"百年战争"激起了1358年法国农民的反封建起义。当时，贵族对农民常常蔑称为"呆扎克"，意即"乡下佬"，因此，这次农民起义又被称为"扎克雷起义"。

"扎克雷起义"的发生从根本上缘于当时法国农村阶级矛盾的激化。在14世纪，随着商品经济的发展，农村中货币地租逐渐盛行。为了满足不断扩大的贪欲，封建主大幅度提高租额，增加了农民的负担。很多农民虽赎免了一些人身依附义务，但又开始遭受高利贷者的残酷剥削。接踵而至的"黑死病"，导致农村人口大量死亡，加重了农民的生活苦难。"百年战争"从一开始就在法国本土进行，不仅导致广大农村田园荒芜、财产流失和人口死亡，而且巨额军费更使农民备受压榨，其不满情绪日益积累。1356年普瓦提埃战役使法王与一批贵族被英国军队所俘，负责监国的太子为筹集国王赎金和战争经费，开始实行新的徭役制度，规定了附加税收。农民生活急剧恶化。

"百年战争"还破坏了法国的手工业和商业，首都巴黎各阶层居民对政府十分不满，1357年3月，以巴黎商会会长艾田·马赛为代表的法国富裕市民，利用三级会议中贵族席位暂时减少的机会，迫使太子查理进行有利于市民的改革，即定期召开三级会议，会议有权决定战争、媾和、捐税收支、任命国王顾问等，是为"三月大敕令"。1358年2月，马赛组织巴黎的手工业者和商人举行起义，太子查理逃出巴黎，招募军队镇压巴黎起义者。当太子查理命令切断通往巴黎的一切道路时，封建主便在城市周围的城堡中进行战争准备。修筑城堡防御工事的劳役全由农民承担。5月下旬，农民在吉约姆·卡尔的率领下拿起武器进行反抗。起义在巴黎以北博韦省的圣勒代瑟朗镇爆发，很快波及巴黎附近、毕伽第和香槟等地，进而席卷了法国北部绝大部分地区，起义人数多达10万。参加起义的除农民外，还有手工业者、小商人、贫苦教士以及个别小领地的贵族骑士。他们仍然笃信国王是公平正义的化身，在自己的起义旗帜上绘着王徽百合花。义军在各地捣毁封建城堡，杀死被俘的贵族，焚烧记载徭役的契据。起义者虽然没有成文的纲领，但始终把矛头指向封建领主，主张"消灭一切贵族，一个不留！"

法国起义农民围歼骑士

吉约姆·卡尔富有军事经验，他把军队分成若干支队，下设10人编的若干小组，组长服从支队长，全体农民服从卡尔。为了迅速推动起义，卡尔还极力设法与领导巴黎市民起义的艾田·马赛取得联系，请求援助，并且马上向康边进发。但是，富裕的市民阶级对农民的斗争十分担忧，采取了保守的态度。一方面，艾田·马赛请求义军破坏封建主在塞纳河和瓦斯河之间修筑的工事，保障巴黎的临时供应通道，并派遣300名巴黎市民去援助农民。但他却在卡尔急需援军的关键时刻，调回自己的队伍，而使农民暴露在装备精良的封建主军队面前。另一方面，为了维护封建统治秩序，曾经欲夺取王位的纳瓦拉大贵族“恶人”查理，甚至是与法国处于交战状态的英国封建主，都来帮助法王镇压农民起义。6月8日，农民起义军主力在麦洛村附近与“恶人”查理的封建骑士约1000人遭遇，双方对垒数日。“恶人”查理以谈判为名，诱捕了卡尔，并乘起义军群龙无首之际将其击败。随后又四处血腥镇压，残杀农民2万余人，卡尔也被严酷处死。由于孤军作战，巴黎市民的起义也在8月为太子查理率军队所镇压。

“扎克雷起义”有力地扫荡了法国北部农村的封建秩序，沉重打击了封建主阶级，使不少农民暂时摆脱了封建的人身依附关系，促使庄园农奴制走向衰落。

3. 瓦特·泰勒起义

封建制度的奴役和“百年战争”所造成的沉重经济负担，在英国也导致了1381年瓦特·泰勒领导的英国农民起义。

自14世纪始，随着英国城乡商品经济的发展，封建领主开始让农奴缴纳货币地租，有的进而要农奴缴纳一笔钱来赎买人身自由，由此开启了“农奴解放”的端绪。但在当时的英国，农奴制仍顽固延续，农奴人数仍占据人口的一半。他们被固定在领主土地上劳动，深受沉重的人身奴役。1348年的黑死病（鼠疫），更使得农民的生存状态进一步恶化。这次瘟疫使英国的人口几乎减少一半。在肯特、埃塞克斯、赫特福德和苏福克这四个郡，由于劳动力缺乏，一些封建领主力图将已经获得自由的农民套上农奴制的锁链，出现了“第二次农奴化”的现象。一些自由农民被强迫在领主的庄园领受一小块地，为领主终身低薪劳动。黑死病使人口数量骤减，也导致了劳动力的极度缺乏和物价上涨，使雇工常常以拒绝受雇为由而要求提高工资。从保护领主、行会的利益出发，英国王权通过议会颁布强制性法令，规定12岁至60岁的男女，凡没有土地和其他生活资料来源者，都必须按黑死病流行前的工资受雇；凡拒绝受雇者或擅自离开雇主者，都要下狱坐牢。在此情况下，外出打工的农民和工匠，被迫接受苛刻的条件而受雇，生活十分贫困。

接踵而来的苛重税收，导致了阶级矛盾的急剧激化。1369 年英、法“百年战争”再度爆发，英国在军事上连遭失败，耗费了大量财力。为了筹措战争经费，英王理查德二世（1377—1399）于 1377 年、1379 年和 1381 年三次通过议会决定征收新的人头税，规定 14 岁以上男女，不论贫富，都要缴纳人头税。最初每人 4 便士，1380 年增加到每人 1 先令即 12 便士，总额分别为 22 586 镑、19 304 镑和 44 843 镑，其中 1381 年的税收总额比第一次多近一倍。在此期间，议会还先后以资助战争为名，两次批准征收动产税。英王的这些举措，受到农民、工匠与城市贫民的抵制，他们开始酝酿反抗。

为了做好充分的思想与组织准备，这次农民起义竭力从传统的信仰和憧憬中发掘思想资源，用两种方式来表达反封建斗争理想。首先是作为宗教异端的“罗拉德”派所描绘的原始基督教平均主义的“千年王国”蓝图。以肯特的约翰·保尔为代表的一批下层教士，在田间地头、城镇乡村到处布道，尖锐地抨击封建制度的不平等，要求取消徭役、地租、捐税和财产差别，实行社会各阶层的平等。他们宣传基督教朴素的平等思想，认定封建农奴制违背神意，“正是邪恶使人的暴政无视上帝的法律，导致了奴役的产生”。宣称上帝在造人之初，大家都是平等的，“当亚当耕田、夏娃织布之际，谁是贵族?”他们抨击农奴制是贫富不均的罪恶渊薮，号召大家起来斗争，将封建贵族消灭掉，让每个人都“享有同样的平等、同样的高贵、同样的尊严、同样的权利”。统治者十分憎恨保尔，称之为“疯修士”，将他逮捕入狱。但保尔等人的布道活动，促使了农民起义的爆发。

其次，当时的农民还通过“复古”的形式来传播“大谣言”，要求恢复所谓古代君主赐予的权利。不少地区的农民认为，他们占有的土地是“古代王权的领地”，他们的身份原本是自由的，拒绝隶属于各自的封建领主并为他们服役，有的借此来威胁和反叛领主。一些城镇也受此谣言的影响。在这样的氛围中，农民起义逐渐酝酿开来。

保尔《布道书》节选

我的好友们，直到一切都变为公有，既没有奴仆也没有领主，领主不再是我们的主人时，英格兰的状况才会变好。他们对我们是多么的邪恶！他们有什么理由这样奴役我们？难道我们都不是同一祖先亚当和夏娃的后代？……他们衣着天鹅绒和上乘的呢绒，饰以貂皮和其他皮毛，而我们只能穿粗布。他们享有美酒、香料和上等面包，而我们只有黑麦和麦秸渣充饥，以清水解渴。他们拥有漂亮的邸宅和庄园，而我们则必须在田野中栉风沐雨地劳动，正是依赖于我们的劳动，他们才得以维持奢华。我们被称为奴隶，如果我们不履行劳役，就将挨打。我们没有既能对其诉苦而其又愿意听我们倾诉的上司，让我们去国王那里辩争，他年轻，从他那里我们可以得到一个好的回答。如果不行，我们必须自己去改变我们的处境。

——佛罗依萨特（Froissart）. 编年史//Philip Lindsay，Reg Groves. The Peasents' Revolt 1381. London：Hutchinson & Co.，1950：72.

1381 年 5 月底，埃塞克斯郡和肯特郡农民抗缴人头税的斗争，成为大起义的导火线。起义迅速波及各地，全国 40 个郡中约有 25 个郡的农民参加斗争。6 月初，肯特起义者占领了达特福德和梅德斯通，推举瓦特·泰勒为领袖。6月10日，义军进抵坎特伯雷，从监狱中救出被捕的约翰·保尔。6月12日，肯特和埃塞克斯等地的起义者10万余人进军伦敦，会合于布莱克希思，要向国王面诉痛苦。6月13日，起义者在伦敦平民的帮助下进入城内。6月14日，困在伦敦塔里的国王理查德二世被迫在迈尔恩德广场与农民军代表谈判，国王作出承诺：在全国废除农奴制，农奴成为自由佃农，每亩每年只交4便士给领主；消除市场垄断，准许自由交易；对起义者实行大赦，赐给在场起义者的各郡代表一面王家旗帜作为他们受国王保护的标志。同时，理查德二世还当场令30名吏员草拟让起义地区民众获得自由的"解放敕令"。诸多起义者听信了国王而纷纷返家，但仍有大约2万人留下，跟随泰勒坚持斗争。6月15日，泰勒率众与国王在斯密思菲尔德再次谈判，提出更激进的要求，如废除王国法律、领主权和主教区，没收教会地产在俗人中分配，所有人都拥有同样的自由与法律身份等。《斯密思菲尔德纲领》反映了贫苦农民反封建的根本要求，理查德二世不可能同意，只是以含混的回答来敷衍，这引起起义军领袖泰勒的不满。早有准备的伦敦市长沃尔沃思和国王的随从发动突然袭击，杀死泰勒，起义者相继溃散，至6月底7月初，各地的起义相继被镇压，包括约翰·保尔在内的大约1 500名起义者被绞死或杀头。

瓦特·泰勒起义给予开始没落的农奴制以沉重打击。在起义失败后，理查德二世抛弃了让农奴获得人身解放的承诺，议会也宣布"解放敕令"无效。但在起义的有力冲击下，不少庄园和法庭的档案被烧毁，封建领主的权势被严重削弱。而且，在1381年后，社会动荡并未立即完全平息，不少地区仍然有农奴与工匠的暴动。在此情况下，封建领主越来越多地抛弃了陈旧的奴役方式，将土地出租，以货币地租取代劳役地租，让农奴赎买人身自由，农奴制迅速走向衰亡。这次起义还加深了统治集团的内部矛盾。在镇压起义后，议会借此攻击王权，拒绝批准征税，人头税等废止。王权由此而陷入严重的财政危机，与大贵族的冲突随之加剧，最终理查德二世在1399年被反叛贵族废黜，安茹王朝也就被兰开斯特王朝所取代。

四、走向诸侯割据的德意志

1. 德意志分裂割据的社会根源

加洛林帝国分裂后，东法兰克王国发展成为中世纪的德意志国家。中世纪德国的政治力量与政治格局纷繁复杂，多重权力的相互作用使德国王权的演化基本上循着一条与中世纪英国、法国王权的历史进程相反的曲线进行，即当英、法王权日益强大，国家逐步走向统一之时，德国王权却不断衰弱，分裂割据长期延续且日趋严重。

德意志地区在恺撒、塔西佗和罗马帝国时代被称为日耳曼尼亚，北起北海和波罗的海，南至多瑙河，西接莱茵河，东迄奥得河和波希米亚山脉。德意志立国初期的疆域，基本限于莱茵河、易北河和多瑙河之间地区，即所谓条顿地方。易北河与奥得河之间住着西斯拉夫人，还不属于德国。除了巴伐利亚南部曾处于罗马帝国的势力范围之内，这一地区几乎没有受到罗马文明的影响。由于这里的日耳曼人外出征战和长途迁徙少，氏族血缘关系的纽带仍然很大程度地延续了下来，原始部落传统十分浓厚。正因为如此，原来的部落联盟很自然地转变为公爵领，其首领摇身一变而成为公爵。10世纪初的萨克森、法兰克尼亚、巴伐利亚和士瓦本等四大著名的公爵都是这样产生的。他们利用血缘关系建立起独立性很强的政权，称雄一方，对国家的政治统一造成了严重的负面影响。

氏族血缘关系纽带的延续，阻碍了社会生产力的发展，延缓了德意志的封建化进程。即便是受到罗马文明影响较多的士瓦本和巴伐利亚，自主地也只是在 7、8 世纪之交才开始出现，大部分地区仍然不同程度地保持着较为原始的马尔克公社。在查理曼征服后，德意志封建化过程才逐渐启动，直至 12 世纪才较为明显，但仍然未得到充分发展。至于萨克森等边远地区，到 12、13 世纪仍有自由的农村公社存在。而且，不论是自由的还是或多少封建化了的农村公社，彼此之间缺乏经济联系，生产的产品大致相同，经济上自给自足。与法国和英国相比，德国的封建化过程要晚得多，而且进展也很迟缓。特别是因为公爵的独立性很强，封君封臣制顶端的国王，其封建宗主权常常是徒有虚名，很难从中获得支撑国家发展的政治资源。

封建化过程的迟缓不利于社会经济的复苏，导致德国城市大多兴起较晚，比法国与意大利滞后了大约两个世纪。此外，德国的城市多勃兴于北部、西部和南部的边境地带，以从事中介性的国际贸易为主，各地区之间缺乏密切的经济联系。正因为如此，德国的城市和王权之间没有英、法那样的利益关系，市民阶层较为注重自身的局部利益而不是国家的政治统一，未能与王权结成同盟。为保障自己的经济利益，它们往往结成地区性的城市同盟，吸收诸侯甚至外国人参加。这样的经济态势，使王权的巩固和发展缺乏牢固的物质基础和社会基础，对实现政治统一十分不利。

2. 萨克森王朝的建立和奥托一世

911 年，东法兰克国王路易去世，加洛林王朝的统治终结，这一事件一般被看作德意志作为独立的封建国家的开始。919 年萨克森公爵亨利（捕鸟者）创建了萨克森王朝（919—1024），是为亨利一世（919—936）。其时，德意志内忧外患严重，亨利一世依靠其附庸组建了封建骑士军队，通过征讨，迫使南方公开抗命的巴伐利亚公爵和士瓦本公爵臣服，对外有效地遏止了匈牙利人的侵犯，并在萨克森边境修建许多军事要塞，如奎德林堡、梅泽堡、不来梅和马格德堡等以作防卫。他还利用西法兰克王国的内争，进军并吞并了洛林。亨利一世对西斯拉夫人也进行征讨。他派兵袭击波希米亚的赫韦尔人、卢迪茨人，占领斯拉夫人名城布兰尼堡，即后来的勃兰登堡。他甚至联合巴伐利亚公爵一起侵入波希米亚，迫使当地的斯拉夫人称臣纳贡。

亨利一世逝世后，其子奥托继位，是为奥托一世（936—973）。奥托一世是德国历史上的著名封建君主。在位期间，他施展自己的雄才大略，为加强王权和统一国家采取了诸多措施。从 937 年至 949 年，他在中小封建主和教会神权的支持下，用武力和联姻的方式，先后平息了巴伐利亚、士瓦本、洛林等公爵的反叛，成为第一个完全控制五大公爵领地的德国国王。为了牵制封建诸侯，他还在 937 年授予教会封建主在其领地上享有独立行政、司法的特恩权，史称“奥托特权”。

在稳定国内形势后，奥托一世对外大力进行军事扩张。940 年前后，他使用武力征服了易北河和奥得河之间的西斯拉夫人，同时注重利用基督教作为统治西斯拉夫人的工具，先后在 946 年设哈菲尔堡主教区，948 年设勃兰登堡主教区，955 年设马格德堡大主教区，973 年设布拉格主教区等。从此，大批斯拉夫人被迫改变宗教信仰，不少人更被杀害或被卖为奴隶。

不过，奥托一世的主要扩张目标还是南边的意大利。当时的意大利地处东、西方商路的要冲，不少城市如威尼斯、热那亚、米兰、佛罗伦萨等，因经营中介的过境贸易而繁荣富庶。并且，意大利在政治上四分五裂，抗御外敌入侵的力量不强。此外，意大利也是古代罗马帝国统治的核心地带，又有教皇国位于其中，这对于想建立帝国、称霸欧洲的奥托一世来说，自然有着巨大的诱惑力。因此，从951年起，奥托一世数次率大军侵入意大利。962年，他在罗马的圣彼得大教堂接受罗马教皇为之举行的涂油加冕典礼，称“神圣罗马帝国皇帝”。奥托一世建立的这个帝国在名义上囊括德意志和意大利，但其实是徒有虚名。它不仅没有确切的疆界，而且并不存在真正的政治统一。尼德兰名义上是帝国领地，可是佛兰德尔和阿图瓦又归法国国王领有。意大利的佛罗伦萨、米兰、热那亚和威尼斯等地，实际上是独立的城市国家。教皇国更是自成一统，且力图控制西欧的最高宗教和世俗权力。此外，其皇帝也总是有名无实，既无一个有权威的中央政府，也没有统一的军队、法庭和货币，境内的大小诸侯、独立的骑士领地和众多的帝国城市都有不同程度的政治独立性，帝国四分五裂，一盘散沙。正是在这个意义上，18世纪的法国启蒙思想家伏尔泰称“神圣罗马帝国”既非神圣，也非罗马，更非帝国。

3. 教、俗权之争

通过对意大利的侵略并建立帝国，德国的君主可以便捷地利用教皇神权的政治资源，强化对作为帝国政权支柱的德国教会的控制，但这也使他们逐渐处于与教皇权威的直接冲突之中。随着时间的推移，帝国皇帝直接任命主教甚至是决定教皇废立的政策开始遇到强大的挑战。从11世纪开始，教皇权威借助于“克吕尼运动”逐渐崛起。在教皇格里高利七世（1073—1085）即位后，即与德国君主展开“授职权”之争，而国内的部分教、俗贵族也乘机反叛。亨利四世（1056—1106）虽然竭尽全力作斗争，但仍处于下风。教皇下令开除他的教籍，解除其在德国和意大利的统治权，国内的诸侯乘机反叛。在严峻的政治形势下，1077年1月，亨利四世被迫前往意大利的卡诺莎城堡请求教皇宽恕，在风雪中等候数日才得到教皇的接见与赦免。“卡诺莎之辱”后，亨利四世利用有利时机重整旗鼓，平息了国内诸侯的反叛，并乘胜进军意大利并攻占罗马，教皇格里高利七世南逃萨莱诺，不久就客死他乡。后来又经过斗争，皇帝与教皇在1122年暂时达成妥协，双方签订了《沃姆斯条约》。条约规定，在德意志，皇帝有权干预主教和修道院院长选举，并对当选者首先授予象征世俗权力的权杖，然后由教会授予象征宗教权力的指环与牧杖；在意大利和勃艮第，皇帝无权干预主教和修道院院长的选举，由教会先授予当选者宗教权力，6个月后皇帝再授予其世俗权力。该条约是双方妥协的产物，皇帝让出了一部分控制本国教职选举与授予的权力，对教会的影响有所削弱。与教皇的长期斗争耗尽了国力，促进了封建主独立性的增长，导致了皇权的衰落。

4. “大空位时代”和诸侯对西斯拉夫人的扩张

为了有效控制罗马教廷，霍亨斯陶芬王朝（1138—1254）的皇帝腓特烈一世（红胡子，1152—1190）先后六次征伐意大利，摧残了北意大利的不少城市和乡村，掠夺了大量财富。1167年，在教皇的支持下，威尼斯、维罗纳、帕多亚、克雷莫纳等城市组成伦巴德同盟，共同支持惨遭蹂躏的米兰，抗击德意志的入侵，挫败了腓特烈一世的征服，赢得了意大利北部城市的完全独立。长期的对外扩张，极大地消耗了皇帝对内实行政治集权的实力，诸侯的势力日益坐大。腓特烈二世（1211—1250）即位后，与两西西里王国联姻，将政治重心转移至意大利，对德国诸侯作了诸多的重大让步，多次颁布政令赐予诸侯在其领地中享有司法、铸币、征税以及管理地方道路、河流的权力，并限制城市的自治权。由此，诸侯权势更加显赫，通过“帝国会议”控制了皇帝的选举。因此，在霍亨斯陶芬王朝终结后，德国竟出现选不出皇帝的“大空位时代”（1254—1273），皇权孱弱、诸侯割据已成定局。

在德意志王权走向衰落时，不少诸侯也开始了对西斯拉夫人的侵略扩张。巴伐利亚人早就向东南方邻近的西斯拉夫人地区殖民。996 年，这块地方始称奥地利，1156 年被德国皇帝封为奥地利公国。1134 年，萨克森公爵狮子亨利侵占斯拉夫人名城吕贝克，不久又联合一批诸侯打败奥波德利人，1160 年建立梅克伦堡公国。1134 年，安哈特伯爵阿尔布雷希特利用斯拉夫人的内部矛盾，向易北河以东扩张，12 世纪末势力达到奥德河畔，建立勃兰登堡侯国，该侯国 13 世纪末还向东扩张到今波兰西境。13 世纪初，居住在维斯瓦河和涅曼河之间的普鲁士人也开始受到德国人的威胁。波兰的马佐维亚公爵康拉德在 1230 年与德国条顿骑士团立约：骑士团负责进攻普鲁士，康拉德答应把托伦和赫诺翁之间的一块地方给骑士团作为报偿。教皇和德皇事先都知晓此事，并授权骑士团统治普鲁士。条顿骑士团很快占领整个普鲁士。1236 年，被拉脱维亚和立陶宛打败的立窝尼亚骑士团（又名圣剑骑士团）向条顿骑士团求援，双方合并，统治着波罗的海东岸和南岸大片地区。1308 年，条顿骑士团出兵占领但泽，势力达到东波美拉尼亚，切断波兰的出海口。1386 年，波兰与立陶宛联军在格伦瓦德击败条顿骑士团，此后条顿骑士团势力衰落。德国封建主对西斯拉夫人的扩张，建立了一批独立性很强的封建割据政权，给德国的政治统一造成了新的障碍。

5. 诸侯割据

在皇权孱弱的形势下，大小诸侯甚至骑士和自由城市的权力与日俱增，渐渐拥有了相当独立的立法、司法、行政、军事和财政大权，大诸侯甚至有自己的等级代表会议——邦议会，俨然一邦之君主。与此同时，七个大诸侯开始垄断皇帝的选举权，他们是：科隆、美因兹和特里尔三个大主教，萨克森公爵，巴拉丁伯爵，勃兰登堡侯爵，捷克国王。他们为确保自己的权益，避免出现强大的王权，往往选举小邦诸侯当皇帝。查理四世（1347—1378）即位后，进一步向诸侯屈服，于 1356 年颁布《黄金诏书》（因诏书上盖有金制的印章而得名），从法律上正式肯定这七大诸侯（从此被称为“选帝侯”）享有选举皇帝的特权，承认选帝侯在自己邦国里享有大部分统治权，例如收税权、矿山开采权、铸币权、地产买卖权、审判权等，皇帝不得干涉。为保持选帝侯的封邑、领地、荣誉和权利的完整，选帝侯实行长子继承制。皇帝赐给城市或任何人的权利、特恩权，不得有损选帝侯的“自由、司法权、权利、荣誉和领地”，否则均属无效。诏书还规定：城市之间缔结的同盟或条约，不经领主许可无效；领主的附庸逃往城市，限期一月送还，否则罚款。《黄金诏书》从法律上肯定了大贵族分裂割据的合理性，标志着封建诸侯政治的合法化。

《黄金诏书》节选

所有教会的和世俗的选帝侯，得拥有在彼等侯国、土地、领地及属地内之金、银、锑、铜、铁、铅以及其他矿产、所有的盐场。彼等亦得征收犹太人税，享受昔日曾以敕令指定由彼等征收之通行税，以及自予之先辈（波希米亚诸王）与诸选帝侯及其祖先、前辈以来已合法保有以迄于今日之一切赋税。

——O. J. Thatcher, E. H. McNeal, trans. A Source Book for Mediaeval History. New York: Charles Scribner's, 1905: 294-295.

五、"收复失地运动"与西班牙统一国家的形成

1. 阿拉伯对西哥特王国的征服

公元4世纪70年代，西哥特人开始攻入罗马帝国，410年8月在首领阿拉利克率领下攻陷罗马城。412年，西哥特人挥戈北上进入高卢南部，于419年以土鲁斯为中心建立了西哥特王国。后在法兰克的压力下退出，转而占领了伊比利亚半岛的大部分地区，将王国中心迁到西班牙，定都托利多，并放弃了对基督教的异端——阿里乌斯派的信仰，改宗罗马教会。但是，西哥特人并没有发展起完善的政府形式，在其势力范围内无法实行有效的统治。711年，阿拉伯人穿越直布罗陀海峡入侵伊比利亚半岛，很快控制了西班牙大部分地区，把西班牙变成阿拉伯帝国的一个行省。残余的西哥特人被迫退居到半岛西北部的阿都斯里亚山区。

阿拉伯人在征服了伊比利亚半岛后不久，阿拉伯帝国的倭马亚王朝被阿拔斯王朝取代，倭马亚家族的王子阿布杜·拉赫曼逃到西班牙，依靠当地阿拉伯贵族的支持，于756年建立后倭马亚王朝（756—1031），以科尔多瓦为首都，宣布脱离阿拉伯帝国而独立。

在哈里发拉赫曼三世（912—961）统治时期，后倭马亚王朝达到鼎盛。此时，阿拉伯人已将东方的先进生产技术和新的作物传播过来，开凿运河，兴建水渠，水利灌溉系统广泛推行。水稻、甘蔗、棕榈、石榴、桑树等开始在西班牙种植。在农业发展的基础上，养蚕业、养羊业、葡萄种植业与酿酒业逐渐兴起，金属加工、武器加工、玻璃加工、呢绒加工等手工业部门随之涌现，城市也很快繁荣。不少城市通过海路与北非、意大利、拜占庭乃至两河流域通商，从陆路则与法国南部和意大利北部通商。首都科尔多瓦是全国政治、经济和文化中心，也是当时欧洲最大的城市，约有50万居民，建有十分繁华与笔直的街道、多彩的花园以及众多的清真寺与公共澡堂。哈里发的宫廷更是华丽奢侈，仅次于巴格达和君士坦丁堡的王宫。科尔多瓦是当时欧洲的文化中心之一，其图书馆的藏书约有40万册，许多是古典作家著作的手抄本，吸引各国的学者来此阅览。科尔多瓦大学也是欧洲著名的学府，来自各国的留学生众多。这里的哲学、法学、医学、文学艺术与自然科学都十分繁荣，在西方享有盛誉，被称为"世界的宝石"。因此，西欧的许多基督教传教士与犹太人，纷纷冲破宗教信仰隔阂的壁垒，负笈远涉至此学习阿拉伯语言与阿拉伯-伊斯兰文化。阿拉伯的一些数学、天文、物理、冶金、医学、哲学著作，也通过西班牙传入欧洲。

2. “收复失地运动”

阿拉伯人并没有完全统一伊比利亚半岛。部分西哥特人北撤后，在西班牙北部沿海和山区与当地居民融合，逐渐形成了一些信仰基督教的小王国。早在 718 年，半岛西北部就建立了其王统源于西哥特王室的阿斯都里亚王国。9 世纪，阿斯都里亚王国合并加利西亚而形成雷翁王国。11 世纪初，在雷翁东部形成卡斯提王国。1230 年卡斯提与雷翁合并，仍称卡斯提王国。此外，9 至 11 世纪，在半岛东北部，还出现了那瓦尔王国、阿拉冈王国和巴塞罗那伯国。葡萄牙王国形成于半岛西部杜罗河下游地区，1143 年获得独立，都于里斯本。

从 8 世纪开始，西班牙人就展开了反对阿拉伯占领者的“收复失地运动”（Reconquest，又音译为“雷康吉斯达运动”）。这次运动的组织者是北部诸小王国的国王，以反对伊斯兰异教徒为旗帜，以武装斗争为形式，大小封建主、城市商人和手工业者、农村农民、牧民等各个阶层都广泛参加，并且得到了罗马教廷和西欧基督教封建国家的支持。从 11 世纪初开始，后倭马亚王朝因内部的封建割据混战，分裂成萨拉哥撒、塞维利亚、科尔多瓦、格拉纳达等许多割据政权，并相互间展开争霸战争。这一局面，给西班牙人的反抗提供了十分有利的时机。1085 年卡斯提占领托利多城。1212 年，卡斯提国王在欧洲十字军的支援下，在拉斯·那瓦斯·德·托罗萨（科多尔瓦以东 70 公里）大败阿拉伯军队，并于 1236 年收复科尔多瓦，1248 年收复南方重镇塞维利亚。阿拉冈则在 1238 年占领瓦伦西亚，1266 年收复穆尔西亚。这样，到 13 世纪末，“收复失地运动”取得了决定性胜利，阿拉伯人只剩下偏于南端一隅的格拉纳达。在 1492 年，伊斯兰残余势力被全部驱逐出境，“收复失地运动”至此胜利告终。

3. 西班牙王国的形成

在“收复失地运动”过程中，诸基督教王国君主的政治权威通过战争而得以确立。教、俗贵族因积极参与战争而获得大量的地产和封建特权，对国家政治颇有影响。城市在斗争中发挥了特殊的重要作用，获得了较多的自治权利。农民因参与战争而纷纷获得了人身自由权和小块地产，但很快又遭到教、俗封建领主的剥夺而重新陷入农奴制的深渊。

“收复失地运动”的推进和胜利，大大促进了西班牙各地区间的经济、文化联系，激发了各阶层的民族认同意识，为民族国家的兴起和统一奠定了基础。正是在这一反对异族征服的斗争过程中，卡斯提、阿拉冈、葡萄牙这三个重要的基督教国家逐渐形成，其中以卡斯提最为强大，其国土约占半岛面积的 3/5。为了对异族展开有效的战争，王权与各封建等级很早就开始了政治联合。早在 1188 年，卡斯提就形成了等级制代表机构国会。从 13 世纪起，国会除了教士、贵族的代表外，还有城市的代表参加。国王的征税法案只有经过国会批准才能生效。阿拉冈国会成立于 1250 年，尽管也包括僧侣、贵族和市民等不同等级，但它为大封建主所操纵，对王权具有明显的限制作用，甚至可以废立国王。尽管如此，君主仍通过战争而不断强化政治权威，推进政治统一。1469 年，卡斯提王位女继承人伊萨贝拉（1451—1504）嫁给阿拉冈王子斐迪南（1452—1516）。1474 年和 1479 年，伊萨贝拉和斐迪南分别继承王位，两国于 1479 年合并，正式形成西班牙王国。1512 年，西班牙合并那瓦尔王国南部（北部被亨利四世并入法国），整个伊比利亚半岛除葡萄牙外，完全统一于西班牙。统一后的西班牙王权设法获得贵族和天主教会的支持，压制城市市民阶级，建立起了君主中央集权的体制。

第四节　西欧的封建教会与思想文化

一、罗马教廷神权的兴衰

1. 教廷神权的缘起

中世纪的罗马教廷神权，经历了一个漫长的兴衰过程，其源头可追溯到公元4世纪。313年，罗马皇帝君士坦丁颁布“米兰敕令”，改变了迫害基督教的政策，宣布它为合法教会。从此，基督教迅速传播，在各地建立主教区。罗马主教区因位于帝国首都而日益重要，其主教与皇帝关系密切而地位逐渐凸显。330年罗马帝国迁都君士坦丁堡和接着发生的日耳曼人的大规模入侵，大大有利于罗马主教权力的加强。他自称是基督的大门徒圣彼得的继承人，并以抵抗“蛮族”入侵为号召，组织罗马城防御，扩大自己的权势。同时，早期“拉丁教父”从思想文化上大力强化罗马教会的地位。圣哲罗姆（约342—420）通过30多年的劳作，编定出通俗的拉丁文本《圣经》。圣奥古斯丁（354—430）撰写了《教义手册》《论三位一体》《忏悔录》《上帝之城》等著作，系统地阐发了基督教基本教义。这些都推动了基督教的传播和罗马教会神权的崛起。455年，罗马皇帝发布敕令，授予罗马主教利奥一世（440—461）治理教会的全权，并强迫西罗马帝国各地主教服从。这一决定虽然遭到了东罗马帝国教会的强烈反对，但罗马主教仍将这一敕令作为自己是西部教会首脑的依据。“教皇”（pope）一词原意为“爸爸”，原本是希腊人对神职人员的尊称，后来又成为对各地主教的尊称，此时已被罗马主教垄断为自己的专有称谓。

2. 中世纪初期托庇于王权的教廷

西罗马帝国灭亡后，丧失了政治靠山的罗马教会为求得生存与发展，很快就与日耳曼“蛮族”王权密切合作。自从法兰克人于496年皈依基督教后，勃艮第王国、伦巴德王国、西哥特王国乃至不列颠岛上的盎格鲁-撒克逊人的诸王国，也都先后皈依了基督教。同时，由于王权的赐予和贵族的赠送，教会也获得大量的土地、财产和特权。基督教由此逐渐在西欧扎根，成为支配社会的神权势力与意识形态。教皇格里高利一世（590—604）对此贡献甚大。他在位期间，致力于教廷机构建设，加强对各地主教及教会的管理，开始统一教会礼仪，推广修道院制度和对“蛮族”王国的传教工作。同时，他还反对拜占庭帝国对罗马教会的控制，积极组织对北部伦巴德人的斗争，攫取了罗马城的统治权，首次将宗教权力和世俗权力集于一身，并乘局势混乱将其管辖权扩展到意大利中部及西西里、撒丁和科西嘉的广大地区。

751年，在教皇支持下，法兰克王国的矮子丕平建立加洛林王朝。作为回报，矮子丕平两次出兵意大利，帮助解除伦巴德人对教皇的威胁，并在756年将夺得的从罗马到拉文那之间的狭长地带的土地献给教皇，此即所谓的“丕平献土”，奠定了教皇国的基础。800年和962年，教皇先后为加洛林王朝的查理大帝和德意志君主奥托一世加冕，他们都回赠教皇若干城市，使教皇国的版图扩大。1054年，东、西方教会正式分裂。君士坦丁堡宗主教自称信仰正统的基督教义，即正教，又称东正教或希腊正教。罗马教会自称普世性教会，即公教，或称天主教、加特力教、罗马公教等。

中世纪初期，罗马教廷实际上一直依赖于法兰克君主的庇护，并无与王权抗争的能力。无论是在组织上还是在活动上，加洛林帝国的教会都受到查理曼的严格控制。加洛林帝国瓦解后，为拓展对西欧的大一统神权权威，罗马教廷乘机组织教会神学家伪造了一部《艾西多尔文献》，公开宣扬“俗权”从属于教权，认定国王所颁布的法令如果与教义、“神法”相悖逆，就没有任何权威。而其中的“君士坦丁赐予”，则竭力为罗马教廷对基督教世界的神权统治权威提供“历史依据”①。然而直到11世纪中期以前，教皇还只是名义上的西欧教会的最高宗教领袖，并没有真正控制各国的教会。随着社会封建化的加深，各国的高级教士不断接受国王封赐，成为拥有大量地产的封建主。这些人既然皆系国王的封臣，就要向国王效忠并履行各种封建义务。教会的封建化必然要导致教会的世俗化，高级教士纷纷充任国王的顾问与官员，不少人更是享乐腐化，荒于教务。在此情况下，各国的封建王权直接控制了高级教职的任命、授予权，支配着本国的宗教事务，并时常干预罗马教廷的内部事务。

3. 教廷大一统神权的确立

自11世纪中期开始，“克吕尼运动”日益兴起，为罗马教皇权威的崛起提供了历史契机。这一宗教改革运动在10世纪发端于法国西南部的克吕尼修道院，后逐渐在西欧大陆展开。它反对教会的世俗化，反对神职人员结婚和神职人员的家族世袭教职，提倡整顿教规、严守戒条，进而从道德的层面转向政治的层面，鼓吹整个教会应当听命于罗马教廷，反对世俗权力控制教会神权。在“克吕尼运动”的推动下，罗马教廷开始了反对俗权控制教权、树立教皇权威的斗争。1059年，罗马宣布教皇由红衣主教选举产生，皇帝无权过问。教皇格里高利七世（1073—1085）上台后不久，就公然宣称教皇权高于王权，有权废黜君主，并要求英王威廉一世放弃对本国高级教士的任命权与授职权，但遭到拒绝。从1075年起，他又与德皇亨利四世展开授职权之争，迫使后者在卡诺莎向自己求得宽恕。此后，教廷还逐步完善教阶制度，编撰教会法典，并以宗教立法的形式肯定了教皇的教职授予权和对教士的最高司法权，此外，教廷还频繁地召开国际宗教会议，受理各国教士的诉讼。通过这些措施，罗马教皇建立起对西欧的大一统神权。

到了教皇英诺森三世（1198—1216）时，教廷神权达到鼎盛。英诺森三世声称教皇是基督的代表，有权掌握最高宗教权力，有权废黜世俗君主。1210年，他利用霍亨斯

---

① 艾西多尔本是7世纪西哥特王国的大主教，以精通古代教会文献而闻名遐迩。罗马教廷在查理曼帝国瓦解后，就将其编撰和伪造的历代罗马大主教（5世纪以后称教皇）和各次宗教会议所定的规条以及所谓的“君士坦丁赐予”等文件，盗用艾西多尔的名义编定成册，称之为《艾西多尔文献》并公之于世。这部文献旨在证明，罗马教皇对教会拥有最高裁判权，所有主教都可直接求诉教皇；教皇有权支配大主教，世俗政权不得干预教会的神权。其中的“君士坦丁赐予”则宣称，罗马大主教西微尔士德曾经为罗马皇帝君士坦丁治疗好了麻风病，为示酬谢，君士坦丁在迁都到拜占庭时就将基督教会与帝国西部的统治权交给了西微尔士德。

教皇英诺森三世

陶芬家族和韦尔夫家族争夺皇位之机，在德意志挑起内战，排斥了德意志在意大利的势力，收复了过去为德、意的封建主所占的斯波莱托、安科纳等地，巩固了在教皇国辖地内的统治。他乘西西里国王霍亨斯陶芬家族腓特烈二世年幼之机，以监护人身份统治该王国。他还干预英、法之间的关系，乘英格兰诸侯反对国王约翰之机，迫使约翰向教皇称臣并缴纳年贡。1207年，英诺森三世组织十字军镇压阿尔比派，开教廷用武力镇压异端之先例。在教会事务方面，他制定了教皇独揽神职人员任免权的制度。1215年，他主持召开第四次拉特兰会议，颁布了圣餐变体说教义和一系列教会改革条规，厘定了教会的圣礼。在他的扶持下，标榜清贫的托钵僧团成立，主要派别有圣方济各会和圣多明我会等。这些团体的修士麻衣赤足、四出宣传清贫福音，侦破异端，为正统神权效劳。

4. 教廷神权的由盛转衰

罗马教廷对西欧的大一统神权并未长期维持。13世纪后期，十字军东征目的的显露及其失败，使作为发起者的教皇的政治形象受到严重损害。市民、农民反封建、反神权的异端运动的兴起，也有力地冲击了教廷的统治地位。同时，法、英等国封建王权的发展，有力地扼制了教皇的权势，使之逐渐走向衰落。法王腓力四世即位后，即对本国的教士征税。1296年，教皇卜尼法斯八世（1294—1303）公开发出敕令，反对法王向教会财产征税，否则开除出教。法王不顾威胁与教皇坚决斗争。卜尼法斯教皇遭到严重打击，在罗马被软禁三日后愤懑而死。1305年，在腓力四世的压力下，法国西南部波尔多大主教当选为教皇，被称为克莱门五世（1305—1314）。1308年，该教皇将教廷从罗马迁到法国南部小城阿维农。此后70年间，连续7任教皇均为法国人，绝大多数红衣主教也是法国人，教皇实际上成为法王的御用工具。这在教会史上被称为屈辱的“阿维农之囚”，是罗马教廷神权由盛转衰的标志。1377年，新选的教皇乘法国忙于“百年战争”之机迁回罗马，但阿维农教皇继续存在，双方互不承认，互相驱逐出教，造成教会的“大分裂”（1378—1418）。1409 年又出现第三位教皇，形成三教皇并立的局面。1417 年，康斯坦茨会议选出新教皇马丁五世，教廷分裂的局面结束。但此后西欧社会的发展态势对罗马教廷越来越不利，使之不可能恢复对西欧的大一统神权。

二、十字军东征

1. 十字军东征的发动

在拓展宗教神权的过程中，罗马教廷从 11 世纪末期开始，在讨伐异教徒的“圣战”旗帜下，先后发动西欧各国对中近东地区持续了约两个世纪的战争，即所谓的“十字军东征”。罗马教廷称这场战争是宗教战争，即是基督教反对伊斯兰教、“十字架”反对“新月”的战争。十字架是基督教的象征，新月则是伊斯兰教的象征。参加东征的人，除了国王和教、俗封建主以外，还有骑士、农民、小手工业者、商人等，每人的胸前和臂上都佩有红色十字架为标记，故称“十字军”。

11 世纪末西欧政治、经济的变动，赋予了参加十字军东征的西欧各阶层各种各样的动机。在东、西方教会大分裂后，罗马教会与世俗王权的斗争刚拉开序幕，教廷企图通过组织对伊斯兰教的军事行动来挺立其作为西欧最高宗教领袖的形象，构建对西欧的大一统神权，进而控制长期与自己对立的拜占庭帝国的东正教。社会经济的复苏和城市的兴起，也促激起国王、贵族对东方奢侈品与财富的贪欲，因而渴望向东方扩张。此外，当时的西欧实行长子继承制，出现许多无世袭封号、无财产和土地的骑士。他们四处游荡，多靠劫掠与服兵役为生，也想奔向东方去劫掠财物和土地。同时，随着商业贸易的增加，西欧的城市商人，特别是威尼斯、热那亚和比萨的商人，企图从阿拉伯和拜占庭手中夺取地中海东部地区的贸易港口和市场。众多的农民也卷入了这场战争。由于封建混战和沉重的徭役负担，加之荒年又连续不断，农民生活十分艰难，他们为了寻找“乐土”而轻信教会关于圣战的号召，纷纷参与东征。

这一时期中近东地区的混乱形势，则为“十字军”的东征提供了借口和便利。十字军东征是在解放巴勒斯坦的基督教圣地耶路撒冷的口号下发起的[①]。7 世纪阿拉伯人占领中近东后，对异教徒比较宽容，允许基督教的朝圣者像以往那样自由出入圣地耶路撒冷。但在 11 世纪中叶，信奉伊斯兰教的塞尔柱突厥人逐渐控制了这一地区，并时常发生内部争斗，对前来朝圣的基督教徒时有侵扰。罗马教廷借此激烈地煽动宗教对立情绪。同时，拜占庭帝国由于封建割据势力的膨胀而日益衰落，难以抗拒突厥人的侵迫。1091 年，帝国首都君士坦丁堡面临突厥人进攻，拜占庭皇帝阿历克塞一世（1081—1118）向罗马教皇和神圣罗马帝国皇帝求援，这就成了西欧“十字军”发动侵略战争的理由。

1095 年，教皇乌尔班二世（1088—1099）在法国南部的克勒芒举行宗教大会讨论东征，来自西欧各地的教、俗贵族到会。在会议结束时，乌尔班二世发表了富有煽动性

---

① 根据各自的宗教传说，巴勒斯坦的耶路撒冷同时是犹太教、基督教和伊斯兰教的圣地。耶路撒冷在古代曾是犹太人的政治和宗教中心，是希伯来王国的都城。基督教认为巴勒斯坦是耶稣诞生与升天的地方，耶稣的坟墓就在耶路撒冷。按照伊斯兰教的说法，真主使者穆罕默德曾于 622 年 7 月 17 日在耶路撒冷乘天马升天，于是这一天被伊斯兰教历定为登霄节，耶路撒冷就成了伊斯兰教的圣城。

的演讲。他严厉谴责异教徒对基督教圣地的亵渎及其对朝圣者的虐待，号召教俗贵族、商人、农民等所有基督教信徒拿起武器，到东方去拯救圣地，从异教徒手中夺回主的坟墓。他宣称，凡是参加远征的人都可以赦免罪过，死后直接升入天堂。他同时也诱导说，东方遍地是牛乳、羊奶和蜂蜜，黄金宝石随手可拾，去了之后可以迅速过上富足生活。在他的鼓动下，与会者群情激奋，不断欢呼。这一演说极大地激起了西欧人的信仰激情和物质欲望，直接推动了十字军东征。

1095年克勒芒会议上的教皇乌尔班二世

乌尔班二世在克勒芒会议上的演说词节选

…………

踏上通往圣墓的道路吧！从邪恶的种族那里夺回那片土地，将它控制在你们的手中。那片土地正如《圣经》所言，“流淌着奶和蜜”，是上帝赐给以色列人的后代来统治的。耶路撒冷是地球的中心，那片土地的富庶远在其他地区之上，像另一个灿烂的天堂。……

然而，这座位于地球中心的圣城，眼下却被基督的敌人控制，并因这些对上帝无知的人而屈从于异教的崇拜。因此，她寻求和渴望得到解放。……上帝已经授予你们先于其他民族的战争荣耀。因此，为了免除你们的罪过，确保获得天国的不朽荣耀，怀着渴望踏上征程吧！

——James Harvey Robinson，ed. Readings in European History：vol. 1. Boston：Ginn，1906：314-315.

2. 十字军东征及其失败

克勒芒宗教大会后，第一次十字军东征（1096—1099）开始。1096年初春，五六万名希望摆脱贫困的法国、德国农民率先踏上征途。他们拖家带口，驾着牛车或马车沿着西方朝圣者常走的路线仓促东进。但这批乌合之众沿途受到外敌打击而死伤大半，少数人于是年夏天在渡过博斯普鲁斯海峡后也被突厥人歼灭，成了可悲的牺牲品。1096年秋，来自法国、德国和意大利的骑士约 10 万人分路向君士坦丁堡进发。1097 年 5月，十字军由君士坦丁堡附近渡海进入小亚细亚，攻克塞尔柱人罗姆苏丹国的首府尼西亚，接着占领耶路撒冷，不久在被占领地区建立了十字军的封建国家：爱德萨伯国、的黎波里伯国、安条克公国和耶路撒冷王国。前三个伯国和公国名义上都依附于耶路撒冷王国，但实际上独立。这些地区的城乡居民多次举行起义反抗外来奴役。为加强对这些地区的控制，西欧的教、俗贵族在教廷支持下，又建立起几个僧侣骑士团。1119 年成立了以法国骑士为主的“圣殿骑士团”，1120 年成立了以意大利骑士为主的“医院骑士团”，1190 年建立了主要由德国骑士组成的“条顿骑士团”。这些骑士团都是宗教性的军事组织，其成员多为西欧各国破落贵族出身的亡命徒，他们被按照修道会方式组织起来，必须严格信守安贫、守贞和听命三大戒律，直接听命于罗马教廷，成为十字军镇压当地人民的重要力量。骑士团不仅在战争中肆意掠夺，而且也从事商业活动来聚敛财富。

1144 年，突厥人摩苏尔总督攻陷爱德萨伯国，罗马教廷借机煽动组织第二次东征（1147—1149）。第二次十字军远征在法国国王路易七世和德意志皇帝康拉德三世的率领下进行，参加者多为法、德两国的骑士，共约 7 万人。德意志十字军最先出动，但在小亚细亚被突厥人击溃，法国十字军攻占大马士革的企图也遭到失败。十字军余部只得退回。

第三次十字军东征（1189—1192）的直接领导者有德皇腓特烈一世、英王理查德一世和法王腓力二世。起因是穆斯林建立的阿尤布王朝（1171—1250）的崛起。该王朝的苏丹萨拉丁（1171—1193）在位期间统一了叙利亚和两河流域，并在 1187 年率 6 万人向耶路撒冷王国发起“圣战”，在哈丁战役中大败十字军，俘虏耶路撒冷国王以及一些十字军将领，乘胜进占地中海东部沿海要塞及内陆诸城镇，并于 10 月收复被十字军占领了 80 多年的耶路撒冷。后又多次打败十字军的进攻，迫其签订和约。这是十字军所遭到的第一次重大失败，因而在西欧引起巨大震动，几个大国的君主很快组织第三次十字军远征，分由海、陆路线东进。由于拜占庭对德意志存有戒心而与萨拉丁结盟，参战的诸大国君主之间也多有矛盾，此次东征也没有达到目的。1190 年 6 月，腓特烈一世在小亚细亚过河时溺水而死，3 万名德国十字军群龙无首，只好回师。腓力二世占领阿克港后，于 1191 年率部分法国十字军回国，并与德皇亨利六世结成反英同盟。理查德一世率英国十字军在叙利亚取得一定战果，逼近耶路撒冷，但遇到穆斯林的顽强抵抗。1192 年，双方签订停战协定：耶路撒冷仍归穆斯林，但基督徒可以自由前往朝圣；十字军保留从推罗到雅法之间的狭长地带。耶路撒冷王国迁都阿克，成了没有耶路撒冷的耶路撒冷王国。

第四次东征（1202—1204）则赤裸裸地暴露了十字军的所谓“圣战”的侵略目的与本质。这次军事行动由教皇英诺森三世组织，最初是为了征服阿尤布王朝的统治中心埃及。法国、德国、意大利的大批骑士参加，但起支配作用的却是威尼斯商人。为了征调渡海船只，十字军请求威尼斯人帮助。威尼斯总督则提出，需要回报 85 000 银马克以及分得包括土地在内的战利品的 50%。因无法交足款项，十字军应威尼斯的请求，于 1202 年 11 月攻陷达尔马提亚的扎达尔来抵偿债务。该城是威尼斯商人的竞争对手，尽管其居民也信奉基督教，但仍难免饱受“十字军”的抢掠杀戮。次年 6 月，也是在威尼斯的建议下，“十字军”又乘拜占庭的政局内乱，将进攻矛头转而对准威尼斯的商业竞争对手、同样也信奉基督教的拜占庭，并于 1204 年 4 月 13 日攻陷君士坦丁堡。在这座著名古城中，“十字军”烧杀掳掠，无恶不作。圣索菲亚大教堂等遭到破坏和打劫，皇室、贵族和平民的财物也被洗劫一空，君士坦丁堡图书馆在哄抢中被付之一炬，珍贵的雕刻、抄本化为灰烬，大量的基督徒和无辜居民遭到屠杀。接着，十字军又在拜占庭的领土上建立起所谓的“拉丁帝国”（1204—1261），下辖色雷斯、雅典、伯罗奔尼撒、帖撒罗尼加四个封建国家。罗马教皇负责拉丁帝国的宗教事务，东正教被置于从属地位。直到 1261 年，拜占庭才在热那亚的支持下复国，建立巴列奥略王朝（1261—1453），但领土大为缩小，日益走向衰落。在第四次十字军东征期间，还曾出现儿童十字军远征的丑剧。1212 年，教皇宣传“无罪”而纯洁的儿童更能得到上帝保佑，可以在远征中创造奇迹。于是召集 3 万多名儿童参军，在法国南部马赛集合以后，乘木船渡海东征。一部分船只遇到风暴沉没，其余船只到达埃及后，船上儿童全被船主卖为奴隶。

第四次十字军东征攻陷君士坦丁堡

第四次东征以后，十字军运动逐渐走向衰落。第五次（1217—1221）、第六次（1228—1229）和第七次（1248—1254）东征的目标均为埃及，均告失败。第八次东征从 1270 年开始，由法王路易九世率军攻打突尼斯，也以失败告终，法王更因染病而丧命北非。1291 年，穆斯林收复十字军的最后一个据点阿克，耶路撒冷王国灭亡。

西欧十字军与阿拉伯骑兵交战

3. 十字军东征的后果

持续不断的十字军东征对西欧和中近东地区造成了深远的历史影响。

这场战争严重摧残了中近东的社会经济与文化，给当地各族人民造成了巨大灾难。在战争中，耶路撒冷和君士坦丁堡等历史文化古城遭到空前的浩劫与破坏，大量人口和物质财富毁于战火，因而大大延缓了中近东各国的历史发展进程。对西欧各国人民来说，它也同样是一场巨大灾难，不仅使数十万人死于非命，而且加重了下层民众的经济负担。

在推动西欧社会发展、促进东西方文明交流上，十字军东征也产生了客观的历史推动作用。旷日持久的东征，将大批尚武斗狠的封建贵族纷纷引向东方，由此大大减轻了西欧内部封建割据混战的压力，有利于社会秩序的稳定和封建王权的加强。此外，由于接触到了东方的奢侈品，西欧封建主的物质需求不断增加，迫切需要货币来满足自己的贪欲，这也在一定程度上促使实物地租向货币地租转变。利用这场战争，罗马教皇曾一度扩展了其神权，但这一“圣战”的本质随着其战争路线的改变和掠夺暴行而日益暴露，导致了教廷的威信开始趋于下降，加上下层群众与东方宗教的接触，反正统教会的“异端”运动由此而不断兴起。

通过十字军东征，西欧人还增加了与东方人的接触，东、西方经济、文化交流日益频繁。东方农业中用于灌溉的风车、筒车和园艺技术等，水稻、甘蔗、芝麻、甜瓜、西瓜、柠檬、杏子、菠菜、茄子、向日葵、葱等作物以及香料、砂糖等，相继传入西欧，丰富了西欧人的物质生活，促进了西欧农业的发展。此外，东方先进的纺织、印染、制糖、制陶、玻璃制造等手工业技术也传入西欧，推动了西欧手工业的进步。中国的造纸术和火药等，阿拉伯的数字、临床医学等也传入西欧，促进了西欧的军事变革和文化发展。

11 世纪以来的西欧商业复苏也与这场战争有关。战争结束了拜占庭人和阿拉伯人对东地中海区域的贸易垄断，威尼斯得到 3/8 的拉丁帝国领土，成为地中海上的强大殖民国家。由此，西欧商人控制了对东地中海沿岸的城市贸易，他们不断将东方的香料、糖、水果、酒、棉花、染料、宝石、玻璃、药材、丝绸等运销西欧，并在西欧各地纷纷建立货栈和商店。这种持久的中介贸易，无疑是其后西欧商品经济勃兴的一个重要原因。

三、“加洛林文艺复兴”

1．“加洛林文艺复兴”的背景

在中世纪的西欧，随着基督教的传播，出现了以教会神学为主导的文化复苏，这就是查理曼时代后期的“加洛林文艺复兴”。它的问世，初步改变了中世纪初期西欧文化领域蛮荒愚昧的面貌。

中世纪初期，由于数个世纪的战乱与动荡，大量的图书馆、学校与教堂以及文人学者毁于兵燹，教育与文化彻底崩溃，西方古典文明的余晖逐渐消失。日耳曼征服者在文明层次上远远低于罗马人，“蛮族”国王和领主皆系脱胎于日耳曼部落军事贵族阶层，多为目不识丁的赳赳武夫，不可能超越本民族粗陋的原始文化传统去进行新的文化重构与创造。面对这样一个粗野蛮荒的社会，基督教所传播的宗教文明缺乏一个庞大而牢固的文化载体。同时，教会神职人员的素质低下，也限制了它驯化社会的功能。当时，随着教会的日耳曼化，教士阶层知识水平很低，很难进行有效的布道活动。修道院的藏书本不算多，而一些修道士为了寻找抄写《圣经》或自撰编年史的材料，常常将羊皮纸上的古典作家的作品刮去。不少罗马古典的作品，甚至被教会判以“异教”的罪名而予以销毁。

加洛林王朝建立后，特别是查理曼即位后，为建立新兴的封建秩序，维护庞大国家的统一，既需要让基督教作为精神支柱，也需要有文化的官员来制定、记录王国的成文法规。为此，查理曼运用其强大的政治声威和国家的财政实力，采取了许多倡行文化教育的重要措施，如督促神职人员勤学求知，熟悉经典，以便能胜任圣职，提高教化民众的水平；开办各类学校培养人才，除了让教区与修道院开办教会学校外，还在宫廷乃至某些行宫为王族和贵族的子弟设立学校；延聘英格兰、意大利与西班牙的语言学家、神学家、教育家与诗人等博学之士来宫廷执教，提高教学质量。查理曼也躬亲于学，刻苦求知，而且鼓励宫廷学者进行学术讨论与研究。正是在这种浓厚的文化氛围中，“加洛林文艺复兴”得以酝酿。

2．“加洛林文艺复兴”的成果

便于书籍抄写的“加洛林小写体”的问世，是“加洛林文艺复兴”的一项重要成果。8世纪以前，欧洲大部分地区流行的文字书写体，一种是所谓的“大写字体”，即由刻板的大写字母构成，上下的笔画都很夸张；另一种是“安瑟尔字体”，其字形也很粗大，且在字母躯干的主线条之上或之下隐伏着细茎或细尾。这两种字体书写起来讲究而费力，又颇占据空间，不利于书籍的传抄。因此，一些抄书者在劳作时逐渐形成一种极不规范的小型草写体，为求简便，他们在抄写时用连带笔画的方式，使得笔迹中常常有诸多的连字弧线，显得潦草杂乱，不容易阅读。随着法兰克社会对书籍数量、质量要求的提高，改革传统字体势在必行。来自英格兰的著名学者阿尔昆等人，在总结“苏格兰式”小型字体和高卢的科比修道院书写改革经验的基础上，创制了“加洛林小写体”。这一新字体对字母的书写呈现波浪形且稍有尖形，小而厚重，只有很少的连字弧线，短句之间留有较大的空隙。它的问世，大大提高了书籍抄写的数量和质量，对当时乃至日后欧洲的教育普及与文化传播，意义重大。

“加洛林文艺复兴”的另一重要成果，则是对基督教原典《圣经》等著作的校订。

早在 4 世纪末，著名拉丁教父圣哲罗姆就编定了《通俗拉丁文本圣经》，成为西罗马帝国境内通用的权威版本。但由于两个世纪的“蛮族”大迁徙带来的战乱冲击，这一《圣经》的版本变得残缺不全，且遭到篡改。为适应统一信仰、发展文化的需要，查理曼委托阿尔昆承担校勘《圣经》的任务。阿尔昆搜集不同的版本进行细致比较，然后以圣哲罗姆的《通俗拉丁文本圣经》为依据，对《圣经》进行全面修订。为此，他作了认真校勘与辨析，大胆删除其中的错误，理顺了全书章节，厘清了一些疑难问题，并且在语句、标点上反复推敲。从 797 年起，阿尔昆经过 3 年多的艰辛劳作，终于编定出一部新版的《圣经》，这是对圣哲罗姆版本的精致重建。

“加洛林文艺复兴”在保存古典文化上也取得了一些成果。对中世纪初期的基督教来说，古典作品无疑带有“异教”色彩，阿尔昆等宫廷学者作为虔诚的基督教徒理应回避。然而，他们要推广学校教育，要校订《圣经》等神学典籍，就必须学习和传授拉丁文；而只有大量阅读古典的拉丁文作品，才能获得有关拉丁文语言的知识。由此，他们在修道院、教堂等地方设法搜集残留下来的古罗马作家的作品，加以细心装订、抄写。这样，不少古典名著纷纷进入学者的视野。这些宫廷学者对古典文化显示出浓厚的求知激情。罗马著名的古典学者与诗人如西塞罗、维吉尔、贺拉斯、奥维德等都受到宫廷学者们的推崇。西塞罗的《图斯库兰论文集》、维吉尔的《田园诗集》等作品都受到他们的认同与钟爱。此外，恺撒的《高卢战记》、卢克莱修的《物性论》以及塔西佗的《编年史》等史学和哲学名著都被发掘出来。所有这些，都为后世认识古典文化遗产提供了珍贵的文献材料。

在语言使用上，“加洛林文艺复兴”也有成就。在罗马帝国后期，拉丁语是官方和民间共用的语言。日耳曼人征服罗马帝国后，由于大量渗入“蛮族”的语言因素，拉丁语日显混乱。各“蛮族”王国的宫廷与上层社会使用拉丁语，但各地的拉丁语在语法、发音上也存在差别。同时，各国的底层社会仍然保持着本民族的语言传统。为了在其庞大的疆域内推行政务与文化教育，查理曼极为重视语言的作用。一方面，他大力提倡在行政、外交中使用拉丁语，并让宫廷学者对拉丁语的使用进行统一的规范；另一方面，他也提倡使用法兰克语与其他地方语言，并组织编撰母语语法，用法兰克语来为月份、乐器命名。这些努力的结果，使得西欧的语言分布格局基础大致奠定下来。在各地区、民族仍然保留并演化着各自语言传统的同时，拉丁语也逐渐规范，成为西欧统一的官方和教会以及整个文化学术使用的语言，这为后来欧洲思想文化沿着兼具多样性与统一性的脉络发展，发挥了重要作用。

四、基督教神权政治文化传统的积淀与流变

1.“王权神授”思想

在中世纪的西欧，随着基督教的传播，教会的神权政治文化传统也逐渐积淀下来。这一传统包含着神权政治的思想观念与相应的宗教-政治的涂油加冕典礼，并随着教、俗权关系的演进而流变。

基督教素来都将教会神权与世俗王权视为由上帝所授。这样的思想观念，其端绪可溯源至基督教原典之中。在《圣经》里，先知等神职人员被看作耶和华神或上帝的代表，

拥有拯救灵魂与赎除罪过等宗教权威，国王也被看作由先知根据神意来选择的世俗权威，应受到恭敬服从。4至5世纪时，深受罗马帝制影响而又被帝国危机所震撼的早期拉丁教父在议定教义时，通过对《圣经》中有关神权政治的“微言大义”的阐发，较为系统地构建起基督教的神权政治思想。一方面，他们认为，人类因其“原罪”而堕落，需要神命的统治权威来加以惩罚与拯救，而这个权威只能由上帝所设。因此，国家是一个神的宗教机构，世俗政府的权威是神批准的；上帝为了让国王代表他统治人间，特为国王设一“职位”（office），并“授权”给国王使其就职。国王是上帝的代表（Vicar of God），他有“上帝的影像和映像”。无论君主的行为如何，他都是神命之王，苛暴的国王代表上帝惩罚人类的罪恶，仁慈的国王代表上帝恩赐民众，任何人都必须服从王权的权威。另一方面，拉丁教父在宣扬“王权神授”的理想时，也从“灵魂”得救高于世俗生活、“上帝天国”高于尘世王国的信条出发，声称教会不仅是神的另一个宗教机构，而且教会因承担“拯救灵魂”的神圣职责而高于国王。故他们要求神命之王必须尊重法律特别是神法，在信仰上和道德上服从教会指导，维护社会安定和平与教会的权益，不要施苛暴之政与干预教会事务。早期拉丁教父的神权政治思想大体都将王权和教权视为上帝命定的神权，其中包含着教、俗权“二元”对立，伸张教权自主的潜在意向。不过，这种意向并未改变其“王权神授”的政治理想。在他们看来，君主的暴政固然可憎，但君主“职位”的神性并不会因其暴政而丧失，因为这个赋予国王以尊严和权威的“职位”乃为上帝所设。

2. 国王的涂油加冕典礼

中世纪初期，随着基督教的不断流播，教会神权政治文化传统的积淀日益深厚。在剧烈的社会动荡中，教会与王权建立了密切的政治联合。教会为了求得生存和发展，需要王权的庇护与恩赐；而“蛮族”王权要巩固和强化，也需要教会为其提供神权的保护伞。由此，教会神权政治文化传统中的“王权神授”理想得以四处流播，绵延不断。体现这一理想的国王涂油加冕典礼，也就应运而生并不断完善，到10世纪时发展成为一项重大的宗教-政治礼仪。

国王的涂油加冕典礼起源于何时已难以稽考。在《圣经・旧约全书》中，就记有古代希伯来人的先知“膏”某人为王的记载，这种为新选国王涂油的神秘现象，无疑是神对其授权的象征。罗马帝国后期，基督教盛行着一种涂油礼，但却是信徒入教的宗教社团仪礼。当时，凡入教者需行此礼，被涂以一种由芳香植物剂与橄榄油调和而成的圣油，以示脱俗归教。大约自7世纪始，随着教会与王权政治联合的建立，涂油礼渐渐失去其“团体象征”的意义，嬗变成一种被赋予特殊政治权力和身份的涂油加冕典礼。在教界，它成了教皇、主教的教职就任礼，以显示上帝对其宗教神权的授予。而在俗界，经过王权与教会的共同策划，它成为国王即位时独享的重大政治礼仪，以显示其统治权为上帝所授。

国王的涂油加冕典礼最先出现在7世纪后期的西哥特王国，此后，才逐渐传到西欧其他地区。在这项典礼中，大主教将圣油涂抹在国王的头上、颈上乃至手上，意味着国王分享了“圣灵”的神性，由俗人转化成为具有教士品格并拥有与上帝沟通的超自然的神秘力量的“新人”；为国王佩戴王冠则象征着国王从上帝那里接受了职位，获得了神授的统治王国的最高政治权力；同时还要将权杖、宝剑、徽章诸类什物授予新国王。接着，大主教吟诵表示祝愿的祷文。国王随后登上临时设置的御座，教、俗贵族由王族引导列于国王之面前，庄严宣誓向国王效忠。国王紧接着发表即位加冕誓词，保证遵循神命，保护教会和臣民，施以良法仁政。之后所有在场者向国王三呼“国王万岁”以示拥护与祝贺。最后为隆重的弥撒仪式与欢宴，新国王接受圣餐。

在中世纪前期的西欧，涂油加冕典礼有力地促进了托庇于原始部落神的孱弱的“蛮族”王权向神圣的“基督教王权”的转化，这是中世纪西方政治史上的一大变革。在皈依基督教后的一段时间，“蛮族”国王仍然保持着对日耳曼传统的部落神的崇奉，战神“瓦登”尤其受到膜拜，绝大多数国王甚至还将瓦登视为自己的祖先，以此作为其王权神圣合法的依据。与之相应，中世纪初期“蛮族”国王的即位仪式也很简陋。即位时，新王被引向一个临时搭置的高台，由德高望重的年长贵族授予其头盔和某种武器，随之到场的亲兵和贵族向王大声欢呼以示认可，然后举行一次狂饮暴食的庆祝宴会。显然，原始部落战神血统远不能赋予国王以统一的神圣政治权威，而其带有部落成员大会遗风的简陋的即位仪式，也不能树立国王受庇于神的尊严形象。因此，国王常受贵族“贤人会议”的扼制，甚至国王的人身财产安全亦常遭不测。而在国王的涂油加冕典礼问世后，这一状况也就逐渐消失。经过精心安排和教堂特有的宗教气氛的烘托，此典礼所带有的教会圣礼特征极为鲜明，它力图将基督教“王权神授”的神权政治理想，化为一种神圣庄严而又生动形象的礼仪场景，并由此展示出其特有的政治象征意义：国王是“承蒙上帝恩典”的统治尘世的最高权威，任何人都必须服从“神授”的王权，否则就要受到国王从而也是上帝的严厉惩罚。从此，任何王位继承人只有通过涂油加冕典礼，才被视为真正的国王，其权威也就神圣不可侵犯。由此，新兴的“蛮族”王权逐渐突破日耳曼原始军事民主制残余的束缚，不断被神化和强化。同时，这一典礼也大大提高了基督教会的社会政治地位。大主教或教皇在该典礼中为新王涂油、佩冠等，充当了在上帝和国王之间传递权力的重要媒介角色，隐喻神权高于王权的政治含义，为后来的教、俗权之争埋下了种子。

3. 神权政治文化传统的裂变与整合

随着“克吕尼运动”的展开，基督教神权政治文化传统逐渐酝酿巨大裂变。自 11 世纪中期开始，罗马教皇神权的崛起与教、俗权之争，促使这一传统中固有的教、俗权“二元对立”的潜在意蕴日益浮现和激化。自从教皇格里高利七世 1073 年即位开始，罗马教廷就一直竭力在传统中发掘教权至尊自主的内涵，提出了“新神权主义”的政治学说。从“灵魂”统治权高于“肉体”统治权的原则出发，罗马教廷断然否定王权直接源于上帝“神授”的传统政治理念，鼓吹教皇权为上帝所授、王权为教皇所授的说教。格里高利七世甚至断言，国王政府是人类原罪的产物，是贪婪、野心等罪恶的又一显著象征。他宣称：“人的自傲创建了王权，上帝的恩惠缔造了主教的权力，教皇乃是皇帝的主人。”在注释《格雷希恩教令集》时，12 世纪的神学家则明确提出“双剑”论，他们通过对《圣经・路加福音》第 22 章第 38 节之经文的阐发指出，上帝将统治尘世的两把剑赐予教皇，教皇拥有神权的“灵魂之剑”，并将俗权的“物质之剑”授予皇帝去使用，“在皇帝滥施权力时，教皇能够废黜他”。在致突斯坎尼同盟诸主教的信函中，1198 年上台的教皇英诺森三世则提出了“日、月”说，对教、俗权地位作了更为形象的比喻，并由此论证了教权高于王权且有权支配王权。他指出，上帝按照其在天空中造置日、月的模式，在世间设立了两种权威，即负责整饬人的灵魂的教会与负责统治人的肉体的王权，前者要比后者崇高，因为“教权是太阳，王权则是月亮”；“月亮从太阳那里借得光辉”，君主也从教皇权威那里获得尊严与权力。原来教皇一直以耶稣门徒圣彼得的继承人自居，英诺森三世感到此头衔已不能满足教皇建立西欧大一统神权的需要，故他改称自己是“基督的代表”乃至“上帝本身的代表”，宣称教皇代表上帝行使一切权力，有权废黜世俗君主，是“万主之主，万王之王”，“在上帝之下，但在众人之上”。

面对教皇的“新神权主义”论，英格兰、德意志等国一批依附于王权的教会人士予以了严厉批驳，他们着力于阐发神权政治文化传统中王权神圣合法的内涵，提出了背离传统的“神命君权至上”论。1077年，当教皇与德意志国王亨利四世的冲突势若水火之际，一批支持国王的教士纷纷撰文抨击教皇的说教，强调无论君主有何罪过，他也是上帝的神命之王，只有上帝而不是教皇才有权审判君主。1111年，一篇署名为“法尔法的僧侣”的论文甚至声称，君主是不能被任何人谴责与推翻的，《旧约全书》与《新约全书》中的圣者之权威表明，统治者必须被容忍而不是受到谴责。没有一个圣徒与正统的基督教徒曾经大胆地去谴责或废黜一个君主，因为君主是上帝神命的国王，“谁抵抗为上帝安排的权力，谁就是抗拒上帝的命令”。在12世纪初的英国，出现了一本由匿名的僧侣撰写的政论集——《约克文集》，其中更是极端地认定，通过涂油加冕典礼而获得上帝“授职”的君主，拥有世界上至高无上的神圣权力，高于并有权统治教会。

基督教神权政治文化传统的裂变，引起了一些教会有识之士的忧虑与思考。12世纪的著名神学家、英国索尔兹伯里的约翰（1115—1180）从社会政治现实出发，经过深刻的反思与探讨，在1159年撰成《论政府原理》一书。罗马教廷的“新神权主义”政治学说和“国王派”教士的“神命君权至上”论，成为约翰思想的催化剂。他对争论双方的观点都作了有限度的认同和吸收，但却不愿偏离传统而走向极端。他力图通过对王权、教会的权威及其相互联系作一恰当的定位，来对基督教的神权政治文化传统作一整合。在此书中，约翰既鼓吹“神命”王权的合理性与神圣性，也要求国王尊重教会的自主权，接受教会的指导。为此，他反对“暴君”统治，倡导“王道”政治。约翰的学说，是对基督教神权政治文化传统的完整继承和理论总结，反映了他要求消除政、教之间的矛盾冲突，恢复教、俗权之密切联合的政治理想。

五、异端运动与思潮

1. 阿尔比异端运动

“异端”一词希腊语原意为“选择”和“选择的行为”，《新约全书》则引申为派别的意思，指一群兴趣及信念相同的人共同聚集在一起。基督教兴起后，曾将犹太教和古希腊哲学都视为异端，基督教的各教派也常常互相指责对方为异端。325年召开的尼西亚宗教会议，则把当时不少日耳曼人信奉的阿利乌派基督教定为异端，此后，异端就成为正统基督教对异己派别的贬称。到了中世纪时期，罗马教会神权将教、俗封建统治秩序神圣化，成为占据统治地位的意识形态。因此，要展开反封建的斗争，必须首先反对正统教会的统治。而要将具有浓厚宗教感情的民众组织起来，就必须为他们的切身利益披上神秘的宗教外衣。

自 10 世纪后期开始，西欧的宗教异端运动和思潮逐渐勃发，此起彼伏。12 世纪后期，巴尔干半岛的异端鲍格米勒派的主张经由参加十字军的农民和一些商人为中介，传入法国南部，促成了法国南部阿尔比异端运动的产生。这一异端运动以阿尔比城为主要活动中心，包括华尔多派和纯洁派两大派别。华尔多派因里昂商人皮埃尔·华尔多首倡而得名，以捐献财产济贫传教而创立，也称“里昂穷人派”。它反对官方教会的礼仪和正统教义，认为贫穷乃是灵魂得救的必要条件。它抨击教会聚敛财富，主张像使徒一样过清贫生活，提倡平均财富。同时，该派还否认以教皇为首的教阶制，反对到教堂作礼拜，坚持每个信徒都可宣传福音和举行圣礼。此派在法国、瑞士、西班牙、波希米亚和伦巴德等地广为流传。纯洁派得名于希腊文“纯洁”一词，其活动中心在土鲁斯城。它吸收了摩尼教的善恶二元论，认为整个世界充满善与恶、上帝与魔鬼的对立。魔鬼创造肉体，管理物质世界；上帝创造灵魂，统治精神世界。肉体束缚灵魂，物质压抑精神。世间的一切，包括现存的封建统治秩序及一切制度和罗马教会，都是魔鬼创造的邪恶；人生的目的就在于摆脱这些邪恶，使灵魂获得自由。结婚生子会禁锢人的灵魂，使之邪恶化，因而信徒必须信守独身。它还揭露了高级教职人员的虚骄、贪婪与腐败，否定教会的宗教仪式和教阶制度，并要求废除什一税。这些主张，体现了市民阶层的要求。12 世纪末，华尔多派和纯洁派联合起来，受到城市小商人、手工业者和农民的欢迎，声势浩大，甚至得到包括土鲁斯伯爵在内的一些封建贵族的支持。这些封建主垂涎于教会的财富，欲图借此运动而捞到好处。

罗马教皇对阿尔比异端十分仇视。1208 年，教皇特使在土鲁斯伯爵府被杀，教皇英诺森三世立即组织十字军前往镇压，并宣布凡参加者其过去及将来所犯的罪都会得到教会赦免，所欠的债不用付息。法国北部的封建贵族垂涎南部的财富而纷纷加入。1213 年，阿尔比异端惨遭镇压，十字军所到之处大肆屠杀劫掠，法国南部的许多富庶城市化为废墟，乡村田园荒废。为了根绝异端，罗马教廷着手组建由教廷直接指挥的僧侣团体到各地侦探和督察，并设立“异端法庭”用火刑等加以残酷迫害。

2.“使徒兄弟派”的斗争

教廷的野蛮行径阻挡不了异端运动的发展。14 世纪初，在意大利北部又出现“使徒兄弟派”及其领导的农民大起义。1260 年，农民出身的悉加列利在意大利北部的帕尔马创立“使徒兄弟派”，成员以兄弟姐妹相称，并实行财产公有，反对教会腐化，影响逐渐扩大。教皇派兵疯狂镇压，于 1300 年将悉加列利处以火刑。此后，多里奇诺继续领导这个运动，宣传私有制是罪恶的根源，号召人们实行财产公有，用暴力推翻一切教、俗政权，建立幸福的“千年王国”。这些主张得到下层群众的广泛响应。1304 年，多里奇诺在皮埃蒙特的阿尔卑斯山中建立起自己的根据地，率领群众捣毁城堡，洗劫庄园，修筑坚固的堡垒，与封建主进行长期斗争。罗马教皇克莱门五世派遣十字军讨伐起义者，遭到顽强抵抗。后来，封建主强迫附近农民迁移，割断义军的补给，使义军处于饥饿困馁之中。1307 年，多里奇诺与主教的十字军展开决战，千余名义军牺牲。多里奇诺被俘，英勇不屈，被活活烧死。此后，多里奇诺的主张仍在意大利北部广泛流传，甚至传往法国南部、西班牙和德国，直接影响那里的农民运动。

3. 威克里夫的异端学说

在14世纪的英国，出现两个鲜明不同的“异端”派别。一派是以约翰·保尔为代表的农民派，以原始基督教的平等观念为武器，批判教、俗封建贵族的贪婪和奢侈，主张彻底废除农奴制，在农民中平均分配土地和财产。这些主张酝酿出1381年的农民大起义。另一派就是以约翰·威克里夫（1324—1384）为代表的市民派。威克里夫曾任牛津大学神学教授与英王的侍从神甫。他曾把《圣经》由拉丁文译成英文，并撰写了《三人对话录》等著作。威克里夫认为，每个人都是上帝的直接的“总封臣”，信徒和上帝之间不需要中介人，无须教会和神职人员；任何统治权都来自上帝的恩典和命令。他还认为，《圣经》是信仰的唯一源泉，每个人只要相信《圣经》，按《圣经》行事就行，根本不需要专门的教会和神职人员及相应的宗教教规与仪式。威克里夫还抨击了教会聚敛财富与僧侣的奢侈腐败，要求国家没收教会的财产，拒绝教皇对英国的掠夺。威克里夫的学说，反映了市民阶级发展工商业经济的要求与建立“廉价教会”的愿望，成为以后资产阶级宗教改革思想的先声。

六、经院哲学

1. 经院哲学的基本特征

经院哲学是西欧中世纪居于统治地位的基督教哲学。“经院”一词源于拉丁文Schola，意为“学校”“学院”。因其产生于天主教会办的学院（经院）而得名。经院哲学不研究自然和社会现实，轻视经验，反对实践，因而完全脱离实际，极其空洞和烦琐，所以又称烦琐哲学。经院哲学产生于9世纪，盛行于12、13世纪，后随着封建社会和教廷的衰落而趋于瓦解。

经院哲学所要论证的主要对象，是创造一切、支配一切的上帝及其他神灵事物，其论证的方法是首先从《圣经》和教父著作中引经据典，然后再运用亚里士多德的一些空洞概念和形式逻辑的三段论来分析与证明。经院学者成年累月地在学院、寺院里谈经论道，既不研究自然界中的各种事物与现象，又不接触社会实际生活。他们皓首穷经，唯经是崇，一切都以《圣经》与教父的信条作为是非标准，将它们视为知识的源泉和绝对真理。经院学者对《圣经》的解释，大体有四个层次：字义、寓言、隐喻、神秘解释。字义保存着事实的记录，后三者则完全不同，寓言启导人们应该相信什么，隐喻告诉人们该做什么，神秘解释则给人以盼望。这样的解释，常常给教士们的歪曲与杜撰留下了很大的余地。经院哲学立足于《圣经》而进行的“神本主义”的论证，则使《圣经》逐渐丧失了它的宗教伦理的原创性与活力，成了玄虚的哲学命题与空洞的哲理思辨的注脚。经院学者在对“上帝创世”“三位一体”“原罪”“实体转化”“来世报应”等重大神学问题进行诡辩和空洞的阐证时，常常对一些虚无荒谬的问题进行烦琐争论，如“一个针尖上能站立几个天使”“天堂上的玫瑰花是否有刺”等等。

2. 唯实论与唯名论

11世纪后半期至12世纪，随着经院哲学的发展，其内部出现了唯实论与唯名论两派的理论纷争，到 13 至 14 世纪时达到高潮。唯实论始终是正统教会的神学理论，它认为，“一般”或“共相”是唯一的实在，愈普遍、愈抽象的东西愈实在。这一理论成为罗马教会大一统神权的哲学依据。唯名论者却相反，认为只有个别的具体事物才是真实存在的，“共相”只存在于“殊相”之中，“共相”是人主观思维的产物，是一类事物的名称或概念，因此不具有实在性。这样的主张，实际上是为当时兴起的各国世俗王权和城市自治权提供理论辩护。唯名论者还常常对正统教义提出责难，强调理性和宗教一致，用理性来论证宗教，否定盲目信仰，提倡自由探讨学问。因此，唯名论者常常被看作“异端”，其思想传播遭到禁止，甚至被投入监狱或处以火刑。

唯实论的代表托马斯·阿奎那（1225—1274）是中世纪百科全书式的著名神学家、经院哲学理论体系的最终构建者。他所创立出的神学唯心主义的思想体系，对基督教神学的发展产生了深远影响。阿奎那著述颇丰，主要有《反异教大全》《神学大全》，其中最重要的是《神学大全》。该书是对基督教神学理论进行全面系统总结和阐发的经典性著作，是中世纪神学世界观的百科全书。《神学大全》一书通过大量论证，旨在证明上帝是至善的，是世上万物的归宿，是支配自然界与人类社会的神圣权威。全书分为几百个问题，这些问题又分为许多“支题”，这些“支题”构成了上百个篇章。每一章节都千篇一律地先提出反面论点，再从《圣经》或教父著作中援引文句来否定这些论点，并阐述自己的看法。而在论证的过程中，阿奎那利用亚里士多德哲学中的形式逻辑和唯心主义成分来进行主观的论述与推理，勾画出一个以上帝为最终目的的严格的“宇宙等级秩序”论。在他看来，上帝将自然界和人类分成不同等级，最低一级是无生命界，其上是植物界，再上是动物界，再按等级阶梯上升到人、圣徒、天使，最上面的是上帝。每一等级都以较高一级为其追求的目的，并力图达到各自的目的，上帝是宇宙的最终目的。而在宇宙等级中，下级从属于上级，上级统御下级，层层统御，层层归属，最后统属于上帝。阿奎那以此来论证，地上的秩序必须服从天上的秩序，现世的生活必须服从来世，政治必须隶属于宗教，国家必须服从教会，皇帝必须服从教皇，下等人只能听命于上等人的统治等。这一理论旨在树立教会的神权权威，为封建等级秩序蒙上神圣的宗教光环。

英国学者罗吉尔·培根（约 1214—1294）则是唯名论的杰出代表。他曾在牛津大学学习和任教，对自然科学深有研究，也多受到古希腊和阿拉伯的哲学思想的影响。他所撰写的《大著作》，冲破经院哲学的樊笼，反对盲从权威的意见，提出知识必从对事物的感觉经验中产生，只有特殊性才是个体的真实性，周密观察客观事物才是达到真理的唯一途径。培根的学说在当时被教会看作异端邪说而加以禁止，但对后世却产生很大影响，他是英国经验论哲学和近代实验科学的先驱。

七、文学艺术与教育

1. 宗教文学与世俗文学

中世纪西欧文学带有基督教神学与封建制的鲜明烙印。宗教文学一度占主导地位，但也存在着世俗贵族以及市民的世俗文学。

宗教文学包括基督教的箴言、诗歌、戏剧、圣徒传记、布道书等，基本内容是宣扬上帝至高无上的权威，颂扬基督的仁慈、伟大与圣徒、苦行僧、殉道者的虔诚。宗教文学题材单调，通常采用隐喻、象征的表现手法。英国的《圣经诗译》和《基督》，法国的《圣徒列瑞行传》和《阿列克西斯使徒行传》等，都是宗教文学的典型作品。宗教文学充满蒙昧禁欲说教，但它对后来的文学创作仍有一定的影响，它的宗教诗的押韵法为后世诗律所借鉴。

封建贵族的世俗文学也占有重要地位，它的思想底蕴是封建西欧特有的“骑士精神”，并且随着它的变化而演进。作为整个封建贵族阶级所推崇的一种基本精神素质与生活准则，骑士精神的勃发与流变经历了一个较长的过程。中世纪初期，战乱纷繁，社会混乱，忠心为主、勇敢忠诚就成了日耳曼骑士的座右铭。封建等级确立后，各级封臣都须恪守封建效忠原则，向封君提供服军役等义务，尚武忠君之风逐渐蔓延。为了消除骑士劫掠杀戮的行为，不久教会又为骑士晋封仪式增加了一种宗教仪式，即让其在礼拜堂守夜，做弥撒，并宣誓要保护教士、香客、寡妇和孤儿。这样，鄙弃懦弱胆怯、背信弃义与恃强凌弱而崇尚勇敢、忠诚、荣誉与祛邪扶正的骑士精神开始形成。随着商品经济的兴起与封建地产的日渐割裂，骑士军役制日益衰退而被雇佣军制取代，封建贵族逐渐转移到农业、牧业乃至工商业等实业经营上来而成为新型贵族。他们中不少人注重文化知识学习和子女教育，逐渐摈弃了尚武斗狠的传统习俗，养成温文尔雅的气质。由此，讲究礼让谦恭、尊重妇女、追求爱情的风度又为以往的骑士精神注入了新的内涵。

与骑士精神的演变相一致，贵族世俗文学表现各异。最先产生的是颂扬骑士勇敢忠诚的武功歌或英雄史诗，以法国的《罗兰之歌》为代表作。《罗兰之歌》是在民间传说的基础上，约于12世纪用地方语言罗曼语写成。这首史诗长4 000余行，以简朴流畅的笔调描述了查理曼的侄子罗兰伯爵在征讨西班牙的伊斯兰异教徒的战争中英勇阵亡的悲壮故事。它歌颂了“忠君爱国”的情操与勇敢无畏的精神，刻画出封建骑士的崇高形象。西班牙的《希德之歌》也比较著名，它大约写成于1160年，是由一佚名诗人将基督教骑士鲁伊的品格与功勋加以理想化所创作，描述了11世纪初西班牙人反抗伊斯兰异教徒统治的英勇斗争，颂扬了骑士忠诚、勇武与豪放的品格。此外，还有英国的《贝奥武甫》、德国的《尼伯龙根之歌》等。这些作品语言流畅，内容充实，抒情丰富，但带有封建意识和基督教伦理的烙印。在当时，法国北部还出现了一种以叙事诗为形式的骑士传奇，主要分为两大类。一类为不列颠的凯特尔人的传奇，以描写传说中亚瑟王和他的圆桌骑士之故事的作品居多。另一类则是模仿古希腊、罗马的作品而写成，如《亚历山大传奇》《特洛伊传奇》等。这些作品中，主要叙述了骑士为爱情、荣誉或宗教信仰而进行奋斗、冒险的情节，反映了中世纪骑士的思想情感。随着骑士精神内涵的演化，自12世纪始，贵族文学中的骑士抒情诗逐渐产生。它以法国南部的普罗旺斯地区为发源地，并以此为中心而传播到各地。这类诗歌主要是歌颂骑士对贵妇人的崇拜与爱恋，它所赞扬的并非通常意义上的爱情，而是女人的美貌、智慧、品质与高贵的出身，旨在以此博得女人的欢心。因此，这类诗歌往往显得矫揉造作，玩弄文字游戏。不过，它形式多样，有破晓歌、牧歌、情歌、怨歌、夜歌等等。其中以破晓歌最为著名，它描述了处于热恋温情中的骑士和贵妇人在黎明前情意缠绵、难舍难分的情景。

11 世纪以后，随着商业和城市的复兴，反映新兴市民阶层现实生活的又一世俗文学逐渐萌发。市民文学注重作品的娱乐功能，语言生动、主题鲜明，充满着机智、幽默的风格和乐观的态度，是世俗性最强的文学形式。法国的《列那狐传奇》是市民文学的代表作，它由产生于 12 至 13 世纪的一组故事诗组成。这部传奇以兽喻人：狮子是国王，狼和熊是贵族大臣，骆驼是教皇，笨驴是主教，鸡、兔等弱小动物象征下层民众，机智狡猾的列那狐则代表新兴的市民阶级。在与狮、熊、狼的斗争中，胜者一定是列那狐；而在欺压弱小动物的时候，列那狐却总是失败。传奇假借动物世界的故事巧妙地反映了当时的社会关系，寄托了市民阶层的现实生活理想。

2. 教堂建筑艺术

中世纪西欧艺术集中体现在教堂建筑艺术上。教堂既是神权统治的堡垒，也是人们交往活动的主要场所，因此，教堂建筑比较集中地反映了当时人们的心态与观念。其时，西欧教堂的设计结构和建筑风格表达了基督教信仰的深刻含意。教堂的高度及冲天态势和内部圆的穹顶、祭坛与侧堂等，意在使人感受到一个完整的宇宙结构；而教堂通向大厅和殿堂的大门呈拱形，则被视为“通向天堂之门”。大教堂的空间结构还体现出时间的意义：世界的未来（“世界末日”）在西门，而神圣的过去被保存在东门。在建筑样式上，西欧教堂则分为罗马式和哥特式两种。从中世纪初期到 12 世纪流行的是罗马式。这一式样脱胎于古罗马的一种有圆顶大厅和圆形拱门的长方形会堂建筑，厅堂极深，突出了设在教堂最里面的祭坛的意义；其长度、高度要比宽度的尺码大，使人在此感受到圆柱的高大和宽厚。这一式样颇为庄严、肃穆与雄壮，但窗户小而狭窄，大概是为了在动荡纷乱的环境中易守难攻。法国的普瓦提埃大教堂，德国的沃姆斯大教堂，英国的伊利大教堂，西班牙的圣地亚哥大教堂，意大利的比萨大教堂，都属罗马教堂的典型。自 12 世纪初始，随着商品经济的复苏、物质生活的改善与人们审美情趣的提高，哥特式教堂建筑逐渐出现，到 13 世纪时风行西欧。因文艺复兴时期的意大利人视中世纪为野蛮时代，而以“蛮族哥特式”（Gothic）称之，故名。又因它最先出现在法国，也称“法国式建筑”。哥特式教堂克服了罗马式厚重狭暗的风格。在外观上，它以曲肋拱和尖顶作为建筑物的整个结构模式，塔尖高耸，尖形的屋顶、屋脊、尖塔楼与尖形的饰物乃至门窗的带尖拱形的顶部，给人以一种强有力的向上升腾的形态与动感。而在内部，则以尖形拱门入堂，主堂与侧堂之间有穿通的连拱，配以轻盈通透的飞扶壁、修长的立柱以及彩色玻璃镶嵌的宽大花窗，给人以一种开放而又迷离的感受。这一系列建筑结构所塑造的奇异风格，造成了一种飘然欲升的幻觉，寓含着人们对上帝的景仰、祈祷和对神圣天国的向往与追求。较为典型的哥特式教堂有法国的巴黎圣母院、夏尔特尔大教堂与兰斯大教堂，英国的林肯大教堂与坎特伯雷大教堂，德国的科隆大教堂，意大利的米兰大教堂等。特别是米兰大教堂，最高处距地面有 103 米，有 100 多个尖顶，内部装饰光彩华丽，仅雕像就有两千多座。

中世纪西欧教堂也是雕塑、绘画艺术的中心。在罗马式教堂的雕塑中，法国土鲁斯的塞尔南教堂有关基督、使徒和天使的浮雕像，庄重而又严肃，负有盛名。当时的艺术

哥特式建筑的典型：法国兰斯大教堂

都笼罩着一层浓厚的宗教灵光，所塑造的形象大多显得呆板、僵化。但在哥特式教堂的雕塑中，也有一些作品将上帝、耶稣、天使、圣母、圣徒乃至魔鬼的形象加以拟人化，显得栩栩如生。到13世纪后期，这一特征进一步发展，所雕塑的人物更富有人情味，圣母成了与婴儿嬉戏的母亲，基督带着福音传道者的微笑欢迎门徒。教堂中的壁画也同样主要是以《圣经》人物和故事为题材，但都显得比较刻板，缺乏写实技巧。当时，教堂的这些艺术创作都有包揽天地万物的气势，反映了基督教以神为本的宗教宇宙观。由此，许多大教堂的这类作品数量众多，仅法国的夏尔特尔大教堂就有约八千个铜刻和描绘图形。

3. 教会学校与大学

中世纪前期，天主教会垄断了西欧的文化和教育。由此，宗教神学成为最主要的学问，获得了至尊无上的地位，而文学、艺术、政治、法律、哲学和自然科学都要为神学服务，成为神学的"婢女"。天主教会把古代科学文化视为"异端"，许多遗存下来的古代建筑、雕塑和典籍都被摧毁。罗马教皇格里高利一世就公开宣扬"不学无术是信仰虔诚之母"，并下令焚毁罗马城巴拉丁山上藏书丰富的图书馆。在此情况下，中世纪西欧的学校教育最初笼罩在神学迷雾之中。从6世纪至11世纪，教会在教堂和修道院里大多附设有教会学校，主要是培养神职人员。初级学校以讲授拉丁语和宗教仪式为主，中等学校学习科目除读、写和神学以外，则是所谓的"七艺"，即文法、修辞、逻辑、几何、数学、天文、音乐。这些学习都和宗教神学的主旨密切关联。学习文法是为了正确翻译《圣经》及其他神学典籍，修辞与逻辑的掌握有助于对神学的解释、论证与传播，几何与数学是教堂建筑的设计与建造所必需的知识，天文学的传播与教会解释天象等密切关联，音乐的学习可以使人深刻理解教会礼拜中所唱圣歌的内涵。

随着城市商品经济和市民阶级的兴起，教会学校已不能满足社会对文化教育的多层次需求。市民阶级为发展工商业，需要财务计算、签订契约、商业及法律等方面的知识，要求摆脱教会对文化教育的垄断，进而纷纷创办私立城市学校。11世纪在意大利出现的波隆那法律学校即是典型。城市学校主要培养市民阶级的知识分子。这类学校注重法律、数学知识的传授与计算的训练，有的还用本地民族语言讲授，很受人们的欢迎。与此相应，一个新的职业塾师阶层形成，他们以教育为职业，以取食束脩为生，其中不少人是著名学者，既精通神学，也熟谙法学、古典哲学乃至自然科学。

塾师阶层的出现，推动了教会学校和城市学校的发展，在此基础上产生了一批中世纪大学。12 世纪中期在意大利波隆那法律学校基础上产生的波隆那大学，应是中世纪西欧的第一所大学。那时一批知名的罗马法学者在该校任教，其精湛的学识和高超的论辩术吸引了欧洲各国的学生，波隆那大学也就应运而生。12 世纪时，法国和英国先后创办了巴黎大学和牛津大学，13 世纪时又建立了奥尔良大学和剑桥大学。西班牙的萨拉曼卡大学，法国的蒙彼利埃大学，意大利的那不勒斯大学等也渐次出现。到 14 世纪末，欧洲已有 40 余所大学，到 1500 年达到 65 所。

西欧部分中世纪大学的兴起时间和分布

当时的大学教师只有少数僧侣，主要是世俗学者。学生来自不同社会阶层，有高级教士、贵族和富裕市民的子弟，也有少数人来自贫寒之家。大学一般设有四个学科，即文艺、神学、医学和法学，都用拉丁语讲课。不过，意大利、西班牙和法国南部的大学以波隆那大学为典范，侧重于法学与医学，而其他地区的大学则以巴黎大学为模板，侧重于神学和文艺。文艺学科是普通的学科，教师和学生最多，主要学习“七艺”中的文法、修辞与逻辑，学生通过公开答辩的考试，就能毕业获得学士学位，然后再经两年的辅助学习，取得从事教育的资格，得到硕士学位。神学、法学、医学学科的学生则必须在文艺学科毕业后再行深造，以获得相关的硕士、博士学位。大学教学方法主要是教师授课和学生记笔记、举行自由辩论会。其时，书籍誊写在羊皮纸上，价格昂贵，不少学生买不起，只有靠记忆、背诵和讨论来掌握教师传授的知识。大学的规模大小不一，以巴黎大学最为庞大而著名，下辖不同的学院。学院最初是供贫困学生生活的住所，后来逐渐兼为读书、讲学的地点。

大学从创办之日起，一度享有不同程度的自治权，但不久又处于教会、市政当局的控制下。许多反对教会权威的学者，常常被教会以“异端”的罪名加以惩处。为此，大学中的教师同业公会或学生团体经常组织起来，为获得自治权而斗争。在中世纪西欧的大学中，仍然盛行基督教神学信仰与经院哲学。但大学的文化氛围相对自由与宽松，有利于人才培养与学术文化的发展。

第五节　中世纪西欧的社会生活

一、日常生活

1. 住所与衣食

中世纪西欧盛行严格的封建等级依附秩序，不同等级的社会人群所处的经济与社会地位不同，这决定了他们在日常衣食住行上的巨大差异。同时，地理环境与物产资源也对人们的日常生活有相当的影响。

西欧封建贵族是封建地产的占有者，依靠剥削乡村农奴和其他依附农民为生，享有诸多的封建权益，日常生活条件最为丰厚。贵族一般在庄园中心建有自己的住宅。为了应对战乱和提升生活水平，这样的住宅常常被扩建为土木结构的城堡。不少城堡依山而建，外面有壕沟，易守难攻。城堡中有瞭望塔、住所、客厅、餐厅，有储藏谷物和葡萄酒的地窖。城堡的庭院内设有大谷仓、马厩、鹰舍、鸡舍、养鱼池、小教堂乃至手工作坊。这样的城堡既是贵族家族的居住地和社交场所，也是战乱时周围居民的避难场所。此外，一些大贵族还在自己的庄园中建造奢华的府邸。据记载，13世纪位于英国莱斯特郡一座有名的庄园，占地200英亩，仓库有30英尺宽。庄园内有一个很大的议事厅作为家族活动的中心和宴饮的客厅。而在城市兴起后，也有一些富有的且在国王政府中担任要职的大贵族，开始在大的城市建造府邸，这样既便于参政，也可以享受更奢侈的生活。例如，14世纪的英国大贵族兰开斯特公爵冈特，就在伦敦修建了名为“萨沃伊”的豪华府邸，里面有花园、果园和鱼池，储有大量的金银财宝，时人认为“王国中没有任何其他府邸比它高贵和美丽”。在巴黎，也有类似的贵族府邸。

封建贵族的饮食和穿着也呈现出多样化的特征，而且随着时间的推移日趋讲究。贵族的日常食品是精粉做的面包、牛奶、奶酪和牛肉、猪肉、羊肉、家禽肉、鱼肉以及野味等。为了防止食物变质，通常要腌制火腿、腊肉、咸肉、咸鱼等以备所需。饮料一般有葡萄酒和啤酒，水果则有苹果、梨、李子、山梨、栗子、无花果、樱桃、葡萄等。在十字军东征后，贵族开始用东方的香料胡椒、丁香、桂皮、肉豆蔻等来烹饪、调制食品。每逢重要节日或家庭喜庆，富有的大贵族都要举行盛大的宴会，其奢侈程度让人咋舌。14 世纪塔伊幼凡的《料理大全》，就记述了中世纪宴会的五道菜单，第一道：肉桂汤，丁香鹿肉，卤汁牛肉；第二道：孔雀、天鹅全烧，小兔拌辣酱，糖煮小鹧鸪；第三道：乳酪煮鸡，鸽肉派，全烧小羊；第四道：鹭，香料、药酒渍梨，蛋点心，小芹；第五道：餐后点心，水果，干酪等。同样，贵族在衣着上也经历了一个不断讲究的过程。中世纪初期，由于条件限制，贵族多以亚麻布、兽皮制作服装。在十字军东征和呢绒业兴起后，东方来的丝绸、棉布和本地的呢绒逐渐成为富有贵族的衣料来源。14、15 世纪后，随着工商业的发展和国际贸易往来的密切，受东方文明的影响，贵族男女追逐时尚，衣服式样不断变化，衣料品种更是增多。据拉伯雷的《巨人传》记载，衣料有绸缎、丝毛混纺、呢绒、大马士革呢、条呢、金线缎、各种皮毛，饰物有念珠、指环、链条、宝石、钻石、翡翠、珍珠、玛瑙等。服装力求摆脱古老习俗，追求时尚。

在中世纪，农民（农奴和其他依附农民）处于社会最底层，深受封建领主的压迫和剥削，生活贫穷困苦。农民大多集中居住在领主的庄园内，其住所几乎都是用木材或枝条建造的，屋顶盖着茅草而没有烟囱。低矮灰暗的茅舍内地面潮湿，在屋角铺上草秸以及兽皮当床。农民的主食以大麦、燕麦、黑麦以及豆类为主，一般都吃黑麦面包，好一点的为黑麦和小麦混合的面包。此外，自家生产的水果、蜂蜜、奶酪以及各类蔬菜也有少量用于自己消费。通常的饮料则是淡啤酒，主要用大麦发酵酿成。农民很少吃肉，而且大多只在节日才有可能吃到腌肉，因而豆类食品被称为“穷人的肉食”。有资料说，“如果他有肥鹅与肥鸡，白面糕点放在他的箱内，那他的领主都要一一夺取”。农民的穿着也十分粗糙，主要是粗亚麻布和粗羊毛乃至家畜、野兽的毛皮制作的衣服。外出和下地干活时，他们常常打着赤脚。随着社会经济的发展，到了 13、14 世纪，农民的生活条件有所改善，但仍然处于很低下的水平。在 14 世纪时，通过“赎买”获得人身自由而外出打工的农民，基本生活条件甚至还得不到保障。14 世纪后期流行于英国的长篇诗歌《皮埃尔的耕田人》描写说：外出打工的农民常因无钱就餐，“在匆匆行走中饥肠辘辘，抓些废弃之物来充饥；如此受肚子折磨，以致他双眼泪涌”。因此，农民对封建领主和国家压迫下的穷困生活十分不满，而这也正是 14 世纪英、法农民起义的根本原因。

与贵族、农民相比，中世纪西欧市民阶层的衣食住行有着自己的特点。自城市兴起后，手工业者、商人日益到城中聚居，过着有别于乡村的生活。最初的城市规模不大，人口在万人以上的不多。城市街道路面多是泥地，有时宽有时窄，泥泞而肮脏，一些街区还有牲畜游走。在 13 世纪前，除了率先发展的意大利城市外，西欧城市很少有大的公共工程建设。巴黎城的土路狭窄泥泞，行走不便。据记载，1131 年，法王路易六世的儿子骑马路过拉丁街区内的圣扎克路时，一只猪突然窜至其坐骑的两腿之间，马匹受惊腾跃，导致他从马上摔下而死。在腓力二世1184年铺设罗浮宫前的道路之前，巴黎未曾有一条铺石子的大道。城市住所最初是木结构的房屋，十分拥挤，容易导致传染病和火灾的发生。到13、14世纪时，随着经济发展，城市的面貌有了改观，石子铺就的道路和地面日益扩展，石头建造和石木结构的房子也逐渐增加。市民上层为城市贵族，由大商人、大行东、高利贷者、金融家等组成，他们从国际贸易中获取奢侈商品，生活十分豪华。他们的居所高大宽敞，屋顶上还常常装饰有尖塔和雉堞，屋内房间有玻璃窗，采光和通风良好，并布置有漂亮的家具。在13世纪，有人赞美法国城市贵族的住宅"宏伟、宽广"，房间"漂亮"。他们的服装由细亚麻布、精制呢绒和丝绸乃至珍贵的毛皮制作，餐桌上都是上乘的面包、葡萄酒、啤酒和肉食、果蔬，并使用一些银制餐具。这个阶层喜欢与贵族攀比，讲究生活排场，穷奢极欲。有资料记载，法王腓力四世的王后那瓦尔的雅娜（Jeanne of Navarre）曾经对布鲁日城市贵族妇女表示愤怒，因为她看见她们身着华丽服装，像王后似的。与之相反，城市下层民众的生活则十分艰辛。他们由帮工、学徒、小工匠、小贩等组成，有的居住在行会作坊附设的房屋内，有的则租房住宿，这些住所狭小、阴暗，十分拥挤，家具简陋。他们穿粗羊毛绒线和亚麻布制作的衣服，食品有蔬菜、豆子和面包，只有在节日期间才能享用到肉类、葡萄酒和啤酒。

2. 日常活动与娱乐

在中世纪的西欧，各个阶层的人们都有自己的日常活动与娱乐方式，这从另一个角度显示了他们社会身份与地位的差别。

这一时期的西欧，战争与暴力争端司空见惯。处在封君封臣制网络中的封建贵族，也有着对封君履行服骑士军役的重要义务。因此，贵族的日常活动与娱乐，除了宗教节日以外，都与战争密切关联。

贵族一般都酷爱狩猎。当时的西欧气候湿润温和，森林密布，各种野兽繁衍于其间。狩猎不仅是富有刺激性的娱乐消遣活动，也是获取野味和皮毛的重要途径。狩猎还能够让子弟进行准军事的演练，让他们培养起未来服骑士军役所需要的毅力和骑射技术。此外，狩猎也是高贵的社会身份与地位的象征。因此，上自王公大臣，下至一般贵族，都酷爱狩猎，将之作为一项主要的日常活动。"诺曼征服"后，威廉一世即将英格兰的大片森林划归王室所有，并颁布"森林法"禁止任何人未经过国王批准进入其中狩猎。贵族领地内的森林也是他们的财产，在其中狩猎则是他们的特权。因此，贵族之间争夺森林的争端乃至战争也时有发生。为了大规模的狩猎，贵族在狩猎时，常常组织自己的臣属、家仆参加，甚至让庄园里的依附农民参与，以保证充分的人力。而英国、法国等国的君主，则有一支专门配备了猎狗、猎鹰的狩猎队伍，随着其王室巡游，以便在途中随时打猎。

贵族的狩猎长年不断，但深秋季节无疑最适合。因为在此时，动物膘肥体壮，毛皮质量最好。在狩猎中，贵族及其仆从骑着战马，带着弓箭、剑、刀、矛之类的武器，同时，还使用平时豢养、训练的猎鹰和猎狗以作辅助。猎鹰是猎取飞禽和一些小动物的好手，可以捕获天鹅、野鸭以及野兔、狐狸之类的小动物。猎狗主要用来对付体形较大的走兽，如野猪、鹿乃至凶猛的熊。狩猎通常斩获多多，让贵族得到了情绪的宣泄与愉悦的感受。但这一活动有时也存在着风险。大型野兽在受困时的拼命挣扎，会对人造成伤害。成年野猪牙齿锋利，体形壮实，有时会将猎狗乃至狩猎者刺伤或挑死。15 世纪英国的约克公爵爱德华，曾撰文记载了一次狩猎中野猪伤人的可怕场景。当然，这样的历险也给贵族带来富有挑战性的刺激，并不会降低他们狩猎的激情。

中世纪西欧战争频繁，作为骑士军役的载体，封建贵族的生涯与宿卫征战密切相连，战争成为贵族的主要职业与获取荣誉、地位的途径。贵族男子从小就注重军事训练。在成长为青年后还要被封为骑士，获授盔甲、战马和刀剑，以示其成人。由此，骑士比武大赛逐渐兴起，自 11 世纪后流行，成为贵族的又一项重要社会活动。

中世纪的攻城战

中世纪比武大赛经历了不断演化的过程。最初，比武大赛是两个骑士之间的格斗。后来，发展到两队人马之间的对决。这种比武既有个人之间的较量，也有两个地方人员的搏杀。比武场地有用栅栏围起来的“竞技场”，也有事先划定的地方。比武大赛的时间长短不一，有的比赛也就几个小时，后来时间逐渐延长，常常举行几天甚至是几个星期，规模与排场也日益宏大，以至于王室和大贵族间的婚典、国王接待来使、重要的宗教节日等，都要举行大规模的比武大赛。

这类大赛举行时，场地开阔，四周装饰有漂亮的看台或包厢，并伴有乐队演奏。比武过程中，除了弩和弓箭被禁用外，双方都是骑马披挂、真刀实剑地进行搏杀，其残酷几乎与真正的战争无异，直至对手被击败。与当时的战争一样，在比赛中被俘者要向获胜者交纳赎金，其战马、铠甲和武器等都成为对方的战利品。在比武大赛中，比武者的情绪、举动难以控制，且有荣誉和利益的刺激，因此难免有伤亡。据记载，1216 年，英国的埃塞克斯伯爵杰弗里即在比武中被踩踏身亡。1223 年，荷兰的佛罗伦斯伯爵在比武中为长矛刺中身亡。1241 年，在莱茵河畔的诺伊斯（Neuss），80 多名骑士在比武大赛中丧生，其中有的是不堪沉重盔甲的压抑而在拼杀时窒息致死。因此，教会多年来

14世纪后期加来城附近的法国骑士在其营地比武

曾经对比武大赛予以强烈谴责并要求禁止。当然，比武大赛毕竟不同于战争，其间有一些商定与规则，死伤现象并非常态。

随着一些地区的骑士采邑因继承、买卖、转让而日益分解，骑士军役制开始趋于衰落，雇佣军制逐渐兴起。在此情况下，尚武斗狠色彩浓厚的传统比武大赛，自13世纪后逐渐向公共庆典和仪式型转变，参赛者多追求以勇武技巧来博取观众的赞赏和荣誉，甚至是为了向其爱恋的女人展示自己的威猛和求爱的决心。由此，比武大赛开始蒙上温馨、典雅的色彩，增加了戏剧、化装舞会以及其他游戏等内容，观赏性和娱乐性逐渐凸显。一些君主和大贵族也将比武大赛作为炫耀声威和实力的重要场合。直到16世纪初，英、法的国王和德意志皇帝还曾经举办过规模宏大、奢侈华丽的比武大赛。

乡村农民的生活是另一幅场景。住在封闭庄园里的农民，要承担繁重的体力劳动，长期过着日出而作、日落而息的生活。不过，他们也有自己的娱乐方式。在一些重大的宗教节日如圣诞节、复活节和与收获相关的民间节日期间，他们也利用机会进行娱乐。在英国，依据当时的习惯，在圣诞节前后，农民大约有两个星期不用干活。而领主为了显示自己对农民的“体贴”，一般都要为他们举办有酒的餐会，农民自带桌布杯盘参加，其间还要玩古时传下来的圣诞游戏。圣诞节前后是冬季农闲时期，农民常常聚集在一起喝酒，观赏一些人的胡闹剧和滑稽剧，或搞合唱、跳舞以及其他简单的游戏。此外，一些场合也是农民放松的好时机。据记载，在13世纪以后的数百年中，有的地方的乡村农民在教堂举行婚礼后，要在自己的住所甚至到村庄里的小酒馆去喝“新娘酒”，这为他们的狂欢豪饮提供了好场合。同样，参加领主葬礼时喝的“守灵酒”，收割牧草后喝的"开镰酒"，以及谷物收获后的一些节日，都为农民的有限娱乐提供了机会。随着农民与庄园外世界接触的日益频繁，他们的娱乐活动逐渐增多。他们除了喜欢酒馆、节日与跳舞外，还喜欢打牌和赌博，在乡村草地上听游吟诗人讲故事，到市集上去看魔术表演。尽管如此，中世纪农民的空闲和娱乐时间仍然极其有限，因为从根本上说，"这也不是从事重体力劳动的农民的等级特征"①。

节日狂欢

与枯燥、单调的乡村生活相比，中世纪西欧城市生活丰富多彩。市民享有人身自由，与市场密切联系，视野开阔，不少人十分富有。所以在休闲时，市民特别是城市贵族的娱乐追求更多。由此，相继出现歌女、舞女、魔术师、滑稽表演者等类人群，自13世纪开始，娼妓也在城市中普遍滋生起来。此外，斗鸡、踢足球、摔跤、赛跑、掷标枪、投石、划船、溜冰、赛马、斗牛、打牌、赌博、跳舞等也成为一些城市日常的娱乐方式。

中世纪城市的社团组织主要有教区、行会与商人公会，它们在市民的娱乐活动中扮演着重要角色。教区负责管理有关精神生活的事务，常常编导一些宗教戏剧在教堂中演出，让市民观看。一种是奇迹剧，是根据使徒的故事改编的；一种是神秘剧，是以《圣经》内容为主题改编的。后来教会认为在教堂中演剧是不严肃的，戏剧表演先是移到教堂门口，以后移到市镇的广场上。这时市民参与到演戏的活动中，剧情仍是以宗教为主，剧务与教堂脱离，由市民负责组织，一般在圣诞节和复活节演出。各手工业行会分别负责各种《圣经》故事的演出事宜，行会的会员亲自参加演出。如诺亚方舟的表演由细木匠行会或造船业行会负责演出，洪水故事由渔业行会演出。在一些城市，戏剧演出场所是一个大马车，上面搭起舞台。演出前，大马车和穿着节日盛装的行会会员作环城游行，化了装的演员在车上亮相，其他人跟在车后随行。流动舞台从一个广场转到另一个广场，全城成了一个大戏场。这样的表演很受市民欢迎。

市民参与度更高的是节日狂欢。其时，在不少重要的宗教节日，如主显节、复活节、圣诞节等，市民都要举行狂欢。此外，在一些特殊日子，如国王登基、结婚以及其

---

① 汉斯-维尔纳·格茨. 欧洲中世纪生活. 王亚平，译. 北京：东方出版社，2002：180.

他重要国事，迎接圣徒遗骨等，城市也常常举行集会。地方团体的节日，如大学的节日、行会的节日、商会的节日等，也都有相应的庆祝活动。每逢盛大节日或庆典，城市政府和团体都要行动起来，精心组织。商人公会和行会还要以他们漂亮的制服、各色图案的旗帜以及其行业的特有徽章，前往参加公共仪式和游行。然后举行跳舞、假面舞会、竞技等活动。城市的狂欢洋溢着一种喜庆、放纵的精神，调节着人们的身心状态和生活节奏。

中世纪的城市也存在人身等级依附制度，市民的日常生活娱乐方式也就存在着很大差异。处于底层的贫民，在娱乐上不仅受到经济条件的限制，而且也受到社会等级差别的压抑。大约从13世纪起，许多城市都立法对底层民众的生活方式作了限制。例如在奥格斯堡就规定，“正在效力的奴仆”，不能参加任何一个有女市民在场的圆圈舞，不能举行大规模的婚礼，必须穿规定的服装。同时，城市贵族实际上在各个方面都力图仿效封建贵族的生活。因此，他们的子弟常常设法参加比武大赛，在13世纪以后，有的城市贵族还热衷于举办这样的比武大赛。

二、宗教生活

1. 修道院

在中世纪的西欧，基督教的神权和信仰支配着各个阶层的思想取向与行为方式，不仅影响到人们的日常生活与娱乐，而且还通过修道院的方式，将相当一部分人群纳入纯粹的宗教生活框架之中。

西欧修道院的渊源可以追溯到6世纪初，当时意大利努西亚的圣本笃赴罗马读书，因感到世风日下而愤世嫉俗，离开罗马退隐修道。529年，他在卡西诺山（Monte Cassino）建立了本笃修道院，同时为该院撰写《本笃会规》，拟定了相关的管理方针和修士道德及生活的准则，其中重视体力劳动，但反对过分的形式上的苦修。这部《本笃会规》奠定了日后西欧修道院生活的模式，在查理曼统治期间广为传播，至8世纪中叶，自称服膺该会规的修道院已达250多所。在此后将近500年的时间里，该会规也成为其他修道院的准则。在中世纪早期，不少修道院由国王、贵族所建，控有大量地产，并且与世俗的王侯密切合作，参与国家事务管理。查理曼时期王家的圣但尼修道院即是典型。

随着时间的推移，修道院不仅拥有诸多地产，而且还常常占有矿场、盐井、森林，拥有征收什一税、过路税、市场税及铸币等经济特权。与此同时，修道生活也日益背离了禁欲原则而世俗化。一些修道院院长被国王作为职位授予其子弟亲属；很多人醉心于生活享乐，修道院纲纪废弛，丑闻不断，甚至时常发生神职人员淫乱、娶妻生子的现象。到了11、12世纪，克吕尼运动迅速展开，得到罗马教廷的大力支持。该运动主张整肃教会道德纪律，严禁神职人员腐化与婚配，禁止君主推荐、授予高级神职，反对买卖神职，宣称教权高于王权。克吕尼运动推动了罗马教皇权威的崛起，也在一定程度上遏制了修道院世俗化的趋势。12世纪中叶，克吕尼派修道院分布于法兰西、意大利、德意志、西班牙、英格兰、苏格兰和波兰，总数达314个。不过，随着地产、财富的增加，这些修道院不久也趋向于世俗化。到了13世纪，托钵僧运动打着“恢复修道传统”的旗帜勃然兴起。该运动视财产为魔鬼、金钱为罪恶，不仅主张修道士无私产，而且认为修道院不应占有财产，甚至连修道院的房舍院落也被他们当作赘物抛弃，而选择像所谓的基督及其“真正的使徒”那样的布道方式为传播福音奔走四方，乞食为生。该运动促进了修道院对院规的整顿和对修道士生活的控制。

修道院有男、女修道院两大类。诸多修士、修女来自贵族、市民、农民家庭，在修道院中过着与俗人完全不同的半隐居或完全隐居的日常生活。俗人加入修道院时要立誓，保证安贫守贞，严守院规，顺从引导。有关修道的内容，《本笃会规》归结为劳作、祈祷和学习。所谓劳动，主要是从事维持生计的农业、畜牧业、手工作坊的劳作，还有修道院内的杂事。修道院内自行生产各种生活必需品。院内有磨坊、面包房、菜圃、酒窖、手工作坊、马厩，甚至牧场。修道院因此开辟了不少良田，有的修士还精通农业技术或酿酒技术。因此，修道院被称为“宗教的生产社会”。此外，修士每天必须按规定的时间作祷告，有固定时间阅读和抄写《圣经》典籍。此外，接待远方来的宾客，包括难民、流浪者和朝圣者，也是修道院的重要工作。这一职能后来发展为医院、教育和社会服务。不过，修道士从事体力劳动的时间十分有限，更多的是以阅读和抄写经文、描绘和装帧经书为主要内容。克吕尼运动既以恢复原始修道传统为口号，自然提倡修道士参加体力劳动，但其却以热衷圣事著称，在每天的作息表上，唱诗、做弥撒、公共祈祷至少占 8 小时，个人祈祷、读经、抄写和绘画又占相当时间。不过，在以后的很多修道院，普通修道士仍然承担院内的劳动。他们虽然远避尘世，但仍然没有逃脱人身依附体制的压迫和剥削。修道院的生活寂寞而封闭，人性受到严重扼制。因此，修士、修女为满足基本的情欲而突破禁锢甚至出逃的事屡见不鲜。同时，由于远离红尘与弃绝俗念，一些修道士利用修道院设有图书馆、藏书丰厚的条件，潜心研究而成为著名学者。这也使得不少修道院成为大学之外的学术中心。

2. 宗教义务和圣礼

在中世纪的西欧，各阶层都生活在基督教神权系统的控制之中。教会在各国设有大主教区，其下辖有若干主教区，主教区又统管若干教区，由教区负责管理、控制当地民众的宗教生活。从精神信仰和神权组织的角度看，任何人都是上帝的子民，都必须接受教会的训导与支配，履行相应的宗教义务，如维护神圣的正统教义、反对异端和异教徒、严守教会的道德规范；否则，将受到教会的惩罚。其中之一就是“破门律”，即革除信徒教籍。任何人受到这一惩处，就被视为不可接触的人、异教徒，其财产、生命都得不到保障。更有甚者，要被教会的法庭特别是“异端法庭”处以死刑。

在经济上，各阶层还须向教会缴纳宗教捐税——什一税。早在 6 世纪，教会利用《圣经》所谓的“农牧产品十分之一属于上帝”的说法，开始征收此税。根据这种制度，信徒要捐纳本人收入的 1/10 供宗教事业之用，主要用于神职人员薪俸、教堂日常经费以及赈济。自 8 世纪以后，征收什一税又获得世俗法律的支持。什一税分为大什一税（粮食）、小什一税（水果、蔬菜）和血什一税（牲畜）等，其税额往往超过纳税人收入的 1/10。

在日常生活中，各阶层还必须严格遵守教会的宗教礼仪。基督教的礼仪不少，到 12 世纪厘定为“七圣事”（Holy Sacraments）或“七圣礼”，即洗礼、忏悔礼、圣餐礼、婚礼、坚振礼、授职礼、终傅礼。洗礼是入教仪式，一般在婴儿出生后举行，由施洗者以水洒在婴儿的额上或头上，表示接受他入教。忏悔礼又称“告解”，即要求信徒到神父那里说明自己因人的私心利欲所导致的罪过，虔诚地表示悔改，以求得上帝宽恕。忏悔礼多以秘密方式进行，用精神压力让信徒吐露真情。圣餐礼为举行弥撒时的一部分内容。弥撒于星期日、重大宗教节日举行，或为请求赦免其罪应某人特定要求而举行。在这项活动中，前半部分主要是向上帝祈祷献祭，后半部分即为圣餐。《新约全书》记载，耶稣受难前夕曾和门徒举行最后的晚餐，手持面饼和葡萄酒，祝祷后将食物和酒分给众门徒吃喝，并且说“这是我的身体和血”。基督教的圣餐即源于此，由主礼人将面饼和葡萄酒献祭后分给在场的信徒吃喝。教会声称，祝圣后的葡萄酒与面饼已变成了耶稣的“圣血”和“圣体”，参加祈祷的信徒分食后即可获得神恩，获享赦罪。婚礼指男女双方结合所行之礼，须由神父证婚才被视为合法。坚振礼是入教者在领受过洗礼一定阶段后，再接受主教所行按手礼和敷油礼，谓可使“圣灵”降于其身，以坚定信仰。授职礼即授予圣职之礼。在信徒中，总有一些人因致力于天主建立的“圣秩圣事”而被立为圣职人员，主教便要为其施以圣职礼，担当教会的某一职位。终傅意为终极（指临终时）敷擦“圣油”。在教徒生命垂危时，由神甫用经主教已祝圣的橄榄油，敷擦病人的耳、目、口、鼻和手足，并诵念一段祈祷经文，认为借此可帮助受敷者忍受病痛，赦免罪过，安心去见上帝。

3.“崇圣”与朝圣

在中世纪的西欧，基督教的神学思想、伦理和礼仪对人们的观念与生活形成了严密的束缚。但同时，由于生产、交往与战争活动的繁忙、沉重以及知识水平的限制，诸多的社会人群对神学经典的思想内涵、宗教仪式的象征意义很难有深刻的理解。此外，许多乡村神父文化粗浅，难以熟练地讲经布道和举行仪式；有的甚至荒疏于教务，道德败坏，多有淫乱、酗酒、诈骗等劣迹，在信徒中毫无威信。因此，不少宗教礼仪多流于形式。在此情况下，教会一方面把风、雨、雷、电以及星象等自然现象，水灾、风灾、虫灾等某些自然灾害乃至瘟疫说成上帝的惩罚，或说成妖魔鬼怪兴风作浪的结果，借此来威慑、恐吓大众；另一方面则又刻画圣母和诸多天使的形象与传说，塑造五花八门的圣徒及其遗物遗迹，宣称可以借助它们来祈福消灾、驱魔治病。为了强化影响效果，教会常常通过布道书、祈祷文、教堂壁画、圣徒传记等来宣传，同时常常展示所谓的圣像、圣徒遗骨和遗物等加以配合。

教会营造的神秘的宗教氛围，在很大程度上满足了大众的心理需要。因此，几乎所有的习俗和节日都蒙上浓厚的宗教色彩，而民间“崇圣”也逐渐兴起。人们最为崇奉圣母玛利亚。在大众的眼里，悲悯仁爱的圣母与受难的圣子同样值得拥戴和崇拜。最受欢迎的圣物是和基督及圣母玛利亚有关的东西，因为人们相信这两个神祇都已升天，因此他们的遗体是不可能找到的，只有一些衣服饰品、真十字架的碎片、小瓶基督的血、圣母的乳汁、基督的乳牙与脐带以及切除的包皮等。到了12世纪末，建于1120年的南英格兰的雷丁修道院已搜集到所谓的数百件圣物，包括29件基督遗物、6件圣母遗物、19件旧约先圣的遗物以及12件十二使徒的遗物。法国的夏尔特尔大教堂据说拥有所谓的圣母玛利亚的外衣。这两个地方因收藏丰富而成为西欧的朝圣重地。此外，耶路撒冷和一些使徒、圣徒安葬的地方如罗马、西班牙的圣地亚哥等也被看作圣地而被膜拜。1170年，英国的大主教贝克特被国王的内府骑士所杀后，教会将之视为对抗暴政的烈士而封为圣徒。贝克特的安葬地坎特伯雷很快成为人们朝拜的圣地。圣徒在当时被赋予了许多不同职能。在政治上，古老的圣徒能够为君主统治蒙上神圣合法的外衣，因此，一些君主提倡圣徒崇拜，并利用教会将先王追封为圣徒，或以圣徒的名字为王子命名。此外，圣徒还被说成拥有超凡的魔力，能够创造奇迹、治愈疾病、医治残疾、寻找失物、防止火灾等等。因此，众多的信徒常常不避艰难险阻去朝圣，期望从圣徒那里获得庇护与恩助，祈求圣徒使妇女多育、土地多产、动物多仔，防止或治愈各种类型的疾病，避免害虫与暴风雨，驱除魔鬼妖邪，为自己和社会带来普遍的好运。前往圣地朝圣构成了中世纪西欧社会生活的一道奇特景观。

推荐阅读书目

黄春高. 西欧封建社会. 北京：中国青年出版社，1999.

侯树栋. 德意志中古史——政治、经济社会及其他. 北京：商务印书馆，2006.

刘景华. 西欧中世纪城市新论. 长沙：湖南人民出版社，2000.

马克垚. 西欧封建经济形态研究. 北京：人民出版社，2001.

马克垚. 英国封建社会研究. 北京：北京大学出版社，1992.

孟广林. 战争巨人：查理曼. 哈尔滨：黑龙江人民出版社，1998.

孟广林. 英国封建王权论稿. 北京：人民出版社，2002.

孟广林. 英国“宪政王权”论稿. 北京：人民出版社，2017.

倪世光. 中世纪骑士制度探究. 北京：商务印书馆，2007.

彭小瑜. 教会法研究. 北京：商务印书馆，2003.

王亚平. 权力之争：中世纪西欧的君权与教权. 北京：东方出版社，1995.

徐浩. 农民经济的历史变迁. 北京：社会科学文献出版社，2002.

赵立行. 商人阶层的形成与西欧社会的转型. 北京：中国社会科学出版社，2004.

A. 古列维奇. 中世纪文化范畴. 李学智，等译. 杭州：浙江人民出版社，1988.

比德. 英吉利教会史. 陈维振，等译. 北京：商务印书馆，1991.

布赖斯. 神圣罗马帝国. 孙秉莹，等译. 北京：商务印书馆，1998.

查尔斯·霍默·哈斯金斯. 十二世纪文艺复兴. 夏继果，译. 上海：上海人民出版社，2005.

汉斯-维尔纳·格茨. 欧洲中世纪生活. 王亚平，译. 北京：东方出版社，2002.

亨利·皮雷尔. 中世纪的城市. 陈国樑，译. 北京：商务印书馆，1985.

马克·布洛赫. 封建社会. 张绪山，等译. 北京：商务印书馆，2004.

马克·布洛赫. 法国农村史. 余中先，译. 北京：商务印书馆，1991.

P. 布瓦松纳. 中世纪欧洲生活和劳动. 潘源来，译. 北京：商务印书馆，1985.

汤普逊. 中世纪经济社会史. 耿淡如，译. 北京：商务印书馆，1984.

汤普逊. 中世纪晚期欧洲经济社会史. 徐家玲，译. 北京：商务印书馆，1992.

雅克·勒高夫. 圣路易. 许明龙，译. 北京：商务印书馆，2002.

第四章

拜占庭和东欧封建国家

第一节　拜占庭帝国

一、5至6世纪的帝国概况

拜占庭帝国（Byzantine Empire）是在西罗马帝国崩溃后依然存在的东罗马帝国。拜占庭原来是古希腊的移民城市，330年罗马皇帝君士坦丁在该城市旧址上建城，将都城从罗马迁移到此，并改名为君士坦丁堡，拜占庭帝国得名于此。公元395年，罗马帝国最终分为东西两部分。东部以君士坦丁堡为首都，自称是罗马帝国的继承者，故称东罗马帝国（Eastern Roman Empire），领土包括巴尔干半岛、小亚细亚、叙利亚、巴勒斯坦、埃及和利比亚等富庶的地区，仍是一个地跨欧亚非三洲的大帝国。我国古代史书将它称之为“大秦”、“拂菻”和“拂林”。

当西罗马帝国后期因奴隶制危机而步入衰亡的轨道时，拜占庭帝国并没有陷入绝境。拜占庭的奴隶制经济危机不像西罗马帝国那样严重。在广大农村，奴隶制庄园的规模较小，奴隶数量不多，在农业生产劳动中并不占主导地位。奴隶地位也有所改善，不少人分得小块土地和一些农具而自行经营，但人身不自由，没有财产处置权。主要的劳动者是隶农，他们拥有家室、牲畜和农具，可以独立经营，劳动兴趣比奴隶高。又由于不少地区农村公社的残余比较浓厚，自由人阶层还保留了下来。在巴尔干半岛、叙利亚和埃及等地区仍有相当多的自由农民，成为国家徭役、赋税和兵役的提供者。由此，帝国奴隶制危机比较缓和，农业生产保持着较高水平。埃及、小亚细亚和色雷斯等地是帝国的谷仓，出产谷物、水果、亚麻、甘蔗等。更为重要的是帝国工商业的繁荣。帝国所占据的地区是东、西方经济、文化交流的重要地带，工商业十分发达，城市众多且兴盛。首都君士坦丁堡最为繁荣，约有 80 万人口。君士坦丁堡南临马尔马拉海，北靠黄金角海湾，东扼博斯普鲁斯海峡，西边俯瞰色雷斯平原，易守难攻，有着得天独厚的地理位置，扼黑海、地中海连接欧、亚两洲的交通要冲，成为沟通东、西方贸易的“金桥”。东方的香料、丝绸和珠宝，北方斯拉夫人的毛皮、蜂蜡和琥珀，埃及的粮食、甘蔗和纸草，都在这里集散。君士坦丁堡的手工业也比较发达，由官府垄断，以丝织、武器制造和生产金银餐具器皿而闻名。此外，帝国境内还形成了以著名的工商业城市安条克和亚历山大里亚为中心的国际商业贸易区。农业、工商业和城市的发展繁荣，使帝国政府拥有大量的税收，以充足的财源来维持庞大的国家官僚机构和招募众多的雇佣军，强化奴隶制国家的统治。由此，帝国能够经受住“蛮族”的侵袭以及国内人民反抗的双重打击，不仅渡过了危机，而且在稳定局势后，更是欲图用武力从日耳曼“蛮族”王国手中夺回帝国的西部，以图重建一个大一统的罗马帝国。

二、查士丁尼恢复罗马帝国的尝试及其失败

1. 罗马法的编纂

拜占庭帝国在皇帝查士丁尼（527—565）统治期间，不仅阻挡了外敌在边疆的骚扰，甚至一度西侵，为恢复大一统的罗马帝国作了尝试，故这段时间被后人称为拜占庭帝国的“黄金时代”。

查士丁尼

查士丁尼是一位颇有政治抱负的君主，他即位后，为巩固皇权的统治，实现重建统一的罗马帝国的梦想，推行了一系列重要措施。

查士丁尼上台后不久，就成立了以著名法学家特立波尼安为首的委员会，着手整理、编纂罗马法，包括两大类：一类是成文法，是由政府颁布的各种法令；另一类是著名法学家对法令的论述和阐释。这个委员会的法学家收集自哈德良（117—138）皇帝起历代罗马君主颁布的法令，删去重复和矛盾之处，于 529 年编成 10 卷的《查士丁尼法典》。然后汇集历代罗马法学家的论文，于 533 年编成 50 卷的《法学汇纂》。同年又编定、颁布 4 卷的《法理概要》（又称《法学阶梯》），简要阐明法学原理，作为学习罗马法的教材。此外，还将 534 年以后查士丁尼颁布的法令汇集成册，称《法令新编》（又称《新律》）。这四部法律文献统称为《民法大全》（也称为《国法大全》），是欧洲历史上

第一部系统完备的法典。

编纂《民法大全》旨在维护拜占庭帝国的专制皇权和奴隶制。该法典鼓吹“君权神授”，皇权至尊，宣扬皇帝的旨意具有法律效力，反对皇帝就会遭到法律的惩治。为了巩固奴隶主对奴隶和隶农的统治，阻止在帝国内部已经孕育的封建因素的发展，法典一再强调奴隶和隶农必须服从主人，不得有任何反抗。同时，它也反映了帝国封建生产关系萌发的特征，如允许释放奴隶，对隶农有大量的立法等，但却规定隶农仍须固定在土地上，以满足大地产对劳动力的需求。

此外，这部法典竭力维护私有制，反映了古罗马商品经济发展及其对社会生活广泛深刻的影响。它提出了公法和私法的划分：公法是有关罗马帝国政府的法律，私法是有关个人利益的法律。其中私法（民法）最完备，影响最大，人们所说的罗马法往往专指私法。私法分人、物、对物权、对人权（即债、契约等）以及民事诉讼五个部分，对买卖、借贷、债务、契约、继承等涉及简单商品所有者的一切法律关系，均有明确规定，体现了私有制和商品交换中的法律关系，是前资本主义时期有关商品生产最完善的法律，其中的不少法权关系对后世产生深远而重要的影响。恩格斯曾称：“罗马法是**简单商品生产**即资本主义前的商品生产的完善的法，但是它也包含着资本主义时期的大多数法权关系。”① 从12世纪起，罗马法随着城市商品经济的勃发而开始复兴。近代欧洲各资产阶级国家的立法，除英国外，大多受到罗马法的深刻影响。19世纪初颁布的《法国民法典》（即《拿破仑法典》），就是以罗马法为基础制定的。

2. 强化政治统治的内外政策

查士丁尼同时也推行旨在政治集权的改革。他简化行政机构、裁减烦冗官员、加强中央与地方联系等，并与一些拥有大地产并与政府对抗的元老院贵族进行斗争。此外，他还宣布自己是国教东正教的保护者，在首都君士坦丁堡兴建了宏伟的宫殿和富丽堂皇的圣索菲亚大教堂。他宣称要根绝一切异端宗教，限令三个月之内，所有异教徒必须改奉基督教，没收他们的寺院并移交给东正教徒，不允许其担任国家官职。529年，查士丁尼以异教团体为名，关闭雅典的柏拉图学园。由此，东正教就成为拜占庭皇权的精神支柱。

镇压下层人民反抗，也是查士丁尼强化统治的惯用手法。当时，帝国政治腐败，贪赃枉法成风，导致阶级矛盾急剧激化。532年1月，君士坦丁堡民众爆发声势浩大的“尼卡”（希腊语意即“胜利”）起义。起义者反对政府的横征暴敛和贪官污吏，焚烧官署，捣毁贵族邸宅，并攻打监狱和袭击皇宫，要求罢免特立波尼安等权贵，重新推举新皇帝。查士丁尼派遣大将贝利撒留施展阴谋，在起义者内部制造分裂，残酷地镇压了起义，被杀害者约达3.5万人。查士丁尼还镇压了巴勒斯坦的撒马利亚教派的反抗，并对非正统的“一性”论教派施以高压政策。

在对外政策上，查士丁尼致力于消灭西欧新兴的日耳曼封建王国，恢复古罗马大一统的奴隶制帝国。即位之初，他曾任命名将贝利撒留为元帅，向宿敌波斯帝国宣战，争夺黑海出口，但并不顺利。为尽快结束对波斯的战争，他不惜以重金换取和平，与波斯在532年签订和约。在协调好与波斯的关系后，他立即让贝利撒留统领大军向西方进

① 马克思恩格斯全集：第36卷. 北京：人民出版社，1975：169.

攻。534年，贝利撒留率军攻陷汪达尔王国的首都，将该王国领土纳入拜占庭的版图。535年，又渡海攻占西西里和那不勒斯，次年攻陷罗马，并于540年占领拉文那，迫使东哥特王国投降。东哥特人在新王托提拉领导下重新崛起，一度收复罗马城，但却难以挽回颓势，东哥特王国于552年被拜占庭军队所灭。554年，查士丁尼还乘西哥特王国内争之机，出兵占领伊比利亚半岛东南部。在占领原西罗马帝国的大部分领土后，查士丁尼下令恢复已被废除的奴隶制。554年，他颁布《政务诏书》，宣布东哥特国王托提拉时代所立的契约、赠予状全部作废，过去为缓和奴隶、隶农处境而采取的经济措施一律无效；恢复原来奴隶主的财产和一切特权，规定将已经获得自由的奴隶和隶农归还给原奴隶主。

查士丁尼的复辟措施引起当地人民的强烈反抗，致使帝国难以维持其在西部的统治。他死后不久，帝国所占领的西部领土纷纷丢失。568年，在奴隶、隶农起义的配合下，伦巴德人攻入意大利北部，建立伦巴德王国，将拜占庭军队赶出意大利的北部和中部。不久，西哥特人又夺回拜占庭在西班牙占领的土地。与此同时，大批斯拉夫人渡过多瑙河进入巴尔干半岛，帝国仅能控制一些沿海地区和岛屿，而埃及、叙利亚和巴尔干半岛的奴隶、隶农也不断举行起义。7世纪中叶，阿拉伯帝国兴起，很快占领中近东和北非的大片土地，后来又占领意大利南部与西西里。这样，查士丁尼重建大一统罗马帝国的政治梦想终归破灭。

三、拜占庭的封建化和帝国的衰亡

1. 斯拉夫人入侵和帝国的封建化

拜占庭的封建化是帝国的内部、外部矛盾交相作用的产物。6世纪末7世纪初，拜占庭社会经历了剧烈的社会动荡。在东方各省民众起义的同时，帝国更经受着外族大规模迁徙浪潮的冲击。577年，约10万斯拉夫人横渡多瑙河，涌向色雷斯和埃拉多斯，581年又进入色雷斯、马其顿和帖撒利亚。到7世纪初，斯拉夫人已遍布巴尔干半岛。每到一处，斯拉夫人就摧毁奴隶主大庄园，占据土地进行分配，减轻农民负担，并与当地居民逐渐融合。在人民起义和外敌入侵的双重打击下，帝国统治秩序趋于崩溃。602年，多瑙河驻军的下级军官百夫长福加斯率部众起义，得到广泛响应。义军攻占君士坦丁堡，将皇帝摩里斯处死，占据皇位达八年之久。尽管这次起义最终被奴隶主元老贵族的势力所镇压，但帝国统治机构却被内战摧毁。610年，代表地方显贵的非洲行省长官希拉克略（610—641）登上皇位，建立希拉克略王朝（610—711）。尽管如此，帝国仍难以再恢复昔日的辉煌。希拉克略王朝于627年最终战胜波斯国王库斯鲁二世，收复了帝国东部的失地。但阿拉伯帝国兴起后，于7世纪中叶夺取叙利亚、美索不达米亚、巴勒斯坦、埃及、北非和西西里。帝国统治版图大幅缩小，实际上只保有小亚细亚和巴尔干半岛等地区。

自7世纪开始，拜占庭社会步入封建化的轨道。在帝国境内，奴隶制已经在剧烈的社会动荡中瓦解，斯拉夫人建立的农村公社在帝国境内广泛出现，原来本土残存的农村公社也因而得以延续，封建制在其中逐渐萌发。8世纪初编定的《农业法》，是拜占庭法和斯拉夫人的习惯法相结合的产物。从这一文献中可以看出，村社是当时农村的基本组织，耕地已归公社自由农民占有，草地、牧场、森林等属公社集体所有。但农村公社成员已出现贫富分化，有的人因无力耕种而将土地转让给富有者，成为佃农。富有者拥有较多的地产与劳动力。由此，封建的大土地所有制和租佃关系发展起来。

帝国政府所推行的自上而下的改革，更加深了拜占庭社会的封建化。当时，帝国东部各省为阿拉伯人占领，而进入多瑙河南岸的保加尔人早已于679年与斯拉夫人联合建立第一保加利亚王国，对拜占庭构成威胁。为了有效地对付外敌入侵，拯救帝国危亡，伊苏里亚王朝（717—802）皇帝利奥三世（717—741）统治时期，依靠军事贵族的支持，在全国推行军政改革，实行“军区制”。其主要内容为：把北非、意大利实行的军区制移植到东方，设11个军区，以军区代替行省，亦兵亦农，由主管军事的将军统治；军区也获得相应土地，建立“军屯”制度，将自由农民编入军队，分配其世袭份地，让其成为“兵农合一”的屯田兵，向国家缴纳土地税、人头税等，但不服公共劳役；对军队将领进行大量的土地封赐，以土地收入作为其部分薪俸。“军区制”是一种军政兼容、兵农合一的制度，它基本解决了兵源和军费上的困难，也使人口流动中的无组织状态得到控制，缓和了尖锐的社会矛盾。但这一改革促成了封建军事贵族的兴起，他们与残余的旧贵族合流，占有大量地产，强化对农民的控制，并逐渐形成地方封建割据势力。东正教教会也乘此改革而参与土地掠夺，成为大封建主。

“军区制”改革引发对教会地产的剥夺。当时，东正教教会和寺院几乎占有全国1/3的土地，且享有免税特权，影响国家赋税收入。由是，政府与教会之间的矛盾加深。皇帝利奥三世于726年掀起了全社会的“破坏圣像运动”，下令禁止供奉圣像，封闭寺院，没收教会土地。教会和修道院的圣像、圣迹和圣物被捣毁，土地和财产被没收，僧侣被迫还俗，参加生产，承担国家赋税和徭役。没收的土地大部分由封建军事贵族占有。利奥三世还镇压了一些教会贵族和下层教士的反抗，并抵制住了罗马教廷的高压。皇帝君士坦丁五世时期（741—775），“破坏圣像运动”达到最高潮。不少坚持圣像崇拜的僧侣被囚禁、放逐，有的甚至被处决。直到843年皇帝狄奥多拉重新宣布恢复圣像崇拜，历时一百多年的“破坏圣像运动”才告结束。但由于皇权高于教权的原则和军事封建贵族的强势，教会被没收的土地和财产已无法收回。通过“破坏圣像运动”，军事封建贵族获得的赏赐与掠夺的地产更多，屯田兵和村社自由农民迅速沦为依附农民和农奴，社会封建化进一步加深。

2. 下层民众的反抗和“普洛尼亚”制

面对日益加深的封建奴役，拜占庭农民常常采取宗教异端的方式展开斗争。在8至9世纪，小亚细亚的农民中广泛兴起“保罗派”运动，宣扬善、恶二元论，攻击现实社会的统治秩序是“恶”的化身，反对教会贵族的奢侈腐败，主张取消等级森严的教阶制度与偶像崇拜，简化烦琐的宗教仪式，恢复原始基督教的平等。此外，下层群众的暴动也时有发生。821年，小亚细亚爆发斯拉夫人托马领导的起义，农民、士兵以及城市贫民、奴隶和“保罗派”纷纷参加。义军夺取帝国舰队，征服小亚细亚，并渡过海峡向巴尔干半岛进发，攻占色雷斯和马其顿的部分地区。当地的斯拉夫人里应外合，给义军以巨大支援。义军在821年末进军首都君士坦丁堡，围城达一年之久，直到825年才被完全镇压下去。

有关托马起义的记载

托马虽然跛足与出身蛮族，但有令人尊敬的斑白头发，又有特别可爱的、和蔼可亲的态度……而且在体力和勇敢方面又不逊色于任何人。所以，托马能吸引政府税务官员到自己方面，并用慷慨赐予的方法，努力使群众听命于己，因而他由微贱变成伟大。对于一切唯恐天下不乱、企图发财的人，他用劝说与友谊来拉拢，而对于那些由于自己的经验认识内战灾祸的人，他用威力和不容置辩的命令来压迫他们。因此，内战不是以清水、而是以鲜血灌溉土地……奴隶反抗主人，士兵反抗将军，校尉反对军区司令，互相残杀。可以说，全亚细亚呻吟于严重的灾难之下。

——提奥芬历史续编（摘录）//郭守田．世界通史资料选辑·中古部分．北京：商务印书馆，1981：76.

到了9世纪中叶，随着封建贵族的巧取豪夺，自由农民和屯田兵多失去土地，被迫向封建主缴纳实物地租和服劳役，沦为依附农民。阶级矛盾进一步激化。10世纪初，在小亚细亚爆发了“铜手瓦西里”起义。瓦西里是马其顿人，据说在战斗中失去一只手，装上铜手后继续作战。迫于压力，马其顿王朝（867—1056）不得不下诏限制扩大封建地产，但难以推行。

11世纪末，拜占庭政局混乱。日益强大的地方封建贵族势力反对中央政权，谋求政治独立，皇位更迭频繁。军事贵族阿历克塞·科穆宁（1081—1118）建立科穆宁王朝（1081—1185），推行“普洛尼亚”（监领地）制度。国家把国有土地（包括城堡、耕地和牧场）及农村公社土地分给公职贵族终身监领。监领地上的农民受监领人管辖，缴纳租税和服劳役；监领人再将所收租税的一部分上缴国家。接受监领地的贵族还必须服军役，按照监领地的大小提供相应数量的兵员。监领地只能终身使用，不能转让和世袭。普洛尼亚制度暂时加强了国家和军队的实力，但它既加速了农民丧失土地和自由的过程，也潜伏着封建的政治离心倾向。此后，终身监领地逐渐变为世袭监领地。世袭贵族取得了相当于西欧领主豁免权那样的封建特权，独立性越来越大，最终导致了封建分裂割据。

3．内外交困与帝国的覆亡

正当拜占庭帝国内部的阶级矛盾趋于尖锐之际，它又遭到西欧封建主十字军东征的沉重打击。第四次十字军东征在拜占庭建立的“拉丁帝国”，占据了拜占庭的大片地区，并维持了半个多世纪的统治。1261年“拉丁帝国”覆灭后，拜占庭虽然得以复国，但其领土只限于小亚细亚的西北角和色雷斯、马其顿的一部分以及帖撒罗尼加、伯罗奔尼撒的一些据点和爱琴海北部一些岛屿等。各地贵族封建割据现象仍然严重，西欧的骑士、商人等也占有其各地的领土，整个拜占庭帝国四分五裂，国力式微。

自14世纪始，拜占庭的城市手工业、商业一度繁荣，商品货币关系有了较快发展，货币地租逐渐在农村盛行，封建制趋于瓦解。然而，皇权的衰落和封建割据的严重，致使国内统一市场难以形成。由于威尼斯和热那亚商人对商业的控制，也由于本国封建主的盘剥，国内外贸易很难持续增长。在本国封建主与外国富商的双重盘剥下，下层民众的生活贫困痛苦，阶级矛盾进一步激化。1342年，在帝国境内的马其顿、色雷斯一带

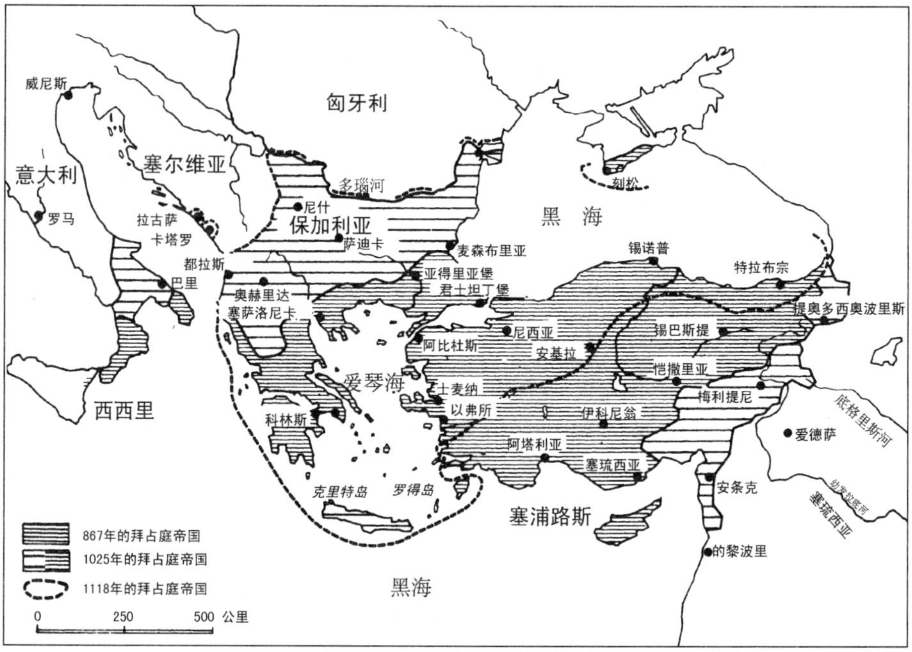

9 至 13 世纪的拜占庭帝国

爆发了“吉洛特”（希腊语意为“人民之友”）起义，参加的人主要是城市平民和城郊农民。起义者在帖撒罗尼加建立了城市共和国，但政权很快落入城市贵族之手。1345 年下层民众再度起义夺取政权，采取一些社会改革政策，如惩治封建贵族和大商人，取消贫民的债务，没收教会僧侣的地产分配给下层人民。最后，帝国政府居然向一直窥视其领土的奥斯曼土耳其人借兵，在 1349 年将起义镇压。

在当时，奥斯曼土耳其人其实是拜占庭最大的威胁。他们于 1331 年占领拜占庭在小亚细亚的全部领土，1354 年又乘拜占庭封建主内战渡过达达尼尔海峡而侵入巴尔干半岛。在土耳其人的蚕食下，到了 15 世纪初，拜占庭帝国仅保有君士坦丁堡及其周围的狭小地区，其内部也纷争不已。封建贵族分裂为亲拉丁派、希腊正教派和亲土耳其派三大集团，大大削弱了帝国抗击外敌的力量。

自 1425 年起，土耳其军队就一直围困君士坦丁堡。由于力量孱弱，拜占庭帝国政府不得不将境内许多重要堡垒的防务，交给来自西欧各地的雇佣军。1453 年 4 月 6 日，土耳其穆罕默德二世统领 20 万水陆大军、300 艘战船攻打君士坦丁堡，尽管双方力量对比悬殊，但守城军民仍英勇抵抗。直至 5 月 29 日，君士坦丁堡城才最后被土耳其人攻陷。奥斯曼土耳其苏丹随即迁都于此，并将君士坦丁堡改名为伊斯坦布尔（意为伊斯兰教的城市）。由此，具有千年悠久历史的拜占庭帝国终于灭亡。

四、拜占庭文化

1. 文化成就与建筑艺术

拜占庭文化是欧洲中世纪文化的璀璨明珠，是历史上人类文化遗产的重要组成部分。它是在广泛吸收以往欧洲以及西亚、北非的文化遗产的基础上发展起来的。

1453 年奥斯曼土耳其人攻陷君士坦丁堡

拜占庭帝国境内民族众多，既包括希腊人、叙利亚人、科普特人、亚美尼亚人、格鲁吉亚人及希腊化的小亚细亚人，也有后来进入帝国境内的哥特人、斯拉夫人、阿拉伯人、土耳其人。长期以来，多民族的社会生活与多向联系，使拜占庭能够充分借鉴希腊罗马古典文化和基督教神学文化，以及埃及、西亚等地的古代东方文化，创造了既具有独特风格又具有综合特色的丰富多彩的拜占庭文化。

在哲学思想领域，拜占庭学术流派众多，哲学与基督教神学常常交织在一起，密不可分，但仍然大量吸取了希腊古典哲学的思想营养。帝国初期，新柏拉图主义哲学十分流行。其代表普洛科路斯（410—485）在综合古典客观唯心主义哲学与基督教神学的基础上，论证了宇宙从高到低的“存在”的层次与人的“感知世界”的局限。稍后，新亚里士多德主义哲学逐渐兴起，其代表菲洛普诺斯（490—574）运用演绎法与三段论逻辑形式去推理，认为世界上既存在着永远是第一位的个别具体的事物，同时也存在着一个具有决定作用的“灵魂”世界，整个宇宙都是由原动力来推动的。这两大派别的看法，无疑分别是对柏拉图的“理念”论与亚里士多德的“实体”论的新阐述，对帝国后来的哲学发展影响很大。

拜占庭史学较多继承了西方古典史学的传统，取得了丰硕成果。查士丁尼时期的著名史学家普罗可比（约 500—565）所撰写的《战史》共 8 卷，记载帝国对波斯、汪达尔和哥特人的战争。他著的《建筑》记载当时的重大建筑、教堂和军事设施，其《秘史》一书则揭露了查士丁尼时代的黑暗和腐朽。这些著作史料翔实，条理清楚，语言生动，是研究早期拜占庭历史的基本资料。

由于继承了古典文化的传统，吸收了波斯与两河流域的文化营养，拜占庭帝国的建筑雕刻艺术尤其显得博大精深，风格独具。在查士丁尼时代，帝国首都君士坦丁堡就被誉为“新罗马”，是当时欧洲最大的城市。它所拥有的巨大而辉煌的宫殿、教堂以及鳞次栉比的住宅、浴室、旅馆、游乐场等，构成了风格奇特的庞大建筑群。这些建筑从样式与材料上都模仿希腊罗马的古代建筑，一些建筑的大理石屋面、阳台和柱廊透显出典雅庄重的风格。皇宫与元老院大厦主要采用大理石建造，内部有富丽堂皇的壁面装饰。皇宫中有接见来使与官员的正厅，还有皇帝的寝宫、庙宇与花园。有的公共浴室建筑雄伟，占地多达20多万平方米，热水大厅多为全圆形，上有穹顶。有十余级大理石台阶的帝国议会和元老院是按古希腊建筑风格设计的。广场中心耸立着36.58米高的巨型花岗石圆柱，坐落在6.1米高的白色大理石基座上，圆柱的直径约3.2米，顶端是从雅典运来的巨大的阿波罗铜像。在中心广场与闹市区，还常常建有大理石的回廊。可容纳数万人的大赛场也完全仿照罗马竞技场的式样建造，但比罗马的大赛场规模更大。圣索菲亚大教堂更堪称是建筑艺术的丰碑。为了修建这一教堂，查士丁尼从国库中动用了大量的黄金、象牙、宝石、大理石，征调许多精巧的工匠与大批劳工，于525年开始动工，历时5年方得以建成。它采用了与西欧传统完全不同的中央圆顶形式。教堂占地近1万平方米，其中央为一大穹顶，穹顶的中央离地面有55米，显得十分高大明亮。它的高大柱廊用大理石构建，并在柱头、柱身上围有金铜箍。穹顶都用金色或蓝色的玻璃作镶嵌装饰，四壁都是有关宗教传说、圣徒与帝王像等的精美镶嵌画。其中的人物像庄严肃穆，并配有生动的狩猎、宴会和动植物图画，神态逼真。圣索菲亚大教堂无疑是欧洲文明宝库中的艺术瑰宝。

拜占庭的圣索菲亚大教堂

2. 拜占庭文化的影响

拜占庭文化对欧洲各地产生了十分重要的影响。首要的就是对斯拉夫民族的文化启蒙。在欧洲，中世纪之初的斯拉夫社会处于原始社会解体时期，尚待开化。9世纪中期，应斯拉夫人保加利亚国王的邀请，拜占庭的东正教教士希利尔与其弟前往传教。他们帮助斯拉夫人建立教会，并用希腊字母为斯拉夫方言拼音，创造出了“希利尔文字”，还用这一文字对《新约全书》与希腊典籍进行翻译，由此而奠定了斯拉夫文字、文学的基础。此后，斯拉夫各地纷纷皈依东正教，建立教堂、修道院与学校。新兴的斯拉夫国家则派遣留学生到君士坦丁堡的教会与世俗学校学习，并仿效拜占庭建立起官僚政府机构与税收制度。拜占庭文化的影响，推动了斯拉夫民族的文明化进程。

拜占庭文化在东西方文化交流上扮演着重要角色，并由此辐射和熏陶了阿拉伯特别是西欧的文化。它所保存下来的许多希腊罗马的古典文化典籍，既促进了阿拉伯文化的发展，后来又通过阿拉伯人直接传入西欧，对中世纪西欧文化产生重大影响。中世纪早期，拜占庭长期控制着意大利南部和东部，希腊语和拜占庭文化也就传入这里并由此而传入西欧。此后，阿拉伯人对西西里的征服，第四次十字军东征对拜占庭大多地区的占领，都促使拜占庭文化西传。到了中世纪后期，随着奥斯曼土耳其人对拜占庭侵略的加剧，许多精通古典文化的学者、教师携带大批古希腊罗马的典籍纷纷逃往意大利，激起了古典文化研讨的高潮，对意大利人文主义者产生重要影响，由此推动了意大利乃至整个西欧文艺复兴运动的发展。

第二节　捷克与波兰

一、捷克、波兰封建国家的兴起

1. 捷克国家的形成与封建化

6 至 7 世纪时，在东起维斯瓦河、西到易北河的广大区域，居住着斯拉夫人的一支——西斯拉夫人，其中的捷克人和摩拉维亚人生活在易北河上游波希米亚和摩拉维亚一带，而波兰人则栖息在维斯瓦河与奥得河流域。

6 世纪末 7 世纪初，为了对抗多瑙河中下游阿瓦尔人的进攻，捷克人曾经由部落联盟发展成国家，但并未延续下来。9 世纪初，在多瑙河中游和拉巴河上游又出现大摩拉维亚国家（830—906），其领土包括捷克、摩拉维亚、斯洛伐克等地，实际上是由若干部落联盟组成的大公国。为了对抗德意志封建主的扩张，这个大公国向拜占庭求援，并接受东正教。863 年，拜占庭传教士希利尔和其弟美多德前来传教，以希腊字母为基础，创造了斯拉夫文字，并把《新约全书》译成古斯拉夫文。摩拉维亚公国的统治并不稳固，由于内讧，906 年为匈牙利人所灭。此后，捷克人以波希米亚为中心，开始形成独立的捷克王国。但起初的捷克国家势力弱小，长期以来依附于神圣罗马帝国。1086 年，神圣罗马帝国皇帝亨利四世授予捷克大公弗拉提斯拉夫二世（1062—1092）国王称号，但王位不得世袭。得到正式册封的捷克，成为神圣罗马帝国的一部分。此后在 1156 年又被神圣罗马帝国皇帝腓特烈一世（1152—1190）准予世袭。到 13 世纪，捷克成为神圣罗马帝国的一个重要组成部分，其国王是德意志的七大选帝侯之一，但实际上仍然保持很大的独立性。

捷克没有经过发达的奴隶制，由西斯拉夫人的原始部落直接进入封建社会，其封建化受到德国封建主移民的影响。6 至 7 世纪，捷克-摩拉维亚各部落的社会生产力有了发展，并出现了贫富分化的现象。其时，冶铁和铁的加工技术有所改进，铁制农具已用于农耕，铁制的战斧和宝剑也在战争中使用。部落显贵拥有战俘奴隶和债务奴隶。但捷克的奴隶制比较温和，奴隶的地位类似于古罗马的隶农。显贵们为了防止奴隶破坏生产工具，提高他们的生产兴趣，将份地分给奴隶，收取部分实物地租，并令其服劳役，由此开启了捷克社会封建化的端绪。在拜占庭和德国等封建国家的影响下，捷克的封建关系迅速发展。在波列斯拉夫一世（929—967）统治时，氏族部落贵族日益消失，国王强制性地把公社农民的土地分封给亲兵，作为其服兵役的报酬，这种封地最初只是终身占有的采邑，后来逐渐变成世袭领地。在这些土地上的自由农民，逐渐沦为依附于封建领主的农奴。同时，德国封建主早已垂涎于捷克的土地和矿藏。自12世纪开始，就不断掀起向捷克殖民的浪潮。德国的教、俗贵族和城市贵族纷纷涌入捷克，或开发矿藏，垄断矿山；或建造城市，把持企业，操纵城市议会；或深入农村，以各种手段兼并土地；或把持教会，成为上层僧侣。他们形成了一个特殊的封建利益集团，直接压迫剥削捷克城乡的广大劳动者，促使捷克社会的封建化最终完成。

2. 波兰国家的形成与封建化

波兰国家形成较晚，直到9世纪末10世纪初才渐成雏形。波兰也未经历发达的奴隶制，由部落联盟直接向早期封建国家过渡。从那时起，部落首领成为王公，将土地分封给亲兵、侍从和教会，大批自由农民逐渐农奴化。

当时，波兰的社会经济开始发展。农业上采用了三圃制耕作技术，除种植大麦、燕麦、黑麦和亚麻外，还普遍栽培果树与蔬菜。畜牧业也有显著发展。随之，商品交换逐渐勃兴，出现了沃林和克拉科夫等工商业城市。这些都为大波兰公国的建立创造了条件。第一位波兰大公是墨什柯一世（960—992）。他以其3 000亲兵展开统一战争，先后征服约30个部落公国，结束了割据混战，创建了普雅斯特王朝（960—1370）。墨什柯一世还强迫臣民从捷克接受了罗马天主教，把西欧的封建等级制也一同引进，加速了波兰的封建化过程。墨什柯一世统治末年，波兰已将西里西亚、马佐夫舍、波莫瑞和维斯拉人居住的地区纳入其统治版图。到10世纪末勇者波列斯拉夫（992—1025）在位时，又兼并克拉科夫地区，初步完成了国家的统一。1025年，罗马教皇为他加冕，承认他为波兰国王。

随着封建化的发展，封建贵族的实力加强，政治离心倾向逐渐显露，最终导致了国家分裂。1138年，国王波列斯拉夫三世病逝，其诸子瓜分国土，形成西里西亚、马佐夫舍、大波兰和克拉科夫等独立公国，不仅各自为政，而且相互内斗。严重的封建割据，给外族入侵造成了可乘之机。波列斯拉夫三世死后不久，德国封建主就侵占西波美拉尼亚。1226年，马佐夫舍大公康拉德引狼入室，请条顿骑士团进入波兰来对付普鲁士人，条顿骑士团乘机占据普鲁士，切断了波兰通往波罗的海的出海口。1241年，蒙古军由拔都率领侵入欧洲，多次蹂躏波兰城乡。随着德国封建主加紧推行向东征服斯拉夫人的政策，德国商人和手工业者对波兰的移民浪潮持续涌动。仅在西里西亚地区，德国移民就多达15万至18万人。到了14世纪中叶，在克拉科夫，城市贵族中80%是德国人。许多城市的行政权和审判权都由德国人垄断，而他们自己则享有自治权，不受波兰法律制裁。德国人对波兰的入侵和移民，严重阻碍了波兰自身民族经济的发展，扼制了本土市民阶级的成长，延缓了波兰封建社会历史发展的进程。

封建化的进程以及德意志封建主的移民，都曾经激起波兰下层人民的反抗。编年史记载，1037年至1039年，里西吉斯克地区的农民不堪忍受封建奴役，举行暴动，杀死主教和封建领主。1309年，波兰西部农民在华尔多派异端的领导下，反对高级僧侣的腐败和教会征收什一税。罗马教皇下令在波兰建立“异端裁判所”予以镇压，并于1315年将西里西亚的数百名华尔多派教徒处以火刑。此外，城市贫民反对德国贵族垄断市政权和征收苛捐杂税的斗争也时有显现。1392年，克拉科夫城的一批帮工和学徒就举行罢工，抗议行东和城市贵族的剥削，被城市当局强行驱逐出城。

二、胡司宗教改革与捷克农民战争

1. 经济发展与社会矛盾

中世纪时期，捷克王国的历史始终和德意志神圣罗马帝国密切相联。在13世纪时，捷克的国王曾经乘帝国皇权孱弱而拓展势力，欲图通过选举当上皇帝。1310年，卢森堡的约翰（1310—1346）取得王位后，开始了卢森堡王朝的统治。约翰在位期间赐予贵族诸多特权，让其在自己的领地内自由征税，而且让教、俗贵族作为国会的主体，排斥城市代表参加。因此，王权并未得到加强。1346年，支持法国反对英国的约翰在克莱西战役中战死，其子即位，是为查理一世（1346—1378）。1355年，查理一世被推选为神圣罗马帝国的皇帝，称为皇帝查理四世，统辖包括巴伐利亚在内的七个强大的诸侯国，布拉格成为帝国朝廷的所在地。在他的统治下，捷克进入兴盛时期。查理四世下令在布拉格建造新城，招聘来自意大利和法国的建筑师及工匠们，建造各式各样华丽、优美的建筑，使布拉格成为一个繁荣的中欧城市。1348年，布拉格大学创立，更为该城市增添了浓厚的文化色彩。

捷克的不断兴起，与捷克的社会经济发展较快密切关联。从14世纪始，捷克的农业普遍推广三圃制耕种方式，粮食产量不断提高，经济作物的种类也日益增多。与之相应，城市工商业也开始兴盛。捷克的采矿业闻名于欧洲，铁、铝、银、铜等矿产的开采量很大。库特纳山是银矿业中心，那里铸造的银币格罗什通行于全欧洲。此外，武器制造、纺织、玻璃等手工业也享有盛誉。捷克的国内外贸易也相当繁荣，与德国、意大利、波兰和俄罗斯都有密切的商业往来。城市的数量也随之增加，此时已达100多座，首都布拉格已经发展成为全国的经济中心。

随着社会经济的发展，捷克的阶级矛盾与民族矛盾交织在一起并趋于尖锐。乡村的大量地产被德国贵族所占有，他们与本土封建主一起加重剥削。在北方，受商品货币关系的刺激，封建主压榨程度超过以往，农民的封建劳役义务明显增加。在南方，货币地租的盛行使农民深受封建主与商人的双重剥削，农民内部分化日益严重，出现了少数富裕农民和许多无地少地的贫农。据记载，在14世纪后期，在农民中，多数农户只占有半个份地以及1/4的份地，有的还沦为农奴。中部、北部的农民，每星期必须为封建主服劳役三四天，甚至是六天。农民的不满情绪日益积累。

在捷克的城市，社会矛盾也同样严重。德国的城市贵族几乎垄断了全部矿山和城市企业，竭力阻止手工业者建立行会，甚至把持市政大权。1350年以前，在首都布拉格的市议会中，没有一个议员是捷克人。德国贵族在其所建造的城市，享有充分的自治权，可以免税且不受捷克法律制裁。此外，城市贵族还将势力渗透到乡村，将城市周围的村庄和农奴化为自己的财产。这一状况不仅压制了捷克市民阶级的成长与经济发展，而且导致捷克城市居民的贫困化。据统计，在14至15世纪，赤贫者占捷克城市人口的40%～50%。因此，城市普通工商业者和贫民与城市贵族的矛盾也趋于尖锐。

2. 胡司改革

在当时的捷克，天主教会成为民众反封建斗争的首要目标。捷克的教会由德国僧侣所把持，德国的僧侣和高级教士成为捷克的主教和修道院院长。作为捷克最大的封建主，教会占有全国1/3以上的地产。而布拉格教区教会所占的土地，更达到该教区全部土地的一半。布拉格大主教本人就领有900个村庄、14座城市和5个堡塞。教会封建主不仅奴役、剥削广大农民，而且还以种种借口和诡计敲剥民众，常以制造圣灵奇迹、滥发赎罪券来搜括钱财。因此，捷克人民反对教会、要求进行改革的呼声日益强烈。

捷克宗教改革家胡司

领导民众反对教会压迫的杰出人物，是著名宗教改革家约翰·胡司（1369—1415）。胡司出身于捷克南部胡西尼茨村的贫苦农家。他曾求学于布拉格大学，毕业后留校任教，并在1402年当选为布拉格大学的校长，还担任伯利恒教堂的神甫与捷克王后索菲亚的解罪神甫。受英国“异端”思想家威克里夫的影响，胡司在布道过程中大胆揭露高级教士的腐败与残暴，斥责罗马教皇兜售赎罪券的掠夺行为。在此基础上，他提出自己的宗教改革主张：将天主教会在捷克的教产收归国有，取消教会特权，废除豪华奢侈的宗教仪式和等级森严的教阶制度，建立民族的廉价教会，让教会服从世俗政权。他还主张教会内部的平等。在当时，神职人员可以在圣餐礼仪中使用圣杯，而一般的教徒只能领取象征基督肉体的面包。胡司要求废除这一做法，主张一般教徒也可以用圣杯领取圣餐。这个主张是胡司教派的一条基本纲领。他基本上否认了教会的中介作用，指出一个教徒不向神甫忏悔照样可以赎罪。此外，胡司还宣称《圣经》的权威高于罗马教廷，并将《圣经》从拉丁文翻译成捷克文，用本民族的语言传教布道。

胡司的宗教改革主张和布道活动受到广大下层群众的热烈欢迎，推动了捷克人民的反封建斗争。同时，在社会舆论的压力下，捷克国王温西司拉斯四世在1409年颁布法令，取消外国人在布拉格大学的特权，由捷克人管理学校。1412年，罗马教皇再度派人到捷克兜售赎罪券。胡司在布拉格大学的辩论会上对此予以大胆揭露和抨击，号召进行宗教改革，市民和学生纷纷响应。教会遂对胡司加以迫害，迫使他转入捷克南部农村继续斗争。1414年，罗马教廷召开康斯坦茨宗教大会，要求胡司到会接受审判。神圣罗马帝国皇帝西吉斯孟德（1410—1437）许诺要保证他的人身安全。为揭露教廷的伪善，胡司不顾危险依然赴会。但教会乘机将他逮捕下狱，1415年7月6日，宗教法庭宣布胡司是“异端”，将他以“异端”罪名处以火刑。胡司的“异端”思想和行动，有力地促进了捷克民族的觉醒，对16世纪西欧的宗教改革运动产生了深远影响。

3. 捷克农民战争

胡司的遇难激起捷克人民的反教会斗争风潮。人们在布拉格举行集会，抗议教皇的暴行。捷克的贵族会议也向康斯坦茨宗教大会提出抗议。各地民众纷纷拒绝缴纳什一税，驱逐德国教士，瓜分教会财产。而胡司派的教士也出来按照胡司的主张，组织群众进行自身的宗教活动。在为胡司复仇的口号下，最终在 1419 年 7 月爆发了轰轰烈烈的捷克农民战争。因这场大起义以胡司宗教改革为旗帜，故又被称为“胡司战争”。

由于斗争要求、目标的差异，起义队伍形成两个不同派别。其中在南方活动的是比较激进的“塔波尔派”。1419 年 7 月 22 日，有 4 万多捷克各地的农民、矿工聚集到塔波尔城。他们要求废除封建等级特权与捐税、劳役，废除君主制，废除豪华的宗教仪式和教阶制度，将教、俗封建主的土地分配给群众，建立朴素而平等的教会和由人民管理的共和国。该派的激进者甚至还要求废除私有制，建立财产公有、自由平等的教会公社。在斗争初期，“塔波尔派”由于斗争的需要，曾经实施一种军事共产主义的生活原则，由参加起义的人员将所带的财物和粮食交公，战利品也一概归公，由集体按其需要分配。义军内部一律平等，互称兄弟姐妹。指挥官也由选举产生，终身任职，重大问题由集体讨论决定。为了支援“塔波尔派”，1419 年 7 月 30 日，布拉格的城市贫民，在约翰·捷里弗斯基的领导下，夺取城市政权，把八名议员从市政厅楼上窗口掷出并杀死。“塔波尔派”和布拉格的起义，远远超出胡司宗教改革的范围，发展成大规模的农民战争。

“塔波尔派”的社会政治主张

他们（“塔波尔派”）感到必须宣传说，将来不应有国王……政权必须交到人民之手；一切领主、贵族和骑士都应被打倒，像森林中长歪的树木一样被消灭掉；贡赋和捐税现在应同一切诸侯政权和世俗统治一起，全被扫光；所有诸侯的、地方的、城市的和农民的权利，都是人们臆造的，不是上帝安排的，必须废除；甚至从前教义有许多部分，如忍耐、服从国王和领主以及贡赋等部分，必须承认是无效的……

——（俄文）中世纪史文献：第 2 卷//郭守田. 世界通史资料选辑·中古部分. 北京：商务印书馆，1981：246.

随着起义的发展，捷克的中小贵族和富裕市民阶层也参加了斗争，组成起义阵营的温和派。他们主张用和平手段实施改革，以达到占有教会财产的目的。他们反对教阶制，要求没收教会财产，禁止外国人担任捷克官吏，建立脱离于罗马教廷的民族教会，传教自由，僧侣平等。他们还主张一般信徒在领圣餐时，应和僧侣一样，都有用圣杯领酒的权利，因此被称为“圣杯派”。

面对巨大的起义风潮，欧洲封建统治势力十分震惊。罗马教廷四处张罗，组织十字军由神圣罗马帝国皇帝西吉斯孟德率领前往镇压。从 1420 年 4 月到 1431 年 8 月，共进行了五次十字军的讨伐。在杰出的指挥官约翰·杰式卡（1378—1424）的领导下，以“塔波尔派”为主力的起义军英勇抗战，先后粉碎敌人的数次大规模进攻。在作战过程中，杰式卡采用“战车堡垒”战术，将战车用铁链子联结起来，围在步兵的外面以抵御敌人骑兵冲击，同时被掩护的步兵通过空隙用挠钩把敌人拉下马来。这一战术多次大败敌军，以致敌人一听到“塔波尔派”战车的隆隆声就落荒而逃。杰式卡曾经在战斗中负伤失明，但仍然继续指挥战斗，在1424年10月初不幸染鼠疫逝世。此后，起义军在大普罗可比和小普罗可比的指挥下继续战斗，先后在乌思齐、塔荷夫等地重创敌军。1427年，义军10多万人分五路深入德国，迅速占领萨克森和巴伐利亚等地，迫使德国封建主求和并承认胡司学说和传教自由。

然而，就在节节取胜的大好形势下，义军内部却发生了严重分裂。“圣杯派”中的贵族、市民获得教会的大量财产与一些城市的管理权，取代了德国贵族在捷克的地位，害怕起义的继续发展危害其既得权益。因此，他们开始观望动摇。教、俗封建统治者乘机设法拉拢“圣杯派”，以图从内部瓦解农民起义。他们秘密派代表与“圣杯派”谈判，于1433年签订了《巴塞尔条约》，允许“圣杯派”所占有的教产不必归还，俗人也可以享用两种圣餐，于是“圣杯派”背叛了起义，和德国诸侯勾结起来。1434年5月30日，“塔波尔派”军队和“圣杯派”军队在里旁发生激战，“塔波尔派”中由小贵族率领的骑士临阵脱逃，投向“圣杯派”，导致“塔波尔派”大败，大普罗可比等领袖阵亡，1万多名义军被杀害，但其余部仍在南部据点坚持斗争，直至1452年才完全失败。

捷克农民战争是中世纪欧洲历时最长的一次大规模农民起义，也是一场浩大的反对外来压迫的民族解放斗争。它不仅席卷了整个捷克，而且也波及德国，震撼了整个欧洲。以“塔波尔派”为主力的起义军，以英勇无畏的精神，先后粉碎了封建势力的五次进攻，使捷克在一定时期内脱离了神圣罗马帝国的控制，这不仅促进了捷克的民族独立和文化教育的发展，而且也从思想上动摇了天主教在欧洲的大一统神权统治。他们的斗争和事迹，对16世纪德国农民战争的酝酿产生了重要影响。

三、波兰的小贵族政治及其与立陶宛的合并

1. 波兰王国的形成与农奴制强化

从14世纪初开始，布列斯特库维亚王公凯太克（1305—1333）依靠中小贵族以及市民、农民的支持，致力于消除大贵族封建割据和德国城市贵族的叛乱，力图实现王国的政治统一。他首先占领中枢地带克拉科夫地区，并以克拉科夫城为都。接着，他统一了大、小波兰，并于1320年加冕为王，波兰统一国家形成。其子卡西米尔三世（1333—1370）即位后，继承父辈事业，实行军事采邑制，扩大军队，从立陶宛人手中夺得加里西亚和沃林尼亚的一部分土地。同时，又限制德国城市贵族特权，禁止德国移民按照《马格德堡法》进行裁决。卡西米尔三世还于1364年创立克拉科夫大学，培养本民族的文化人才。

随着国力的日益加强，1385年，通过王室之间的联姻，波兰与立陶宛合并。立陶宛是13世纪兴起于波罗的海沿岸的国家，通过扩张占据了原来属于基辅罗斯的大片土地，势力抵达黑海北岸，成为介于波兰和俄罗斯之间的一个强国。波兰与立陶宛合并后，很快就展开了反对德国条顿骑士团的斗争。1410年7月，在格伦瓦尔德一役，立、波联军使骑士团遭到决定性的失败，从此走向衰落。1466年，波兰迫使骑士团签订《托恩和约》，规定骑士团团长须向波兰国王宣誓效忠，承认国王为其宗主，不再有对外

宣战和缔约的权力。原来属骑士团的格但斯克和西普鲁士都划归波兰管辖。从此波兰获得波罗的海的出海口。在15世纪，波兰还曾通过王室联姻而一度与匈牙利、捷克等联合，成为欧洲的强国之一。但是，由于德国贵族对城市工商业的多年垄断严重阻碍了波兰市民阶级的成长，所有这些推动政治统一、扩大王国疆域的努力主要是依靠中小贵族的支持。在中小贵族的制约下，波兰始终未能建立起一个强大的君主中央集权。

国家统一促进了经济成长，从15世纪后期开始，波兰城市的工商业得到发展，华沙、托伦、格但斯克等城市勃兴。由于经济相对落后，波兰成为农产品的输出国，主要向西欧各地出口谷物。其时，西欧社会经济正在快速发展，城市规模拓展，人口剧增，对粮食的需求量扩大。为了从谷物生产中获取高额利润，波兰封建贵族采取各种手段侵占农村公有地和农民的土地，并建立封建庄园。据估计，16世纪波兰失去土地的农民占农民总数的75%以上。在庄园里，贵族用劳役地租取代原来已经流行的实物地租与货币地租，有的贵族甚至还任意延长劳役时间。因此，当西欧英国、法国的农奴制日趋衰亡之际，波兰的农奴制反而加强。到16世纪末，波兰农奴的劳役时间每周长达5至6天。此外，农民还要负担各种捐税、杂役，缴纳各种实物供领主消费。与此相应，波兰封建国家还多次颁布法令保障贵族对农民的奴役，1494年取消贵族追捕逃亡农民的期限，1518年又规定封建主对农民享有封建的司法审判权，1543年则完全禁止农民自由迁徙。此外还规定，不经过领主同意，农民无权继承、买卖、转让、抵押土地，不能自由结婚，不能选择自己的宗教信仰。领主甚至可以杀害农奴，只需交付少量的赔偿金。在此情况下，农民纷纷展开争取自由和土地的斗争。1630年，克拉科夫地区的农民就发动起义，捣毁封建领主的庄园，夺取土地，焚烧官吏宅邸，给予波兰的封建统治秩序以沉重冲击。

2. 小贵族政治与“卢布林合并”

在农奴制强化过程中，波兰小贵族的权势日益膨胀。由于波兰市民阶层发育不充分，王权为了对付大贵族以加强统治，一直采取依赖小贵族的政策。1370年卡西米尔三世死后，由于没有子嗣，王位由其亲戚匈牙利贵族国王路易（1370—1382）兼领。路易为保全王位，极力讨好贵族。1374年他颁布《科息茨条例》。这是中世纪波兰第一个保障贵族特权的条例，因在科息茨颁布而得名。根据该条例，贵族可以世袭采邑，有权选举国王和充任国家官职，凡依附于贵族的农民，每一份地要缴纳两个格罗司的土地税。贵族和骑士除服军役外，免除其对国家的一切贡赋。1433年颁布的《克拉科夫特许状》，更追认并扩大“科息茨特权”，规定未经审判不得监禁任何贵族。1454年，国王卡西米尔四世（1445—1492）又颁布了《涅夏瓦条例》，进一步保障小贵族特权。该条例禁止大贵族身兼数职，由小贵族出任地方官吏，并组成地方代表会议即所谓的“小国会”。条例还规定，未经“小国会”批准，国王不得颁布任何新法律，不得对外宣战和征收新税；逃亡农奴必须及时归还原主，小贵族有权直接审判农奴，“小国会”有权征召民军及征收新税。1496年，在小贵族的强大压力下，国王阿尔伯特（1492—1501）更颁布了《彼得罗科夫条例》，规定小贵族享有酿酒垄断权及免税输出农产品和输入外国商品的特权，可以自由占有荒地，对逃亡农奴有无限期的追捕权；禁止市民和农民购买土地，凡已占有地产的市民和农民，限期卖掉；高级僧侣须由小贵族充任。从此，波兰王权深受限制而日益孱弱。小贵族对波兰国家政治生活的支配，更突出地表现在国会之中。15世纪末，波兰兴起了国会，建立封建等级君主制，没有城市市民代表参加，国王几乎处于无权地位。这一国会也分为上、下两院，上院由教、俗大贵族组成，下院由小贵族组成。国会有权选举国王，有权决定宣战、媾和以及王国其他要政。下院权势显赫，拥有“自由否决权”。任何一项法案都必须要得到国会的一致通过，任何一个贵族的反对都可以否决法案。这样，国王权力受到严重束缚，国王不能任命继承人，而须由贵族推选，并被剥夺宣战、媾和和召集民军的权力，实际上只是两年举行一次的国会的召集人。与西欧英、法等国的情况不同，波兰的议会君主制实际上是严格限制国王的贵族代议制。小贵族控制国会的局面，常常使国家政权陷于瘫痪，这是中世纪后期波兰政治混乱的主要根源。

16世纪后半期，为了对付正在崛起的沙皇俄国的迅速扩张，波兰和立陶宛恢复了原已破裂了的联盟。1569年，波兰贵族在卢布林召开的国会上，正式宣布波兰和立陶宛合并。依据合并协定，两国组成一个王国，建立共同国会，共同拥戴一个国王，执行统一的对外政策，但对内仍保持独立，拥有各自的行政机关、军队和法庭。此后，为争夺波罗的海出海口，波兰在对乌克兰扩张的同时，开始与俄国进行长期争战。17世纪初又利用俄国的内讧，数次发动对俄国的战争，但结果都以失败而告终。

第三节　俄罗斯

一、基辅罗斯的兴衰与社会封建化

1. 基辅罗斯的兴起

6至9世纪时，东斯拉夫人广泛地分布在东欧大平原的西南部，居住在西至德涅斯特河，东抵顿河、奥卡河，南达黑海沿岸，北临拉多加湖的广大地区。这一时期的东斯拉夫人正处于原始社会解体阶段，从事较为落后的农业和畜牧业以及传统的狩猎、采集等生产活动。不过，他们已经广泛使用铁器，生产力有了发展，其原始公社逐渐瓦解，形成了农村公社。公社内部的森林、牧场和水源仍属于集体所有共用，耕地则按每户分配。后来，公社成员的份地渐渐变为私有，贫富分化也随之显现。氏族首领、部落酋长占有大量地产，成为富有贵族，而普通氏族成员则日益贫困。在私有制和阶级产生的基础上，部落与部落联盟发展成为国家，形成了一些公国，其中以南方的基辅和北方的诺夫哥罗德最为重要。

大约自9世纪开始，居住在北欧的诺曼人不断侵略东欧内地，他们被称为“瓦良格人”。他们从芬兰湾各河口溯流而来，从事掠夺与贸易，并逐渐在被征服的地区定居，建立统治政权，对正在形成中的东斯拉夫人国家产生重要影响。据《往年纪事》记载，东斯拉夫人各部落内部矛盾尖锐，社会动荡，邀请强势的瓦良格人首领来作王公。862年，瓦良格人首领留里克率亲兵队来到诺夫哥罗德，成为王公，建立留里克王朝。留里克死后，他的亲属奥列格（879—912）继位。882年，奥列格率部南下，占领基辅，并将首都迁至此地，形成以基辅为中心的古罗斯国家，通称基辅罗斯。此后，瓦良格人很快被东斯拉夫人同化，完全接受了当地的生活习惯和语言文化。

最初，作为早期封建国家，基辅罗斯还没有建立完整统一的官僚行政体制。基辅大公对各地被征服居民的赋税征取，主要是采取较为原始的“索贡巡行”方式。每年秋末冬初，大公即率领亲兵队前往各地，到各家各户去索取毛皮、蜂蜜、蜂蜡和粮食等贡物。

基辅罗斯曾多次通过战争迫使拜占庭帝国屈服与纳贡。911 年，奥列格远征拜占庭，除让其接受赔款条约外，还使罗斯商人获得免税特权。伊戈尔（912—948）也曾两次远征拜占庭，签订了类似的条约。由此，基辅罗斯也受到拜占庭文明的影响。弗拉基米尔大公（980—1015）在位期间，协助拜占庭镇压小亚细亚的暴动，并与其联姻，娶拜占庭公主安娜，宣布以东正教为国教，取代原来斯拉夫人部落的多神崇拜。与此同时，基辅罗斯人还从君士坦丁堡学到了书面语和文化艺术，并请来希腊建筑师为其修建教堂和宫殿。雅罗斯拉夫（1019—1054）统治时期兴建的基辅圣索菲亚大教堂和彼彻尔斯克修道院最为典型。前者宏伟壮观，是拜占庭和古罗斯两地艺术相融合的作品；后者则成为古罗斯的学术文化中心，1039 年，该院的修道士在这里编撰了《最初编年史》，后经增删于 1073 年编成《往年纪事》，是研究古代罗斯的珍贵史料。

2. 封建化与基辅罗斯的解体

在对外扩张的过程中，基辅罗斯逐渐封建化。罗斯大公将大量土地分授给亲兵、高级教士，形成了一个贵族阶层。而教、俗贵族也利用各种手段掠夺、兼并土地，拓展势力。由此，东斯拉夫人的农村公社日益解体，自由农民纷纷破产，沦为依附农民，封建大土地所有制开始形成。不过，基辅罗斯的封建化进程比较迟缓且不充分，原始农村公社和早期奴隶制的残余还较多地保存在封建生产关系之中。雅罗斯拉夫统治时期，封建化因国家立法进一步巩固。《雅罗斯拉夫法典》规定，封建领主对其领地中的农民拥有司法审判权，领主杀死农民只需付少量赎金，农民死后无嗣，其财产则由领主没收。该大公的后继者又在此基础上编订了《罗斯法典》，重申了领主对农民奴役的各项封建特权，而且明文规定，凡破坏田界、偷盗牲畜、纵火焚烧庄园或打谷场、杀害王公贵族及官员者，都要处以重罚。

基辅罗斯的统治并不巩固。公国本是由一些带有原始军事民主制残余的封建小邦组成，各邦王公对大公只是维持着基本的贡赋关系。随着封建生产关系的发展，这些人的势力不断扩大，对大公的封建政治离心倾向日益加强。雅罗斯拉夫大公死后，其诸子分割政权，相互兼并混战，基辅罗斯遂解体，分裂成一些独立的封建公国，其中较大的有基辅、斯摩棱斯克、梁赞、诺夫哥罗德、罗斯托夫、弗拉基米尔-苏兹达尔、加利奇-沃伦、波罗茨克-明斯克等，而以罗斯托夫、弗拉基米尔-苏兹达尔、诺夫哥罗德势力较大。封建割据混战给外族的入侵造成了可乘之机，在 13 至 14 世纪时，这些封建公国分别受到了蒙古、立陶宛和波兰的入侵，尤以蒙古的征服占领为甚。

二、蒙古征服与莫斯科大公国对俄罗斯的政治统一

1. 蒙古西征与金帐汗国的统治

蒙古人是生活在蒙古草原上古老的游牧民族。12 世纪时，在东到大兴安岭、西至

阿尔泰山的广大地区，散居着许多蒙古部落。其时，各部落的原始公社开始解体，相互间展开兼并战争。蒙古的孛儿只斤部落领袖铁木真（1162—1227）先后打败了塔塔儿、克烈、乃蛮、蔑儿乞诸部，统一了蒙古各部，并于1206年在斡难河源召开的贵族大会上，被推举为全蒙古大汗，上尊号“成吉思汗”，建立了蒙古人的国家。

蒙古建国后，以成吉思汗为首的蒙古贵族为了掠夺土地和财富，对外不断发动战争，除了南下进攻南宋和金朝外，更是向西对中亚、东欧乃至西亚各国进行了大规模的军事远征。1219年，成吉思汗借口中亚花剌子模国的总督杀害蒙古商人而率军亲征，1220年攻陷其首都布哈拉，国王穆罕默德逃往罗斯。接着成吉思汗派遣的大军继续西征，于1222年越过高加索山进入顿河流域。在当地波洛伏齐人首领的求援下，俄罗斯诸王公组织联军抗击蒙古人。1223年5月，双方会战于卡尔卡河畔，俄罗斯联军惨败。蒙古军遂得以长驱直入，前锋攻抵基辅附近，后在伏尔加河沿岸为保加尔人所败，被迫经哈萨克草原返回蒙古。1236年，蒙古大军在拔都率领下再度向欧洲进发，越过乌拉尔山，占领保加尔城。1238年，攻陷东北俄罗斯的梁赞、弗拉基米尔-苏兹达尔等公国。1239年进攻西南俄罗斯，1240年攻陷基辅，占领加利奇-沃伦公国。接着兵分两路，侵入波兰、捷克、匈牙利和多瑙河流域各公国。1242年，蒙古军队进入克罗地亚和达尔马提亚，抵达亚得里亚海沿岸，兵锋最远抵达维也纳以南的克罗斯特纽堡。后转向东南，经索菲亚至黑海北岸返回至伏尔加河下游，建立了金帐（钦察）汗国，以萨莱为都城，由此开始了对俄罗斯的统治。

金帐汗国名义上隶属于蒙古大汗，但实际上是独立的封建国家，其版图囊括俄罗斯大部分地区，迫使俄罗斯诸王公臣服。在拔都征服俄罗斯后的几十年间，金帐汗为了巩固其统治，对当地的王公采取了利用与分化的政策，继续维持各大公的封建政权，以怀柔、离间、恐吓等手段来让其效忠，称臣纳贡。1243年，任命弗拉基米尔-苏兹达尔王公塞沃洛多维奇为“弗拉基米尔大公”，要求俄罗斯各王公服从。“弗拉基米尔大公”既是一个声誉崇高的称号，也是金帐汗的统治代表，因此诸王公常常为争夺此册封而相互斗争。为了强化统治，蒙古统治者1257年开始建立“八思哈”（意为“镇守官”）制度，由蒙古人担任十户长、百户长、千户长、万户长，在俄罗斯各地发号施令，征收赋税，并对俄罗斯诸王公和当地居民进行监督。尽管如此，蒙古人的统治却难以长期持续。日益崛起的莫斯科公国最终完成了驱除蒙古占领者、重建民族统一国家的任务。

2. 莫斯科大公国的兴起

莫斯科原是罗斯托夫-苏兹达尔王公的领地，基辅大公雅罗斯拉夫曾在1054年将它封给其子弗塞沃洛德。1147年，弗塞沃洛德的孙子“长手”尤里在这里会见了车尔尼戈夫公国的王公。编年史上记载了这件事，并首次提到莫斯科，故这一年被说成是莫斯科建城的开端。莫斯科拥有兴起并统一东北罗斯的有利条件。它地处东北罗斯的腹地，位于莫斯科河畔，水陆交通便利，周围农业、手工业和商业比较发达。由莫斯科河可经过奥卡河入伏尔加河，是商路要冲。这样的地理环境不仅让莫斯科便于发展社会经济，也使其不易受到外敌侵袭。蒙古入侵时，很多南方人逃到这里避难，莫斯科的人口增长很快，逐步兴盛起来，成为重要城市，并在13世纪合并周围地区，形成独立的莫斯科公国。

莫斯科公国建立后，依托于社会经济发展所提供的财力，巧妙借助蒙古统治集团的势力而积聚力量，力图完成驱除蒙古占领者、统一俄罗斯的大业。从 13 世纪末起，东北罗斯强大的公国罗斯托夫与特维尔之间为争夺“弗拉基米尔大公”的宝座展开激烈角逐，莫斯科公国乘机拓展实力，崭露头角。它的大公伊凡·卡里达（1325—1341）老谋深算，善于聚敛钱财，支持特维尔反对罗斯托夫，并乘机加强实力，兼并邻近公国。1327 年，特维尔爆发反对蒙古贵族的起义，他主动派兵镇压，并借助蒙古军队将起义扑灭。同时，他还用大量的金钱财物贿赂金帐汗及其妻妾与近臣，由此博得蒙古统治者的信任与青睐，1328 年被封为“弗拉基米尔大公”。他充分地利用这一称号和权力，肆意搜括财物，扩充公国的财政资源。他与东正教的罗斯总主教彼得建立密切关系，并把大主教的驻地（先在基辅，后在弗拉基米尔）迁到莫斯科，使莫斯科成为全俄罗斯的宗教中心，大公权力与教会神权开始结合。所有这些，都为莫斯科公国的强盛奠定了坚实基础。

到了伊凡之孙底米特里·伊凡诺维奇统治时期（1359—1389），莫斯科公国日益强大。底米特里得到总主教阿列克塞的大力辅佐，将兵权收归自己掌握，鼓励工商业发展，由此强化了自己的权威。他通过重金贿赂重新获得蒙古人对他的“弗拉基米尔大公”册封，加固莫斯科的城墙以抗御外敌，遏止了立陶宛和特维尔联军的进攻，并通过联姻与苏兹达尔-尼什哥罗德结盟，采取武力征服迫使里亚赞称臣纳贡。金帐汗国的马麦汗对此深感不安，1378 年调集大军进攻莫斯科公国，但在奥卡河支流沃查河畔被击败。马麦汗不甘心失败，与立陶宛结盟，调集大军卷土重来。

1380 年 9 月初，在顿河岸边的库里科沃原野上，底米特里率军与马麦汗指挥的 20 万蒙古军队展开会战。这里丘陵起伏，河流交错，丛林密布，不利于蒙古骑兵作战。经过激战，莫斯科军队以相当的代价获胜，蒙古军队遭到惨重失败。指挥战斗的底米特里，获得了“顿斯科伊”（顿河英雄）的荣誉称号。这一战役进一步提高了莫斯科公国在全俄罗斯的地位，有力地打破了蒙古骑兵不可战胜的神话，蒙古贵族的统治从此一蹶不振。尽管不久蒙古军队的反攻又恢复了金帐汗对俄罗斯的统治，但俄罗斯人已经看到了民族统一国家建立的曙光。

关于库里科沃之战的记载

9 月 8 日，圣母诞辰那一天，（大公）命令自己的士兵渡河，开到平原去。……士兵漫山遍野，真是山摇地动。大军一直开到顿河右岸空旷的草原上，排好了阵式。鞑靼人的骑兵恰恰在早晨六点出现于草原上，他们也列队与俄罗斯人对峙……两面的队伍合起来整整占满了十三俄里。战斗异常激烈，杀声惊天动地，对俄罗斯诸侯来说，这样大规模的战斗还是第一次……血流成河，双方士兵的尸体堆积如山。

——叶尔茂林. 编年史（节选）//郭守田. 世界通史资料选辑·中古部分. 北京：商务印书馆，1981：253.

3. 俄罗斯统一国家的形成

到15世纪，俄罗斯的社会经济有了较大发展，各地区之间的联系日益密切，莫斯科成为重要的经济中心，与黑海、地中海地区都有贸易往来。由此，莫斯科公国的势力迅速拓展，使俄罗斯最终摆脱蒙古贵族的统治，形成以莫斯科为中心的中央集权的民族统一国家。

伊凡三世统治时（1462—1505），依靠城市工商业者和中小贵族的支持，不断进行统一东北罗斯的战争，1463年征服雅罗斯拉夫公国，1474年兼并罗斯托夫公国。1471至1478年，经过数次征服，最后吞并了强大的诺夫哥罗德公国，把反对派贵族和富商强制迁到莫斯科城郊加以控制。1485年还消灭了特维尔公国。在基本完成对东北罗斯的统一后，莫斯科公国的大公正式称“全俄罗斯大公”，中央集权国家基本形成。被征服的王公、诸侯，都成为领主贵族（俄国史书称为“波雅尔”）。

莫斯科大公伊凡三世

在拓展领土的同时，伊凡三世逐步展开摆脱蒙古人统治的斗争。此时金帐汗国由于统治集团内讧不休，国势衰微，相继分裂出克里米亚、喀山、阿斯特拉罕几个汗国，主要部分在伏尔加河和顿河之间，统治者称大帐汗，最高统治者为阿合马汗。伊凡三世利用各汗国的矛盾而将之分化，进而在1478年停止向蒙古人缴纳贡赋。1480年，阿合马汗率兵讨伐，伊凡三世虽然陈兵乌格拉河与蒙古军隔河对峙，但并无多大的获胜信心。好在当时天寒地冻，蒙古军缺乏粮草，其盟友波兰-立陶宛的援军未到，又传克里米亚汗攻打都城萨莱，阿合马汗被迫撤兵，伊凡三世不战而胜。不久，阿合马汗在内讧中被杀。这样，蒙古贵族对俄罗斯约两个半世纪的统治到此告终。

俄罗斯的领土统一，是在伊凡三世的儿子瓦西里三世统治时期（1505—1533）最后完成的。在他的扩张下，普斯科夫于1510年、立陶宛统治下的斯摩棱斯克于1514年、梁赞于1521年先后被兼并。从1462年起，经过大约70年的拓展，俄罗斯国家的领土面积从43万平方公里扩大到280万平方公里，北达白海，南至奥卡河，西到第聂伯河上游，东到乌拉尔山的支脉。作为欧洲版图最大的国家，俄罗斯的多民族统一国家最终形成。

伴随着领土统一的历史进程，俄罗斯的中央政治集权制度开始发展。为了树立政治权威形象，伊凡三世娶拜占庭末代皇帝的侄女为妻，以罗马帝国皇统的合法继承者自居，采用豪华烦琐的宫廷礼仪，并为自己冠以“全俄罗斯君主”以及“沙皇”① 的称

① 意即皇帝、帝王。“沙”是古罗马独裁者恺撒（Caesar）的俄语变音的音译。

号，举行神圣的涂油加冕典礼。伊凡三世还将过去独立的王公诸侯降为接受大公封赐的世袭领主，并让其代表组成国家的咨议机关——“杜马”。沙皇掌握最高权力，下设管辖全国的中央权力机构，在地方则派遣总督前往治理。1497 年，他还组织编撰、颁布了第一部全俄罗斯统一的法典，对法庭组织、司法程序和法律条款都作了规定。该法典还把封建领主的特权以法律的形式固定下来，规定农民只有在每年秋后的尤利节（俄历 11 月 26 日）前后各一星期，才能离开主人外出。这是俄罗斯农奴制强化的一个标志。

三、沙皇专制的建立及其对外扩张

1. 伊凡四世的改革

16 世纪初，俄罗斯实现了政治独立和统一，但新兴民族国家仍不巩固。其时，各地封建王公仍世袭领地，割据势力依然强大。充任地方总督与长官的大贵族还享有诸多特权，贵族会议“杜马”的权势较为显赫。此外，国家官僚机构很不完善，难以有效控制地方。在此情况下，朝廷中贵族专政，党争不断，民众生活痛苦，不满情绪日趋强烈。1533 年瓦西里三世去世，其子伊凡即位，年仅三岁，称伊凡四世（1533—1584）。一些大贵族乘伊凡年幼而作乱，相互展开权力斗争。伊凡四世从幼年开始就对贵族专权和政治动荡极其不满。1547 年他加冕称沙皇后，着手亲政。此时各地民众反抗的风潮渐兴，莫斯科的民众也起来烧毁贵族府邸，处死专权的大贵族格林斯基。伊凡四世在稳定局势后，于 1549 年 2 月召开了俄国历史上第一次缙绅会议，由大贵族、高级教士和莫斯科服役贵族的代表参加，宣布在全国实行旨在加强皇权的司法、行政、经济和军事等方面的改革。

1550 年，伊凡四世颁布新法典，用法律来确保沙皇的中央集权。这部法典限制地方总督的权力，统一全国法律，严格诉讼程序，一切案件均由沙皇法庭审理。同时，吸收城市关厢居民与农村富裕农民的代表参加审判。1555 年，又在全国普遍设立地方司法机关，由地方服役贵族主持审理大案要案，这样就有力削弱了地方总督的司法权。在行政方面，为确保沙皇权力的有效运作，正式组建各中央政府机构，先后设封地衙门（掌管对服役贵族的土地封赐等事务）、军务衙门、外交衙门、度支衙门（掌管税收、财政）等。这些部门仍由大贵族充任长官，但却吸收许多服役的中小贵族处理具体事务，执掌实权。

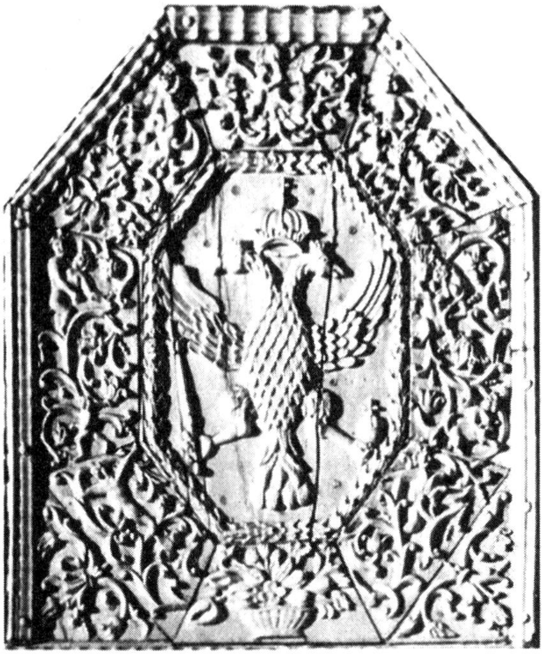

沙皇伊凡四世的王座

军事方面的改革在1549年至1550年推行，限制按门第选任军官的制度，以提高封地贵族在军队中的地位；把莫斯科和附近土地分给一千多名有军功的服役贵族，以巩固他们的经济地位，这些贵族后来多成为宫廷服役贵族，一些人借此而被选为高级官员。1556年颁布了兵役法，规定所有的世俗贵族，无论其占有的是世袭领地还是封地，每拥有150俄亩土地，就必须提供一名骑兵为沙皇服役。这样，既加强了沙皇军队的力量，也削弱了大贵族的特权。此外，为守卫首都，建立了一支直接听命于沙皇的使用火器射击的军队，使之纪律严明，装备精良，以便在此基础上建立国家的常备军。

2. 沙皇“特辖区”

伊凡四世在16世纪50年代推行的一系列改革，最终加强了中央集权，确立了沙皇的君主专制。但大贵族还拥有大片封建领地，其封建割据的经济基础仍然存在。为了从根本上消除大贵族的反叛，1565年，作为军队指挥的大贵族库尔布斯基在前线叛逃立陶宛，给俄罗斯社会带来巨大恐慌。有鉴于此，伊凡四世又实施一项重大措施，在全国推行“特辖区”制，即把包括莫斯科在内的全国土地划分为两大部分：沙皇直接管理的“特辖区”和由贵族组成的“杜马”管理的普通区，两区各有自己的机构和国库。沙皇“特辖区”的土地约占全国面积的一半，其中包括诸多工商业发达的城市，还包括中部与南部的富庶地区以及军事战略要地。而普通区则多为偏僻贫穷的地带或落后的边陲地带。将“特辖区”内的贵族一律迁到普通区，没收其土地，归沙皇所有。迁往普通区的贵族就在那里领取相应的土地作为补偿。沙皇将“特辖区”的土地分赐给效忠自己的亲信和服役的军功贵族，并以他们为核心组建绝对效忠沙皇的“特辖军团”，以镇压大贵族的不满和反抗。1565年初，以“重大叛国”罪处决斯塔里茨公国的数名显赫王公。1566年，又把200名上书要求废止“特辖区”制的贵族全部杀死。1570年1月，沙皇亲自率领“特辖军团”到诺夫哥罗德，以所谓“阴谋叛变”罪在那里进行一个多月的大屠杀。贵族以及一般百姓丧生者达数万人。由此，伊凡四世被称为“恐怖的伊凡”（伊凡雷帝）。1572年，沙皇“特辖区”被取消，其与普通区的界限逐渐消失。“特辖区”制的推行，沉重打击了大贵族势力，强化了沙皇的中央集权专制。

3. 俄罗斯的对外扩张

伊凡四世对内厉行改革的同时，对外大力进行军事扩张。从1552年开始，俄罗斯就向东进军，欲图夺取金帐汗国的遗产，消灭四分五裂的蒙古人的汗国，占领整个伏尔加河流域。经过数次征战，俄罗斯在1552年征服喀山汗国。接着挥戈南下，于1556年最终剪灭阿斯特拉罕汗国。后又相继吞并伏尔加河以东的诺盖汗国和巴什基尔人的地区。由此，伏尔加河中下游和乌拉尔山东部的广大地区都被俄罗斯兼并，由此打开了侵略西伯利亚的门户，沙皇俄国开始成为多民族的国家。

俄罗斯在东方征服并取得成功后，萌发了夺取出海口的野心。此时的黑海北岸由克里米亚汗国控制，该国是正处于鼎盛时期的奥斯曼帝国的藩属，伊凡四世只好对南方采取守势，而把目标放在夺取北方波罗的海出海口上，由此爆发了立沃尼亚战争（1558—1583）。濒临波罗的海东岸的立沃尼亚，良港众多，商业发达，土地肥沃，在当时还属于骑士团统治，但实际上处于割据状态。波兰、立陶宛、丹麦、瑞典都力图控制这一地区。自1558年战争开始后，俄罗斯一度取得胜利，并粉碎了立沃尼亚骑士团主力。为了对付俄罗斯的威胁，立陶宛、波兰、瑞典等国先后出兵与俄军交战。1569年，波兰、立陶宛签订《卢布林和约》，两国合并，并联合瑞典、克里米亚汗国和奥斯曼帝国，从北、南两个方向夹击俄罗斯。1571年，克里米亚汗率军一度攻入莫斯科。波兰的军队甚至长驱直入，在1581年包围普斯科夫。这样，俄罗斯被迫在1582年、1583年分别与波兰、瑞典签订停战条约，俄军退出所占据地区，只保留芬兰湾岸边涅瓦河岸的一块地方，结束立沃尼亚战争。由此，俄罗斯打通波罗的海出海口的企图终告失败。

1584年伊凡四世去世，暂时中断了俄罗斯的对外扩张进程。自那以后的30年间，俄罗斯内部陷入动荡纷争的局面，贵族争权，政变频繁。1606年夏，俄罗斯还爆发了波洛特尼科夫领导的农民大起义，给予俄罗斯的封建统治秩序以沉重打击。同时，波兰、瑞典的军队曾趁机多次侵入俄罗斯。1611年，波兰军攻占斯摩棱斯克，瑞典占领诺夫哥罗德。面临亡国的危险，俄罗斯各地人民掀起反对外国武装干涉的斗争，最终将侵略者驱除出境。1613年1月在克里姆林宫召开的缙绅会议上，大贵族米哈伊尔·费多罗维奇·罗曼诺夫被推选为沙皇（他是伊凡四世的妻侄孙），由此开始了罗曼诺夫王朝的统治。

推荐阅读书目

陈志强. 拜占庭帝国史. 北京：商务印书馆，2003.

刘祖熙. 斯拉夫文化. 杭州：浙江人民出版社，1993.

孙成木. 俄罗斯文化1000年. 北京：东方出版社，1995.

王钺. 罗斯法典译注. 兰州：兰州大学出版社，1987.

王钺. 往年纪事译注. 兰州：甘肃民族出版社，1994.

徐家玲. 早期拜占庭和查士丁尼时代研究. 长春：东北师范大学出版社，1998.

于沛，戴桂菊. 斯拉夫文明. 北京：中国社会科学出版社，2001.

鲁勃佐夫. 胡斯战争. 叶文雄，译. 北京：三联书店，1962.

斯坦尼瓦斯夫·阿尔诺尔德. 波兰简史. 史波，译. 北京：商务印书馆，1974.

瓦·奥·克柳切夫斯基. 俄国史教程：第1卷，第2卷. 张草纫，贾宗谊，等译. 北京：商务印书馆，1992，1997.

第五章

西亚和南亚的封建帝国

第一节　阿拉伯帝国

一、伊斯兰教的产生与阿拉伯的统一

1. 伊斯兰教产生前的阿拉伯社会

阿拉伯半岛位于亚洲西南部，东临波斯湾及阿曼湾，西傍红海，南临阿拉伯海，西北靠叙利亚沙漠，北接美索不达米亚平原。半岛幅员辽阔，但自然条件较差，土地贫瘠，气候干燥，夏季酷热，绝大部分为沙漠地带，其间只有少数绿洲适合放牧与耕种。半岛境内无常年河流，地下水是灌溉和饮用的唯一水源。只有半岛西南端的也门，素有"阿拉伯福地"之称，因有定期的充足雨水，很早就是富庶的农业区，公元前的几个世纪这里曾建立过奴隶制国家。宽阔的沙漠地带，将半岛居民分为两大部分。南部阿拉伯人以定居为主，聚居在也门、哈达拉毛及其附近的沿海一带，既有务农者、经商者，也有游牧者。北部阿拉伯人则以游牧为主，集中在希贾兹和纳季德地区，被称为贝都因人（"贝都因"阿拉伯语意即"沙漠之子"），他们在中世纪初期仍然逐水草而居，很少与外界接触，过着原始共产制的生活。半岛西部的红海沿岸一带称为汉志地区，这里自古以来就是地中海和印度洋之间的重要商道，产生了一些城市，其中以麦加、雅特里布最为著名。麦加城居民大多属于古莱西部落，主要经营商业、手工业和

服务业。城内有一座方形的克尔伯古庙（又被译为“天房”），古庙墙壁上镶嵌着一块黑陨石，被阿拉伯人认为是神降之物而加以膜拜。古庙里还供奉着半岛各部落神的偶像，麦加及周围的人常常前来朝拜。古莱西部落的商人、贵族通过庙会和市集获取丰厚的收入。

从 6 世纪开始，阿拉伯半岛进入了社会剧烈震荡与深刻变革的历史时期。一方面，贝都因人内部的私有制和剥削已经产生，阶级分化日益加深。贵族拥有大量牲畜、财产，并开始奴役其依附者和奴隶，与贫苦的普通氏族成员、奴隶之间的对立逐渐显现。与此同时，氏族部落之间因水源、牧场与牲畜的争夺和血亲复仇而引起的冲突不断发生。动乱与战争严重影响了正常的生产生活秩序，也阻碍了半岛内部的商品交换，引起广大下层人民的不满与部分贵族的不安。另一方面，外敌为控制东西方贸易通道而相继入侵，也引发阿拉伯半岛的社会动荡。525 年，埃塞俄比亚在拜占庭的支持下侵入半岛，攻占了也门。572 年，波斯又派大军入侵，赶走了埃塞俄比亚人。连续不断的战争，使得也门地区土地荒芜，道路湮没，商旅不前，北上经过汉志地区的重要商道被截断。在此情况下，阿拉伯社会开始动荡不安。原先麦加等城市商队的保镖、脚夫则大量失业，商业资本转为高利贷资本，盘剥贫穷破产的人，不少下层群众因负债而沦为奴隶，社会矛盾趋于尖锐。为了镇压群众的反抗，消除部落之间的流血冲突，抵御外敌并对外扩张以掠夺人口土地，阿拉伯贵族需要建立强大的国家机构。广大游牧民也不甘于破产贫困，希望联合起来，共同防御外敌，寻求新的牧场和生计。这样，打破狭隘的部落传统界限，建立政治统一的国家，就成为各阶级、阶层的迫切诉求。这反映到意识形态领域，就是要摈弃五花八门的部落多神崇拜，树立统一的一神教信仰。伊斯兰教由此而酝酿产生。

早在伊斯兰教产生之前，阿拉伯半岛流行着折射出半岛自然环境和部落游牧生活景况的原始宗教。当时的阿拉伯人相信万物有灵，断定其所尊奉的事物都含有恩惠与保护自己的神灵。阿拉伯半岛地形与气候独特，自然景色十分奇异而又对比鲜明。荒凉的沙漠与青葱的绿洲，持续的干旱和清泉甘霖，炎炎赤日与朗朗明月，这类景象使阿拉伯人盛行对自然神灵的崇拜，如将雨水称为“救星”，将麦加城的唯一水源渗渗泉奉为“圣泉”。农业区崇拜日神，因为农业生产与日照的关系十分密切。牧区则钟情于月神，对游牧的贝都因人来说，清凉的月光可以驱除白昼的炎热，使得牧草着露，林木滋润。阿拉伯人也笃信灵魂不死，崇拜鬼魂与祖先，更崇拜各自的部落神，这些神灵的偶像被供奉在麦加城里的克尔伯古庙。其中古莱西部落的主神“安拉”已经取代原来月神的支配地位，被认为是最高的神灵，是造物主和宇宙的主宰。这说明，随着各部落之间的交往联系日益增多和麦加城及其古莱西部落的影响不断扩大，阿拉伯人已经有了朦胧的一神教意识。事实上，在当时的阿拉伯人中已经出现一种叫作“哈尼夫”（意为“正直的”）的一神教，崇拜使者亚伯拉罕。此外，当时犹太教与基督教已在阿拉伯半岛传播，这就为伊斯兰教的产生提供了借鉴。

2. 穆罕默德的创教活动与伊斯兰教的形成

“伊斯兰”（阿拉伯语 Islam 的音译）的本义为“服从”“归顺”“和平”等。从宗教语义上说，“伊斯兰”一词特指归顺宇宙之唯一真神——安拉的旨意，服从安拉的戒律与安拉的使者穆罕默德。而皈依这一宗教的人则称之为“穆斯林”（阿拉伯语 Muslin 的音译），意即“归顺者”。伊斯兰教产生于7世纪，它的问世，是当时阿拉伯社会急剧变动、各阶层要求政治统一与思想统一的必然结果。

伊斯兰教的创始人穆罕默德（570？—632）出身于麦加城古莱西部落哈希姆家族的一个没落贵族家庭。他本是遗腹子，6岁时又丧母，从12岁起就跟随伯父阿布·塔利布外出经商，到过叙利亚和也门等地，社会阅历丰富，对下层民众的生活与要求比较了解，也接触了半岛上的不少宗教信仰。穆罕默德在25岁时与一富商遗孀海地彻结婚，有了专门从事信仰活动的物质条件。他顺应阿拉伯社会发展的历史趋势，在创教过程中吸收传统和外来宗教的思想因素。受犹太教、基督教和“哈尼夫”的一神崇拜的影响，穆罕默德宣称阿拉伯人是亚伯拉罕的长子——以斯玛利的后代①，把古莱西部落神“安拉”提高到全民族唯一真神的地位，自称是安拉的使者，于7世纪初创立了伊斯兰教。据说，穆罕默德40岁那年（610）离家出走，到麦加东北的希拉山洞里隐居潜修。一天夜里，真主派天使哲布勒伊莱前来，指示他以真主的名义传道，信仰“安拉”真神。从那以后，穆罕默德开始在麦加传教。起初三年，他的信徒只有妻子海地彻、堂弟阿里、好友艾布·伯克尔和奥马尔等少数人。经过数年的辛劳，他的新教观念才传播开来，并且逐渐形成系统的伊斯兰教的神学信仰。

伊斯兰教的教义内容广泛，涉及精神、经济、政治、伦理诸方面。不过，其基本信条是信“安拉”（真主）、信使者、信后世、信预定等，其中的核心则是对“安拉”的崇拜。伊斯兰教宣扬，“安拉”是创造和掌管宇宙万物的唯一真神，全知全能，大仁大慈，无形无象但又无处不在，且不生不灭，永远存在。同时，伊斯兰教认为，使者是接受“安拉”启示的圣者，是传播“安拉”旨意以开导世人、拯救世人的“先知”。穆罕默德则是地位最崇高的“先知”，是全人类的最伟大的“圣人”，应受到特别崇敬。要信仰“安拉”，就要服从穆罕默德。“除安拉外，别无神灵，穆罕默德是安拉的使者”，就成了穆斯林诵读得最多的宗教信条。伊斯兰教还提倡信后世（死后复生与末日审判），认为人人都要经历现世与后世，世界上的一切最终将进入完全毁灭的“世界末日”。到了那时，所有曾经在今世生活过的人们都将“复活”，接受真主“安拉”的审查与审判，凡是行善的人死后都可以升入绿树葱茏、泉水甘甜的天堂，作恶之人则将被送进充满了烈火的地狱。伊斯兰教的信预定，则是要人们相信，世界上的一切皆由“安拉”预先安排，人们的生死祸福、富贵贫贱都是由“安拉”决定的，甚至大自然的一切物体与现象，都是“安拉”意志的产物。不过，这一预定论并不否认人类自我选择的权利。在伊斯兰教看来，预定属于真主，人也有运用自己的理智选择好坏与善恶的自由，而“安拉”则按照自己的意愿让每个人都要对自己的言论与行为负责。

伊斯兰教对信徒的宗教规范和义务的要求十分严格。每位信徒一生中必须认真地履行“五功”。其一是念功。每个穆斯林每天都要口诵十六字的神圣真言：“万物非主，唯有真主。穆罕默德，真主使者。”此外还要背诵有关的教义、诵读伊斯兰教的经典《古

---

① 亚伯拉罕是诺亚长子闪的后代。据说，亚伯拉罕的前妻撒拉生子以撒，他与使女夏甲生子以斯玛利。犹太人和阿拉伯人分别是他们的后代。

兰经》。其二是拜功。每个穆斯林须面向麦加克尔伯古庙方向祈祷，每天五次，分别在晨、晌、晡、昏、宵几个时辰进行。每周五须到清真寺参加集体礼拜，称聚礼或主麻礼。每年开斋节和古尔邦节（即宰牲节）举行会礼，这种集体礼拜一般在大清真寺或露天进行，最为隆重。其三是斋功。规定成年信徒每年回历9月斋戒一个月，每天从黎明到日落禁止饮食和房事等，戒除一切享乐。但老人、病人与幼童可以豁免，而那些正在旅途中或者正在进行“圣战”的信徒，则可以不受限制。斋月的最后一天寻看新月，见到新月的次日即为升斋节。斋月结束，一切活动恢复正常。其四是课功。初为穆斯林自愿捐献，每人缴纳财产收入的2.5%，用于建立清真寺、赈济穷人和充实国库。后由政府征收，发展成为一种法定的财产税，称“天课”，标准和用途均有变化。每个穆斯林每年都应将自己的财产作一清点，除去正常开支需要的部分外，所剩财产包括动产与不动产，都按照不同的比率进行缴纳。其中商品与现金缴纳1/40，农产品缴纳1/20至1/10，牲畜及矿产等也有不同的上缴比率。其五是朝功。每个穆斯林，在身体健康、经济条件许可、旅途安全的情况下，一生中至少要去圣地麦加朝觐一次。朝觐时间在回历12月上旬，活动的最后一天（12月10日）要宰牲庆祝，称宰牲节或古尔邦节。这被称为“大朝”。朝觐者到达麦加后，要绕行“黑陨石”七次，每绕行一圈都要抚摸或亲吻它。一年一度的朝觐，是世界穆斯林的大会聚。此外，个人随时前去的朝觐，称为“小朝”。除了“五功”外，伊斯兰教还要求信徒承担一种神圣的“圣战”义务。“圣战”是阿拉伯语“吉哈德”（jihad）的意译，其本义为“奋斗”“奋进”，后专指伊斯兰教信徒为保卫传教布道活动或反对异教徒而进行的战争。伊斯兰教的“圣战”目标并不是征服某一地区、某一民族，而是要让全世界的人们都接受伊斯兰教的信仰，臣属于伊斯兰神权政府的管辖之下。伊斯兰教为鼓励穆斯林参加“圣战”，常常宣扬为“真主”战斗而献身的人是“殉道者”，能够迅速进入天堂。伊斯兰教的“五功”及其对信徒的“圣战”义务要求，通过宗教义务将属于不同部落的信众统合起来，大大强化了他们对伊斯兰教的认同感与归属感，有力地促进了伊斯兰教的发展与传播，也推动了日后阿拉伯人的对外军事扩张。

伊斯兰教的有关信仰

一切归信、迁居并以己之财产、生命战于安拉之道者，则在安拉视之，是品级至大者，此等人俱是适意者。……彼等在天国中，享长久之恩惠，且永久居于其中。安拉确具有巨赏。

——古兰经：第9章20-22节//郭守田．世界通史资料选辑·中古部分．北京：商务印书馆，1981：93．

伊斯兰教的经典是《古兰经》[“古兰”（Qurran）在阿拉伯语中意即“读物”“读本”]，也被译为《可兰经》。《古兰经》包含着伊斯兰教的宗教神学理论，不仅是穆斯林的世界观和人生观的思想基础，而且也是阿拉伯国家立法的最后依据。按照穆斯林的看法，《古兰经》是“安拉”的语言，是“安拉”根据临时发生的事件和社会的需要，通过天神吉卜利勒（迦伯利）口授给先知穆罕默德的，实际上它是穆罕默德在创教过程中以“安拉”的名义发布的言论汇集。这部经典共114章，6 211节。在麦加的言论，占90章，但每章都较短，多着重教义的阐述。在麦地那（雅特里布）的言论，占24章，但每章都较长，多为社会和政治主张。《古兰经》记载有伊斯兰教的教义、仪式和行为准则，还涉及当时的社会制度、经济状况、法律规章与日常的伦理规范。在社会生活习惯上，《古兰经》禁止吃死动物、猪肉；规定教徒应当保持清洁的身体去作礼拜；反对血亲和近亲结婚，但允许多妻制，规定男子的地位高于妇女；保存了原始同态复仇的方式，主张“以命偿命、以眼偿眼、以鼻偿鼻”。

在《古兰经》之下还有《圣训》（*Hadith*）。“圣训”在阿拉伯语中意为“传述”“传闻”，在伊斯兰教中则是指有关穆罕默德的言行和他认可的弟子们的言行的记录，其中对《古兰经》的一些原则与教义作了具体的阐述或解释，反映了当时阿拉伯人的思想观念、经济生活与政治行为。不过，在穆罕默德逝世后的几代人中，由于不少穆斯林热心传播他的言行，“圣训”的记载也就日益繁多，口头相传与记忆失真难免出现差错。随着伊斯兰教内部派别之争的兴起，一些个人、家族与政治集团为了伸张与维护其宗教立场与政治权益，也常常假借先知的旨意来伪造“圣训”。为了确认“圣训”的真实性，一些穆斯林学者逐渐展开对“圣训”的鉴别与考察，直到9世纪才结束，被认为是真正的“圣训”才被编定成册，成为伊斯兰教中权威仅次于《古兰经》的经典。它与《古兰经》一样，都是研究阿拉伯中世纪史和伊斯兰教史的珍贵文献。

3. 阿拉伯统一国家的形成

伊斯兰教创立与传播的过程，实际上也是阿拉伯统一国家的形成过程。穆罕默德最初在麦加传教，只能秘密进行。伊斯兰教独尊唯一无二的“安拉”，反对多神信仰和偶像膜拜，其传播直接威胁麦加克尔伯古庙的宗教中心地位和麦加贵族、商人的权益。因此，它遭到以阿布·苏非扬为首的麦加贵族的反对。他们禁止伊斯兰教传播，并试图杀害穆罕默德及其信徒。在这种险恶的形势下，622年7月16日深夜，穆罕默德和艾布·伯克尔被迫率领一部分信徒逃出麦加城，直奔雅特里布，这就是著名的“希吉拉”（意为“出走”“迁徙”），汉译为“徙志”。后来，这一年被定为伊斯兰教历元年，7月16日为该年元旦，雅特里布改称为“麦地那”（意即“先知之城”）。

“徙志”对伊斯兰教的勃兴和阿拉伯统一国家的形成，具有决定性意义。在麦地那时期（622—632），穆罕默德以此为根据地进行政权建设。从麦加迁来的穆斯林称为“迁士”，麦地那的穆斯林称为“辅士”，两者组织起来，形成了一个以共同的宗教信仰为基础的“穆斯林公社”。同时颁布公社组织条例共47条，称为《麦地那宪章》。该条例的主要内容为：在公社内不分氏族部落，穆斯林皆以兄弟相待并互相援助；公社内部禁止互相仇杀，如有争议须请神或先知予以调解；维护社会秩序，保障私人财产权，对非法侵害他人财产者予以严惩；为信仰真主受害或牺牲的人，全体公社成员必须为之复仇；等等。穆罕默德还以“迁士”和“辅士”组建起武装队伍，由“迁士”担任军事要职，任命“辅士”担任管理户籍、税收、婚姻和土地等事务的官职，同时，把穆斯林自愿捐献的“天课”改为法定税收。此外，还制定成文法，规定了惩处的各刑条，如鞭（笞40～100下）、扑（笞40以下）、徒（驱逐出境）、系（下狱）、断（砍掉右手或左脚）、割（割去身体的一部分）、杀（死刑）等。穆斯林公社既是宗教社团，又是军事和行政组织，实际上是政教合一的阿拉伯国家政权的雏形。在公社内，穆罕默德不仅是宗教领袖，同时也是政府首脑和军事统帅。

穆罕默德的势力日益壮大，不仅征服了附近的犹太人部落和麦加周围的贝都因人的部落，而且多次领兵攻打麦加贵族。624 年 3 月，穆罕默德率穆斯林武装袭击麦加古莱西贵族的商队，双方于麦地那西南的白德尔附近展开激战。穆斯林武装在宗教狂热的鼓舞下，以少胜多。此战大大提高了新宗教的声势和穆罕默德本人的威望。625 年，麦加贵族组织 3 000 人进攻麦地那，穆罕默德领军抗敌，但因寡不敌众而失败。627 年，麦加贵族组织 1 万人的武装大举进攻麦地那。穆罕默德利用麦地那三面环山的天险，在城北挖一条壕沟，据城坚守，史称“壕沟之战”。敌军围城一月不下，给养缺乏而撤军，穆罕默德乘势追击，大获全胜。从此，穆罕默德和伊斯兰教的影响大增，附近的贝都因部落纷纷皈依伊斯兰教，麦加贵族内部也发生分裂。628 年，在穆斯林的强大压力下，麦加贵族被迫订立了休战条约，允许穆罕默德及其信徒每年有 3 天时间到麦加朝觐克尔伯古庙。630 年 1 月，穆罕默德统率万人大军兵临麦加城下，迫使麦加贵族接受伊斯兰教，承认穆罕默德的宗教权威。穆罕默德则承认麦加为伊斯兰教圣地，改克尔伯古庙为伊斯兰教圣寺（麦加大清真寺），清除其中所有部落神和偶像，只留黑石作为伊斯兰教的圣物，供穆斯林朝觐和礼拜。麦加成为阿拉伯国家的宗教中心，麦地那仍为首都。麦加的归顺，标志着伊斯兰教在阿拉伯半岛的胜利。631 年，半岛南北各部落纷纷派代表团来朝，承认穆罕默德的独尊地位。到 632 年穆罕默德病逝时，半岛大抵统一，阿拉伯统一国家建立。

二、阿拉伯人的军事扩张与封建帝国的建立

1. 初期哈里发的对外征服活动

632 年穆罕默德死时，没有男性子嗣，只留下一个女儿法蒂玛。由于他生前未来得及指定继承人，又没有留下遗嘱，因此穆斯林上层内部爆发了争夺继承权的斗争。经过“迁士”和“辅士”之间的协商，最后推举伊斯兰教的元老艾布・伯克尔为阿拉伯国家第一任哈里发（632—634，“哈里发”是 Halifa 音译，意为先知的代理人或继承人）。艾布・伯克尔是穆罕默德的挚友和岳父，也是他最忠实的信徒之一，他担任哈里发后，成为集宗教、军事和行政大权于一身的阿拉伯国家的君主。他首先平息了各部落的叛乱，协调了穆斯林各派的关系，进而为满足阿拉伯人夺取商路和肥沃土地的要求，开始对外大肆进行军事扩张。

在当时，阿拉伯半岛北邻的两个大帝国拜占庭和波斯因长期争夺而实力衰退，更受到国内社会矛盾的困扰，这就为阿拉伯人的扩张提供了有利环境。同时，由贝都因人组成的阿拉伯骑兵队骁勇强悍，且受伊斯兰教“圣战”激情的鼓舞和战利品的诱惑，富有强大的战斗力。因此，阿拉伯军队在首次向拜占庭和波斯进攻时就势如破竹，先后攻占巴士拉和大马士革等地，并占领了加沙地区。

艾布・伯克尔死后，奥马尔继位为第二任哈里发（634—644）。在位期间，他发动了阿拉伯历史上前所未有的大征服运动。635 年，分兵两路对拜占庭和波斯帝国展开全

阿拉伯骑兵

面进攻。东路大军在号称“真主之剑”的哈利德将军率领下，迅速通过人迹罕至的叙利亚沙漠，于636年在雅姆克河畔一举击败拜占庭20万大军，占领了叙利亚。接着，阿拉伯军队又于638年占领耶路撒冷，征服整个巴勒斯坦。此外，阿拉伯人还于636年在两河流域大败波斯军队，次年占领其首都泰西封，并于642年迫使波斯投降。由阿穆尔率领的西路大军，也是捷报频传。639年攻入埃及后在科普特人的支持下不断取胜。642年占领开罗，不久将整个埃及纳入哈里发国家的版图。645年又攻占昔兰尼加。在扩张过程中，阿拉伯人将其所占领的土地尽归国家所有，所虏获的财物也按照《古兰经》的规定进行分配，其中4/5分给从征的军队。

644年底，奥马尔遇刺身亡，富有的倭马亚家族出身的奥斯曼当选为第三任哈里发（646—656），继续军事扩张，先后征服呼罗珊、亚美尼亚、阿塞拜疆以及北非的利比亚等地区。同时，奥斯曼利用职权，在埃及、叙利亚占有大量地产，并在那里扶植个人势力。政府的军政高级职位往往由哈里发近亲和古莱西部落首领充任。从此，平民与贵族之间的差别不断扩大，国家政权的贵族专政性质益发明朗。奥斯曼的行径引起伊斯兰教内部的分裂，争夺哈里发职位的宗教派别斗争愈演愈烈。661年，倭马亚家族出身的叙利亚总督穆阿维叶乘机夺取哈里发的权位，在大马士革建立了倭马亚王朝（661—750）。此后，哈里发不再由选举产生，而由倭马亚家族世袭。倭马亚王朝因旗帜尚白，被中国的史籍称为“白衣大食”①。

2. 倭马亚王朝的军事扩张

倭马亚王朝建立后，一面镇压反对派以巩固政权，一面继续对外进行军事扩张。东线大军把阿拉伯人的势力范围拓展到印度河流域，于664年占领阿富汗首府喀布尔，然后挥师北上侵入中亚，674年越过阿姆河，先后征服布哈拉、撒马尔罕和花剌子模等广大地区。8世纪中叶，阿拉伯军队还曾与中国唐朝的军队发生冲突。与此同时，另一支阿拉伯军队攻入印度河流域，占领信德。在西线，阿拉伯军队侵入突尼斯，攻陷迦太基，消灭拜占庭人在北非的残余势力。接着，阿拉伯人把接受伊斯兰教的柏柏尔人组成骑兵，越过直布罗陀海峡进攻西班牙，于711年消灭日耳曼人的西哥特王国，征服伊比利亚半岛；然后翻越比利牛斯山向西欧腹地挺进，但732年在法国南部的普瓦提埃战役中被法兰克军队击败。

到8世纪前期，经过初期四任哈里发和倭马亚王朝一个多世纪的军事扩张，阿拉伯人建立起一个横跨亚、欧、非三大洲的帝国，其版图东起印度河和帕米尔高原，西至大

① 《旧唐书·西域传》称阿拉伯为“大食”。中国史书依据其统治者崇尚的服饰颜色，称倭马亚王朝为“白衣大食”，阿拔斯王朝为“黑衣大食”，日后穆斯林在北非及中东建立的法蒂玛王朝（909—1171）为“绿衣大食”。

进行军事征服的阿拉伯骑兵

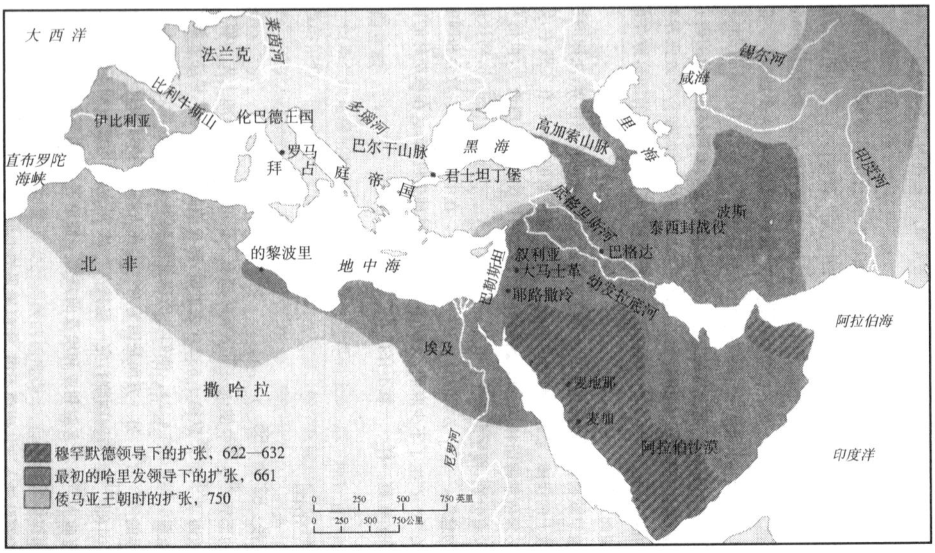

约 750 年的阿拉伯帝国

西洋的比斯开湾，南达尼罗河下游，北抵里海和咸海南缘，是当时世界上统治范围最广的大帝国。

三、哈里发的专制统治与帝国社会经济

1. 政教合一的专制统治与封建化

阿拉伯帝国建立后，在阿拔斯王朝（750—1258）初期达到鼎盛阶段。在对外军事

征服过程中，受所征服地区较先进文明的影响，阿拉伯人告别了原有的粗陋的国家体制与游牧生活方式，建立起成熟、稳定的政治与经济制度，社会经济得到迅速发展。

阿拉伯帝国实行政教合一的专制统治。作为君主的哈里发，集立法、行政、军事等大权于一身。哈里发也是伊斯兰教的最高精神领袖，直接管理麦加与麦地那这两处圣地，具有裁决教义纷争的权威。他还模仿波斯国王，修建奢华的宫殿，制定烦琐的宫廷礼仪，来凸显自己的神圣权威。在哈里发之下，设有宰相（维齐尔）与帝国会议辅政，统辖各个中央政府机构。重要的职能部门有枢密院、财政部、驿传部等。枢密院掌管令状、文告之起草和颁布，财政部负责税收和支出。当时的穆斯林要缴纳“天课”和财产税，非穆斯林要缴纳人头税和土地税，这些都构成国库收入的主要来源。同时，中央铸金币第纳尔和银币第尔汗流通全国。驿传部除负责驿站管理、文件传送、接待过往官员、提供军队给养外，还负责监督和侦察各地的情况，及时上报中央。司法部门已同行政部门分离，由伊斯兰教的神学家担任法官，《古兰经》与《圣训》具有法律效力。哈里发还建立了一支强大的常备军，其核心是由突厥籍奴隶（马木路克）和波斯的呼罗珊人组成的近卫军，其兵种有骑兵、步兵和弓弩兵等。帝国的地方行政，大体沿袭拜占庭和波斯旧制，将帝国分为九个行省，由哈里发直接任命总督（爱弥尔）前往治理。

随着帝国的建立，受到先进地区经济文化影响，阿拉伯社会也逐渐封建化。阿拉伯帝国封建制度的基础是土地国有制。哈里发是全国土地的最高所有者，他将一部分地产划归自己掌握，称为“沙瓦夫”，然后把大多土地封赐给贵族与清真寺。清真寺占有的土地称为“瓦克夫”，免征田赋。贵族的地产则称为“伊克塔”（采邑），类似于西欧的军事封土制，受封者要服军役，死后地产归还国家。但它逐渐变成世袭。这三种土地都由被征服的农民耕种，缴纳封建地租，非穆斯林成年男子还须缴纳人头税。一部分个人私有地称“穆尔克”，可以自由支配，但必须缴纳赋税。“穆尔克”主要是由改宗伊斯兰教的拜占庭和波斯的归附贵族所有。还有占有小块土地的自由农民，要向国家缴租和服各种劳役。长期的战争与苛重的赋税，加重了阿拉伯农、牧民的军役与经济负担，不少人沦为依附贵族的农民。在帝国境内，居民被划分为四个等级：征服者和统治者穆斯林，被征服的非阿拉伯人穆斯林，保有原来信仰的非穆斯林，以及奴隶。新兴的封建生产方式构成了对广大农民的压迫与剥削，但它取代了不适应于时代需要的原始部落的生产方式，有力地推动了社会经济的发展。

阿拉伯帝国的建立，打破了各地区之间由于国家、宗教的不同而造成的重重壁垒，形成了一个有利于东西方各地区生产技术与商业贸易交流的广阔地带。此外，哈里发的专制政权为了巩固国家的物质基础，比较注重水利设施的兴修与维护，支持工商业生产。所有这些都为帝国社会经济的繁荣创造了十分有利的条件。

2. 社会经济的繁荣

阿拔斯王朝初期，两河流域、尼罗河流域、河中地区与波斯湾沿岸等传统的农耕地区，成为帝国最发达的农业生产中心，农作物种类繁多，产量也很高。叙利亚和大马士革地区、美索不达米亚南部、波斯湾东岸以及阿姆河流域，是当时帝国著名的四大谷仓。在手工业上，采矿、金属加工、纺织、制陶等部门都十分兴旺。而各地的名优产品，如大马士革的锦缎，库法的绢，布哈拉的毛毯，叙利亚的玻璃，都享有盛誉，远近畅销。公元 751 年在中亚的怛罗斯之战中，中国唐朝将领高仙芝率领的军队被阿拉伯骑兵击败，大批士兵与工匠被俘，中国的造纸技术由此传入。此后，造纸厂先后在帝国首都巴格达、大马士革以及埃及的一些城市建立起来，其生产的纸张十分畅销。以巴格达为中心的国内外贸易也十分发达。穆斯林商人从中亚经“丝绸之路”与中国联系，贩卖丝绸与瓷器，通过红海进入非洲沿岸购买黑奴、黄金、象牙等，再将这些东西转运各地。埃及的亚历山大港，阿拉伯半岛南端的亚丁港，波斯西部的西拉夫港，都是著名的海上商品转运中心。随着商业的繁荣，汇兑业悄然兴起。库法城是当时著名的汇兑业中心，商人们使用汇票，到异地兑换现金。此外，还出现了贸易契约，对双方的交易内容作了比较详细的规定。

四、帝国的分裂与衰落

1．社会矛盾与教派之争

随着阿拉伯统一国家的建立、大规模军事扩张战争的展开与社会封建化的日益加深，阿拉伯内部的诸种社会矛盾日益积累。一方面，部落传统与国家原则的冲突日益显现，统治集团内部争夺哈里发职位的斗争趋于激烈；另一方面，阿拉伯贵族通过战争占有了大量土地与财富，过着奢侈的生活，广大普通的自由牧民与农民承担了繁重的兵役、赋税，处于封建国家的压迫与剥削之下，对统治集团逐渐不满。这些社会矛盾，促成了伊斯兰教的内部分裂，引发了各种政治斗争，导致阿拉伯帝国在经过短暂兴盛繁荣之后走向衰落。

在伊斯兰教占据支配地位的态势下，阿拉伯社会的政治冲突总是以宗教派别的斗争形式反映出来。第三任哈里发奥斯曼统治期间，广占田产，任命亲属担任高级军政要职，却不给阿拉伯士兵发放军饷，引起了部分贵族和下层民众的不满，一些地区甚至出现武装反抗，导致了以教派斗争为外衣的权力纷争。以穆罕默德的堂兄和女婿阿里为代表的反对派，否认奥斯曼的权威，主张由阿里继任哈里发，逐渐形成新的教派——什叶派①。656 年 6 月，什叶派刺死奥斯曼，阿里继位为第四任哈里发（656—661）。以叙利亚总督穆阿维叶为首的倭马亚家族，拒不承认阿里政权。不久，拥护阿里的人发生分裂，一部分不满阿里政策的下层穆斯林脱离什叶派而独自活动，称“哈瓦立及派”②。该派又称军事民主派，其成员多为农民、牧民与城市市民。他们在穆斯林中宣扬原始伊斯兰教中的宗教观与平等、民主思想，主张土地为穆斯林公有，在普通士兵中平均分配土地和战利品。661 年，“哈瓦立及派”刺杀阿里，叙利亚总督穆阿维叶乘机夺权，成为哈里发（661—680），迁都大马士革，建立了倭马亚王朝。该王朝以叙利亚和埃及的大贵族为主要支柱，属于伊斯兰教的正统派别“逊尼派”③。747 年，呼罗珊爆发民众大起义，伊拉克的大封建主阿布·阿拔斯将起义作为改朝换代的工具，推翻倭马亚王朝，

---

① “什叶”是阿拉伯语 Shi'ah 的音译，意即“派别”“追随者”，指追随阿里的人。

② “哈瓦立及”是阿拉伯语 Kharajites 的音译，意即“出走者”，即指由阿里的队伍中分离出来的穆斯林。

③ “逊尼”是阿拉伯语 Sunni 的音译，意即“遵守逊奈的人”。“逊奈”意即“行为”“道路”，是穆罕默德的言行录，即《圣训》。

于750年在库法称哈里发（750—754），建立起以伊位克和伊朗封建贵族为主要支柱的阿拔斯王朝（750—1258），762年迁都巴格达。这一政变导致了阿拉伯帝国的分裂。幸存的倭马亚王朝的王子拉赫曼逃到西班牙，在当地阿拉伯贵族的支持下建立了后倭马亚王朝，定都科尔多瓦，脱离阿拉伯帝国独立①。

8世纪末9世纪初，阿拉伯帝国进入繁荣时期。但由于哈里发政府的专制和腐败，帝国内部的阶级矛盾、民族矛盾和统治集团内部的矛盾错综复杂，日益激化。其时，为维系庞大的常备军和官僚机构，确保王室的奢侈消费，帝国政府征收名目繁多的捐税。哈里发马门时期（813—833），仅每年土地税的现金收入，就高达4.2亿多第尔汗。在这些巨款中，军队费用每年2亿第尔汗，政府开支每年1亿第尔汗。其剩余的大部分被王室挥霍浪费。哈里发曼苏尔在位时（754—775），在底格里斯河西岸巴格达村落建设新都，动员10多万人，费时4年，耗资480多万第尔汗。哈里发马门结婚时，用龙涎香把黑夜照成白昼，以金盘盛着千颗珍珠，撒向马门和王后。参加婚礼的皇亲和显贵，每人得到一份优厚的礼品，其中有现金、土地、香料和奴隶。哈里发大多是酒色之徒，生活糜烂不堪，穆台瓦基勒时期（847—861），内宫妃妾就多达4 000人。

在帝国政府的压迫剥削下，下层民众的生活处境十分艰难。农民被束缚在土地上，负担各种沉重的徭役和赋税。城市手工业劳动者工资很低，一个瓦匠每月工资不过30第尔汗，难以维持生计。非穆斯林的民众更为艰难，除忍受沉重的剥削外，还要缴纳歧视性的人头税。此外，帝国境内还存在着诸多奴隶在宫廷和贵族家庭服役，深受主人非人的奴役。在底格里斯河盐碱地，则有大批黑奴劳动，为主人排水采盐，开辟耕地，劳动最艰苦，生活如同牛马，每天只能得到几把麦粉或椰枣充饥。在此情况下，阶级对立和民族矛盾趋于尖锐，各地的起义频繁发生。

2. 民众起义与帝国的衰亡

816年，出身于阿塞拜疆社会下层的巴贝克，利用袄教胡拉夫派的教义，号召民众与恶神造成的暴力、压迫、不平等的社会制度进行斗争，提出推翻阿拔斯王朝的口号。816年，巴贝克首竖义旗，很快控制了阿塞拜疆、亚美尼亚和波斯西部等广大地区。民众武装“红衣军”一度发展到30万人，对哈里发政权构成严重威胁。红衣军屡败官军，坚持斗争20年。哈里发派大军围剿义军，并悬赏百万第尔汗缉拿巴贝克。837年，巴贝克为叛徒出卖，起义军遭到残酷镇压。不久，帝国腹地美索不达米亚地区又爆发黑奴大起义。从事繁重劳动的来自东非的黑人奴隶，在阿里·伊本·穆罕默德的领导下进行反抗。阿里信奉“哈瓦立及派”，自称是先知穆罕默德的堂弟阿里和女儿法蒂玛的后裔，号召奴隶们起来废除无道的哈里发，建立包括奴隶在内的人人平等的公正社会。869年3月，阿里率众起事，很快便聚成20万之众。871年，起义军攻陷两河流域的重镇巴士拉，一度进至距巴格达仅20公里处，帝国首都岌岌可危。哈里发穆耳台米德派军征讨，剿抚并用。883年，黑奴起义在坚持了14年之后，惨遭失败，阿里被杀。在人民起义的浪潮中，帝国境内异端教派的活动更趋活跃。9世纪晚期，由阿布·阿杜拉创立的

---

① 中国史书又根据其统治版图的方位，将后倭马亚王朝被称为“西大食”，称阿拔斯王朝为“东大食”，称法蒂玛王朝为“南大食”。

"卡尔马特教派"逐渐兴起。该派反对逊尼派哈里发政权，主张社会平等、财产共有，废弃正统的伊斯兰教规、教礼。890年，该派在哈马丹·卡尔马特领导下于库法地区举行起义，迅速扩展到波斯、中亚一带，一度攻占麦加。并于899年在波斯湾西岸的巴林建立了卡尔马特国家，先后延续200余年。

在人民起义连绵不断的冲击下，帝国的分裂继续显现，各地总督和军事统帅乘机割据，西部和东部的行省脱离阿拔斯王朝而独立，如埃及和叙利亚的图伦王朝（868—905），北非的法蒂玛王朝（909—1171）。法蒂玛王朝建于突尼斯，创立者自称为穆罕默德女儿法蒂玛的后裔，969年时已将其势力扩张到叙利亚、巴勒斯坦一带。973年迁都开罗，后被总督萨拉丁（1138—1193）推翻。由此，阿拉伯帝国版图日益缩小，到了10世纪末仅剩下巴格达周围美索不达米亚的一部分，哈里发的至尊权威丧失，成为突厥族马木路克近卫军将领控制的傀儡。1055年，塞尔柱突厥人侵入巴格达，哈里发的政治权力被解除，仅保留其宗教领袖地位。1258年，随着蒙古人的西征，阿拔斯王朝灭亡，阿拉伯帝国彻底瓦解。

五、阿拉伯文化

1. 阿拉伯人的文化成果

阿拉伯帝国地跨欧、亚、非三洲，囊括了南亚次大陆西北部、波斯、两河流域、叙利亚与埃及等古文明的核心地区，有着丰富的文化遗产。帝国境内民族众多，除阿拉伯人外，还有埃及人、印度人、波斯人、西班牙人、叙利亚人等，其文化传统各有特色。在幅员辽阔的土地上，各民族相互接触和影响，各种文化由此而得以交流与融合，在此基础上创造了绚丽多彩的阿拉伯文化。同时，为了强化对多民族、多宗教的大一统帝国的统治，传播伊斯兰教的宗教信仰，阿拉伯人极其重视文化。各地清真寺都开办了各级学校，让穆斯林广泛接受教育。帝国的不少哈里发更奖掖学术。阿拔斯王朝的哈里发马门不仅支持翻译域外的学术经典文献，而且在首都巴格达建立一座名为"智慧宫"的研究院，罗致专门人才，研究各种自然科学。正是在这样的氛围中，阿拉伯文化得以发展和繁荣。

阿拉伯人在语言文学上的贡献十分突出。阿拉伯语在半岛统一后形成，成为穆斯林统一的民族语言与宗教语言。到8世纪初，经过一些学者的努力，阿拉伯语字母以及发音符号系统逐渐完善。此后学者们还在词法、语法结构上进行争论与总结，到8世纪中叶，第一部系统完整的语法著作、长达1 000多页的《西伯威书》问世。从此，阿拉伯语不仅流通于经济政治领域，而且成为中世纪重要的学术语言。阿拉伯的优秀文学作品众多。伊斯兰教的圣典《古兰经》实际上也是一部散文巨著，其中既包含了大量优美动人的神话传说，也体现了自由洒脱、富有音韵的风格，为后世文学创作提供了丰富的素材与典雅的文体范本。《一千零一夜》则无愧为不朽的文学佳作。这部作品是中近东地区的民间艺人、作家对社会上流传的口头文学长期进行搜集、整理与提炼而成，8世纪开始流传，后由哲海什雅里（942年卒）起草，到14世纪才得以定稿。该书由几百个故事汇编而成，其中有格言、寓言、童话、宫廷趣闻、传奇等，涉及了各阶级、各行业的人群。它以离奇怪诞的题材与洒脱豪放的笔调，生动而朴实地反映了当时阿拉伯帝国境内各族人民的社会生活。

阿拉伯人的史学与地理学也多有成果。塔巴理（838—923）被称为阿拉伯人编年通史的鼻祖。他的编年体史书《历代先知与帝王史》，共有13册，约7 500页。该书史料珍贵，文笔流畅，稍后的麦斯欧迪（？—957）在广泛旅行与考察的基础上写成《黄金草原》一书，记叙了当时北非、南欧、西亚、南亚等地不少国家的历史与阿拉伯帝国的兴衰史，广泛地涉及了当地的政治、宗教、文物、风俗、习惯乃至山川形势与气候物产，其中包含了不少珍贵的第一手资料，具有重要的参考价值。

在自然科学方面，阿拉伯人取得的巨大成就更为引人注目。阿拉伯数学家已求出圆周率与直径之比为3.141 59，已知二次方程式有两个根，用二次曲线解三次和四次方程式，并能进行代数和几何互解。最著名的数学家是穆罕默德·伊本·穆萨，即花剌子密（780—850），他著有《还原与对消的科学》《代数学习》等著作，在几何学、三角学等方面取得显著成果，并首先提出“代数学”一词。在天文学上，阿拉伯人大量翻译了包括托勒密的《天文学大成》在内的其他民族的天文学书籍，在巴格达和大马士革均设有当时最先进的天文台，制造天球仪、地球仪、日晷仪、星盘仪等精密天文仪器，来系统地观测天体，校正古人的结论。著名天文学家白塔尼（约858—929）经过长期观测，测得地球远日点的运动，把一年定为365天5小时46分24秒；他编制的“萨比天文历表”，从理论上证明了发生日环食的可能性。在医学上，阿拉伯人知道消毒与使用麻醉药品，并开始治疗伤寒、霍乱、白内障等疑难病症。著名医学家拉齐（865—925）著有专题论文《天花与麻疹》，对临床观测作了详细记录，很有实用价值。他的《医学集成》总结了从古代到925年阿拉伯人从希腊、波斯与印度吸收来的医学知识，并增加了许多新的内容。另一著名医学家伊本·森那（980—1037）所著的《医典》则是一部百科全书式的文献，该书共5卷约100万字，其中不仅论证了许多医学原理，而且还介绍了大量的治疗方法与药物，仅药物就达760种之多，代表了当时阿拉伯医学的最高水平。

阿拉伯天文学家

阿拉伯人的建筑水平高超而精湛。他们所建造的宗教场所、帝王宫殿与陵寝，兼有东西方的建筑风格，其中以清真寺为其主要代表。清真寺是正方形和长方形的院子，四周有带拱门的回廊。它一般都有宽敞的大殿与荫蔽的廊檐，外观宏伟气派，内部则进行了华丽精致的装修，并设有宣礼塔、圣龛、宣讲台、沐浴室等。691年建立的耶路撒冷圆顶清真寺被称为“沙漠中的圆顶”，它和 705 年建成的大马士革倭马亚清真寺都模仿拜占庭、叙利亚风格的建筑，富丽堂皇。晚期建筑则以 9 世纪建成的萨马拉清真寺为代表，受到印度建筑风格的影响。

2. 阿拉伯人与东西方的文化交流

在推动东西方文化的交流与融合上，阿拉伯人有着重要的历史地位。一方面，为吸收异质文化的营养，阿拉伯人自阿拔斯王朝初期就开始了著名的“百年翻译运动”，将古希腊、波斯与印度等许多地区的各种文化典籍翻译过来。仅以古希腊文献而言，就包括亚里士多德的《物理学》、《动物志》、《政治学》、《伦理学》和《工具论》，柏拉图的《理想国》，托勒密的《天文学大成》与《地理学》，欧几里得的《几何原理》，阿基米德的《论球和圆柱》与《定律》，以及希波克拉底的医学著作。在翻译外来文献的基础上，阿拉伯人也借鉴其中的养分来进行本民族的文化创造。在哲学上，阿拉伯学者运用亚里士多德的哲学思辨与逻辑推理来诠释伊斯兰教的宗教信仰，开辟了伊斯兰教中以哲学研究神学的路径。在自然科学上，系统吸收希腊的数学、天文学、医学、地理学、物理学知识，发展起自己的科学知识体系。在语言上，从希腊语中吸收了许多词语，如星盘、以太、纯金、磁石体、李子、祖母绿、腹绞痛、痰等，使阿拉伯语言的词汇更加丰富。

另一方面，阿拉伯人将阿拉伯-伊斯兰文化乃至印度的数学知识、中国的造纸术传入欧洲，对西欧基督教文化的发展产生了重大影响。古希腊的哲学遗产与阿拉伯人的哲学研究方法、成果的传播，推动了西欧经院哲学的产生。阿拉伯天文学知识成果自 12 世纪始被逐渐介绍给西欧，对日后哥白尼与开普勒等天文学家都有诸多启示。阿拉伯学者花剌子密改革了计算方法，采用了印度数字以及十进位制，这一成果很快被西欧人采用。他的《积分和方程计算法》被译为拉丁文后，在 16 世纪以前就一直被欧洲各大学当作教科书。阿拉伯的医学知识对西欧也多有影响。伊本·森那的名著《医典》在 12 到 17 世纪一直被西欧人看作经典性著作，先后出版了 16 次，成为一些大学的教科书。在语言、文学上，阿拉伯人也为西欧文化留下了历史烙印。中世纪西欧各国的民族语言，吸收了大量的阿拉伯语词汇。西班牙语中，与阿拉伯语有关联的字词多达 4 000 个以上，英语中有大约 400 个常用词汇源于阿拉伯语。法语、意大利语与德语中也有不少此类情况。发源于法国南部普罗旺斯的贵族抒情诗歌，既得益于西西里阿拉伯人迷人的音乐与典雅豪华的宫廷生活的熏陶，也受到阿拉伯诗歌风格的影响。

第二节　奥斯曼土耳其帝国

一、奥斯曼土耳其人的崛起和扩张

1. 土耳其人的缘起

土耳其人的祖先是生活在中国北方的游牧民族突厥人。公元 5 世纪时，突厥人散居在天山和阿尔泰山之间，过着逐水草而居的游牧生活，处于原始社会末期，依附于中国西北境内的柔然。当时，突厥人已经掌握冶铸铁器的技术，并开始受到汉族先进文化的影响，势力渐兴。到6世纪中期，突厥人联合中国的北周政权灭掉雄霸漠北的柔然，建立起一个奴隶制的大国，其版图东至辽河下游，西达里海，北抵贝加尔湖，南到青海。但这一国家尚属于简单的军事行政联合体，境内民族众多，风俗各有异同，缺乏一个统一的经济、文化的联系纽带，难以维持长期统治。此外，它与邻国萨珊波斯和中国多有冲突。6世纪末，统一了中国的隋朝为了扫除边患，击败突厥，使其分裂为东、西两部，势力趋于衰退。唐朝建立后，继续对突厥人实行征伐，于630年和659年先后灭东、西两突厥，将中亚并入唐朝的版图，在突厥国故地设置州府进行统治。

唐灭突厥后，仍有许多突厥部落在中亚各地游牧。11世纪初，突厥人开始离开中亚草原向西大迁徙。其中一支突厥人在首领塞尔柱的率领下，由中亚北部迁徙至锡尔河下游，进入阿拉伯帝国控制的地区，并皈依了伊斯兰教。随后进入呼罗珊，并于1055年进入巴格达，迫使哈里发封其为“苏丹”（意为有权威的人），以古代波斯地区为中心形成了塞尔柱突厥人的国家。塞尔柱突厥人的军队继续向西北方向扩张，1071年，在曼西克特战役中打败拜占庭军队，并迅速占领小亚细亚大部分地区，势力扩张到地中海东岸。11世纪末，塞尔柱国一度发展到盛期，但不久就出现分裂。小亚细亚出现罗姆苏丹国，东部后来兴起了花剌子模，两河流域也出现了许多小国。而在小亚细亚地区，突厥人与当地的居民如希腊人、亚美尼亚人、库尔德人逐渐融合，形成了新的土耳其民族。

2. 奥斯曼土耳其帝国的兴起

奥斯曼土耳其人本是西突厥的一支，原住里海东南岸呼罗珊一带，11世纪后期进入小亚细亚，最初在各地流徙，后依附于塞尔柱突厥人的罗姆苏丹国。1299年，其首领奥斯曼（1259—1326）趁罗姆苏丹国分裂正式宣布独立，这个新国家就被冠以奥斯曼之名。这支土耳其人也就被称为奥斯曼土耳其人。

在小亚细亚地区，奥斯曼土耳其人的社会逐渐发生变化。它的部落一部分仍以游牧为生，一部分则过渡为定居的农耕生活，封建化也随之出现。在名义上，农田和牧场都归国家所有，实际上则属于正在封建化的部落贵族。他们仿效塞尔柱突厥人的军事采邑制来分封土地，受封者要服军役。采邑领主要向农民征收苛重的封建地租。采邑制的推行加快了奥斯曼土耳其人对外军事扩张的步伐。

奥斯曼之子奥尔汗（1324—1360）是奥斯曼国家的真正奠基人。他在1324年继位后，首先攻占濒临马尔马拉海的布尔萨，并迁都于此，继而又对拜占庭用兵，扩大版图。在一批穆斯林学者的建议下，奥尔汗采取了不少统治措施：正式宣布使用“苏丹”称号；确立国家行政组织，在中央设立“迪万”（即国务会议），任命“维齐尔”（即宰相），向各地派遣“贝伊”（即行政军事长官）；健全税收制度，铸造全国通用的统一的钱币；推行征兵制以组建常备军。在常备军中，一种是由获取采邑的封建领主提供的军队，另一种就是终身服役、待遇优厚、装备精良、训练有素的数千人的“新军”，此为整个国家军队的核心；立伊斯兰教为国教，实行伊斯兰教法，向各地派“卡迪”（即教法官），建清真寺和宗教学校。在对外政策上，奥尔汗还介入拜占庭帝国统治集团的权力之争，派军支持亲土耳其的贵族夺得帝位，并帮助拜占庭从塞尔维亚收复失地，乘机将势力伸向欧洲。

奥尔汗死后，其子穆拉德一世（1359—1389）向东南欧的军事扩张取得决定性的进展。1362 年，土耳其人占领亚得里亚堡，切断了拜占庭首都君士坦丁堡与巴尔干的联系，1369 年迁都于此，改名为埃迪尔内。1389 年，土耳其在科索沃战役中打败塞尔维亚、保加利亚、波斯尼亚、阿尔巴尼亚等国联军。1396 年，来自英格兰、法兰西、波兰、捷克、匈牙利、伦巴德、德意志的骑士，组成一支有六七万人的十字军联军，在尼科堡战役中被土耳其军队击溃。这样，欧洲巴尔干地区和亚洲安纳托利亚地区大部分被土耳其人征服，一个帝国的雏形已初步具备。此外，土耳其人从 1393 年起就开始断断续续地围攻君士坦丁堡，迫使拜占庭皇帝允许土耳其人在该城近郊驻军，并增加对土耳其人的年贡。

奥斯曼土耳其帝国的苏丹穆罕默德二世

15 世纪初，新兴的奥斯曼帝国一度衰落。兴起于中亚的突厥化蒙古贵族帖木儿（1335—1405）率大军先后横扫印度河流域和整个波斯，兵锋直指小亚细亚。1402 年 7 月，土耳其人在安卡拉附近被击败，苏丹巴耶塞特被俘，布尔萨、尼西亚等城市相继沦陷。接着土耳其苏丹的四位王子争夺王位，内战持续了十年。穆拉德二世（1421—1451）上台后，土耳其人势力逐渐恢复。穆拉德二世成功地粉碎了拜占庭所支持的土耳其贵族的反叛，强迫拜占庭让出君士坦丁堡城外的大片土地并继续向其纳贡，恢复和巩固了土耳其在欧洲的地位。同时，他强迫亚洲的一些王公重新宣誓效忠，承认土耳其的宗主权。苏丹穆罕默德二世（1451—1481）继位后，则积极准备攻打拜占庭帝国。他在君士坦丁堡对岸的沿海修筑坚固的堡垒，控制了博斯普鲁斯海峡，同时加强水师训练和武器储备。1453 年，穆罕默德二世亲自率领 20 万大军和 300 只战船围攻君士坦丁堡，拜占庭末代皇帝君士坦丁十一世（1449—1453）依靠 8 000 名雇佣军坚守城池。在城内的热那亚商人的合谋下，土耳其人在热那亚占据的加拉太地区铺设起涂油的木板滑道，将轻型战舰运送到金角湾，然后再用船只架设浮桥，从侧面攻进城中。经过 53 天的激战，君士坦丁堡于 5 月 29 日陷落，拜占庭帝国灭亡。土耳其人入城后大肆掠夺，壮丽豪华的宫殿和许多古代典籍、艺术珍品化为灰烬，城中不少居民被杀或被沦为奴隶。奥斯曼帝国迁都君士坦丁堡，将其更名为伊斯坦布尔（意为伊斯兰之城）。

苏里曼一世统治时期（1520—1566），奥斯曼土耳其帝国臻于鼎盛。他于 1521 年派兵攻取贝尔格莱德，占领匈牙利；1529 年又夺取维也纳，使土耳其在欧洲的扩张达到极限。1555 年，苏里曼和伊朗订立和约，土耳其人拥有两河流域。在非洲，土耳其军队相继占领的黎波里（1536）、阿尔及利亚（1529）和突尼斯（1574），从而使奥斯曼土耳其帝国的版图囊括昔日拜占庭和阿拉伯帝国统治的大部分地区，形成一个地跨欧、亚、非三洲的大帝国。

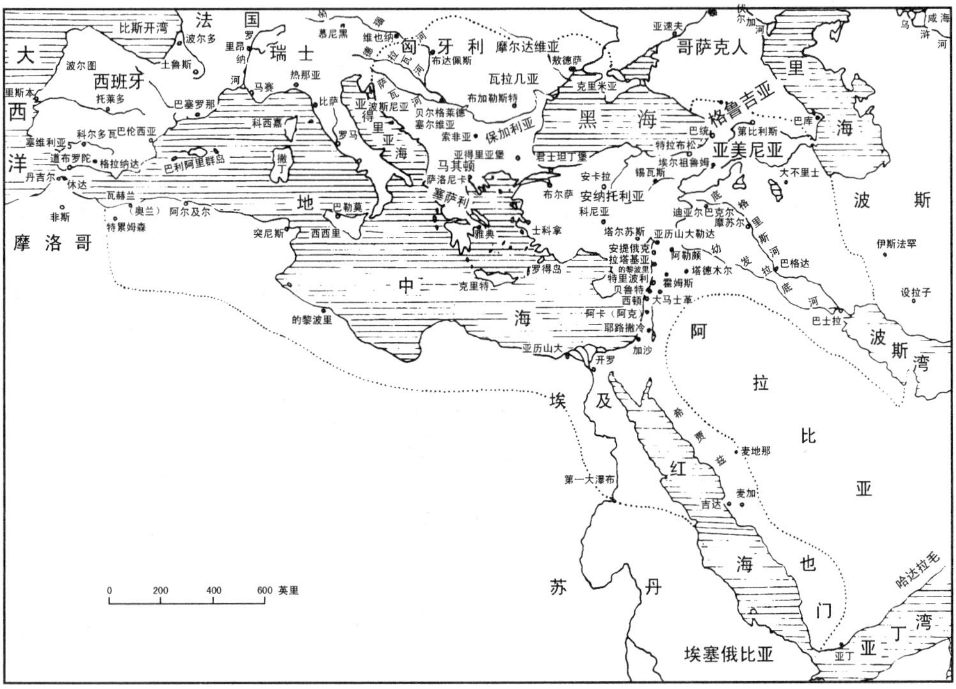

约 1550 年的奥斯曼帝国

二、奥斯曼帝国的政治制度和社会经济

1. 政教合一的君主专制

奥斯曼帝国在发展过程中，逐渐形成了政教合一的封建君主专制。作为一个军事性封建国家，帝国设有完整的中央集权的行政管理制度。作为全国的最高统治者，苏丹被认为是“安拉”的代表，集政治、军事、司法、宗教权力于一身，其职位世袭。在苏丹之下，帝国的国家体制分为三大系统：军事行政、宗教司法和财政税收，分别由宰相（大维齐）、伊斯兰教教长、财政总监（大代夫泰尔达尔）负责，他们之间没有直接的统辖或隶属关系，由苏丹任免，直接向苏丹负责。

军事行政系统的长官是宰相，是苏丹在军事和行政方面的代表，平时统管行政，战时则担任最高军事指挥官，必须绝对听命于苏丹。宰相之后，职位自高至低分别为总督（贝勒贝伊）、州长（桑贾克贝伊）、蒂马尔领主（蒂马尔哲）。总督、州长既是地方的行政统治者，也是其辖区内地方驻军和民团的司令。蒂马尔领主是骑士（西帕希），但平时也履行一定的行政、治安等职能。这种军政不分的状态，突出地表现了帝国的军事性质。

帝国立伊斯兰教逊尼派为国教，伊斯兰教经典被当作国家的基本法典。因此，宗教神权和司法权融合在一起，法官根据自己对法典的解释进行审判。在该系统中，职位从上到下的顺序是：伊斯兰教教长、军队法官（卡扎斯凯尔）、法官（卡迪）。教长是苏丹在宗教方面的代表，也是伊斯兰世界学者阶层的首脑。法官（卡迪）的职能则比较繁杂，既负责审判、裁决民事、刑事案件和商业、信贷方面的纠纷，也负责监督地方上税收的分配、征调、物价以及公共工程等。他们依据伊斯兰教教法原则、苏丹的法令和习惯法作出判决。

财政税收系统由财政总监掌管，直接向苏丹负责。国库收支必须完全按照他的指令来进行。帝国的主要财政收入是土地税、贡赋、天课、人头税。为了确保财源，帝国每隔三四十年就要调查一次纳税人口。

2. 土地制度和社会经济

封建土地制度是奥斯曼土耳其国家社会经济制度的基础。帝国土地的最高所有权归苏丹和王室支配，国有土地占 80%，称为“米尔”，其中最好的归苏丹个人拥有，土地收入供苏丹和宫廷享用。一部分土地，分给文武大臣为禄田，称为“哈斯”。绝大部分土地则以采邑的形式分封给各级军事封建主，称“札美特”和“蒂马尔”，受封者“西帕希”必须为苏丹提供相应的骑兵服务，这是帝国军事力量的主要来源。15 世纪末，帝国共拥有 1 万个领主，至少可以提供 6 万骑兵。16 世纪前期，苏丹拥有骑兵 20 万人。封建主还有自己的私有地，称“穆尔克”，它们多来自苏丹的赏赐，拥有者有自由支配的权力。此外还有苏丹封赐以及大封建主捐赠给清真寺、宗教社团的土地，称“瓦克夫”，它拥有免税特权，是伊斯兰教神权的物质基础。

广大农民以使用份地的形式被封建主束缚在土地之上，不经主人允许则无权离开，封建主有权在 10 至 15 年内将逃亡农民追回，农民弃耕也要缴纳停耕税。农民要向封建主缴纳实物地租，此外，还要承担牲畜税、住房税、结婚税、磨坊税等，为封建主、国家服诸多的封建劳役、徭役。非穆斯林的农民还须缴纳土地税和人头税。虽然封建生产关系占主导地位，但在帝国的农业、采矿、航海和宫廷中还经常使用奴隶劳动。

帝国的社会经济随着其疆域的不断扩大而变化发展。13 世纪前，土耳其人主要是牧放马匹、牛、羊的游牧经济。但从 15 世纪开始，受征服地区农耕文明的影响，帝国经济结构发生明显变化。为了最大限度地增加税收，帝国政府鼓励、支持拓荒，注重水利设施兴修，如改进了耶路撒冷和麦加的给水工程，以及在易受水灾的伊拉克修筑运河和防洪工程等，由此，农业生产逐渐发展成为主要的经济形式。同时，由于军事扩张打通并保护了国内、国际的贸易路线，手工业与商业的发展获得有利条件。到穆罕默德二世时，安纳托利亚的棉纺织业，安卡拉、卡斯塔木鲁的毛纺织业，布尔萨和伊斯坦布尔的丝织业，埃迪尔内的制鞋业，都相继兴起。相关的行会组织也随之产生。据载，在帝国兴盛时期，仅伊斯坦布尔的行会就涉及 57 个行业。政府派有代表巡察四方，监督行会的价格、度量及其规章制度执行情况。在帝国各港口城市，行会组织还与东西方商人进行贸易。商业上，帝国鼎盛期的土耳其人几乎控制了东西贸易的陆上通道。征服埃及、叙利亚、也门等地后又控制了到印度和中国的海路，刺激了海上贸易的发展。帝国政府由此获得了向通过埃及、叙利亚及地中海东岸各港口和肥沃的“新月”地带的商队征税的特权。15、16 世纪是帝国商业贸易的“黄金时代”。布尔萨、伊斯坦布尔、开罗、埃迪尔内以及萨洛尼卡等城市都是当时主要的货物集散地和中转地。特别是布尔萨，它不仅是从波斯方向来的丝绸商队的国际通道，也是来自印度、阿拉伯半岛的香料商队取道大马士革后的必经之途。与此同时，土耳其人还频繁地活跃在布尔萨-埃迪尔内-佛罗伦萨一线的商业贸易线上。穆斯林商人甚至还在意大利北部的主要贸易中心区建立了庞大的商业贸易组织。

三、人民反抗与帝国的衰落

1. 社会矛盾的酝酿

奥斯曼土耳其帝国是一个凭借军事征服而建立的大帝国。在其地跨欧、亚、非三洲的辽阔版图内，充满着阶级的、民族的、宗教的矛盾，各地之间的社会发展水平也存在着明显差异，没有稳固的统一经济基础，缺乏必要的政治向心力，完全依靠武力来确保统治，因此难以长期维持其鼎盛状态。

早在帝国建立过程中，奥斯曼征服者就采用极其野蛮的手段来屠杀、掠夺被征服地区的人民，埋下了民族仇恨的种子。在对东南欧的武力扩张中，不少城市和地区的居民惨遭杀戮，许多幸存者更被掳为奴隶。穆罕默德二世为了祝捷，曾下令释放他的4万名奴隶，可见帝国奴隶的数量之多。奴隶被广泛地用于农业劳动乃至家务，是主人的私有财产，可以被任意买卖与处罚，生活境遇十分悲惨。

同时，军事封土制“蒂马尔”的衰落，不仅动摇了帝国统治的基础，也导致农民生活状况的不断恶化。16世纪中叶，在帝国对欧洲的军事扩张受阻后，“蒂马尔”制因新的土地资源的缺乏而开始衰退，“西帕希”骑士服役的重要性日益丧失。同时，他们采取各种手段逃避国家的监控与调整，并兼并农民的份地来扩大地产，将采邑转化成世袭土地。由此，大量的农民丧失份地，成为领主的租佃农民，且仍然承担繁重的国家赋役，不少人沦为乞丐，反抗情绪逐渐上升。

土耳其人的宗教歧视和压迫，也在社会上酝酿着非穆斯林的反抗。在武力征服的过程中，土耳其人迫使当地的民众皈依伊斯兰教。同时，利用伊斯兰教僧侣掌握司法和教育，对非伊斯兰教徒进行严密监视和控制。基督教徒农民遭受着双重压迫。非伊斯兰教徒负担的人头税很重。任何一个近卫兵（雅内恰尔）都可以对非伊斯兰教徒施加暴行而不受惩罚。非伊斯兰教徒不准持有武器，不准与伊斯兰教徒穿同样的衣服和鞋子；伊斯兰法庭不承认“不信教者”的证词；官方文件中对非伊斯兰教徒使用污辱性的绰号。因此，在帝国境内各地，宗教矛盾也日益积累。

奥斯曼帝国的各种矛盾，到了16世纪后期尖锐激化。其时，欧洲价格革命的影响波及近东，大量欧洲银币涌入帝国，套购粮食和原料，导致物价飞涨，高利贷盛行。而国家为了应付对外战争，军费急剧增加，财政危机显现。为了解困，政府推行包税制。贪婪的包税人往往数倍地增加租税额，有时还预征若干年的租税。陷入高利贷罗网的千百万农民被迫背井离乡，家破人亡，社会陷入动荡之中。在此情况下，帝国境内各族人民的反抗连绵不断。

2. 各族人民起义与帝国的衰落

早在15世纪前期，在小亚细亚和色雷斯就先后爆发了大规模农民起义。其中最大的一次由西马维亚·贝得拉丁领导。参加起义的有农民和手工业者。他们要求“食物、衣服、马车和田地”公有，都穿一样的朴素衣服、吃普通饭菜，并宣布伊斯兰教、基督教、犹太教彼此地位平等。他们团结希腊农民，共同打败苏丹派来的军队。斗争持续了三年（1415—1418），苏丹集中了全国兵力，才残酷地镇压了这次起义。

1443 年以后，巴尔干又发生了以阿尔巴尼亚为中心的民族起义。在民族英雄斯坎德培的领导下，数百名士兵公开放弃伊斯兰教信仰，皈依天主教，并举起讨伐奥斯曼帝国的大旗，得到当地民众的纷纷响应。奥斯曼帝国的苏丹分别在 1450 年、1457 年、1467 年三度围攻义军占领的克鲁雅城，但始终都未能得逞。起义军在历时 25 年的战争中，先后 8 次重创帝国军队。在 16 世纪，巴尔干半岛各族人民的起义再度勃兴。保加利亚和塞尔维亚爆发了民兵运动，达尔马提亚沿岸和克罗地亚爆发了乌斯科克运动，希腊爆发了克列夫特运动。民兵游击灵活机动，他们有时集中兵力，有时分散出击。1595 年，民兵部队在巴巴·诺瓦克的领导下袭击了索菲亚。1596 年，乌斯科克率众一度攻占达尔马提亚沿岸的科利斯城。1596 年至 1597 年，塞尔维亚南部、黑塞哥维那、彻尔诺戈里亚和阿尔巴尼亚都爆发了起义，不过最终都遭到残酷镇压。

从 16 世纪初开始，小亚细亚的民众起义如火如荼。1511 年至 1512 年，什叶派穆斯林发动了席卷整个小亚细亚的民众起义。起义首领沙·库鲁自称“马赫迪”（救世主），以传教为名，号召农民拒绝服从土耳其苏丹。起义军在锡瓦斯和凯塞利多次打败苏丹军队，但最终遭到残酷镇压，被害者达 4 万多人。1518 年，在小亚细亚又爆发了努尔·阿里领导的农民大起义。这次起义要求废除苛捐杂税和封建义务。起义中心在卡拉希萨尔和尼克萨尔地区，后来扩展到阿马西亚和托卡塔一带。苏丹派大军前来镇压，起义者分散到各地农村继续准备战斗。1519 年，新的起义在托卡塔爆发。起义的领袖叫哲拉尔。起义的目标同样是反对封建主的暴行和各种苛捐杂税。起义军达 2 万人，占领卡拉希萨尔，并一度进军安卡拉。塞里姆一世调大军前往镇压，在阿克塞希尔附近会战中击溃农民军，哲拉尔惨遭杀害。但在此后一直到 17 世纪初，小亚细亚各地的起义从未间断。

在人民起义的冲击下，奥斯曼土耳其帝国的统治危机日益显现。苏丹的专制统治权威趋于下降，帝国的不少封建大贵族因占有大量的世袭地产而割据一方，一些大封建主甚至勾结近卫军将领，不时发动宫廷政变，导致国内政治局势动荡不安。在此情况下，帝国在对外战争中不断受挫。而在西欧，由于新航路的发现，海上霸权逐渐落入西方国家之手。1571 年的勒班多之役，帝国海军在西班牙和威尼斯的联合舰队的进攻下遭到重创，失去了对地中海的控制。

帝国与奥地利哈布斯堡王朝的战争，最终以 1606 年签订《土奥和约》而告结束，土耳其被迫承认与匈牙利的哈布斯堡王室地位平等，停征年贡。而在东方，帝国的军事扩张也屡屡受挫。1569 年，帝国军队进攻阿斯特拉罕，被开始崛起的俄罗斯打败。帝国对伊朗的战争最终也受到阻遏。根据 1612 年《土伊和约》，帝国不得不放弃南高加索地区。到 17 世纪中期，在内外交困、危机四伏的格局中，奥斯曼土耳其帝国日趋衰落。

1571年的勒班多海战，奥斯曼土耳其帝国海军受到重创

第三节　南亚次大陆

一、南亚封建社会的形成

1. 笈多王朝的兴衰

南亚次大陆包括今印度、巴基斯坦、孟加拉国、不丹、尼泊尔、斯里兰卡等国。这一地区的印度河和恒河流域，曾经酝酿出灿烂的古代文明。中世纪时代的南亚历史，则是以恒河流域为中心而逐渐演绎的。

从3世纪起，统治北印度的贵霜帝国逐渐衰落，北印度陷入分裂割据。4世纪初，在恒河下游的摩揭陀故地兴起了笈多王朝（约320—540）。旃陀罗笈多一世（月护王，约320—340）时，已统治着比哈尔邦北部，他还与尼泊尔的梨契察毗族公主鸠摩罗提毗通婚，取得了包括华氏城在内的比哈尔、孟加拉和北方邦广大地区，自称“摩诃罗阇”（大王）。其子沙摩陀罗笈多（约340—380）继位后，不断开疆拓土，征服恒河上游及中印度诸国，并攻入南印度东海岸的奥里萨和马德拉斯。他本人信奉婆罗门教，但对其他宗教采取宽容态度。旃陀罗笈多二世（超日王，约380—413）在位时期，笈多王朝的统治达到鼎盛。其国王将公主嫁给南印度的伐卡塔卡君主，并以该地为跳板征服古吉拉特，把领土扩张到阿拉伯海，成为印度进入中世纪以来的第一个大帝国。

笈多王朝实行君主中央集权的体制。国王是全国的最高统治者，并被神化为“最高的神”。在中央设立枢密顾问、宣战与媾和大臣、文件档案大臣、军政大臣和军法官等文武大臣。中央大臣的职务和国王王位一样，通常是世袭的，他们构成笈多帝国的最高权力核心。在地方，把全国划分为若干省，省下置县，县下设村，分别派遣省长和县长管理。村由村长和村社共同管理。此外，还有附属的小邦，它们直接向国王纳贡称臣。地方各级官员都直接或间接地受国王支配。

政治统一促进了社会经济的发展。超日王在位时，重视水利灌溉工程建设。同时，铁制农具已普遍推广使用，有铁犁、铁锄、铁铲等。这样，农业得到迅速的发展，开始应用施肥、轮种等技术，种植小麦、大麦、水稻、豆类、芝麻等谷物和棉花、大麻、甘蔗、亚麻等经济作物。印度的棉花种植技术比较先进，传到附近的许多国家。饲养的家畜有黄牛、水牛、骆驼、驴、绵羊、山羊以及马等。

农业发展促使工商业兴旺。棉纺织业、丝织业、毛织业、武器制造业、金属加工业、珠宝首饰业、采矿冶金业等手工业部门都很发达。其中造船业和纺织业尤其突出，印度造的大船适合于海上航行，薄棉布和绫罗绸缎行销国内外。商业也随之活跃。各大城市之间及其周边地区都保持着交换关系。由于印度处于亚欧大陆的中间地带，它与东亚、南亚、东南亚、西亚和欧洲都有海上或陆地贸易关系。印度向外输出棉花、谷物、细布、挂毯、首饰、香料、象牙制品等，输入丝绸、茶叶、肉桂、黄连等。

在超日王时期，中国东晋僧人法显曾到印度求法。他于 399 年从长安出发，经新疆，越葱岭，过中亚，历尽千辛万苦，于 420 年到达北印度。他遍访印度佛教中心，搜寻佛教经典。后来从南路海道回国，于 413 年回到东晋建康。他把历经 15 年 30 余国的印度求经见闻写成《佛国记》（又名《法显传》），记述了超日王时期北印度的风俗、民生、政治等方面的一些情况。

从 5 世纪中叶起，活跃在阿姆河流域的哌哒人开始威胁印度。哌哒人是与大月氏人混血的匈奴人，也称白匈奴，原来分布在阿尔泰山以南到天山东部的地区，在 4 世纪后期西迁，5 世纪灭掉贵霜帝国，6 世纪初攻占旁遮普、克什米尔、拉贾斯坦和北方邦、中央邦等地，定都奢羯罗（锡亚尔科特）。528 年，虽然哌哒人被北印度王公的联军击败，但笈多王朝因此而解体，其内部各小邦纷纷独立，北印度重新陷于分裂混战局面。

2. 戒日王统治与“拉其普特”王公的崛起

6 世纪末，德里北面的小邦坦尼沙逐渐强大。在普什亚布蒂王朝的曷利沙·伐弹那（戒日王，606—647）统治时期，国力强盛。据玄奘记载，他拥有象军 5 000、马军 2 万、步军 5 万，凭借强大的军事力量不断向外扩张。他对南印度的征服遭到挫败，被遮娄其国王击败，只得退回北印度。但他向东征服了恒河下游的孟加拉地区，向西则征服了许多小国，将统治版图扩张到古吉拉特和信德地区，大致统一了北印度，迁都于恒河西岸的曲女城。由此，戒日王被尊称为“整个北印度的主人”，但其帝国领土要比笈多王朝小得多。

戒日王时仍力图实行君主中央集权，在中央设大臣会议辅弼政事，讨论和制定对内对外政策。在地方则按省、县、村分级管理。不过，其政治统治远不如笈多王朝严密，地方行政机构的独立性日益加强，迫使戒日王不断到各地巡行加以监督。戒日王对印度的统一是建立在武力基础之上的，所谓的帝国只是由许多小国结成的松散的政治联盟。帝国境内有 30 多个藩国，其王公只是向戒日王纳贡，具有很强的离心倾向，处于独立和半独立的状态。由于此时社会封建化进程开始发展，各地藩王势力不断加强。帝国末期，地方割据的倾向愈益强化。

戒日王笃信印度本土宗教，但却实行宗教宽容政策，特别尊重和支持佛教，广建佛塔、佛寺，禁止杀生，慷慨施舍。每五年举行一次无遮大会（即不分贵贱、信仰，均可参加讲法和施舍财物的会议），佛教、婆罗门教及其他教派教徒都可以参加。唐代著名高僧玄奘（602—664）曾经在这个时期到印度求法。他于629年随商人西行，从长安出发，经河西走廊、敦煌、新疆、中亚等地，于631年到达中印度的王舍城，进入了印度佛教中心那烂陀寺。此后游历印度境内几十个“国家”，所到之处，讲经论佛，驳斥了小乘佛教和婆罗门教的挑战，受到人们的普遍尊敬。戒日王十分礼遇玄奘，642年下令在曲女城为玄奘举行无遮大会，让玄奘宣讲大乘佛教的观点，听讲者有佛教和婆罗门教学者僧人数千以及20位藩国王公。在会上玄奘主讲大乘佛教教义，历时18天，获得很高的声誉。643年，戒日王还亲自陪同玄奘出席每五年一次在钵罗耶伽（阿拉哈巴德）举行的无遮大会，约有50万人到会。会后玄奘开始回国，645年返回长安，带回大小乘佛经657部。他将所见所闻撰写成《大唐西域记》，是研究这个时期的印度以及中亚的珍贵史料。

647年，戒日王去世。由于他没有后嗣，戒日王朝很快陷入争夺王位的政治混乱中，北印度再次陷入分裂割据状态。从7世纪中叶一直到12世纪末，出现了许多拥兵自重的封建王公，自称“拉其普特”（源自梵语Rajputra，意即“王子”）。他们的祖先是印度西北部的游牧民族古吉罗人，后来形成以血缘关系为纽带的宗族集团，保持着共同的较为原始的习俗，如崇奉圣火，实行马祭，且比较好战，故常常受王公贵族的招纳而为其服兵役。后来他们势力日益坐大而成为封建军事贵族，在北印度建立了许多小邦，时常展开兼并战争，并逐渐与当地的封建贵族相融合。这些封建王公统治时期又称“拉其普特时期”。

3. 封建生产关系形成

伴随着长期的政治变迁与社会动荡，印度社会开始了封建化进程。一般认为从4世纪到7世纪，即从笈多王朝到戒日王朝时期，是印度封建制的形成时期。

从笈多王朝开始的自上而下的土地封赐，是社会封建化开启的标志。早在上古奴隶制时代，土地在原则上就归国王所有，故列国时代和孔雀王朝时期，国王赐地的情况并不少见。不过，那时的王朝赐地，主要限于婆罗门贵族、佛教高僧和寺庙，让其获得赐地上的赋税征收权，且并未在全国普遍推行。到了笈多王朝时期，国王的赐封地开始覆盖整个僧、俗贵族阶层，并扩大到了朝廷的文武官员，以此作为其俸禄。《佛国记》中就记载，“王之侍卫左右，皆有供禄”。同时，这时的赐地实际上是将土地占有权转移到受赐人手中，由此引起土地关系性质的变化。《佛国记》中的“铁券书录”，即是铭刻在铜牌或书写在布帛上的赐地证书，以此证明赐地领有人拥有法定的土地占有权。国王对僧、俗贵族所颁发的铜牌赐地证书，迄今已发现很多。从4、5世纪时开始，保存下来的就有一千余件。文件开头写明赐地君主的名字，接着是赐地的缘由、所赐地点、地产边界以及受地者在地产上的相关权利的规定等。戒日王时期，土地封赐的规模更大。据《大唐西域记》记载：“王田之内，大分为四：一充国用，祭祀粢盛；二以封建辅佐、宰臣；三赏聪睿、硕学、高才；四树福田，给诸异道。”王田中的“国用”部分，即是由国家直接征收田赋的土地。玄奘说这类土地的收入供祭祀之用，但实际上朝廷的财政开支也都从中征调。第二部分土地系国王封赐文武百官的禄田和食邑，玄奘说的“宰、牧、辅臣、庶官、僚佐，各有分地，自食封邑”，表明此时的文武大臣以至于一般官员和幕僚，都开始得到数量不等的食邑封赐。第三部分土地是国王用来赏赐给博学多才的文化人的。第四部分则是国王赐予不同宗教团体的地产，以求福德，故谓“福田”。国王大量封赐土地，使贵族官僚和寺院都拥有大量土地，成为封建大土地所有者。在土地封赐后，国王仍然是全国土地的最高所有者。在东孟加拉阿舍罗帕普尔地区发现了7、8世纪的铜牌赐地证书，其中一份就记述，王后拥有国王赐予的土地，其上一切收入由她和奴仆享用。后来，王后的这块土地转赐给某一女人作为奖赏。最后，这块土地又被赐予某个世俗贵族。由此可见，国王在赐予土地后，仍然对不少地产拥有收回进行再封赐的最高权力。但有的封赐则是永久性的。已发现的631年戒日王的赐地铜牌中就显示，戒日王把苏马昆达卡村（在士拉瓦斯塔省昆达丹那县）赐给两个婆罗门僧侣，受赐者“并附有获得村民的土地税，以及诸侯家族能要求的一切收入的权利，作为脱离县管辖的部分而免除一切义务，并附有传给子孙的权利，直至天长地久”。从这份赐地文书可见，不少所赐封地从一开始就成为领受者自由支配的世袭财产，并脱离政府的行政管辖。有的赐地文书甚至还载明国家军队不得进入该地产，受封者对封地内民众享有某种程度的司法审判权，主要限于诸如盗窃、通奸、诽谤、欺骗等较轻罪行，抢劫、谋反等大罪则不在其中。不过随着戒日王朝的瓦解和分裂割据的加深，那些不属于永久性封赐的食邑和教会、僧侣的地产也就逐渐转化为封建的世袭领地，教、俗封建主享有的特权进一步扩大。

国王向教、俗贵族封赐土地的过程，同时也是村社农民逐渐转化为领主之依附农民的过程。所有分封和赏赐的土地都是由村社农民耕种的。戒日王以及其他君主封赐给僧、俗贵族的“邑”“封邑”“食邑”，就包括村社的农户和农民。据记载，戒日王一次分封和布施就是100邑或80邑，几万户农民随着国王的封赐变成封建依附农民。仅那烂陀寺一处就拥有200多邑，剥削农民在4万户以上。农民被束缚在土地上，随着土地占有权的转移，同时转换主人。他们必须向新的封建主缴纳地租和赋税，甚至还要服各种劳役，包括修建水渠、堡垒、府邸和道路，以及运输货物等。同时，长期存在于印度社会的农村公社，此时大多仍然沿袭定期重新分配耕地或原始共耕的旧制，但越来越多的村社首领成为国家的基层官吏，承担维持治安、征调赋役的职责。他们不仅可以征取农民向国家缴纳的税收，而且也拥有强迫公社民众服役的权力，转化成控制农民的封建主。此外，在社会封建化的过程中，一些农村公社土地也遭到封建主兼并，其中的公社农民也因之产生了对封建主的人身依附关系。

在戒日王时期，没有封赐出去的土地“王田”仍然由农民耕种，封建剥削的主要形式是实物地租。农民负担的租税额度，朝廷并无明文规定。《大唐西域记》说此时“赋敛轻薄，徭税俭省。各安世业，俱佃口分。假种王田，六税其一”。照玄奘的说法，农民有口分田，可养家糊口，承担的赋税和徭役均不太重，租种王田的人要缴纳土地总产量的1/6作为实物地租。农民除负担地租之外还有其他的实物贡纳，并要为朝廷承担一定的劳役，如修建宫室屋宇、建筑道路桥梁、兴修水利工程等。不过玄奘说：“国家营建，不虚劳役，据其成功，酬之价值。”即是说，朝廷对服役的农民会根据工作完成情况给以报酬，但这类报酬的数量是否能弥补农民的劳动付出，是否普遍

径。一是知识之道，即对物质和精神进行哲学探讨，在心智上进行多方面的修养，控制自己的感官，摒弃虚幻不实的物质世界，逐步做到能区分永恒之物和无常之物，通过冥想达到“梵我如一”的境界，则自然不生不灭。二是行为之道，即严格按照“达磨”的规定，以社会等级的要求来规范自己的义务，不求报偿，一心去履行，才能得到神恩而得以解脱。三是虔诚之道，即对神虔敬信仰，衷心礼拜侍奉，由此为神灵庇护而得到解脱。印度教的这些说教，要求下层民众安贫守分，忍耐服从，摒弃物质生活的欲求，俯首帖耳地接受统治阶级的压迫剥削。同时，也满足了封建主既可肆意追求感官享乐，也能填补精神空虚的良方，由此湿婆既是苦行之神，也是舞蹈之神。这些都说明，印度教既是封建主统治的精神工具，也是他们纵欲享乐的神圣外衣。

印度教兴起后，因封建主阶级的提倡而迅速传播，取代了佛教在社会上的支配地位，形成了诸多派别，其中主要有三大派。一是毗湿奴派，主要流行于北印度，崇拜毗湿奴为最高神。二是湿婆派，主要流行于克什米尔和南印度，有许多分支，崇奉湿婆为最高神。三是性力派。该派是从湿婆派分化出来的，其信徒都是一些性力崇拜者，以某些仪式崇拜某尊女神，而且这些仪式具有色情色彩。这一教派流行于孟加拉、奥利萨、阿萨姆、尼泊尔和南印度的喀拉拉邦等地。

印度教在神灵崇拜与修行方式上的多样化，适应了中世纪印度区域习惯、社会分层、民族众多的复杂性，因而逐渐在各地流行。最终，印度教取代了佛教在社会上的支配地位，对各阶层人的信仰、习俗和行为产生了重大而深远的影响。

三、“德里苏丹”的统治

1.“德里苏丹”国的建立及扩张

印度长期的分裂割据，给异族入侵造成可乘之机。从8世纪初开始，阿拉伯人、突厥人、阿富汗人等在伊斯兰教“圣战”旗帜下，不断地将兵锋指向这里，给北印度造成了持续不断的动荡纷争。

711年，穆罕默德·伊本·卡西姆率领的阿拉伯军队进攻印度，从巴士拉沿海路攻入印度河下游，相继占领信德地区和旁遮普南部。伊斯兰教从此开始传入印度。9世纪中叶以后，统一的阿拉伯帝国趋于解体，兴起于伊朗高原的萨法尔王朝逐渐向南扩展，控制了信德和旁遮普南部。900年伊斯兰教的异端卡尔马特人被逐出阿拉伯半岛和伊拉克后，进入信德和旁遮普南部，建立了木尔坦和曼苏拉两个王国。10世纪中叶，在今阿富汗兴起信奉伊斯兰教的突厥人国家伽兹尼王朝（962—1186）。该国苏丹马哈茂德（999—1030）从1001年起，曾15次率军侵入印度。1014年，马哈茂德攻占印度教圣地萨奈沙，洗劫了著名的查克拉斯瓦明神庙。1019年，攻占恒河平原的繁华城市曲女城，将此著名古都洗劫一空，夷为平地。据记载，他在此城获得300万第尔汗的财物，掠走55 000个奴隶。马哈茂德死后，伽兹尼王国很快瓦解。但他对印度的掠夺更激发了异族征服印度的野心。12世纪，在阿富汗的赫拉特兴起的突厥人的古尔王国（1152—1206），不仅灭了伽兹尼，而且开始向印度扩张，占领锡亚尔科特、拉合尔。1192年，其苏丹在德里北方的塔拉因击败拉其普特王公，接着占领德里、曲女城以及比哈尔、孟加拉一带。1206年，古尔苏丹的部将、出身奴隶的库特布·乌德·丁·艾巴克称苏丹，宣布独立，建立了奴隶王朝。艾巴克的女婿伊杜米思苏丹统治时期（1211—1236），东征西讨，使奴隶王朝成为北印度最强大的伊斯兰教国家。从奴隶王朝建立起到16世纪初，北印度先后出现五个信仰伊斯兰教的王朝，都以德里为首都，统治者皆称苏丹，故称“德里苏丹”，这就是印度史上的“德里苏丹时期”（1206—1526）。

德里苏丹的统治共存在320年，先后经历了奴隶王朝（1206—1290）、卡尔基王朝（1290—1320）、图格拉王朝（1320—1414）、赛义德王朝（1414—1451）和罗第王朝（1451—1526）。这一时期，印度大部分地区相继被纳入伊斯兰教政权的统治范围。奴隶王朝的第二任苏丹伊杜米思先后平定穆斯林贵族以及拉其普特王公的反叛，征服了温迪亚山北侧的瓜廖尔和马尔瓦地区。卡尔基王朝的苏丹阿拉·乌丁在位时期（1296—1316），德里苏丹政权达到强盛。他严禁贵族结党营私和联姻，对叛乱贵族无情镇压并实行株连制；没收原来封赐给贵族的地产封赏给忠诚有功的臣属，以此来培植自己的势力；取消村社头人对农民的征税，实行国家官吏征税，增加政府的财源；对粮食、布匹、牲畜以及副食品实行限价政策，严禁囤积居奇与抬高物价，并由政府来储备粮食；组建一支几十万人的强大常备军，加强军事训练。在稳定内部的基础上，阿拉·乌丁以亚历山大第二自居，进行了一系列军事扩张。在北印度，他平定了古吉拉特、兰桑波尔、齐图、马尔瓦等地的土著王公的割据势力，同时，出兵征服了温迪亚山以南的印度教政权德瓦吉里王国、瓦朗加尔王国和潘地亚王国，控制了德干高原。德里苏丹的版图达到极限：西起印度河流域，东到孟加拉，北抵喜马拉雅山麓，南达德干高原的最南端。但他对南方的征服主要是为了掠夺，并未建立地方政府来统治，只是迫使当地的印度教王公向自己称臣纳贡。图格拉王朝的苏丹穆罕默德·伊本·图格拉在位时期（1325—1351），德里苏丹的统治开始由盛转衰。他在朱木拿河和恒河之间地区推行重税政策，迫使农民纷纷拿起武器反抗。他一度迁都德干的德瓦吉里，改名道拉塔巴德，劳民伤财。他还组织一支37万人的大军，梦想征服伊朗和伊拉克，多有耗费但却未能成行。1398年，突厥化的蒙古人首领帖木儿率大军侵入印度，攻陷德里，致使德里苏丹的统治迅速衰落。1401年，图格拉虽然复辟，但各地纷纷独立，政令只及德里附近。1414年，帖木儿部将基兹尔·汗·赛义德占领德里，图格拉王朝灭亡。1451年，旁遮普总督、阿富汗人巴鲁尔·罗第出兵占据德里，开始罗第王朝的统治，但孟加拉、古吉拉特、马尔瓦和克什米尔先后独立。

2. “德里苏丹”统治时期的印度

“德里苏丹”在征服过程中没收了大量的印度教王公贵族的土地，根据统治需要重新进行分配，形成了德里苏丹国的国家土地所有制。苏丹在名义上拥有全国的土地，是全国土地的最高所有者。土地占有形式大致分为三种。苏丹直接支配的土地称“哈斯里”，它包括许多匿名耕种的土地以及一些荒地、森林和草场等，由中央财政部门管理，派官吏直接向“哈斯里”上的农民征税，所得收入供宫廷消费以及政府开支。苏丹封给臣下的土地称“伊克塔”，受封者要向苏丹提供军役及其他服役。“伊克塔”最初仅供受封者本人享用，在封地上收税，用所得收入来供养服役的士兵和马匹以及个人的开支，其余的部分要上交国库。这样的封地不得继承和转让，苏丹拥有更换和收回的权力，征税标准由国家规定。因此，“伊克塔”最初实际上是税收权的封赐而不是土地的分封。图格拉王朝建立后，穆斯林军事贵族不仅尽量逃避军役，减少开支，而且不断扩大对于所占土地的权力，将“伊克塔”逐渐演变为世袭领地，实际上成为封建主个人的私家财产。第三种形式则是神庙土地，包括苏丹国家赏赐给伊斯兰教神职人员的土地“伊纳姆”和赏赐给清真寺的土地“瓦克夫”，占有者拥有世袭享用的权力。这种土地在国有土地中所占比重不大。在这种土地上如何征税由受地者自己决定，也可以将土地自由买卖、抵押和转让。除国有土地外，尚有许多土地属于印度教王公贵族世袭所有，这种土地的所有权在德里苏丹时期没有发生明显变化，土地所有者“柴明达尔”对土地拥有广泛的权力。还有一种土地称为“慕尔克”，系商人购买的地产，其所占比重极小。

由信奉伊斯兰教的突厥人、阿富汗人和波斯人组成的军事贵族集团，是德里苏丹统治的社会基础，德里苏丹国正是利用这一社会基础，建立起伊斯兰国家政教合一的君主集权体制。苏丹是全国的最高统治者，集君权和教权于一身。他们往往在名义上与阿拉伯帝国的哈里发保持宗藩关系，接受哈里发的册封，奉哈里发为宗主，发行的钱币上也常常要刻有哈里发的名字。但实际上德里苏丹是完全独立的、不受节制的君主和宗教领袖，集立法、行政、军事、财政等大权和宗教神权于一身。从传统上和理论上讲，苏丹应当按照伊斯兰教法行事，穆斯林教法学家和神学家乌里玛对苏丹之职责的建议，苏丹必须遵守。但他在推行政务时，实际上常常专横独裁。

德里苏丹废除了印度传统的官吏世袭制度。在苏丹之下，中央政府由若干个部（即迪万）组成，分别掌管税收、司法、军事、驿政和文书等。各部长官由苏丹任命。税收部位居各部之首，维齐尔作为税收部大臣往往节制其他各部。图格拉王朝时期，维齐尔获得了广泛权力，在国家政治生活中扮演着宰相角色。赛义德王朝和罗第王朝时期，维齐尔的权力明显受到削弱。

在地方上，德里苏丹将各地划分为 23 个省，任命各省总督来统治。总督的统治带有军政合一的特点，他既是一省最高行政长官，也是当地的最高军事长官。总督之下，还有中央各部派遣的税收、司法等官员处理具体事务。省以下分为若干称为“舍克”的行政区，“舍克”之下是“巴尔加那”，村社构成最小的行政单位。除直接隶属于中央的省份外，边远地区还分布着印度教王公统治的众多土邦。它们承认德里苏丹的宗主权，向其缴纳贡税，处于半独立的状态。

为了稳固统治和对外征服，德里苏丹国始终保持规模较大的军队。军队的骨干由信奉伊斯兰教的突厥人、蒙古人、阿富汗人、伊朗人等组成，归顺的“拉其普特”人以及印度士兵提供辅助性兵源。军队有常备军，还有各地总督和“伊克塔”提供的军队以及临时招募的军队。军队分为骑兵、步兵和象兵，装备有简单的火器。

3. 南印度的印度教王国

德里苏丹统治时期，南印度多处于封建王公分裂割据的局面。早在 11、12 世纪，南印度就有两个封建国家，即朱罗和西遮娄其。12 世纪末年，西海岸克里希纳河上游的曷萨拉及其以南的潘地亚两个国家兴起，侵占朱罗与西遮娄其的疆土。同时，曷萨拉以北出现的国家雅达瓦日益强大，不仅取代了西遮娄其，而且在 13 世纪前期大肆进行扩张，拓展了大片领土。而在雅达瓦东面，在克里希纳河和哥达瓦里河之间的地区，崛起了喀喀迪耶国，常与雅达瓦发生战争。这些割据政权大多都相继被德里苏丹国所灭。

在 14 世纪初，南方印度教王公开始兴起反对北方伊斯兰教政权、建立独立国家的斗争。其时，在德干高原北部是伊斯兰教的巴曼苏丹国（1347—1526），脱离德里苏丹国而独立，缓解了德里苏丹对南部的直接军事压力。于是，德干高原南部兴起了印度教政权维查耶那加尔王国，领有克里希纳河以南直至科佛里河的广大地区，领土几乎覆盖了整个南印度，并与信奉伊斯兰教的巴曼王国进行了旷日持久的战争，以争夺德干高原的霸权。维查耶那加尔王国先后经历了桑加马王朝、沙鲁瓦王朝、突鲁瓦王朝和阿拉维杜王朝，在克里希纳迪瓦拉雅在位时（1509—1529），达到鼎盛。当时，巴曼苏丹国分裂成五个小国，先后被克里希纳迪瓦拉雅击败，或被迫向其称臣纳贡。但在他死后，国势转衰。1565 年，德干高原北部的比达尔、高康达、亚马那加和俾查浦尔这四个苏丹国组成联军，在塔利科塔战役中击败维查耶那加尔王国的军队。维查耶那加尔王国从此一蹶不振，逐渐分裂瓦解。

维查耶那加尔王国的社会经济有了相当发展。由于君主、封建主和农村公社注重兴修水利，加之土地肥沃，气候温暖湿润，灌溉农业十分发达，种植水稻以及旱稻等粮食作物，一般可以一年两熟甚至一年三熟。手工业也有发展，尤以城市的纺织业为甚。在小手工作坊增多的基础上，出现了拥有数十架织机的大作坊，技术精良，产品大多为出口而生产。商业也随之而活跃起来，国际贸易尤为兴盛。因东西海岸线长，贸易良港很多，其中以西海岸的卡利库特和柯钦最为著名。这里与马来西亚、缅甸、中国、阿拉伯、波斯、埃及乃至葡萄牙都有贸易关系，主要出口大米、棉布、香料和糖，进口马匹、珊瑚、丝绸和天鹅绒等。不过，在广大农村地区，商品经济的发展并不充分，农村公社还带有明显的自然经济特征。

南印度封建土地所有制表现为土地国有和封建主私有两部分。国有土地由国家掌握，其收入供政府和军队之用，此外还有王室的地产和牧场，用来维持王室宫廷的生活费用。这两类土地事实上混淆在一起，国王对其收入都有支配权。封建主土地多由君主封赐，受地者要提供军役、缴纳贡赋。这种土地与伊斯兰国家的“伊克塔”不一样，受地者可以控制地产上的农民，且可以将土地出售与转让，尽管在名义上不能继承，但事实上封建主常常世代占有。还有一些封建地产属于印度教寺院所有，源于国王赐予与寺院购买以及一些人因欠寺院债务而抵押与没收的土地。寺院一般只拥有对其地产的征税权，而不能支配土地。农村公社农民是社会生产力的主要承担者，他们聚村而居，按照种姓生活在自己的地盘上，各有自己的土地份额，须向国家纳税。农民可以将其份地分割继承、转让和出售。但由于公社仍有一定的支配权，农民出售土地时，本村社成员可以有限购买，由此防止土地流失出公社以外。这些情况显示，土地私有制发达和土地买卖盛行构成了维查耶那加尔王国经济生活的突出特征。

4.“德里苏丹”国的经济状况与社会矛盾

德里苏丹统治时期，虽然时有战乱，但由于政治统一改变了小国林立的割据状态，穆斯林的到来也促使社会交往扩大，社会经济有了明显发展。在农业上，国家积极兴建水利工程，推广波斯式水车等新型灌溉工具，除了水稻等粮食作物外，经济作物得以广泛种植，棉花、甘蔗、靛蓝、水果、香料等也是重要农作物。在手工业上，纺织业发展迅速，作坊多分布在孟加拉、古吉拉特、马拉巴尔沿海和恒河中上游地区，产品行销海内外。制糖业、造纸业、金属加工业和砖石业也很发达。手工业分为官营和私营两种类型。官营手工业主要生产价格昂贵的奢侈品，供应宫廷和王公贵族。官营手工业规模较大。私营手工业作坊或者自产自销，或者受商人控制，产品大都供应市场，满足民间需求。商业也随之发展起来，新的城市逐渐增加。有的城市如首都德里则是封建主兴建的，在苏丹及其臣仆、军队大批进驻后，招徕了许多工商业者，形成工商业繁华的城市。也有一些城市位于寺院、港湾和交通要道，由工商业者聚居而形成。各大城市之间的贸易兴盛，丝、棉织品、毛毯、金银器皿都驰名国内外。在外贸上，沿陆路与中亚和西亚多有往来。而孟加拉湾与阿拉伯海沿岸的一些重要港口城市，与东南亚和中国、西亚等地都有比较密切的贸易联系。

德里苏丹的统治使印度的社会矛盾更加复杂化。这主要表现为随着异族的征服和伊斯兰教的传入，民族隔阂、宗教对立与阶级冲突交织在一起。在历史上，印度曾以其古老深厚的文化传统，让诸多的异族征服者被自己的文明所融合与同化。但与以往的征服者不同，穆斯林借助强大的武力后盾，给次大陆带来具有强大文化渗透力与同化能力的伊斯兰教，与土著的印度文明形成了长期并存对峙、“分庭抗礼”的格局。伊斯兰教一神教与印度教多神崇拜的信仰对立以及生活方式、习惯之差异，必然要导致民族间和信徒间的社会冲突，而这种冲突又因穆斯林统治者的压迫政策而趋于尖锐。德里苏丹国的掌权者是来自中亚的以突厥人、阿富汗人为主体的穆斯林军事贵族。他们长期奉行打击和歧视非伊斯兰教徒的政策，如没收大批印度教徒的财产，向印度教徒征收人丁税（有时婆罗门也要缴纳），禁止非穆斯林担任军政高级官职。印度教徒和其他非穆斯林被称为“齐米思”（在保护下生活的人），至多能当村社小吏。同时，德里苏丹提倡甚至强迫印度教徒改宗伊斯兰教。由于改宗后既可以免除人头税，又可免受高级种姓的欺压，许多信仰印度教的封建主特别是低级种姓的群众，纷纷改宗伊斯兰教，在孟加拉和旁遮普尤多。不过，改宗后，他们也并不能与原来的穆斯林完全平等。同时，信仰两教的广大群众都受到沉重的封建剥削，有着共同的阶级利益，能够相互宽容和尊重，在反封建的斗争中常常相互支持。这样一来，德里苏丹国的民族矛盾和宗教矛盾逐渐与阶级矛盾纠缠在一起而趋于激化。在长期共存、相互影响下，伊斯兰教与印度教中都形成了一些异端教派，成为广大印度下层群众反封建的思想武器与组织形式。

巴克提教派运动又称虔信运动，它是印度教与伊斯兰教既相互对立又相互影响的产物，12世纪兴起于印度南部，后在北印度广泛流传。初期的代表人物是罗摩难陀。他出身于阿拉哈巴德一个婆罗门家庭，但他反对种姓制度，接受低级种姓的人甚至穆斯林加入他的教派。他主张宇宙万物的创造者和主宰者是梵或罗摩，信众只要对其虔诚和默念其名，不论身世高低贵贱，都能得到解脱。罗摩难陀最著名的弟子是喀比尔（约1380—1418），其生母是属于婆罗门种姓的印度教徒，养父是穆斯林。他吸取了印度教吠檀多派哲学和伊斯兰教苏非派教义，强调一神信仰，反对偶像崇拜和种姓制度，主张简化宗教仪式。他宣称，宗教和神的不同只是在于它的名字，印度教徒与穆斯林有共同的上帝，只有虔诚崇奉神，才是真正唯一的解脱之道。他的说教得到不少伊斯兰教徒和印度教徒的拥护，在广大下层群众中普遍流传。

印度的伊斯兰教下层群众中也兴起了异端教派，以反对德里苏丹的上层统治者所信奉的伊斯兰教逊尼派。其中一派为苏非派。“苏非”原意为“羊毛”，因其成员常穿粗制毛衣以示简朴而得名。该派反对哈里发的奢侈腐化，原来在阿拉伯帝国境内就已出现。传到印度后，苏非派接受印度教的影响，鼓吹禁欲苦修，接近真主，达到神人合一。他们有自己的组织，其成员一律平等，首领称谢赫，组成教团住在清真寺里。他们还宣传穆斯林不论贫富贵贱都一律平等，深受底层民众的拥护。另一派则是马赫迪派。“马赫迪”意思是“救世主”，据说穆罕默德预言将来有位与他同名的人出来治理世界，建立正义和秩序，为什叶派所接受。15 世纪在印度的古吉拉特邦，兴起了由著名异端领袖穆哈马德领导的马赫迪派。该派要求恢复早期伊斯兰教的财产公有、信徒平等的原则，同时建立公共财库，参加者须将财产、收入一律交公，由集体平均分配使用。穆哈马德死后，马赫迪派继续流传，并开始发动反封建的武装起义。

随着异端运动的勃兴，新的宗教也随之产生。旁遮普人那纳克（1469—1538）糅合苏非派的神秘主义和虔诚派教义于一体，创立独特的锡克教（Sikhism）。锡克教源自印度北部旁遮普语的“锡克”（Sic）一词，意思是“门徒”。那纳克出身刹帝利，本人经商，曾漫游过麦加和巴格达等许多地方，后定居旁遮普的卡塔普尔宣传其宗教思想。他奉虔诚派领袖喀比尔为导师，反对种姓制度和歧视妇女，主张伊斯兰教和印度教相互宽容与合作，反对烦琐仪式和盲从经典，鼓吹靠虔诚的信仰解脱。但他仍然相信业报轮回，主张修行和安贫乐道。他死后，其弟子将其教义条理化，并将他视为神加以崇奉，要求信徒绝对服从，形成了锡克教。后来该教组成战斗力很强的团体，打击封建统治者。

社会矛盾的日益积累和尖锐促使德里苏丹国走向衰落。图格拉王朝苏丹穆罕默德·图格拉在位时期，在恒河与朱木拿河流域提高农业税率，横征暴敛，导致农民大量流亡，武装起义屡有发生。德干高原的穆斯林贵族和印度教王公也借机接连反叛，脱离德里苏丹的控制。苏丹菲罗兹即位后，更实行极端的宗教政策，扩大人丁税的征收范围，印度教徒和什叶派穆斯林均遭到迫害，原有的社会矛盾进一步加剧。菲罗兹死后，统治集团发生争夺王位的内讧。地方势力趁机拥兵自立，形成割据状态。在此情况下，帖木儿于 1398 年率领由蒙古人和突厥人组成的大军从中亚侵入印度，在德里北部的巴尼帕特击败图格拉王朝的军队，进而将德里洗劫一空，苏丹马哈茂德二世（1394—1413）逃往古吉拉特。帖木儿的入侵摧毁了德里苏丹国的军事力量，加速了它的衰落。在帖木儿军队撤走后，马哈茂德二世返回德里，但其势力只及德里周围的狭长地带。赛义德王朝时期，苏丹控制的区域虽有所扩大，但也只有德里周围、恒河与朱木拿河流域以及旁遮普等地。其他地区皆属穆斯林贵族和印度教王公管辖，他们拥兵自立，仅在形式上隶属于德里苏丹。到了罗第王朝时期，印度北部分裂为德里、孟加拉、克什米尔、马尔瓦、江普尔和古吉拉特等众多独立的苏丹国，这就为莫卧儿人的军事征服提供了可乘之机。

图格拉王朝的政策

他（苏丹）想出来一些沉重的特别税并扣留土地的收益，使农民不胜负担。特税的征收苛重得使农民贫困并沦为乞丐。那些殷实的有财产的人起来反抗，地方残破，农耕完全陷于停顿……在德里及其附近与整个河间地方造成饥荒。……由于雨水的不足使饥荒更加扩大。灾荒连续了几年，千千万万的人死于饥饿。许多乡村遭受破坏，许多家庭骨肉分散。国家的荣誉与苏丹穆罕默德的政权从此衰落。

——巴尔尼. 后期德里苏丹史（节选）//郭守田. 世界通史资料选辑·中古部分. 北京：商务印书馆，1981：278-279.

四、莫卧儿帝国的兴起

1. 莫卧儿王朝的建立和扩张

德里苏丹国瓦解以后不久，南亚次大陆兴起了强大的莫卧儿帝国（1526—1858）。该帝国的创始人巴布尔（1483—1530）从血统上说是帖木儿六世孙，自称蒙古人，他创建的帝国称莫卧儿帝国①。自12岁起，巴布尔就继承其父亲统治的中亚小王国费尔干纳，颇有开疆拓土的野心。他两次攻占撒马尔罕，但都被乌兹别克汗击败，甚至失去费尔干纳。1504年，巴布尔占领喀布尔，并在此加紧制造火器，训练军队，欲图仿效祖辈征服富庶的南亚次大陆。

1525年11月，巴布尔乘罗第王朝内讧之机，率精兵万余攻入旁遮普。次年4月，在德里北面的帕尼帕特与苏丹易卜拉欣统率的大军会战。巴布尔凭借精良的骑兵和先进的火炮获得大胜，击毙苏丹本人，并乘胜占领德里和阿格拉。4月27日，巴布尔在德里大清真寺加冕称王。接着，他又击败了北印度拉其普特王公的数万联军，并掉头东进扫荡罗第王朝残余势力，占领比哈尔。这样，整个恒河流域就归其所有。

1530年底，巴布尔在阿格拉病死，其子胡马雍（1530—1556）继位。旋即遇到比哈尔统治者舍尔汗的起兵反抗。舍尔汗是在印度出生的阿富汗人，曾在莫卧儿军中服役，谙熟其战术。他利用胡马雍在西部用兵的机会攻占比哈尔、孟加拉等地，并在1539年12月击败胡马雍称王（称号舍尔沙），建立苏尔王朝（1540—1555），将胡马雍逐出印度。舍尔沙在位期间厉行改革。他要求获得封地的封建主按照规定提供军役，并予以定期检查；丈量土地，分不同等级征收产量的1/3，并准许以实物或货币缴纳；废除苛捐杂税，改革币制，修筑道路，鼓励贸易；实行宗教宽容，对印度教徒一视同仁。1545年舍尔沙在战争中身亡，其死后北印度再度陷于混乱。胡马雍乘机在波斯国王的支持下，纠集势力卷土重来，轻易地重新占领德里和阿格拉，恢复莫卧儿王朝。胡马雍去世后，其子阿克巴继位（1556—1605），莫卧儿王朝开始进入繁荣时期。

阿克巴年仅13岁即位，仍面临着割据势力的挑战。但他在老臣旁遮普总督培拉姆汗的支持下励精图治，力图实现大一统的政治抱负。1556年11月，他在其祖父31年前大

① 莫卧儿（Mughal）系“蒙古”一词（Mongol）的波斯语的变音。

胜罗第苏丹的帕尼帕特，以少胜多击败阿富汗人首领赫穆的军队，史称第二次帕尼帕特战役。1560 年，阿克巴决定亲政，撤去专横的老臣培拉姆汗的职务，并驱逐养母及其党羽。在巩固统治地位后，他用镇压与安抚相结合的策略，征服了桀骜不驯的拉其普特王公，平定拉贾斯坦。接着，又相继平定了古吉拉特、孟加拉等地，后又占领克什米尔和德干，建立起一个西起坎大哈和喀布尔、东到孟加拉、北起克什米尔、南抵哥达瓦里河的庞大的帝国。

2. 阿克巴改革

莫卧儿帝国的建立使北印度重新归于政治大一统的格局。然而，分裂割据的社会条件仍然存在，民族矛盾与宗教对立并未消除，饱受战乱摧残的社会经济也有待于恢复。为了稳定统治，阿克巴实行如下一系列改革。

首先是强化君主集权。皇帝有至高无上的权力，政治、军队、司法和宗教大权集于一身。在中央设四大臣，分管财政、军事、宗教司法和工商业等。军队将领和各省总督由皇帝任命。将全国划分为 15 个省，实行行政、司法、军事分治，由中央派出的情报员监督各级官吏。此外他还改革司法，实行伊斯兰教法和世俗法相结合的制度，规定司法系统独立，中央大法官任命各省法官。凡死刑判决必须由皇帝批准，案件断决必须重证据，禁止官员徇私枉法。宣布自己为伊斯兰教法的最高解释者。

为了奠定统治的物质基础，阿克巴又仿照德里苏丹的军事封土制，把大片土地封给来自中亚的伊斯兰封建主札吉达尔（波斯语把封土称为“札吉尔”），条件是为君主服军役。17 世纪初，札吉尔约占全部耕地的 70%。1574 年，他又下令取消札吉尔制度，将土地收回国有（哈里斯），对原持有者给以报酬，以防止札吉达尔搞封建割据。在边远地区，臣服的王公和酋长被允许保有自己的世袭领地，称柴明达尔。他还改革税制，重新丈量全国土地，废除原有的包税制度，将土地按质分为四等，规定每一等级土地的税收标准，一般为产量的 1/3。此外还规定对印度教徒和穆斯林商人实行统一税率，废除对非伊斯兰教徒的人头税。

为了消除社会成员的宗教对立，阿克巴还实行宗教宽容政策，倡导印度各宗教一律平等，各奉其事。为此他允许被迫改宗伊斯兰教的人恢复原来的信仰，印度教徒可在政府和军队中担任要职。此外在法特普尔·西克里城修建一座礼拜堂，挑选各宗教的学者举行宗教学术自由辩论。阿克巴的几个妻子都是印度教徒，宫廷里同样庆祝伊斯兰教和印度教节日。为调和各宗教间的矛盾，促进印度各种宗教文化的融合，他糅合了伊斯兰教、印度教和祆教的一些教义、礼俗，于 1582 年创立了“神圣宗教”。其主要教义是：信奉一神论，强调道德和理性，阿克巴为最高长老；倡导俭朴清廉，不食肉，对一切人行“善”；崇拜太阳等。但该教未得到发展，信徒寥寥。

阿克巴也注重社会习惯的改革，下令废除一些陈规陋习，允许寡妇改嫁，禁止妻子为亡夫殉葬自焚，禁止近亲结婚、童婚与大办嫁妆，提倡男女婚姻自主和一夫一妻制。

在发展商业和经济方面，阿克巴注意兴修水利灌溉工程，修筑道路，统一度量衡，鼓励对外贸易。

阿克巴的改革缓和了印度社会的民族冲突、信仰对立与阶级矛盾，促进了农业和工商业发展，使印度达到空前的政治统一和社会稳定。因此，他被誉为“阿克巴大帝”“伊斯兰东方最贤明、正义的伟大君主”。

16世纪印度的寡妇自焚（阿克巴废除的陋习）

3. 土地制度与社会经济的发展

莫卧儿帝国土地制度有三种土地占有形式。莫卧儿人征服的印度国土统称为“哈利萨”，意为国家直属地或国库地。哈利萨分为三部分，即直属国王的封建领地、札吉达尔的非世袭领地和柴明达尔的世袭领地。直属国王的封建领地约占全国耕地的1/8，集中在德里和阿格拉地区，其收入主要用以维持王室、宫廷的需要。帝国大部分土地按战功分封给贵族作为军事采邑，这与德里苏丹国实施的“伊克塔”相同，叫作“札吉尔”，其占有人称为“札吉达尔”，以军事服役为条件。17世纪初，札吉尔约占全国耕地的70%。札吉达尔对札吉尔没有所有权，只有征收规定的田赋和各种杂税的权力。札吉尔是非世袭的，甚至是非终身的，但在阿克巴之后渐趋世袭。柴明达尔制则是第三种形式。这类土地不受帝国直接统治，归属于帝国的土著部落酋长和印度教王公，他们称“柴明达尔”，意为“土地持有者”。他们不仅向所辖地区的农民征收实物地租，而且强制农民在其庄园中服劳役。柴明达尔在其所辖地区内拥有司法权，而且拥有自己的武装力量。此外，伊斯兰教和印度教寺院也占有一定数量的土地。广大农民仍然生活在古老的农村公社。他们只占有一定数量的公社土地，森林、草地、池塘等归全体公社成员共有。农民必须通过公社向国家、采邑主或其他王公缴纳相当于收成的一半或1/3的地租，有时还要服劳役。为了保证租税的缴纳，农民被束缚在村庄内。同时，种姓制度对农民多有束缚。在一些经济比较发达的地区，公社土地的继承、转让和买卖已经相当普遍。一部分农民失去土地，沦为佃农和雇工；另一部分富有者则上升为地主或高利贷者。不过，这种分化在当时还很有限，远未导致农村公社的解体。

莫卧儿帝国初期，随着政治大一统格局的形成和阿克巴改革的实施，农业、工商业都有了较快发展，社会经济趋于繁荣。当时帝国仍以农业为主，但农业生产中的商品生产比重日益扩大，出现商品粮和棉花、生丝、蓝靛、蔗糖、烟草等经济作物的专业化产区，产品远销欧亚市场。手工业发展表现为部门繁多，技艺进步，品种增加。其中棉织品有 30 种，丝织品有 26 种，毛织品有 23 种，金线织锦有 19 种，还有各色毛毯、披肩等等，远销欧洲。有些地方农村手工业也从事商品生产，城市中商业殷盛，人口稠密，繁华大城市不少。16 世纪后期来到印度的英国人菲奇记述道："阿格拉和法特普尔是两个非常大的城市，其中任何一个都比伦敦大得多，而且人口非常稠密。阿格拉与法特普尔相距 12 英里，沿路有销售食品和其他物品的区域，其供应之充足仿佛和城市一样，人口多得也好像在市场上一样。"此外，德里、阿拉哈巴德、巴特那、卡利库特、马德拉斯等城市也都很有规模。城市之间有经常性的商队贸易，通过恒河运输大量的货物，往来于孟加拉和旁遮普之间，活跃的商业贸易沿着陆路和水路逐步打破各地区闭塞隔绝的状态，北印度统一市场已基本形成。贩卖的商品有奢侈品，也有生活必需品，如小麦、稻米、蔗糖等，用以供应城市居民。城市除了手工业者和商人外，还居住有封建主及其军队、随从、管家、差役。对外贸易最发达的地区是孟加拉和古吉拉特，商船东至中国，西航非洲转往欧洲。许多印度商人还远赴南洋各国和阿斯特拉罕建立商站，经营国际贸易。

随着商品经济的发展，商业资本日益兴起。16 世纪古吉拉特富商维查·瓦拉在苏拉特设总店，从事进出口贸易，在阿格拉、哥孔达等地设分店，垄断了古吉拉特和西南海岸的贸易。拥有雄厚货币资本的钱商更是在各大城市开设钱庄、银行，经营存放款业务，发行期票和汇票。财力雄厚的"班尼亚"商人种姓充当皇室、贵族及官方的御用商人和财政金融经纪人。商业高利贷资本也不断深入城市和乡村。在此情况下，手工业部门的资本主义萌芽破土而出，其主要形式是包买制。在一些地区，包买商通过预付款项、提供原料并收购其产品等手段来控制手工业者的小型作坊的生产。商人往往压低成品价格，使不少手工业者贫困破产，沦为雇佣劳动者。一些城市的建筑行业和港口都有雇佣工人。然而，封建王朝的统治，仍然是社会经济发展的障碍。在手工业中，大型官营作坊拥有充足的资金、技术和劳动力，但其优质产品主要为满足宫廷和贵族奢侈生活的需要。此外，众多的农村公社，是农业和家庭手工业牢固结合的共同体，在很大程度上自给自足。农民承担苛重的税收和徭役，终生附着在土地上。普通的工商业者多受等级森严的种姓制束缚，也遭到苛捐杂税的盘剥。帝国还推行包税制，把各地区的税收包给大商人，他们预先一次性交足税款后，即在包税地区滥征税，任意勒索。所有这些，加上不断东来的西方殖民者的掠夺，都阻碍了社会经济的持续发展，使得印度的商业资本不可能转化为产业资本，其微弱的资本主义萌芽也就难以成长起来。

4. 莫卧儿帝国的衰落

阿克巴死后，帝国统治集团权力之争开始出现，各种矛盾趋于激化。贾汉（1605—1627）继位后，皇后努尔·贾汉专权，导致其子沙·贾汉反叛夺权。沙·贾汉在位时期（1627—1659），社会虽然相对和平，但统治阶级的奢侈腐化盛行。沙·贾汉调集各地能工巧匠在阿格拉为爱姬修建泰姬·玛哈尔陵，费时 20 年，耗费 4 000 万卢比。沙·贾汉晚年患病，四个儿子因争位而相互争战。奥朗则布在斗争中获胜，囚禁其父，自己登上帝位。他执政期间（1659—1707），加强中央集权，政局尚且稳定，经济也有一定发展。但奥朗则布推行错误的宗教政策，尊奉伊斯兰教逊尼派教义，实施伊斯兰教法，主持编纂了《奥朗则布法特瓦汇编》。同时下令禁止穆斯林采用印度教习俗，不准在钱币上铸造“清真言”，宣布恢复伊斯兰教历，大肆迫害印度教徒甚至什叶派穆斯林，向印度教徒征收人头税，不许他们骑马、乘象、坐轿和庆祝自己的节日，改印度教寺庙为清真寺。这些做法激起群众的不满。

首先爆发的是德里附近的扎特人起义。扎特人是当地的印度教徒，尚武好战。1669年，因穆斯林地方官歧视印度教和侮辱妇女，扎特人起来持续反抗，后来掘出阿克巴的尸体烧掉，抢走墓里的珠宝，给朝廷以巨大震动。

锡克教运动也随之酝酿。该教以旁遮普为根据地进行斗争。第五代师尊阿尔章在阿姆利则城兴建锡克教的圣地金庙，秘密组织教徒武装，使锡克教逐渐发展成为一个带有军事化色彩的宗教组织。第九代师尊巴哈都尔（1621—1675）多次指挥武装袭击帝国军队，1675年遭到逮捕被以暴乱罪处死，但教徒的武装斗争一直没有停止。

最大的起义则由马拉特人掀起。马拉特人居住在今印度马哈拉施特拉邦境内，信奉印度教，对伊斯兰教封建主在马哈拉施特拉的统治一直不满。1646年，他们在西瓦吉（1627—1680）的率领下起义。义军流动作战，勇敢顽强，屡次打败帝国军队，数次占领富庶港口苏拉特。1674年，西瓦吉在赖加尔宣布成立独立的马拉特国家，定都浦那，自称为王，直接任命文武官员进行统治。1680年西瓦吉病死，马拉特人的斗争一度受到挫折，但一直持续到近代。

奥朗则布为镇压各地人民起义，连年调兵遣将，结果耗尽国库。在镇压起义中掌握兵权的总督，往往擅自夺取城市和行省的统治权力，迫使莫卧儿皇帝予以“追认”，拥兵自重，日益坐大。1707年奥朗则布死后，帝国四分五裂。奥德、孟加拉、罗希尔坎德和德干等地的总督都实际上成为独立的统治者。

莫卧儿帝国的动荡与衰落，给不断东来的西方殖民侵略者提供了可乘之机。早在16世纪初，葡萄牙人就以贸易为手段相继侵入印度沿海地区，占领西海岸的果阿，以此为据点从事殖民活动。16世纪末，荷兰和英国殖民者相继出现在印度。荷兰人取代葡萄牙人的势力，占据了科罗曼德耳海岸一带，并于1602年成立东印度公司从事贸易与殖民活动，后转向南洋诸岛经营。英国人到来后也于1600年成立东印度公司，逐步扩大对印度的侵略。法国殖民者于1664年成立法国东印度公司，与英国展开角逐。最后英国凭借军事和商业优势，逐步在印度取得统治地位。奥朗则布死后，英国逐渐加剧侵略，其东印度公司日益发展成为拥有武装力量的政权机关。自17世纪30年代末起，英国东印度公司先后侵占马德拉斯、孟买、加尔各答等地，但由于莫卧儿帝国尚且强大，其殖民活动多受约束。

1740年至1761年，莫卧儿皇帝先后成为入侵印度的波斯人、阿富汗人及马拉特封建王公的傀儡，莫卧儿王朝名存实亡。1764年，皇帝阿拉姆沙在布克萨尔战役中投降英国东印度公司，莫卧儿王朝沦为英国殖民者的附庸，名义上存在到1858年。

五、南亚次大陆文化

1. 哲学与文学

中世纪南亚次大陆文化是其古代文化的延续，而外来的伊斯兰文化对它的发展也产生了重要影响。

封建时代的印度哲学始终与宗教神学纠缠在一起，主要是从本体论上论证作为世界万物之终极本原和动力的“梵”的存在，寻求人的解脱轮回之道，从中可见印度哲人的思维方式和精神境界。

中世纪初期印度哲学的主要流派，是印度婆罗门教六派哲学之一的吠檀多派。它是印度哲学史上占统治地位的唯心主义哲学派别，亦称“后弥曼差派”或“梵弥曼差派”。相传创始人是跋陀罗衍那（生平不详），以《梵经》以及《奥义书》等为其经典。《梵经》亦称《吠檀多经》或《广博经》，主要阐述《奥义书》中关于梵、我、幻的哲学理论。商羯罗（约 788—820）是吠檀多哲学的集大成者、著名的“不二”论理论家。他生于伽拉迪，属婆罗门种姓。他认为，“梵”是宇宙最高实体、真中之真，是唯一的存在，“梵”不生不灭，无所不在，具有无穷的创造力。而现实世界是一种幻影，如同梦境或海市蜃楼，本身是虚幻的、不存在的。人要彻底挣脱轮回就必须修炼，即通过自我克制和求知于“梵”，亲身体悟“梵”我不二的真理，达到“梵”我一致的思想境界。他还进行了大量宗教活动，建立印度教四大寺院，组织教徒团体，改革宗教仪式，使印度教迅速发展成为占主导地位的宗教。

11 世纪时，著名哲学家罗摩奴阇（约 1017—1137）在很大程度上修正了商羯罗的“不二”论。罗摩奴阇生于南印度马德拉斯附近，属于婆罗门种姓，早年就学于耶达伐婆罗迦娑，学习过“不二”论哲学，是南印度虔诚派运动的思想先驱。在他看来，“梵”“我”都是真实的，由“梵”显现的现象世界也是真实的而非虚幻的。世界、人的灵魂与神都是真实的存在，三者共同组成了牢固的统一体。而在这一统一体中，物质和灵魂都受到神的支配。神是一切事物的创造者，它用物质、时间和灵魂创造了世界。他还宣称，大神毗湿奴就是“梵”的化身，虔诚崇拜毗湿奴就可以亲证“梵我同一”。这种解脱的途径被称作“虔诚之道”。任何种姓都可以对神虔诚信仰，都会得到神的恩赐。罗摩奴阇的思想，在某种程度上反映了下层群众的平等要求，因而在南印度得到较快传播。

中世纪印度文学成就以梵文文学为典型。在笈多王朝时期，长期流传于民间的故事、寓言、神话，大多经过反复润色而编定成集，其中最著名的是《摩诃婆罗多》和《罗摩衍那》这两大史诗。

著名剧作家、古典梵语诗人迦梨陀娑，在世年代不晚于 5 世纪。现存公认属于他的作品有 7 部：抒情短诗集《时令之环》，抒情长诗《云使》，叙事诗《鸠摩罗出世》和《罗怙世系》，剧本《摩罗维迦与火友王》、《优哩婆湿》和《沙恭达罗》。其剧作多以宫廷生活为背景，以国王为男主角，以爱情为主题。《沙恭达罗》描写国王豆扇陀与平民女儿沙恭达罗的情缘。这两人一见钟情，结成眷属，后沙恭达罗携子寻夫，但丢失国王给她的指环，国王拒不相认，经过曲折动人和悲欢离合的经历，终于团圆。全剧诗意盎然，情节波澜起伏，语言朴素而优美，富有浪漫主义气息，它是梵文古典文学代表作之一。当时的喜剧创作十分盛行，就连君主也卷入其中。戒日王本人就是一位造诣颇深的诗人和剧作家。他创作了《妙容传》（即《爱见》）、《珠璎》和《龙喜记》3 个剧本，都是宫廷戏剧，描写后宫艳史、宫廷风波、王太子恋爱故事，同时也宣传舍己为人、普度众生的大乘佛教教义。

大约从10世纪开始，古典梵文文学开始向民间方言文学过渡，这种过渡也因伊斯兰教文化的传入而得以加速。泰米尔语、印地语、乌尔都语和孟加拉语等各地方言文学得到发展。方言文学继承了梵语文学的传统，《摩诃婆罗多》和《罗摩衍那》以及一些神话传说等先后被译成孟加拉文和印地文等，广泛流传，成为各地方言文学翻译、改写和再创作的源泉。德里苏丹时期最著名的方言文学家是13世纪末14世纪初的艾密尔·胡斯鲁，据说他用波斯文创作了90多部散文、诗歌等著作。此外，用波斯文写的编年史如明哈·乌德·丁的《那西尔通史》、雅赫雅·宾·阿马德的《穆巴拉克王史记》等，行文朴实流畅，保留了大量第一手历史资料。印地语文学更具有代表性。它包括了印度北部、中部广大地区不少方言的文学创作。在10到14世纪，英雄史诗的创作比较流行，出现了以《地王颂》为代表的长篇叙事诗，主题是歌颂王公贵族抵御伊斯兰教民族的入侵。杜勒西达斯（1532—1623）是中世纪印度影响最大的诗人。他的长篇叙事诗《罗摩功行录》在《罗摩衍那》的基础上，经过艰苦的艺术构思，重新组织和大力润色。和《罗摩衍那》相比，他笔下的罗摩变得更有神性，能预知未来，又战无不胜。同时，他笔下的罗摩也变得更有人性，罗摩与悉多在皇家花园中一见倾心；流放中两人患难与共；悉多被劫后，两人坚贞不渝。《罗摩衍那》中悉多被遗弃的悲剧，在《罗摩功行录》中改为罗摩对悉多一往情深，悉多对罗摩忠贞不贰。具有传奇色彩的故事里贯穿了人的悲欢离合并配有大团圆的结局，深得大众喜爱，在印度社会广泛流传。

2. 科学与艺术

中世纪印度的科学也有发展。现今通行的阿拉伯数字，其实是印度人发明的。古代印度已使用这种数字计算，只不过无定位规则，也无“0”的符号来表示缺位。笈多王朝后期，印度人开始使用“0”，使数字有了10个。印度人发明的“0”，并不完全等同于作为数字间的空位，而是作为在正数和负数之间的真实存在。到了11世纪，这种数字经过阿拉伯商人转变成“阿拉伯数字”，并传到西方。古代印度的天文学到了笈多王朝时期也达到很高水平。阿略巴陀（476—?）提出，大地是球形的，围绕着自己的轴旋转。他还对月食现象作出清楚的解释，认为这起因于地球的阴影遮住了月亮。由于时代条件所限，他对自己的这些假说还提不出科学论证。

建筑、绘画和雕刻艺术在笈多王朝时期也取得突出成就，以阿旃陀石窟为典型。该石窟位于印度马哈拉施特拉邦北部温迪亚山。石窟环布在新月形的山腰陡崖上，高低错落，绵延550多米。石窟始建于公元前2世纪至公元前1世纪，公元5至6世纪的笈多王朝时期，又大规模扩建、修饰，增加了很多更加绚丽多彩的石窟。石窟以壮丽的建筑、精美的雕刻和壁画而闻名于世。内有佛殿、佛像、佛塔和佛教徒居住的僧房，有色彩绚丽的壁画和藻井图案。因建成时间不一，各具特色。内容描绘了释迦牟尼的生平故事和当时印度社会生活与宫廷生活等情景，包括山林、田舍、战争、乐舞以及劳动人民狩猎、畜牧、生产等场面，具有浓厚的生活气息，是佛教艺术的经典之作。埃罗拉石窟则是又一杰出的石窟艺术群。它位于马哈拉施特拉邦境内奥兰加巴德西北的山岩，有34窟，长2公里，开凿年代约在5至13世纪。它的建造形式十分独特，有的整个开凿成一个独立的院落，有的则开凿成上下两层。石窟内所有石柱和柱脚都刻着精美的雕花图案，雕工精致，风格各异。此外，还有佛教、印度教和耆那教庙宇，其中的壁画（不少以飞天为题材）和石刻神像是稀有的艺术珍品。博大精深的印度石窟艺术，对我国的敦煌、云冈和麦积山等地的石窟都深有影响。

伊斯兰教的传入，为印度带来了建筑雕刻艺术的新发展，出现了民族传统与波斯中亚艺术的结合。各地穆斯林兴建了许多具有特色的清真寺与帝王陵墓，而最著名的则是阿格拉的泰姬·玛哈尔陵。这座陵园于 1653 年建成，是印度莫卧儿王朝君主沙·贾汉为了纪念他的爱妃泰姬·玛哈尔所建，征集印度、波斯、土耳其的能工巧匠来完成。该陵的主建筑为一座高 58 米的八角形大厅，上有一个直径 17 米的圆顶，四角各有一座尖塔。前有花园、水池，左右有清真寺。全部由大理石筑成，并以琉璃、玛瑙镶嵌，显得华丽典雅，晶莹夺目，代表了印度中世纪建筑的最高水平。它是劳动人民艺术创造力的伟大结晶，同时也是封建君主穷奢极欲的历史见证。

印度的泰姬·玛哈尔陵

推荐阅读书目

郭应德. 阿拉伯中古史简编. 北京：北京大学出版社，1987.

古兰经. 马坚，译. 北京：中国社会科学出版社，1981.

纳忠. 阿拉伯通史. 北京：商务印书馆，1999.

秦惠彬. 伊斯兰文明. 北京：中国社会科学出版社，1999.

尚会鹏. 种姓与印度教社会. 北京：北京大学出版社，2001.

徐善伟. 东学西渐与西方文化的复兴. 上海：上海人民出版社，2002.

D. D. 高善必. 印度古代文化与文明史纲. 王树英，等译. 北京：商务印书馆，1998.

恩·克·辛哈，阿·克·班纳吉. 印度通史. 张宏达，等译. 北京：商务印书馆，1964.

菲利浦·希提. 阿拉伯简史. 马坚，译. 北京：商务印书馆，2013.

卡尔·布罗克尔曼. 伊斯兰教各民族与国家史. 孙硕人，等译. 北京：商务印书馆，1998.

赛义德·菲亚兹·马茂德．伊斯兰教简史．吴云贵，等译．北京：中国社会科学出版社，1981.

斯坦福·肖．奥斯曼帝国．张忠祥，译．西宁：青海人民出版社，2006.

第六章 东亚封建国家

第一节 朝鲜

一、古朝鲜国家的缘起与发展

1. 奴隶制国家的产生

朝鲜位于亚洲大陆东部，由半岛和大小 3 000 多个岛屿组成。朝鲜北以鸭绿江和图们江为界、与中国为邻，西临黄海，东濒日本海，南隔朝鲜海峡与日本相望，东北角与俄罗斯接壤。境内东西窄，南北长，东北部多山，西南部多丘陵。朝鲜与中国山水相连，自古以来就是唇齿相依的邻邦。因此，古代朝鲜的历史演进，一直受到中国文化的巨大影响。

早在远古时期，朝鲜半岛上就有原始人类的踪迹，其北部发现过打制的旧石器，新石器时代遗址则散布于各地，在平安南道温泉郡弓山里发现的新石器文化遗址最为典型，称“弓山文化”。公元前 5 世纪有了青铜器，到了公元前 4 世纪进入铁器时代，随着生产力的发展，朝鲜的原始社会逐渐解体，在朝鲜北部形成最初的奴隶制国家。

“朝鲜”一词始见于中国的《管子》《史记》等古代文献之中。约在中国战国时期，“朝鲜侯”称王，是为朝鲜建国之始。当时已有“犯禁八条”和“礼义田蚕织作”，表明已有成文法，农业、手工业等也有发展。在公元前 2 世纪左右，在朝鲜半岛南部韩族居住的地方，形成“三韩”部落联盟。马韩在汉江下游，弁韩在洛东江下游，辰韩在庆州一带。三韩之中以马韩最大，后来马韩统一三韩，我国古书称之为“辰国”，称其王为“辰王”，并有其人“知田蚕，作绵布”，以及有“长帅”、“下户”和奴隶的记载。

秦汉之交，中国政局动荡，北方居民不断向朝鲜半岛迁徙。中国的燕人卫满率领移民渡过鸭绿江投古朝鲜，为其防守西境，后卫满袭击平壤而自立为王，史称“卫满朝鲜”，其统治中心在今大同江中游一带。公元前108年，汉武帝灭卫氏朝鲜，于其地设乐浪、玄菟、临屯和真番四郡。朝鲜各部落联盟进行了20多年的反抗，迫使汉朝将三郡撤销或内迁，只剩下以平壤为中心的乐浪郡长期存在。公元2世纪末，中国正处于东汉末年的割据格局，称雄辽东的公孙氏又在乐浪南部设带方郡。公元4世纪初，乐浪和带方分别为朝鲜兴起的高句丽和百济所占领。

2. 三国鼎立与新罗的统一

随着奴隶制的发展，从公元前后到677年新罗统一，朝鲜半岛形成高句丽、新罗和百济三国鼎立之势，史称“三国时代”。

三国之中以高句丽（公元前37？—668）兴起最早，它位于半岛北部鸭绿江中游地带。据《三国史记》和《三国遗事》记载，公元前37年（西汉元帝建昭二年），朱蒙带领一批贵族，在“土壤肥美，山河险固”之卒本（今我国辽宁省桓仁满族自治县）建都，国号高句丽。建国后，高句丽内部的奴隶制有所发展，奴隶来源为战俘和罪犯乃至债务奴，普通民众被称为“下户”，奴隶主贵族则为“大家”。与之相应，高句丽也设官建制、招募军队来维持统治。同时，高句丽积极对外扩张，占据了乐浪郡，向南发展到清川江一带。从4世纪中期开始，高句丽更大力向南军事扩张，与新罗和百济长期进行争霸战争，逐渐将版图扩大到半岛中部，并在5世纪初迁都平壤。

百济位于朝鲜半岛西南部。据《三国史记》载，公元前18年（西汉成帝鸿嘉三年），高句丽王朱蒙次子温祚率众到土地肥沃的汉江流域建国，定都汉城，国号百济。建国后对外扩张灭马韩。3世纪时则将统治范围扩展到半岛西南部。4世纪初又占领带方郡，与高句丽接壤，常常因势力不敌而受到高句丽的攻击。后来又屡遭新罗的侵迫而国势衰微。

新罗（公元前57—935）是以庆州为中心的国家。据《三国史记》载，新罗是公元前57年由辰韩朴氏家族在金城（今韩国庆州）创建，但其最初实际上是辰韩的12个部落之一，只是到了3、4世纪，才在辰韩部落联盟的基础上发展成奴隶制国家。受部落传统影响，新罗起初实行贵族民主制，由朴、昔、金三姓贵族交互继承王位，其他贵族按不同的身份（“骨品”），担任高低不同的官职，国王从贵族青年中挑选亲兵，以其为骨干来组建军队。国家大事须经国王和高级骨品等级的贵族参加的“和白”会议决定。从6世纪开始，新罗的社会生产力明显发展，使用铁制农具和牛耕田，开始释放奴隶，逐渐向封建制过渡，国力大大增强。由此，新罗利用高句丽与百济争霸的时机而大力扩张，先后占领富庶的洛东江流域和汉江流域，并于562年收复日本盘踞两个世纪之久的半岛南端的据点任那，为后来统一半岛奠定了基础。

7世纪中期，为了遏止新罗的大肆扩张，高句丽联合百济，反对新罗。为应对这一严峻形势，新罗向中国唐朝称臣以换取其强大的军事支持。660年，新罗和唐朝联军近

20 万人一举攻灭百济。668 年，新罗乘高句丽内讧之机，联合唐军攻陷平壤，高句丽灭亡。唐在高句丽和百济故地设都督府、州、县，并在平壤设安东都护府统辖之。670 年，高句丽爆发反唐大起义，得到新罗的积极支持。到 676 年，新罗经过多次战斗，收复百济和高句丽部分地区。677 年，面对朝鲜人民的反抗，也为了应付突厥的威胁，唐军从百济故地撤退并将该地转交新罗，唐朝安东都护府内迁辽东，新罗实际上统一了大同江以南的朝鲜半岛，定都庆州。

二、封建生产关系的确立与发展

1. 新罗的封建土地所有制和农民起义

新罗的政治统一，推动了社会经济的发展，促使封建生产关系在各地最终确立。

在农业上，由于新罗王朝注重水利设施兴修，在河川流域以及西部、南部地区，人们筑堤挖渠，扩大水利灌溉。如 790 年为扩建碧骨堤，就动员了 7 个郡的农民参加。由此，水稻播种面积迅速扩大。旱地作物品种也有增加，小麦、大麦、豆类以及桑、麻等经济作物的种植也比较普遍。与之相应，手工业也发展起来，有造船、制陶、制漆、武器制造等诸多行业，而为宫廷、贵族和寺院服务的金银细工、丝绸纺织和铸造寺钟等手工业，则发展更快。在此基础上，商业也明显活跃。首都庆州是全国最大的手工业和商业中心，有东、西、南、北四个大市场，商业贸易十分活跃。对外贸易也逐渐勃兴，以庆州为中心，与中国唐朝以及日本之间的贸易往来密切。

在统一过程结束后，新罗王朝为巩固统治基础，将其获得的大量地产广为封赐。大量土地连同奴婢被赐给功臣和贵族作为“食邑”。佛教寺院也得到大量赐田，有的达万顷。687 年，新罗国王又下令实行禄邑制，把一定数量土地的收租权按不同等级赐给文武官员，作为俸禄。722 年，又仿效唐朝制度，宣布实行丁田制，把一定面积的土地授予 15 岁以上的男丁，其中口分田只限终身占有，不得买卖、转让，永业田可以传世；受田农民成为被束缚在土地上的国家依附农民，不得自由迁徙，必须向国家提供租（田租）、庸（徭役）、调（贡物）。推行丁田制旨在保证国家的赋役征调，这对生产的发展也产生了积极作用。

为了维护封建统治，新罗国王还仿效唐朝体制推行君主集权的官僚制度。在中央，设置若干府和部，分别掌管内务、财政、司法、军事、教育、外交、土木工程等事务。在地方，则将全国划分为九州，下设郡、县、乡等行政机构，州、郡、县的长官由中央任免。此外，新罗还加强军事力量，在各要地派驻军队，防范民众反抗。同时还提倡儒学、实行科举制，派贵族子弟到唐朝留学，培养国王所需要的各种人才。

随着封建生产关系的确立与发展，新罗王朝的社会矛盾也逐渐趋于尖锐。从 9 世纪初开始，封建大土地所有制不断膨胀。贵族官僚不但将“食邑”变为世袭，而且还大肆兼并农民的丁田，地主大庄园迅速增多。食邑制和丁田制的瓦解严重削弱了新罗王朝的统治基础。由此，朝政腐败，贿赂公行；地方大贵族和官僚拥有私兵，抗拒中央；宫廷政变也不断发生。在此情况下，广大农民的生活状况日益恶化。庄园制的发展和统治阶级的混战，给丁田农民带来沉重的赋役和兵役负担，使其难免走向破产，多沦为官僚贵族和大地主的奴婢、家兵或依附农。灾荒与瘟疫的频繁爆发，更将农民驱向绝境，被迫纷纷起来反抗，到9世纪末，终于形成全国性的起义风潮。891年，梁吉领导北原起义，迅速占领周围十余个州县，控制了北方半壁江山。896年，西南海岸又爆发“赤裤军”起义，他们挥戈直指首都庆州，到处打击封建势力。在起义军的打击下，新罗王朝的中央政权势力日衰。一些地方土豪和官僚贵族乘机利用起义军来攻击原来的地方政权，扩大自己势力，同时又以复兴高句丽、百济相号召，在两国故地建立两个同名的王朝。由此，新罗仅保有东南一带地方，与后高句丽、后百济一度形成三足鼎立新局面，史称“后三国”。918年，后高句丽部将王建自立为王，改国号高丽，定都开京（开城），是为高丽太祖（918—943）。935年，新罗王室投降。936年，王建乘后百济发生内讧之机将其灭掉，重新统一朝鲜半岛。

2. 高丽王朝的统治和衰亡

高丽王朝统一后，为巩固其政治统治，参照中国的唐朝实行封建君主集权制度。中央政府设三省六部、御史台（司法、监察）、翰林院（掌管机要文书）和中枢院（负责军事）。地方划分为十道，设节度使；道以下设府、郡、县等。军事方面实行府兵制，组织15万常备军，其中中央设二军六卫，约5万人，地方军约10万人，由节度使统制。同时，提倡儒学，创设国子监来培养官僚以及强化封建思想教育，推行科举制以选拔统治人才。

推行封建土地国有制度，也是高丽王朝旨在加强集权的另一措施。通过战争，高丽王朝控制了全国绝大部分土地和山林，并着手改革土地、赋役制度。940年，定“役分田”，按“功劳大小”分配给建国有功的文武官员。976年，颁令实行“田柴科”制，将全部土地和山林清查并登记造册，收归国有，然后把文武百官和士兵分为若干“品”（等级），按等级“给田”（包括耕地以及樵采地等）。第一品得田（耕地）、柴（樵采地）各110结①。最低第七十九品得田21结、柴10结。士兵则给田15结。受田者享有土地的征租权，但只限终身占有而不能世袭，身殁归公。这种土地称为“私田”，耕种私田的农民要向主人缴纳50%的收获物。此外还有公廨田柴，授给庄院、宫院、百司、州县和馆驿等，供行政开支。贱民、奴婢无权享有授田。同时，更多的地产则由国家直接支配，称为“公田”，由耕种的农民缴纳25%的收成。

有关“田柴科”的记载

高丽田制，大抵仿唐制：括垦田数，分膏瘠；自文武百官，至府兵、闲人，莫不科授；又随科给樵采地，谓之“田柴科”。

——郑麟趾. 高丽史（节选）//郭守田. 世界通史资料选辑·中古部分. 北京：商务印书馆，1981：290.

田柴科制基本上是统治阶级内部的土地分配办法。它确立了国家对土地的最高支配权，一方面限制官僚贵族的土地兼并，另一方面确保国家的税源和兵源，成为专制集权

① 以产量计算田亩，10束稻为1负，100负为1结，1结约为稻谷两担。若以面积来计算，则结为土地单位，6尺为1步，方33步为1结，不过常常因土地的肥瘠而计算不同。

国家的物质基础。但封建主力图巩固自己对受封土地的占有权。就在田柴科制颁行的第二年，王朝就宣布向开国功臣和归顺的豪强赐以“勋田”，自 20 结至 50 结不等。勋田又称功荫田，可以世袭，以传子孙。这样就为封建主的土地兼并留下隐患。

广大农民要承担国家的租税、劳役和兵役。在法律上农民属于良民，但在封建国家的残酷压迫剥削下，常常濒于破产而沦为奴婢、贱民。奴婢有公私两种，分属于官府和官僚贵族，贵族私田多由奴婢耕种。奴婢地位最低，人身受主人控制，其子孙也是奴婢，主人可以随意买卖。大量奴婢从事生产劳动，是奴隶制残余长期存在的表现。贱民的身份比良人低，稍高于奴婢，其居住地区称“所”或“部曲”。“所”是指官营手工业工匠居住的地区，他们大多是贱民和罪犯。“部曲”是贱民居住的特殊行政区划。大量贱民的存在，是朝鲜封建社会的一大特点。

建国之初，高丽王朝为巩固统治，曾采取与民休养生息的政策，鼓励农民垦荒、生产。973 年规定，开垦陈田若为私田，头年收获全部为耕者所得，第二年起与地主各分一半；开垦公田，前三年免征租税。此外，国家还建立义仓制，贷给农民种子与耕牛。由此，农业生产得到恢复和发展。《高丽史》记载，11 世纪中期，“太仓之粟红腐相因，家给人足，富庶之治于斯为盛”。此说难免夸张，但也反映了农业的兴盛。手工业，特别是官营手工业比较发达。12 世纪初出使高丽的宋人徐竞在《宣和奉使高丽图经》中说，“高丽工技至巧，其绝艺悉归于公”。商业也比较繁荣，首都开城是全国的经济中心，城内店铺繁多，交易兴旺。为适应商业发展，政府于 1040 年下令统一度量衡。1097 年，设官铸钱，陆续制造海东通宝、东国通宝和三韩通宝等钱币。与中国宋朝外贸联系也十分活跃，进口丝绸、瓷器、药材、香料、书籍、纸张，出口人参、金、银、铜、硫黄以及折扇等。与日本、契丹、女真乃至阿拉伯等也有贸易往来。

到了统治后期，封建土地所有制固有的矛盾逐渐凸显，王朝面临着日益深重的危机。田柴科制虽然规定相关授予的田产只能终身占有，不得世袭，然而，它授田所参照的世袭身份等级，使这类田产事实上转变为世袭，这与“勋田”的授予一样，都与土地国有的原则相悖逆。由此，贵族、官僚和寺院利用各种手段将“公田”变为“私田”，国家掌握的土地资源日益萎缩。到了 12 世纪，田柴科制因无田可授而难以为继。许多原属国家的良人农民沦为大地主的私民（佃农）或奴婢，受到更残酷的压迫剥削，国家的财源与兵源也日益匮乏。据记载：12 世纪末，“在位者贪鄙，夺公私田兼有之，一家膏沃，弥州跨郡，使邦赋削而军士缺”。此外，统治集团内部的权力斗争相继爆发。1126 年，拥有食邑数千户的权臣、外戚李资谦发兵包围并火烧王宫，一度夺得政权。接着则是武将擅权，甚至废立国王。1196 年，将军崔忠献兄弟发动政变，夺得中央政权。他们在家里私设“都房”，发号施令，实际成了政府。崔忠献及其子孙先后废立四代国王，实际统治高丽 60 余年（1196—1258）。他们在朝清除异己，在野则横征暴敛。整个社会动荡不安，终于爆发了高丽历史上规模空前的全国农民大起义。

1176 年 1 月，在亡伊、亡所伊的领导下，忠清南道公州鸣鹤所农民攻占公州，随后又打败朝廷派来的三千精兵，声势大振。与此同时，全罗道、庆尚道也发生农民起义。到 1177 年 4 月，农民军先后攻占骊州、镇川、牙州等地，控制了忠清南北道和京畿道南部，直接威胁首都开城。7 月，统治集团以谈判为名，背信弃义地诱捕亡伊、亡所伊，将其投入监狱，起义军渐渐瓦解。1177 年 5 月，平安南北道再度爆发农民起义，一度攻占西京（平壤）。1193 年 2 月，孝心和金沙弥分别领导庆尚南北道农民起义。朝廷派将军带兵讨伐，屡遭挫败。次年 2 月，敌人诱骗金沙弥并将其杀害，4 月，农民军在密城与敌人决战，不幸失利，被俘被害者 7 000 余人。1198 年，首都开城的私奴万积等六人，联络许多公私奴婢密谋起义，提出“不使三韩再有贱人”的主张，要求铲除奴隶制残余，后因叛徒告密事泄而被镇压。1200 年，晋州又爆发公私奴婢的联合大起义，后因义军内部分裂而归于失败。

接连不断的农民大起义，既给封建统治阶级以沉重打击，促使高丽王朝日趋衰落，也有力地扫荡了奴隶制残余，有利于社会生产力的发展。

北方外族的入侵，直接导致了高丽王朝的灭亡。高丽建国后，曾先后遭到来自北方的契丹、女真和蒙古等外族的入侵。10 世纪末 11 世纪初，契丹数次派大军进攻朝鲜，迫使高丽与宋朝断绝盟交关系，向其纳贡。12 世纪初，女真贵族也曾以同样的方式让高丽臣服。13 世纪初蒙古兴起后更对朝鲜发动大规模的军事征服活动。1231 年 8 月，蒙古以其使节被杀为由，派大军渡过鸭绿江侵入朝鲜，一些地区的军民奋起抗击，但高丽统治者最终却向征服者乞和，然后迁都江华岛，并于 1258 年投降。蒙古征服者在开城设征东行省，派“达鲁花赤”（理民官）监督国政，对民众肆意搜括，且到处强征兵役、军粮与船只，为蒙古攻打日本作准备。高丽爱国军民纷纷起来抗争。部分高丽士兵唾弃投降的王室，沿海南下至珍岛，并联合西南各地民众的义兵，据险抵抗。开城的奴婢也掀起暴动，打击蒙古军和投降的贵族。珍岛陷落后，爱国军民又转移到济州岛继续斗争。

1368 年，中国农民起义推翻元朝，最终使高丽摆脱了蒙古的统治而获得独立。1392 年，高丽大将李成桂废高丽国王，自立为王，并迁都汉城，改国号为朝鲜，开始了朝鲜史上著名的李朝（1392—1910）统治。

三、李朝前期的封建社会

1. 李朝前期的封建统治

李朝建立后，针对高丽末年土地兼并、社会动荡的历史教训，着手重建封建土地国有制，以巩固新王朝统治的经济基础。

1391 年，李成桂在重新丈量全国土地的基础上，宣布实行科田法。按照朝廷的这一规定，把文武百官分为 18“科”（等级），在京畿地区按“科”分配土地。第一科得田 150 结，依次递减，至第十八科得田 10 结，统称为“科田”。在京畿以外的各地，则以“军田”的名义分配土地。地方官吏、中小封建主，不论资品高下，随其本田多少，各给军田 10 结或 5 结。另外还有功臣田，可以子孙相传。公私奴婢、工商、娼妓、僧尼等则不许受田。其余土地则由一般农民耕种，向朝廷缴纳租税，提供徭役。科田法还规定了公、私田租的数额，水田 1 结为糙米 30 斗，旱地 1 结为杂粮 30 斗，这样繁重的租额要直接生产者来承担。科田法的实施，限制了大贵族土地兼并及其在私家农庄中的横征暴敛，确保了王朝的财政来源，有利于社会生产力的恢复和发展。因此，全国的耕地总数由高丽王朝末期的 80 万结，到 15 世纪中期增加了一倍，而此时的人口也由原来的 18 万户增加到 22.6 万户。农业上轮作制代替了休耕制。水稻的品种增加，插秧渐渐取代直播，从中国传来的棉花种植技术，也逐渐推广。手工业和商业也有发展。政府发行朝鲜通宝金属货币和纸币。

李朝还采取了一些强化君主集权的措施。废除高丽的私兵制，实行统一的府兵制，集兵权于中央。为统一法制，编成《经国大典》6 卷，详细规定中央和地方的行政、军事、财政、刑律和教育等方面的制度。弘扬中国的程朱理学，使之成为维护封建统治的精神支柱。推行中国的科举考试制度，从封建主阶级中选拔国家所需要的官吏。科举分为文、武两科，由此而形成了官员中的“文班”与“武班”两类。

农民是国家的编户齐民，耕种公田并承担赋税兵役。为了对农民严加控制，1407 年起李朝实行邻保制，以连环保的方式加强统治，保证国家对赋役的征调。1413 年又颁行“号牌法”，规定 10 岁以上 70 岁以下的男子均按身份佩带一种号牌，上书姓名、住址与身体相貌特征等，在发牌时进行户口登记。如有不带或伪造、遗失、借用者，要受处罚。李朝还通过清理，把高丽末期沦为奴婢的人改为良民，把寺院的私奴婢改为国家控制的公奴婢，使国家能够掌握更多的劳动力和兵源。不过，私人拥有奴婢的现象仍然存在。手工业者和商人与农民虽然都属于“良人”，但也都被束缚在各种封建依附关系之中，且没有资格充当官吏。良贱高低的严格区分，是李朝社会等级制的特点。

科田法在李朝推行一段时间以后，渐趋废弛。科田最初仅限京畿地区，由于赐给功臣贵族的田产不断增加，只好逐渐扩大到外地，特别是土地肥沃的忠清、全罗和庆尚等道。1404 年起，准许土地买卖，社会分化遂开始加剧。贵族官僚纷纷利用特权巧取豪夺，兼并土地。公田急剧减少，私田迅速增多，不少农民失去土地，形成了“无田之民几十分之三”的局面。农民或沦为奴婢，或流亡他乡。他们往往逃往海岛、深山开垦，或聚集起来进行反抗。1467 年，咸镜道爆发大规模农民起义，要求取消号牌法、减轻捐税和惩治贪官污吏。此后百余年，小规模的农民起义此起彼伏，给封建统治秩序以有力冲击。

15 世纪末，李朝统治集团政治腐败，党争不绝。在朝的功臣勋旧官僚集团（称“勋旧派”）与接受儒家教育、科举入仕的新官僚（称“士林派”），互为水火，争斗不已，严重地削弱了朝廷对国家的统治。

2. 壬辰卫国战争

在对外方面，李朝与中国明朝保持和睦友好关系。同时，积极抵制日本的扩张。1419 年远征对马岛，彻底制止倭寇的骚扰。16 世纪末，丰臣秀吉通过兼并战争统一日本，积极策划对朝鲜和中国发动侵略战争。1592 年 4 月（宣祖二十五年，岁在壬辰），近 20 万日军在釜山登陆，接着长驱直入，连陷三京（汉城、开城、平壤），并分兵直趋东北部的咸镜北道。李朝国王仓皇北走义州。侵略者所到之处，肆意烧杀掳掠。面对严重的民族危机，民众组织的义兵在釜山和东莱一带奋勇抗击。全罗道左水使李舜臣（1545—1598）率领水军在南海一带屡次勇挫敌军。他带领士兵和工匠制造了一种龟船，长 11 丈，宽丈余，穹隆如龟，船首有龙头，能喷吐烟雾迷惑敌人，船身覆铁壳，装锥刀，四周有 72 个炮眼，可从各个角度射击。这种船结构简易而坚固，船速快，火力大，在海战中发挥了巨大威力。

1592年12月，应朝鲜政府请求，明朝派大将李如松率领4万军队援朝。次年春，两国联军经过激战后收复平壤、汉城，将侵略者赶到釜山沿海一带。日本以和谈来苟延残喘，拖延时间数年。1597年2月，丰臣秀吉派遣14万日军再次侵略朝鲜，水陆并进，但把重点放在海上。8月，李舜臣率水师利用珍岛东南鸣梁海峡有利地形重创日本舰队。明朝政府派陈璘和邓子龙率水军援朝，与李舜臣的水师并肩战斗。11月，中、朝水师在南海郡西北的露梁海面协同英勇作战，李舜臣和邓子龙在战斗中牺牲，但给侵略者以毁灭性打击，共击沉敌舰300多艘，歼敌万余，终于将日本侵略者赶出朝鲜。

四、朝鲜文化

1. 文字

古代朝鲜文化打上了受中国文化影响的深刻烙印。中国的汉字、汉文和儒家思想早就传入朝鲜。新罗统一朝鲜后与唐朝密切交往，注重借鉴中国文化来发展本国文化。古代朝鲜原来没有文字，7世纪中叶，新罗学者薛聪创造“吏读”法，用汉字作音符来标注朝鲜语的助词，帮助阅读汉文，推动了文化的普及和发展。世宗时（1418—1449）朝鲜学者郑麟趾、成三问、申叔舟等进行“训民正音”的创制，根据朝鲜语音、参考汉字音韵，创制表音字母28个，其中母音字母11个、子音字母17个。新字母组成的朝鲜文字（谚文），笔画简单，拼读灵活，一直沿用到现在。但此后很长时期，朝廷公文、国史著述、文人作品等仍利用汉文。

2. 史学

历代朝鲜王朝都注重编撰史书以垂训后世。三国时代的官修史书因社会动荡而未能保存下来。12世纪初，史家金富轼奉高丽仁宗之命根据《旧三国史》、《海东三国史》和中国史籍中有关朝鲜的丰富史料，以汉文编撰了《三国史记》。全书共50卷，由新罗本纪（12卷）、高句丽本纪（10卷）、百济本纪（6卷）、年表（3卷）、杂志（9卷）、列传（10卷）六个部分构成，为纪传体的正史，记叙了从远古到三国时代的历史，是朝鲜现存最早的正史。13世纪中期，僧人一然根据古文献和民间传说的资料，编成《三国遗事》，以野史形式收录《三国史记》遗漏或舍弃的史事，共分5卷，计有王历、纪异、兴法、塔象、义解、神咒、感通、避隐、孝善9篇。虽然多从佛教角度来取舍史料，但其中也包含了许多经济、文学、民俗的珍贵资料。1451年，李朝学者郑麟趾等，奉王命根据高丽诸王实录，用汉文编成纪传体《高丽史》139卷，全书分为世家46卷，志39卷，表2卷，传50卷，目录2卷，记载朝鲜历史上高丽王朝的事迹，是研究高丽历史的主要史书，也提供了有关高丽与蒙古、元朝之关系的丰富史料。李朝诸王注重编修前代实录，最后按年代顺序辑成《李朝实录》1 893卷，是记载由初代太祖到哲宗的25代国王472年间（1392—1863）历史事实的编年体汉文史书，其中以独特视角记录了我国明清正史未记录的很多有关中国的政治、军事、对外关系等方面的史实，具有很高的史料价值。

3. 科学技术

朝鲜的印刷术、天文学和医学，成就显著。唐末五代，雕版印刷术传入新罗。13世纪初，李朝下令雕刻《大藏经》，费时16年，完成书版86 600张。差不多同时，朝鲜人民又推陈出新，在借鉴中国胶泥活字印刷的基础上，发明铜活字印刷，这是世界上最早的金属活字。15 世纪则开始使用铅活字来印刷。在天文学上，8 世纪时创制天文观测仪和漏刻器。李朝初年，发明利用水力自动报时的自击漏。1441 年，发明世界上第一个测雨器，并建立定时报告雨量的制度。中医对朝鲜的医学影响很深。17 世纪初太医许浚，参考中、朝医书 500 多卷，编成《东医宝鉴》23 卷，在当时受到中国和日本医学界的重视。

第二节　日本

一、日本古代国家的建立

1. 奴隶制国家的起源

日本位于亚洲东北部的西太平洋之中，是一个由东北向西南延伸的弧形岛国。它西隔东海、黄海、朝鲜海峡、日本海与中国、朝鲜、俄罗斯相望，包括北海道、本州、四国、九州 4 个大岛和数千小岛。岛上丘陵连绵起伏，没有大平原，只有沿海和河流两岸适宜于农耕。但海岸线长，便于航运和捕渔业发展。

日本早在远古时代就有人类生存。当代考古发现了不少旧石器和新石器的遗址。最早的居民是熊袭人和虾夷人。今天日本人的祖先，大概是从亚洲北部和东南亚来到日本后融合而形成的。距今 1 万年左右，日本进入新石器时代。在相关遗址中发现大量有绳纹式样的黑色陶器，称绳纹陶器。“绳纹式文化”的时间大约是从公元前五六千年开始至公元前 2 世纪。此时人们主要使用磨制石器以及弓矢，以捕鱼、狩猎和采集为生，社会发展大致处于母系氏族公社阶段。

在公元前 1 世纪到公元 2 世纪的遗址中，大量出土用陶轮制作的高大的褐色陶器。由于此类陶器首先被发现于东京的弥生町，故称弥生式陶器。“弥生式文化”受到中国文化的强烈影响，从中国和朝鲜传入了青铜器铸造方法，但石器仍普遍使用，同时开始出现原始农业，水稻是主要作物。生产力的提高促进了社会分工，父权制渐渐取代母权制，出现私有制和阶级的萌芽，氏族首领拥有较多的私人财富和宗教特权，原始社会趋于解体。《汉书·地理志》记载：“乐浪海中有倭人，分为百余国，以岁时来献见云。”这说明部落或部落联盟已经具有国家的雏形。

公元 2 世纪末，铁器开始在日本得到使用，生产力的提高促使社会进一步分化，也使部落之间的兼并战争扩大。在此基础上，在九州北部兴起强大的奴隶制国家——邪马台。邪马台国有严格的等级制度，“大人”享有种种特权，“下户”（平民）和奴婢地位低下。大概是受母权制残余的影响，邪马台国统治者是女王，称“卑弥呼”，她有成千奴婢，死后安葬在大冢中，并有成百奴婢殉葬。女王还掌握政教大权，有官吏和诸多卫兵，统治附近 20 多个部落。邪马台与曹魏和新罗建立友好关系，与曹魏的使节往来不断，从 239 年（魏明帝景初三年）起的 8 年里，双方互相遣使 7 次。239 年，卑弥呼派使者带着牲口、精米、丝织品和金银，横渡大海来到魏都洛阳，表示愿意臣服于魏国。

魏明帝授予卑弥呼"亲魏倭王"称号和金印，并赏赐使者大量丝绸布匹、宝器珍玩。

2. 大和国与部民制

公元3世纪后期，在本州中部兴起了另一个奴隶制国家——大和国。该国统治者喜欢修建巨大陵墓，所以这一时期在日本史上被称为"古坟时期"。约4世纪末5世纪初，大和国基本完成日本的统一，控制了西至九州、东达关东的广大地区。

大和国形成初期，倭王名为大王，后来称天皇，是世袭的君主。以倭王为首，畿内豪族葛城臣、平群臣、苏我臣、大伴连、物部连等联合组成统治机构，臣、连等豪族分掌国家的祭祀、军事、外交、财政等，在朝廷内有较大权力，倭王的绝对统治权尚未确立。地方设国（以国造为长）、县（以县主为长）、村（以稻置和村主为长），国和县中有公、直、首等姓的地方豪族，但地位比臣、连等中央豪族低下。豪族的同族集团叫作氏，有臣、连、君、直、造、首等姓，表明该氏的政治地位和职务。这种以姓氏表示的政治关系称氏姓制度。

大和国的统治阶级奴役身份形同奴隶的"部民"，令其从事生产。部民没有人身自由，虽然不能被任意处死，但可以转让。部民被编成不同的部来劳动及服役，其中有从事农业的田部；负弓矢以充警卫的韧负部；提供陶制品的土师部、陶部；充任宫廷杂务的膳部、豚养部、马饲部、锻冶部、织锦部、弓削部；地方上提供水产的海部、看守山林的山部等等。部民就隶属关系说，可分为公、私两种。公部民直属朝廷，只有大王有权调动。私部民归地方权贵，由其亲信管理。田部的部民大都是被征服的部落居民，仍保留自己的氏族组织和首领，保有少量财物和生产工具，被集体束缚在主人农庄里进行生产。另外，也有不少为逃避压迫、战乱的朝鲜和中国移民来到日本，他们称为"归化人"，被强制编为部民。他们大多有一技之长，在陶部、锻冶部、织锦部里劳动，由国家设世袭的首领统管。这些渡海而来的民众将大陆金属工具和先进的手工业产品及技术传入，为大和国经济发展作出重大贡献。除部民以外，大和国劳动者主要还有自由的平民。也有不少奴隶，多从事家务劳动。5世纪中叶以降，地方豪强不断变国有地为私有地，变公部民为私部民，有的甚至公然反抗朝廷。527年，九州紫筑国造盘井发动叛乱，控制福冈、大分、佐贺、熊本等经济发达地区。朝廷在平定盘井之乱后，加强对地方的控制，到处设置屯田、屯仓，役使部民，在一些地区以户为单位编定户籍，并给部民以更多的自由。

对外关系方面，4世纪中叶以后，大和国曾对朝鲜半岛南部进行政治和军事扩张，6世纪中叶退出。大和国与中国南朝的刘宋政权关系密切，屡次派使节来朝，接受其封号以增强对外影响，换取其对称霸朝鲜半岛的支持。据史书记载，向刘宋派出使节的倭王是赞、珍、济、兴、武。478年倭王武遣使请求刘宋支持，宋顺帝下诏任命倭武王为"使持节"，都督倭、新罗、任那、加罗、秦韩、慕韩六国诸军事，并封其为"安东大将军""倭王"的称号。

二、"大化改新"与日本封建制度的形成

1. "大化改新"

公元646年的"大化改新"，标志着日本社会告别其独特的奴隶制社会，开始了向

封建社会过渡的历史进程。

从 6 世纪开始，大和国各种社会矛盾日益积累和尖锐。一方面，随着铁制农具的普遍使用，农业生产力显著发展。然而，贵族的私有部民制度却成为社会进步的巨大障碍。贵族不断兼并土地，将平民变为自己的私有部民加以奴役，下层民众的反抗接连不断。另一方面，皇室与贵族之间为争夺土地和部民矛盾很深，导致统治阶级的内部冲突趋于激化。皇室和一些曾留学中国的贵族革新派，主张仿效中国隋唐制度进行全面改革，建立以天皇为首的中央集权制国家，由此与旧贵族展开激烈斗争。

7 世纪初，圣德太子在革新派支持下，打破氏姓贵族世袭官职的门阀制度，制定“冠位十二阶”，按能力和功绩授予冠位。接着又颁布《十七条宪法》，强调法制和君主集权，声称“率土兆民，以王为主，所任官司，皆是王臣”。这些措施，都为全面改革开辟了道路。645 年，以中大兄皇子（626—671）为首的革新派发动宫廷政变，消灭了旧贵族苏我氏，夺取政权，拥立孝德天皇（645—654），改年号为“大化”。646 年元旦，由孝德天皇发布改新诏书，进行如下一系列重要改革。

废除贵族私有的土地和部民，将其收归国有，成为公地、公民。仿效唐朝的均田制，实行“班田收授法”。由国家班给 6 岁以上公民口分田，男子 2 段①，女子为男子的 2/3，奴婢为公民的 1/3。六年一班，土地属于国家，田地不得买卖，受田者死后归还。受田者须负担租庸调：租为田租，每段缴稻 2 束 2 把②；庸是劳役，男子（21～65 岁）每年服役 10 天，可以绢布代替（每天 2 尺 6 寸）；调为贡物，一般缴纳绢布 1 丈 2 尺。对大夫以上的官僚，国家按照其职位高低授予土地和人口，称“食封”，以封户缴纳的部分租赋作为其俸禄。此外还允许贵族占有功田，可以世袭。

仿效唐朝体制改革官制，建立君主中央集权的国家机构。中央设二官（神祇、太政）、八省（中务、式、治、民、兵、刑、大藏、宫内）、一台（弹正），地方设国（省）、郡、里（乡）。废除氏姓贵族世袭制，各级官吏由国家任免。实行征兵制，将军权收归中央。

旧贵族势力对大化改新十分仇视，勾结皇室中的保守派竭力进行阻挠，664 年曾一度恢复部民制。672 年，革新派重要人物——大海人皇子起兵击败旧贵族势力，即位称天武天皇（673—686），建立有效的中央集权统治机构，继续进行改革。701 年，文武天皇（697—707）编成《大宝律令》。718 年，元正天皇（715—724）在《大宝律令》的基础上，制定《养老律令》。这样，改新以来的各项新措施最终以法典的形式被肯定下来。半个多世纪的斗争，终于以革新派的胜利告终。

大化改新在古代日本有着极其重要的地位。这次改革使绝大多数部民摆脱了旧贵族的直接控制，变成由国家控制的编户齐民。他们以户为单位从国家那里分得一份土地（口分田，只有使用权）和园田宅地（可以买卖），负担比较固定的租庸调，可以自由使用沼泽山林。这样，班田农民就从私家人身隶属关系中解放出来，有了相对独立的个体经济，生产积极性大为提高。同时，大化改新使皇室实行封建的土地国有制度和中央集

---

① 每段相当于 1.5 亩。

② 每束稻可产米 5 升。

权的官僚政治制度，有力遏止了旧贵族势力的膨胀，消除了地方豪强的混战，使社会秩序趋于稳定。所有这些，有力地促进日本从奴隶社会向封建社会的历史过渡。

2. 封建制度的发展与皇权的衰落

710年，日本皇室把都城迁至平城京（奈良），794年，又把都城迁往平安京（京都），开始了日本史上的奈良时代和平安时代（710—1192）。这一时期，一般由天皇掌权，与后来由幕府大将军掌握统治大权不同，所以又称“王朝时代”。

平安时代日本天皇的宫廷生活

在奈良时代（710—794），一度出现社会安定、经济文化繁荣的局面。随着班田制的推行，加之统治者重视发展农业，鼓励开荒和兴修水利，社会生产力有明显提高。此时，铁制农具普遍推广，水稻种植技术也更加完善，懂得插秧和种植早稻晚稻。养蚕业和经济作物也获得发展。与之相应，手工业和商业日益进步。采矿、冶金、纺织业发展迅速。首都奈良是重要的工商业中心，有人口20万，设东、西两市，并有专门的官员管理工商。708年，铸统一货币流通全国。在经济发展的基础上，天皇依靠贵族，仿效唐朝建立了中央集权的政治体制，思想上尊崇儒学和佛教，提倡以忠、孝、礼、义为准则来进行统治。在对外方面，注意加强与唐朝的关系，多次派遣“遣唐使”前往中国通好，同时也与新罗、渤海国保持往来。

这一时期，广大班田农民的社会地位与生活状况比部民有了很大改观。他们在法律上属于自由人，即“良人”“良民”，从政府那里领取口分田耕种，承担国家的赋税和兵役。除农民外，还有奴隶与贱民。奴隶数量约为全国人口的10%，为贵族从事生产和家内服役。贱民是遗留下来的从事所谓贱业的部民，如酒户、染户、船户、乐户等，称为品部，子孙世袭其业，不得改行。

封建国家的压迫剥削与战争、灾荒的影响，使班田农民的个体小农经济极不稳定，易于破产。在班田制下，农民耕种口分田至多只能勉强维持一家所需的口粮，其向国家缴纳的租庸调大约占口分田总收获量的20%，负担不轻。此外，还要承担繁重的徭役和兵役。地方杂徭一般规定为两个月，但因朝廷大兴土木、地方修建道路和水利设施，实际上远不止这个期限。兵役负担最重，朝廷每年要征发1/4到1/3的青年入伍，自备兵甲衣粮，充当卫士（守卫京城，服役1年）、防人（戍边，服役3年）。此外，每到青黄不接的春季，农民还受高利贷的盘剥。政府的借债利息为50%，私人的则为100%。负债者或破产流亡他乡，或以身抵债，受人奴役。因此，在8世纪前半期，农民的生活已十分困苦，约90%的农民属于缺衣少食的等外户。

从8世纪末起，班田农民分化严重。为了摆脱沉重赋役，农民或虚报户口年龄、少报纳税服役的人口；或纷纷四处逃亡，流落他乡；或被迫把土地“寄进”给豪强，本人沦为依附于他们的“寄口”。这样就导致户口衰减、田籍混乱，班田制难以继续推行。与此同时，贵族和寺院乘机大行兼并之风，扩充田产。为了解决土地与户口流失所造成的赋役征调困难，朝廷鼓励垦荒。723 年，政府颁布“三世一身法”，开垦生荒地可以传三代，开垦熟荒地可终身占有（死后交公）。为防止土地复荒，743 年颁布“垦田永世令”，规定所垦土地永为私有，不再收回。于是，贵族就驱使奴隶与依附农民大量垦荒，并利用各种手段攫取农民的田产，寺院等也纷纷效仿。国家掌握的土地随之锐减，封建主控制的私家地产剧增，班田制难以继续推行，先由 6 年一班改为 12 年一班，以后更改为 20 年、30 年甚至 40 年一班，终致废弛。

在班田制渐趋瓦解的过程中，以权门势家、寺社为中心，通过购买、兼并、寄进等形式，封建领主的土地私有制发展起来，在平安时代成为占支配地位的土地制度。这种制度以庄园为单位进行剥削，故称为庄园制。庄园的面积大小不一，其土地或连成一片，或呈分散状态。庄园土地以水田为主，还附有山林、沼泽等。庄园里的生产者大多是破产的班田制农民，也有奴婢。他们以户为单位进行生产，可以共同使用山林水源，向主人缴纳大约 1/3 的收获物，此外还需缴纳布匹、席子以及水果、酒等，同时要承担警卫、运输、修房、筑路等杂役。有的庄园还实行劳役地租，即由庄民无偿耕种主人的直辖田，收获全归庄园主。庄园多自给自足，里面有工匠，如铁匠、泥水匠、陶工，从事手工业生产来满足庄园的需要。庄园劳动者如无主人允许，不得自由迁徙和改业，其地位实际上相当于农奴。

大的庄园由封建贵族委派“庄司”管理。最初，庄园每年都要向朝廷输纳租税。9 世纪以降，许多大贵族和寺院凭借其权势获得“不输不入权”，即其庄园不向中央纳租，中央的检田使、收税吏不得进入其庄园，后来发展到不得入庄园追捕罪犯。许多中小贵族为获得这样的特权，不久也纷纷将庄园“寄进”给显贵权势之家，自己变为“庄司”。在此情况下，地方贵族豪强的势力日益膨胀，经济、司法与行政都趋于独立。

特殊武士集团的兴起推动了封建割据的实现。当时，为应对人民反抗和封建主内部的争夺，许多庄园主都将自己的家族和仆从动员起来，组建私家武装集团，寺院也组织僧兵。武士和主人结成主从关系，绝对效忠，逐渐发展成为以地方豪强为轴心的封建军事贵族，他们四处发动战争，掠夺土地财产。到 11 纪初，开始出现地区性武士集团，对中央皇权形成巨大威胁。

由于土地国有制的瓦解，日本皇室的财政资源和政治统治日益衰落。从 9 世纪 80 年代起，大贵族藤原氏专权，左右朝政约二百年。887 年，宇多天皇即位，把政权交给藤原基经，宣布国家大小事务应先“关白”于基经，从此开始日本史上的“摄关政治”，藤原氏私邸成了国家权力的中心，朝廷只是举行仪式的场所。1086 年，白河天皇为打击藤原氏势力，在自己宫殿里设“院厅”，由近臣任官员处理政务，开始日本史上的“院政时代”（1086—1192）。双方在斗争中都竭力拉拢武士阶层，给武士集团建立军事贵族专政创造了条件。此时，武士分为关东、关西两大集团，为争夺中央政权相互斗争。

三、“幕府政治”与封建割据

1. 镰仓幕府的统治

1185 年，关东源赖朝举兵消灭关西平氏，控制中央政权。1192 年，源赖朝被天皇任命为“征夷大将军”，在镰仓建立幕府，是为镰仓幕府（1192—1333），开始了“幕府政治”（或“武家政治”）时期。

镰仓幕府建立后，日本封建国家最高权力开始从天皇转移到了幕府“征夷大将军”手中。幕府将军名义上尊重天皇，并由天皇任命，但实际上是政府首脑，垄断一切大权，天皇只不过是幕府的政治傀儡而已。镰仓幕府的政治基础是新兴的封建武士阶层。他们和源氏家族缔结起封建的统属和依附关系，称“御家人制度”。武士向幕府将军呈献名簿，行觐见之礼，宣誓效忠，在得到将军认可后才能成为御家人。御家人对将军要效忠，无条件服从其命令，为其负担军役和公役。而将军则要保护武士世袭的土地，或向其赐予地产。武士又分为直属武士（御家人）和非直属武士（非御家人）两种。他们占有大片土地，身份和职位世袭，形成了一个闭锁的封建军事特权等级。将军下有辅政的“执权”，由权臣北条氏世袭。此外，还设侍所来管理武士，设公文所（后改称政所）来处理政务，设问注所来审理诉讼案件。地方上，则在各国设“守护”负责军政乃至传达政令、审理重大犯罪案件。在庄园设“地头”，负责治安和征收租赋。这些职位皆由将军的亲信担任。最初，各地庄园仍然由其本来的庄园主所有，但不久地头利用幕府的权势霸占土地，征收庄民给庄园主的年贡，成为庄园的实际支配者。各国的守护也借助将军的声威，逐渐垄断原有地方官的职权。守护大多职位世袭，有的武士还身兼数国守护。这样，幕府将军就通过守护和地头，控制了全国的行政、财政、军事和司法大权，京都天皇的中央政府已名存实亡。

2. 封建割据混战

作为封建军事贵族的武士阶层，具有尚武斗狠之风，而且也多有独霸一方的野心。他们在获取大量地产和显赫权位后，常常滋生封建的政治离心倾向，力图控制幕府。因此，当1199年源赖朝一死，其部下的权力斗争随即爆发。北条氏家族取胜，独揽幕府大权。幕府内部的斗争，为天皇提供了倒幕良机。1221年（承久三年），京都朝廷发兵讨伐北条氏，但很快失败，史称“承久之乱”。此后，幕府加强对朝廷的控制，同时强化幕府组织机构，由北条氏与几家权重的武士家族联合施政。于1232年（贞永元年）制定《贞永式目》51条，这是制约武士的法律文件，它根据源赖朝以来的先例、武家社会习俗等编订，内容涉及行政、民事、刑事、诉讼等。其中包括守护与地头职分、御家人所领继承等问题的处置，御家人所领关系的裁判占全部式目的1/3。它规定各级武士必须以忠、义、信为本，严守职责，奉公弃私，不得越权妄为，全面履行对幕府的封建义务。此外，还有尊重寺院与神社、镇压谋反与惩罚盗窃等方面的条文。这些措施巩固了幕府与御家人的封建主从关系，但并不能消除封建割据混战的根源。

镰仓幕府末年，受商品经济复苏的影响，武士阶层严重分化。不少中小武士的开支增加，债台高筑，土地减少而趋于破产，难以完成对幕府的封建义务，幕府统治的基础大为削弱。同时，日本在1274年和1281年两次遭蒙古的侵略，幕府虽然挫败了蒙古的进攻，但因军费付出过多而面临财政困难，无力封赐犒赏，引起部分武士的不满。于是，后醍醐天皇（1288—1339）在部分大封建主支持下开始倒幕。1333年，幕府派足利高氏发兵讨伐，但他中途倒戈，攻陷京都，镰仓幕府灭亡。1334年，后醍醐天皇重返京都，执掌朝政。1336 年，足利尊起兵攻占京都，自任“征夷大将军”，重建幕府，开始了室町幕府（1336—1573）的统治①。后醍醐天皇逃往京都以南的吉野另立朝廷，是为南朝，与足利尊在京都拥立的天皇分庭抗礼，史称“南北朝时代”（1336—1392）。1392 年，第三代将军足利义满合并南朝，南北对立局面基本结束。

室町幕府仍仿效北条氏，任命同族和宠信的武士前往各国担任守护，且赋予他们更大权力。守护除掌握一国军政大权外，还有权支配地方官员管理的公地和领主的私家庄园，行使军政、财政与司法大权。他们常常把领内的武士、豪强收为家臣，并赐予其土地和劳动人手。这样，国司和庄园主的政治、经济权力最终落入守护之手，守护成为割据一方的大封建主，称“守护大名”，成为室町幕府的政治基础。守护大名的权势日益膨胀，特别是通过南北朝战争拓展势力范围，势力进一步坐大，室町幕府的将军权力日益萎缩，政令难以在各地实施，只不过是武士名义上的共主。在此情况下，守护大名之间不断进行封建混战，甚至酿成全国性的战乱。1467 年（应仁元年），因幕府将军的继承问题，守护大名之间发生混战，卷入战争的武士多达 27 万人，时间持续十年之久。京都及附近地区饱受战火摧残，遍地焦土，史称“应仁之乱”（1467—1477）。这场战争开启了日本史上长期混战的“战国时代”（1467—1573），直到室町幕府灭亡。

3. 农民的反封建起义

自镰仓幕府统治以来，农民阶级深受各级封建主的残酷压迫和剥削，生活困苦。他们要将收获物的四至六成交给庄园主，还须提供山林产品、水产品和手工业产品，承担各种繁重劳役。室町幕府时期，随着商品经济的复苏与发展，高利贷也逐渐渗透到农村。一些封建主为了追求奢侈消费，需要货币，常常以土地为抵押，或以代征地租为条件，向商人借贷。商人就用征租来剥削农民，或直接向农民放债，农民不堪重负。此外，守护大名之间长期混战，掳掠杀戮，加上时常发生的灾荒与瘟疫，更让农民难以维持生计。为了求得生存，农民采取各种形式进行抗争。14 至 15 世纪时，在一些农村出现了农民的自治组织“惣”或“惣村”，除组织农民开发荒野、兴修水利外，还广泛联合附近各个乡村来对抗幕府、守护、庄园领主，斗争的形式有集体请愿，提出德政以及减免年贡、赋役要求，也有逃亡，直至举行武装起义（称为“一揆”）。

从 15 世纪开始，农民的反封建起义进入高潮。1428 年，京都附近的近江国爆发大规模农民起义，很快席卷京都、奈良及邻近诸国。起义者袭击“土仓”、“酒屋”和寺院，要求取消债务，焚毁债券。受其影响，第二年，播磨国农民揭竿而起，提出“国中不许再有武士”的口号，击溃守护派来镇压的军队，将武士纷纷驱除出境。此后，各地起义更是前仆后继，一些手工业者、城市贫民等也加入斗争行列。1441 年，京都附近农民包围京都城，迫使幕府答应取消农民所欠债务。1485 年，山城国农民更将反封建起义推向高潮。山城国的两个封建主集团内讧，在国内各自控制的区域设关征税，此外还强制征调赋役，激起农民反抗。起义者迫使两方封建主撤出军队，废除关卡，然后建

① 1378 年，幕府移至京都市室町，故称室町幕府。

立了政权，推选38名代表组成权力机构，实行自治。新政权制定法律，减免租税，深受民众欢迎。因内部发生分裂，自治坚持7年后失败。

不久，加贺国农民以一向宗为旗帜发动起义。一向宗是佛教净土宗的一个支派，它宣扬厌恶现世、希求净土的教义，在农民中颇为流行，成为农民反封建斗争的组织形式与舆论工具。1487年，大规模的起义爆发，人数多达30余万。起义者打败大名富樫政亲的军队，斗争风潮波及京都等地。此后约90年间，加贺国一直为一向宗势力所控制，直到1580年为织田信长镇压。

15世纪的日本农民大起义，波及全国大部分地区，持续了半个多世纪。它有力冲击了封建统治秩序，严重削弱了守护大名的封建割据势力，为日后的政治统一和经济发展创造了有利条件。

四、政治统一的重建

1. 经济发展和城市兴起

自13、14世纪开始，即从镰仓幕府末期和南北朝以来，日本农村的阶级关系发生了新变化，由于庄园制的没落和瓦解，大部分中小武士破产，农民从庄园里解脱出来，逐渐成为主要缴纳实物地租的小农，相当一部分人则上升为小自耕农。同时，一些进行封建割据的大贵族，为了增强经济实力，采取让农民休养生息的政策，组织兴修水利，开垦农田，减轻租税征调。由此，社会经济有了新的发展。农业上，不少沼泽、荒地变为良田，耕地面积逐渐扩大。15世纪时，水田面积从10世纪的86万多町增加到94万多町，到16世纪末则达到163万町①。已经广泛使用水车，普遍采用从中国传来的先进技术，如水稻栽培中的浸种、插秧、密植，以及早、中、晚三季稻种植等。15世纪水稻的单位面积产量比8世纪增加了5～6倍。小麦、豆类以及漆、桑、麻、茶、棉花等经济作物比较普及，养蚕业也发展起来。

农业发展为工商业的兴起奠定了基础。手工业逐渐脱离农业，成为独立的生产部门，商品交换日益密切，城市也应运而生。日本城市的起源有多种类型，有的城市由行政中心发展而成，但更多的城市则是商品经济发展的产物。由于贸易的兴起，工商业者越来越多地聚居在神社、寺院、交通要道、港湾等地附近，由此而形成城市。到16世纪，日本共有200多个城市，著名的有京都、堺、博多、山田、柏崎、镰仓等。这些城市人口多在3万以上，京都则达到10万人。堺有5万多人口，是联系九州、四国的重要纽带和对中国、朝鲜的贸易中心，被称为“东方的威尼斯”。城市居民多为工商业者，称为“町人”。手工业者行会称为“座”，垄断某个地区某种行业的产品生产和销售。“座”隶属于大名或寺院大封建主，以纳贡换取领主对其垄断生产的保护与关税优惠。

城市的兴起促进了工商业的繁荣。京都的纺织，堺的漆器、纺织和武器制造，镰仓的冶炼铸造等都颇负盛名。外贸也很发达，除中国、朝鲜和琉球岛外，还与东南亚诸国进行贸易，出口刀、漆器、金银制品等，进口生丝、棉花、瓷器、象牙、香料、草药

---

① 日本的面积单位，1町约为9 917平方米，约等于1公顷。

等，其对外贸易尤以日中贸易最为繁荣。从 16 世纪中叶起，日本与葡萄牙、西班牙建立贸易关系，主要引进枪炮等火器，天主教也随之传入。

16 世纪使用火枪（从葡萄牙引进）的日本封建武士

随着经济实力的增强，有的大城市逐渐摆脱领主控制，获得自治权，堺即为一典型。堺是联系濑户内海沿岸和畿内地区的重要港口，15 世纪成为日本对外贸易中心，工商业繁荣。在积累强大经济实力后，即停止向封建主纳贡，由市民推选出 36 人组成“会合众”（议会）来行使自治权，每月由其中的人员轮流管理市政，拥有自己的法庭和雇佣军。为抵制大名侵掠，堺还用壕沟将市区围起自固。不过，由于日本市民阶层力量比较弱小，许多工商业被大名控制，城市自治运动难以发展。即便是堺，也在 16 世纪末被封建大名征服，自治权丧失。

2. 战国大名的崛起与政治统一

社会经济的发展特别是工商业的繁荣，使日本各地的经济联系日益加强，为政治重新统一创造了必要条件。同时，连绵不断的封建割据混战，导致了社会秩序的混乱，既加深了下层民众的痛苦，也不利于封建主安享封建权益，各阶层要求统一的愿望趋于强烈。然而，由于日本市民力量弱小，且受各地大封建主控制，不可能承担统一国家的任务。而在内战厮杀中不断崛起的新兴封建主——战国大名，就成为以武力兼并的方式来重建政治统一的中坚力量。战国时期，旧的封建贵族守护大名在封建混战中消耗殆尽，代之而起的是新兴的封建主战国大名。战国大名大约有 200 家，他们与守护大名不同，独立于幕府体制之外。他们通过军事征服来扩大地盘，割据一方，并相互进行兼并战争。战国大名在自己领地内实行家臣团制度，将其中的中小领主变成自己的家臣，将其领地变成自己的直辖领地，对其原有的财产和权利一律加以保护。家臣平时居住在大名的城下町，由其代表治理乡村，战时则从军出征。有些战国大名还制定家法，强调家臣忠于主人，其土地不得转移买卖，实行长子继承，通婚和遗产继承须经主人同意，不得相争，违法者处以酷刑，由此强化了对下属封建主的控制。为了积聚实力，战国大名还注重在其区域内发展经济。他们采取诸多措施来安抚流民、兴修水利、开垦农田，并将战争安排在农闲时期。同时，奖励工商业，废除“座”对行业的垄断权，让手工业者自主经营，开发矿山，建立商品市场，允许商人到其区域外自由经商。由此，战国大名的势力日益加强。

战国大名崛起后，相互进行频繁的兼并战争，由强盛的大名开始了统一日本的进程。到16世纪中叶，位于近畿和关东的战略要地的三家战国大名最为强大，即远江国的今川氏、尾张国的织田氏和三河国的德川氏，其中今川氏最盛。但随着时间推移，尾张国声势日益转强。尾张国大名织田信长（1534—1582）本是一位中等封建主，但他鼓励发展社会经济，使用葡萄牙人传来的鸟铳建立由骑兵、步兵组成的常备军，逐渐强大。1560年，他出奇兵击败今川氏，并在次年与德川氏会盟清州，约定互相支援。1568年，织田信长带兵进入京都，挟持幕府将军和天皇，号令天下。1573年，流放末代幕府将军，灭室町幕府。1582年，织田信长遭叛变家臣袭击，自杀身亡，但他多年的征战已经为日本的再统一开辟了道路。

丰臣秀吉

织田信长死后，其部将丰臣秀吉（1536—1598）讨平叛将，确立了对织田信长诸家臣势力的领导地位，继而平定四国、九州，基本实现日本统一。1585年，寒门出身的秀吉被受冷落的天皇任命为关白，第二年又被破例任命为太政大臣，赐姓丰臣氏。为了强化统治，丰臣秀吉采取了不少有力措施。首先是整顿土地所有权。从1585年起，开始在全国丈量土地，按土地肥瘠分为上、中、下、下下四等，核定年贡，登录在册，作为缴纳租税的依据。此举使他的直辖领地扩大，占到全国土地的12%强，其中包括京都、堺、博多、大阪等城市。因丰臣秀吉自称“太阁”，故这件事被称为“太阁检地”。他还严格控制底层民众。1588年颁布“刀狩令”，收缴百姓手里的刀、矛等武器，从此佩带武器成了武士的特权。不久又发布“身份统制令”，严禁农民任意迁徙，将农民编成五人组或十人组，如有一家犯罪，其他皆得连坐。还规定各地居民不得自行变更职业和住所。此外，他还压制城市自治运动，令许多城市的商人移居大阪。同时，丰臣秀吉注重发展社会经济，大力奖励垦荒，兴修水利，强迫游手好闲者去务农。更鼓励发展工商业，统一度量衡，废除各地关卡，保障国内商品交易。但对海外贸易，则实行特许制予以限制。

丰臣秀吉强行检地的令文

一、关于检地一事，如前日所示。关于田租一事，按朱印文书行之。各地务须认真执行，如有疏忽，各以误职论。……

二、上述诸端，务须善喻国人（村中武士）及农民同意。必有不愿服从之辈，如其为城主，则驱出城外，喻之不从，则尽杀之可也。如其为农民，不从者，一乡二乡杀之可也。……

——日本史史料演习（摘录）//郭守田. 世界通史资料选辑·中古部分. 北京：商务印书馆，1981：455.

作为战国大名的代表，丰臣秀吉有着向海外军事扩张的勃勃野心，梦想征服大陆的朝鲜和中国。他先后在 1592 年和 1597 年发动侵朝战争，妄图以朝鲜为跳板攻占中国。但最终在朝、中联军打击下失败，他本人也忧忿成疾，很快死去，侵略计划宣告破产。

3. 德川幕府的统治

丰臣秀吉死后，其部将德川家康（1542—1616）掌握政权。一些大封建主不满而与其对抗。在 1600 年的关原之战中，德川家康击败敌对的大名联军，奠定了称霸全国的基础。1603 年德川家康就任征夷大将军，在江户（今东京）建立幕府，开始了德川幕府（也称江户幕府）的统治（1603—1867），一直延续到明治维新。

德川家康建立了由幕府和藩国共同统治的政治制度，称“幕藩体制”。它以幕府为核心，以诸藩为支柱，实行中央集权的专制统治。幕府拥有雄厚的经济实力，其直辖领地（“天领”）分布在 66 国中的 47 国，包括江户、京都、大阪、堺、博多、长崎等重要城市和一些港湾、矿山。这些领地年产米 700 多万石，约占全国总产量的 1/4。此外，幕府还垄断了金、银货币的铸造权。其余土地由幕府分授给大封建主，凡拥有万石粮食产量者称大名，其领地称藩，即屏藩，约有 260 个。与德川同族或亲近的大名叫亲藩，关原之战前臣服的叫谱代，战后臣服的称外样。亲藩一般都被授予富庶地区或战略要地，与幕府关系疏远以及敌对的大名，一般都封在西南或东北的边远地区。在将军、大名之下则有武士，他们中多数领取禄米，少数接受封地。幕府对大名予以严格控制，大名除了要率武士跟随将军作战外，本人还要定期去江户参谒将军，其妻子也要留在江户为人质，以防其作乱反叛。1615 年，颁布“武家诸法度”，规定武士不得私结帮派，每年 4 月参谒将军，效忠将军。同年还公布“禁中并公家诸法度”，进一步限制天皇及公卿贵族的权力，例如规定武家官位须由幕府任命，防止大名与朝廷勾结。朝廷与幕府之间专设联络机构，并禁止天皇出访。天皇权力仅限于改元、叙位等形式上的权力。对神社寺院，幕府也严加控制，禁止妄立异说、干预政治。

为确保幕藩体制的推行，德川幕府组建中央集权的官僚机构。将军既是最高行政首脑，也是全国武装力量的军事统帅。在将军之下设“大老”（临时最高行政官）、“老中”（处理日常行政事务）、“若年寄”（协助老中管理旗本①和御家人），合称“三役”。老中

① 将军直属家臣中的领地收入在 1 万石以下、能面觐将军者。

之下设三奉行：寺社奉行管理神社寺院，勘定奉行管理将军直辖领地，掌货币铸造发行以及民事诉讼，江户町奉行负责江户的市政、监察和司法。在地方，将军直辖领地设“郡代”“代官”，京都设“司代”，重要城市设“城代”。幕府设评定所，由大老、老中、若年寄、三奉行等参加，商讨重大事宜，特别重大的军政事务由将军出席并裁决。

幕藩体制实行严格的身份制度。德川幕府承袭以往尊崇武士的传统，将臣民划分四个等级，即武士、农民、手工业者、商人。各等级的身份世代相袭，互不通婚，社会地位和日常规范都有区别。武士乃“四民”之首，约占总人口的10%，享有带刀和不纳租税的特权。武士内部也有严格的等级划分。在将军的直属武士中，就有能和不能参见将军的不同等级。但不管怎样划分，他们都属于封建统治阶级。武士还享受拥有自己姓氏的特权。农民占全国总人口的80%以上，其中既有耕种少量地产的自耕农，也有无地的雇农，是主要的剥削对象。工商业者的地位比农民低，常受歧视。但富有的商人可勾通官府，不受身份限制。农民和工商业者一般只有名而不准有姓。在四民之外，还有不少地位最低的贱民，只能世代从事殡仪、曲艺、制革、屠宰等所谓卑贱的职业。

德川幕府对农民的束缚十分严厉。农民世代被固定在幕府或大名的土地上，不得自由迁徙，更不准出卖、转让与分割土地或弃农经商，违者严惩。农民一般缴纳实物地租，须缴收成的一半以上。此外，农民还要承担各种劳役、差役，如兴修水利、运输物品、从军劳作等等。为防止农民逃跑与作乱，实行五家连保制，一人犯法五家受罚。幕府甚至颁布法令，限制农民的生活方式，如不许穿丝绸，不许骑马坐轿，须多吃杂粮等等。

沉重的封建压迫和剥削，迫使农民不断反抗。16世纪中叶，天主教传入日本，受到广大群众和部分不满幕府的武士的欢迎。17世纪初，信徒达75万人。1612年起，幕府下令拆毁教堂，强令天主教徒改宗，否则流放甚至烧死。1637年底，长崎县岛原半岛和天草岛的天主教徒农民在天草四郎领导下举行起义，义军发展到3.7万人，占领有马氏故城原城。1638年1月，幕府重臣松平信纲率12万大军包围原城，切断起义军粮道。荷兰军舰应幕府请求炮击原城。起义军寡不敌众，弹尽粮绝。2月28日，原城陷落，起义失败。

在对外关系方面，德川幕府推行严格的锁国政策。16世纪中叶起，葡、西、荷等西欧列强先后来日本传教、贸易。为防止西方人在日本培植势力，巩固封建的幕藩体制，德川幕府禁止天主教传播，同时数次颁布“锁国令”，禁止与西方贸易，不许日本人出国，已在国外者不许返回，违者处死。岛原起义后，德川幕府加紧推行锁国政策。1639年再颁“锁国令”，只准许中国和荷兰的商船至长崎贸易，禁止同其他国家贸易，号召检举天主教徒和神甫。德川幕府奉行锁国政策长达两个多世纪之久，它虽然巩固了幕藩体制，却使日本与外界隔绝，不利于吸收外国先进的科学技术和经济的进一步发展。这项消极的对外政策，直到1853年在美国炮舰政策的压力下才宣告结束。

五、日本文化

1. 文学、史学与“假名”文字

日本最初没有自己的文字和典籍。古代日本文化主要得益于中国文化的影响。从3

世纪开始，中国的汉字和汉文、儒学、律令制度逐渐向日本传播，到唐代达到高峰。正是在中国文化的影响下，奈良时代的日本出现了文化发展的高潮，模仿唐朝在中央设太学、地方设国学，许多贵族子弟受到中国文化的教育。由此，不少贵族通晓汉文和中国诗歌。8 世纪中叶问世的《怀风藻》是日本保留至今的最古的汉文诗集，是贵族的文学作品，受中国六朝风格影响较强。日本最早的两部史书也相继产生。《古事记》是官修史书，成书于 712 年。该书分上、中、下三卷。上卷集日本古代神话之精华，记述了天地开辟、国土诞生、民族形成和皇室起源等。中、下卷是历史传说和一些史实的结集，主要有天皇征讨、下臣叛乱、皇室的政治举措和恋爱生活等内容。《日本书纪》则是另一部官修史书，1 至 3 卷为神话传说，4 至 13 卷是虚构的纪年史事，14 至 30 卷多为历史沿革的实录。形式上模仿中国史书，采用了编年体和纪传体相结合的体例，全部用汉文撰成。这两部史书都是研究日本古史的珍贵史料。到平安时代，史书编撰开始增多，相继编成《续日本书纪》、《日本后纪》、《续日本后纪》、《文德实录》和《三代实录》，连同《日本书纪》合称“六国史”。

奈良时代的日本人还利用汉字创制本国文字，用汉字的音和义发展了书写日语的方法，其中借用汉字的音符来书写语言的被称为“假名”。有了这种文字，就可以用日语来写作。8 世纪中期编成的《万叶集》，就是用这种方法写成的，这是最早的一部日语诗歌总集，有 5 至 8 世纪的歌谣 4 500 首，作者有天皇、贵族、诗人和普通百姓，真实反映了当时各阶层的思想和生活。用汉字作音符，书写很不方便。到了 9 世纪，日本人终于利用标音汉字的偏旁创造了日本表音文字——片假名，又利用汉字行书体创造了日本行书假名——平假名。

随着假名文字的普及，平安时代日本文化逐渐摆脱对中国文化的简单模仿，由所谓“唐风文化”转化为具有日本特点的所谓“国风文化”。这个时代用假名撰写的文化作品体裁丰富多样，有和歌、物语（散文故事）、日记、随笔等等。《古今和歌集》全书 20 卷，共收集和歌 1 100 首，文笔细腻、技巧纯熟、文字优美。女作家紫式部的《源氏物语》是世界上最早的长篇写实小说。这部小说描写了宫廷斗争与贵族阶层的恋爱故事，反映了当时妇女的无权地位和苦难生活。情节曲折复杂，文笔优美细腻，对人物内心世界多有深入的刻画，其笔法和格调对后世的文学创作影响很大。

镰仓幕府以后，武士成为社会栋梁，日本文化以反映新兴武士阶级的思想和生活为主，提倡忠君守义、重名轻死的武士道精神。这个时期的文学作品有《新古今和歌集》、《保元物语》和《平家物语》等。到了室町幕府时期，随着工商业经济的兴起，文学形式又有了新的发展，产生了被称为“狂言”的喜剧。它用民间的俗语描绘市民的日常生活与智慧，讽刺封建大名、武士及僧侣的凶残、狡诈与愚昧，受到民众的欢迎。

2. 绘画艺术

古代日本的绘画艺术成就显著。平安时代的“大和绘”，系借鉴了中国唐代绘画技法而形成的绘画艺术，它以日本的风俗、景物等为题材，具有画风清丽、线条柔和、色彩稳重的民族风格，一般以连环画卷的形式来描绘“物语”中的故事。大和绘盛行于日本约有 300 年的历史，对后世日本绘画发展具有重要意义。现存作品有《源氏物语绘卷》《信贵山缘起绘卷》《扇面写经》等。到了室町幕府时期，受中国宋、元时期水墨山水画风格的影响，日本绘画艺术开始转向对自然风光的描绘，不少作品所展现的山川风物意境幽远，姿态各异，栩栩如生。著名画家雪舟等杨15世纪中期曾来中国学习绘画，回日本后入云谷寺，创作了《秋冬山水图》《山水长卷》《天桥立图》等名作，其画风被称为“云谷画派”。

16世纪以后，由于商品经济和城市的发展，日本文化的世俗性和民众性日益浓厚，主要表现为城市里“町人文化”（即市民文化）的产生，反映新兴市民的思想意识和生活气息。在文学上，兴起了一种几乎全用假名书写的通俗文艺作品，称假名草子。它的读者广及妇女儿童。体裁以小说即物语为主，包括童话和随笔等。小说有恋爱故事、佛教故事、笑话以及日本、中国、印度的传说，孕育着日本近世文学中现实主义的萌芽。而在绘画艺术上，表现为“浮世绘”的兴起。浮世绘的题材极其广泛，有社会时事、民间传说、历史掌故、戏曲场景、妇女生活、战争事件等，其基调体现了新兴市民的思想感情，如颂扬自由恋爱、讽刺封建礼教等。此外，茶道、“歌舞伎”也在社会上流行。

3. 佛教与神道教

佛教传入日本最晚不迟于6世纪初，因受到统治阶级的青睐和扶持而迅速发展。圣德太子摄政时积极扶持佛教，在其制定的《十七条宪法》中，号召“笃敬三宝”（三宝即指佛、法、僧）并在全国兴建寺院。大化改新后，日本全力吸收中国文化，历次遣唐使中都有不少学问僧随行，到中国了解和研习佛教，回国后相继创建了日本佛教真言宗（密宗）、天台宗（法华宗）。从天宝元年（742）至天宝十二年（753），年近古稀的唐代高僧鉴真，历经磨难东渡日本，不仅向日本人民介绍了建筑、雕塑、医学、书法等，而且带去许多佛教经典，创建了日本佛教律宗。为了更好地扶持佛教，天皇政府将佛教纳入国家事务之中，设立专门的佛教统制机构，任命僧侣首领，规定寺院制度，佛教遂成为官方宗教，在各地迅速发展起来。在平城京（奈良）建有东大寺，地方各国建有国分寺，此外还有法华寺、西大寺、唐招提寺等许多著名寺院。幕府统治后，政治秩序失控，封建混战频仍，民众于社会动乱中渴望寻求精神寄托，于是一些理论通俗、方法简捷、更容易被民众接受的佛教宗派得以产生。中国禅宗宣扬“心是佛，心外无佛，佛外无心”，主张只要一心向佛，人人皆可“顿悟”成佛。因此，它在中国宋、元时期传入日本后，相继形成临济、曹洞两宗，在日本佛教中影响深远。

与此同时，日本也发展了本土的神道教。在佛教传入前，日本信仰是从原始宗教发展而来的神道教，最初以自然精灵崇拜和祖先崇拜为主。后来，它从传入的中国儒学和佛教中吸收了某些道德观、教义，逐渐形成一种多神信仰的宗教体系，特别是崇拜作为皇祖神的天照大神，宣传天皇是天照大神的后裔，并据“神敕”实行世袭统治。同时宣扬日本人的祖先是天照大神属下的诸神，即为“天生民族”，称日本为“神国”。其祭祀场所称“神社”或“神宫”，神社和寺院一样占有大量土地，是享有免税特权的大封建主。神道教保留了许多原始宗教残余，且无系统的经典和严密的宗教组织，因此无力与佛教竞争，长期处于依附的地位。德川幕府时期，佛教衰落，神道教摆脱附属地位而独立发展起来。

第三节　封建时代由盛至衰的中国

一、封建君主专制的强化

1. 唐朝封建君权的强化与分裂割据的重现

中国古代的君主专制源远流长。春秋战国时期，各诸侯国为了争雄称霸，先后进行了一系列强化君权的政治改革。秦汉大一统后，君主在充分借鉴历史经验和教训的基础上，建立起了可供后世借鉴的君主中央集权体制。另外，先秦时代的诸子百家在思想争鸣的过程中，就从不同的角度论证了君主治国的方略和路径。西汉中期，著名政治思想家董仲舒，在“罢黜百家，独尊儒术”的外衣下，借鉴包括先秦法家在内的各种有利于强化君权的学说，确立了三纲五常的政治伦理规范，实现了政治思想上的大一统，为日后君主专制的强化奠定了思想基础。

魏晋南北朝时期（220—589），随着地方封建豪强割据的兴起和北方少数民族对中原地区的大规模征服，东汉王朝土崩瓦解，中国陷入了长达数个世纪的分裂割据局面。然而，中国根深蒂固的大一统政治传统并未断裂，不少封建割据政权都曾经进行过旨在实现政治统一的努力。北朝时期，北方各民族与汉族的民族大融合日益加深，社会经济也得到恢复和发展。至隋建国，中国南北方的民族矛盾与经济、文化差别基本消除。结束南北对立、实现国家的再统一已是历史发展的必然趋势。

581 年隋王朝建立，很快重新统一中国。为消除北周后期的政治积弊，隋朝君主借鉴汉魏以来的政制，构建起君主集权的专制制度。但因无限制地征发繁重的徭役和兵役而激化阶级矛盾，隋朝很快为农民大起义所推翻。而在农民起义风暴中建立起来的唐朝（618—907）借鉴隋因暴政“二世而亡”的教训，采取诸多有力的政治、经济与军事措施来巩固政权，构建起疆域广阔、强大繁盛的唐帝国。

唐朝初年，为了实现政治大一统的长治久安，唐朝君主在充分吸取隋朝君主集权之经验的基础上，建立起君主中央集权的专制制度。“唐承隋制”，但在强化君权上比隋制更加完善严密。唐朝的中央政府设尚书省、门下省和中书省三省，职掌与隋朝相同。尚书省下设吏、户、礼、兵、刑、工六部处理具体要政。三省长官起初均为宰相，共议国政。但由于尚书令权力太大，遂以唐太宗曾任此职为理由，不再授人，而以左右仆射代行职权。左右仆射起初是当然的宰相，但后来要加“同中书门下”头衔才是宰相。由于中书令、门下侍中的名位较高，所以也不常设。于是就给其他官员加上“参预朝政”“参议朝政”“参议得失”“同中书门下三品”“同中书门下平章事”等头衔，令其担任宰相。宰相们平时在政事堂讨论军国大事。政事堂会议是协助皇帝统治全国的最高决策机构。宰相的权力分于三省，又由品级较低的官吏来担任，这就进一步削弱了相权，加强了皇权，同时也更便于发挥整个统治集团的意志。此外，唐朝还设立御史台，掌监察中央和地方官吏，参与大狱的审讯。另设掌国家文教、掌官营手工业生产、掌土木工程、掌制造军器、掌水利建设、掌刑法断狱等方面事务的诸多机构和官员。

唐初的地方行政制度与隋朝基本相同，仍为州县两级制。州的长官为刺史，县的长官为县令，县下设乡，乡下设里。唐太宗时，为加强对地方的控制，把全国划分为十个监察区，称为道，时常派黜陟使或巡察使到各道巡察。唐玄宗时，又分全国为十五道，每道设采访使一人，督察所属州县。

此外，在军事上，唐初仍然沿袭隋朝建立的府兵制。这一以均田制为基础的兵农合一的制度，有利于皇帝控制军队，防止将领专兵干政的出现。在选官制度上，唐朝还进一步发展和完善了隋朝的科举制，消除了士族大姓垄断要职的弊端，确保了庶族地主的参政，扩大封建专制君主统治的基础。

唐朝君主专制制度的发展，为社会经济的发展提供了有利环境，也使唐朝不断开疆拓土，构建起庞大的封建帝国，使中国封建社会进入到鼎盛的历史阶段。

中国古代没有中世纪西欧那种教俗权相互制衡、封建权力分散的格局，中央大一统的政治传统积淀深厚，十分有利于君主的政治集权。不过，历代封建统治阶级内部都难免有权力分配与争夺的矛盾，封建政治离心力始终不同程度地存在，皇权与其他政治集团、势力的力量对比一旦处于严重的失衡状态，就难免产生封建分裂割据。同时，居住在北方的少数游牧或半游牧民族，也时常与中原的中央王朝发生战争，这一态势不仅常常诱发内地的封建割据，而且也常常导致数个民族政权之间的分裂与对峙。

自中唐始，唐朝君主专制因社会形势变化而遭到严重挑战。在开元（713—741）、天宝（742—756）年间，由于土地兼并和兵役繁重以及天灾的影响，唐初对农民推行的均田制逐渐瓦解，均田农民很难自备兵甲衣粮履行府兵的军役，府兵制遭到严重破坏。由此，唐王朝不得不改行募兵制。723年和737年，分别用招募来的军队取代府兵宿卫京师和戍边。职业化的募兵制的推行，为军事将领专兵干政开辟了道路。同时，内地与边镇的兵力部署也发生了变化。原先在实行府兵制时，军府近半数集中在京师所在的关内道。不过为防边患，朝廷也派将领在与边远少数民族接壤地区驻扎重兵。这些将领在710年（睿宗景云元年）开始称节度使。军队在驻地多实行屯田，逐渐形成了军事与经济相结合的藩镇。到玄宗时，已有平卢、范阳、河东、朔方、陇右、河西、安西、北庭、剑南、岭南十个节度使（岭南的称为经略使）。这些节度使最初只掌军政，后来权势渐大，往往兼统数个州郡，集军政、民政、财政大权于一身，成为称雄地方的强大诸侯，对中央王权形成威胁。755年（玄宗天宝十四年），兼任平卢、范阳、河东三镇节度使的胡族将领安禄山及其部将史思明，乘朝廷政治腐败、武备松弛之机，发动了对中央王权的武装反叛。这场持续了七年多的“安史之乱”，成为唐朝由盛而衰的历史转折点。

安史之乱平定后，唐朝无力彻底消灭“安史”的余部，只得任命其降将为成德节度使、魏博节度使、卢龙节度使，此三镇史称“河朔三镇”，后来发展成为最强大的割据势力。又在西北、西南加强藩镇力量，防止吐蕃、南诏进扰。为了巩固统治，在关中、关东、江淮流域广置藩镇，以求互相制约，防遏河朔，屏障关中，沟通江淮。可是这些藩镇往往不听命于朝廷，甚至自行任免官吏，自掌军队，自专刑赏，户口不报中央，赋税不交朝廷，于是逐渐形成“天下尽裂于方镇”的局面。有些节度使亦不由中央任命，而是父死子继，或由将士拥立。他们之间有时互相火并，有时联合对抗朝廷。尽管朝廷曾多次对藩镇进行斗争，但始终难以奏效，藩镇割据局面一直延续至唐朝灭亡。此外，唐朝后期的宦官专权和官僚的“朋党之争”，极大地影响了君主专制制度的运作。它们与藩镇割据互相交织，使唐朝政治日益黑暗，阶级矛盾加剧，在黄巢领导的唐末农民大起义冲击下逐渐走向衰亡。

唐朝在公元 907 年灭亡后，各藩镇和地方武力集团相继割据独立，建立新朝。在中原地区相继更代的王朝为梁（后梁）、唐（后唐）、晋（后晋）、汉（后汉）、周（后周）五个朝代，史称“五代”。在南方，则先后建立了吴、南唐、吴越、楚、闽、南汉、前蜀、后蜀、荆南（南平）九个政权，连同割据在今山西一带的北汉，史称“十国”。“五代十国”的分裂割据是唐末藩镇割据的继续和发展。不过，在这些割据政权互相攻伐、兼并的过程中，在契丹南进、民族矛盾上升的情况下，中国又逐渐出现了走向统一的趋势。

2. 宋朝的君主专制集权

960 年，后周将领赵匡胤发动“陈桥兵变”建立了北宋王朝。北宋继续推进后周王朝的统一事业，先后灭荆南、湖南、后蜀、南汉、南唐等割据势力，结束了五代十国的割据局面。不过北宋的统一与汉、唐不能相比，在当时中国境内，还有辽、西夏、吐蕃、大理等几个较强的少数民族政权与北宋对峙。

北宋建立后，认真总结唐末及五代君弱臣强、政权屡更的教训，采取了一系列加强中央集权的措施。在中央，表面上沿袭唐朝制度，但实质上多有变革。朝廷的省、台、寺、监多为闲散机构，有名无实。宰相也不再由三省长官充当，而是另以同中书门下平章事为宰相。又增设参知政事为副相，与宰相合称“宰执”。但宋朝宰相仅负责行政，最高军事首脑则是枢密院长官枢密使。中书门下与枢密院合称“二府”，共掌文武大权；另外，又设三司，下辖盐铁、户部、度支三部，是最高的财政机构，号称“计省”，其长官为三司使，亦称“计相”，地位略次于“宰执”。于是，“中书主民，枢密院主兵，三司主财，各不相知”，分别对皇帝直接负责。这样，原来集政权、财权、军权于一身的宰相权力被一分为三，宰执、枢密使、三司使互相牵制，从而削弱了相权，加强了皇帝对政权的直接控制。同时，宋朝还在御史台之外，增设谏院，置谏官。谏官不仅任谏职，而且常常与台官一道，弹劾宰执、大臣，使相权进一步受到牵制。宋朝还实行官衔与实际职务分离的官吏任用制度，即“官、职、差遣”制度，加强中央集权。为了发掘政治人才资源，北宋还发展了唐代的科举制，让进士不再经过吏部考试而授予实职，放宽对应试者的出身的限制。

在地方上，北宋初将全国分为十五路，由中央的派出机构四司掌管各路地方大权，如安抚使司掌兵民之事，转运使司掌财赋，提点刑狱司掌刑狱，提举常平司掌常平仓、义仓、赈灾事，这些官员还兼有监督地方官吏之责。地方设州、县两级行政机构。但与州平行的还有府、军、监。府一般设于要地，军设于军事要冲，监设于坑冶、铸钱、牧马、产盐地区。这样，宋朝中央通过监司控制地方的行政、军政、财政、司法，督责地方官吏；又通过通判限制、分割知州的权力，从而加强了对地方的控制。另外，宋朝还改变了唐末五代以来的节度使兼管其他州、军（称为支郡）的做法，一般节度使除管所在的大藩府外，不再兼领支郡。并规定州的长官必须为文臣。这就大大减少了地方武装割据的可能。

北宋时期君主专制“以大系小，丝牵绳联，总合于上”，加强了中央集权，基本消除了唐末五代以来藩镇割据、军阀混战的弊端。但由于过分集权而显得“强干弱枝”，对地方的控制难免减弱。而机构重叠必然要导致官员的相互推诿，行政运作效能大打折扣。这些都使得北宋逐渐积贫积弱。因此，在北方少数民族政权的渐次勃兴和南征的态势下，中国很快又进入到宋辽对峙、宋金对峙的分裂状态，直到蒙古族建立的元朝灭掉南宋，中国才又归于政治统一。

3. 元朝的大一统

1279年，蒙古族新兴政权元朝灭掉南宋，结束了两个多世纪民族政权对峙的格局，再次实现了政治上的大一统，尤其是把原吐蕃地区、原大理地区和今黑龙江下游都纳入中央的统治之下，建立起疆域辽阔的多民族国家。忽必烈在位时（1260—1294），即以实现“天下一家”为己任。在灭南宋后，为了巩固政治的大一统，他广泛地采用中原王朝的传统制度和政治经验，着手建立起君主专制集权的制度。

在中央，元朝基本上沿袭了唐宋的中央制度，但作了一些改变。这主要表现为未采用三省制，而是实行一省制，即设立中书省作为中央的最高行政机构，总理全国政务。中书省长官为中书令，后来皆由皇太子兼领，成为虚衔。中书令以下，有右丞相、左丞相各一员（元朝尚右），即是实际的宰相。其下设副宰相（平章政事）、执政官（右丞、左丞）数员协助决策施政。中书省下有吏、户、礼、兵、刑、工六部，负责处理具体政务。此外，设立枢密院掌管兵权。长官为枢密使，也由皇太子兼领，实际上也是虚衔。另外设知枢密院事，后来即成为首官，其下设数名要臣（同知枢密院事、枢密院副使）等辅之。枢密院不能同中书省并列，地位低于中书省。但两处常常相互联系与沟通，以期军、政协调一致。监察机构仍为御史台（又称内台），另还设有一些政府机构来管理宗教、驿站、工匠等。

元朝的地方制度较唐宋有较大改进，主要表现为行省制的建立。今河北、山东、山西等地称为“腹里”，直属于中书省。此外，设有十个行省（行中书省），即岭北、辽阳、河南、陕西、四川、甘肃、云南、江浙、江西、湖广。各行省的组织均仿中书省，设丞相（但不常设，且时设时废）、平章政事、右丞、左丞、参知政事等，以处理一省的政务，举凡民政、财政、军政无不统领。元朝的行省制，从政治上巩固了国家的统一，使中央集权在行政体制上得到了保证，对后世影响很大。行省下又有路、府、州、县等。此外，地方还有直属于中央的相对独立的监察机构。对吐蕃、新疆、台湾等地，也设置相应的官僚机构，加强对边疆地区的管理。

元朝的君主专制还带有鲜明的民族压迫色彩。为了有效地进行统治，元朝君主推行民族分化政策，把全国民众划分为蒙古人、色目人、汉人、南人四个等级，对其政治待遇和法律地位作出严格的规定，蒙古人地位最高，色目人次之，汉人和南人地位最为低下。在政治上，规定中央和地方的官员，正职一律由蒙古人或色目人担任，副职才许汉人、南人担任。特别是中央统治机构中的中书省、枢密院和御史台，正职绝大部分由蒙古人担任，只有个别的汉人短期内担任过正职，至于掌握军机的枢密院要职，汉人、南人不得担任。地方上各路、府、州、县，均由蒙古人、色目人出任掌握实权的达鲁花赤，汉人和南人只能担任路的总管和府、州、县的守令。

元朝的君主专制体制，特别是地方行省制度，有益于多民族统一国家的巩固和发展，对后世产生了深远影响。但它所带有的民族歧视和压迫政策，也在相当的程度上弱化了它的统治功能。因此，元朝在维系了不到一个世纪后，就被以反元相号召的农民起义推翻。

4. 明朝君主中央集权制度的空前发展

中国的封建君主专制在明朝时期（1368—1644）呈现出高度强化的态势。建国之初，明太祖朱元璋（1368—1398）本着“收天下之权以归一人”的集权精神，着手建立和强化君主专制的政治体制。明初仍沿袭元制，设中书省，由左右丞相总理朝政，下置吏、户、礼、兵、刑、工六部具体施政。又设大都督府掌军事，御史台掌监察。丞相大权独揽，位处皇帝一人之下、百官之上。到了洪武十三年（1380），因丞相胡惟庸专权揽政，且欲谋反，朱元璋杀胡惟庸，废除中书省及丞相，分相权于六部之中，委大政于六部，由六部直接向皇帝负责。明政府经过这样的改革，一切大权就都集中到皇帝手中。皇帝日理万机，总得有辅佐的人。因此，朱元璋废丞相后，便又设置殿（华盖殿、武英殿等）、阁（文渊阁、东阁）大学士，使侍左右，备顾问。明成祖即位以后，入文渊阁的臣属得以参与机务，称为内阁学士，渐升为大学士。内阁之名及阁臣参与机务自此始。“票拟”乃为内阁主要职权。所谓票拟，即外廷章奏先经御览，皇帝阅后发交内阁，由内阁大学士以皇帝名义拟就批答文字，提出对政事的初步处理意见，用小票墨书附贴于章奏之上，随同封进，皇帝如同意内阁票拟，则亲自或交司礼太监以朱笔照票批发各衙门执行，称为“批红”。由上可知，票拟制度在权力运作机制上完全受制于皇权。章奏由皇帝先阅后再下发内阁票拟，实际上就规定了票拟之内容情节必须完全符合皇帝意旨，否则皇帝可将章奏不下发内阁，不作处理，或加以删改。内阁主要通过票拟加强皇权的统治效能，而司礼监则主要通过代皇帝批红来监督和制约内阁的权力。

从明初开始，皇帝还注重运用监察机构来强化君权。明初，改御史台为都察院，长官为左、右都御史，督察百官，地位显赫，与六部尚书平行，合称“七卿”。在地方，则按照行政区划设有十三道（按省分为十三道）监察御史，代表天子出巡，权力极大，大事奏裁，小事立断，对王公大臣都有权加以纠劾。朱元璋又按六部的建制，设立吏、户、礼、兵、刑、工六科，各置都给事中等官，分别稽查六部事务，六部有违失，可以驳正。中央还设大理寺为最高司法机关，主管复审大案。凡刑部、都察院问过的案件，皆移送大理寺复审，听候指驳。通政司则是明代创设的，掌收内外一切章奏、封驳和臣民密封申诉之件。

为了加强对军队的控制，明朝设大都督府掌管军务。后来朱元璋觉得大都督府的权力太大，即将大都督府分为中、前、后、左、右五府，使之分别统领在京及在外的军队。五军都督府与兵部共掌兵权。兵部是任命将领、发布调遣命令的机构（调兵必须奉旨），但不直接统率军队。五军都督府则是主管军籍和军政的机构，虽然分领在京及在各地的军队，但不能自己调遣军队及任命将领。这二者互相钳制，又都不能指挥军队，使最高统一指挥权操于皇帝手中。驻扎在各地的军队分为卫、所两级，叫作“卫所制度”。自京师至府、县皆有卫、所。军队分隶于五军都督府，并听命于兵部。凡各地卫、所皆实行屯田。遇有战事发生，则由兵部奉旨调卫、所兵，临时命将充总兵官，发给印信，统兵出征。战事结束，总兵官交还印信，兵士回到卫、所。这样将不专军，军无私将，而军权集于中央。

地方制度上，明初仍沿元制，但不久就作了有利于君主集权的改革。洪武九年（1376），朱元璋改行中书省为承宣布政使司（习惯上仍称为省），简称为布政司，其下设府、州等行政机构。这不仅是名称的改变，而且意义实有不同。元朝的行中书省职权太大，几乎无所不统，而布政司的职权则仅限于掌管民政、财政。到宣德三年（1428），全国除南北两京外，共有十三个布政司。另设提刑按察使司掌管司法和监察，设都指挥使司掌管军队，合称为“三司”。“三司”在省里是平行的，彼此不相统属，各同中央有关部门发生联系，由此而集权于中央。

为了进一步加强对臣民的控制，明朝皇帝还建立由其直接掌握的内廷侦察机构——厂卫。洪武十五年（1382），朱元璋设“锦衣卫”，专事侦缉、审讯，由皇帝直接指挥，下设镇抚司，有特定的法庭和监狱。镇抚司权力很大，判案均直接请示皇帝。明成祖为铲除建文帝残余势力，又增设“东厂”，由亲信的太监来负责，“缉访谋逆、妖言、大奸恶”，其权力在锦衣卫之上。厂、卫完全秉承皇帝意志行事，可以任意逮捕和审讯臣民。此外，明朝皇帝还实行残酷的廷杖制度，对冒犯君威的大臣，无须有具体罪名，即在朝廷上对其肉体公开进行杖责，由厂、卫行之。受杖之人轻者皮开肉绽，重者必毙于杖下。

在普通的刑律上，明初制定的《大明律》和《大诰》三编作了极其苛重的规定。《大明律》把谋反、谋大逆、谋叛、恶逆、不道、大不敬、不孝、不睦、不义、内乱定为十恶，凡犯十恶之条者皆从重治罪，并且不得赦免。《大诰》三编中则有种种酷刑，如有族诛、凌迟、枭首、挑筋、去指、断手、砍脚等，不下三十种。明朝旨在以苛法酷刑来威慑及警戒臣民，维护君主的权威和封建社会等级秩序。

对思想文化的严格控制，也充分地反映了明朝君主专制的强化。从地方的府（州）县学到中央的国子学，都要学习《大明律》、《大诰》和儒家的经典。科举考试规定以八股文为标准，从儒家的“四书”“五经”的章句中命题，以宋朝大儒朱熹的注解为答题依据，以此来禁锢知识分子的思想。为了从观念上清除臣民的反抗意识，朱元璋还指令人编成《孟子节文》，肆意删除孟子学说中有关“仁政”“民本”“诛暴君”的思想，将《孟子》中被认为言论荒谬的共85章一律删去，几乎删除了全书的1/3。更有甚者，朱元璋还开启了明朝文字狱的暴行，以猜疑心理来曲解文人学士的作品，不少人因此而惨遭杀身之祸。

明朝皇帝的高度集权，大大超过了以前的唐、宋、元等封建王朝，将千余年来的封建君主专制发展到极致。在维护和巩固多民族统一国家、发展传统的社会经济方面，这一政治体制无疑发挥了重要作用。然而，在封建社会衰落的时期，它无疑是新的经济因素和思想观念成长的巨大障碍。

二、社会经济的发展

1. 唐朝封建经济的繁荣

唐朝建立后，为稳定社会秩序、保证赋税收入和徭役调发，采取了许多“与民休息”的措施，推行均田制和租庸调法，促进了社会经济的恢复。同时，唐朝的大一统使其疆域辽阔，有利于南北经济的交流。而南北朝时期江南经济的开发，也为唐代经济的成长提供了较好的基础。由此，唐代的封建经济日趋繁荣。

唐朝前期，铁器牛耕进一步推广，水利设施多有兴修，大量荒地被开垦为农田，粮食亩产量也大为增加。农业生产发展，使粮价越来越便宜，人口也随之增长。据统计，贞观初年全国有 300 万户，到了 705 年（神龙元年）增加了一倍多。到了 755 年（天宝十四年），全国户数增至 891 万多，人口 5 291 万多。

在农业发展的基础上，工商业经济趋于繁荣。手工业生产在城乡兴起，主要是农村的家庭手工业，其产品在纳税后自用有余时，也在市场上出售。再就是专门的行业，有纺织业、陶瓷业和矿冶业等。手工业作坊大多集中在城市，有纸坊、毡坊、酒坊、铜坊、染坊、绫锦坊等。有的作坊规模很大，如定州富豪何明远，“家有绫机五百张”。商业也随之兴盛。当时各大城市和州以及多数县的治所都设有市。在乡村也有定期进行交易的场所，称为“草市”、“墟”或“集”。京城长安既是全国的政治中心，又是最大的商业城市。长安城周围七十多里，由宫城、皇城和廓城三部分构成。廓城是居民区和工商业区，共有一百零八坊和东西两市。坊是住宅区，市是工商业区。市内出售货物的店铺称“肆”，经营同类货物的肆集中在同一区域，称“行”。东市有二百二十行，数千肆，四周还有许多为商人存放和批发货物的邸店。西市比东市更繁华，而且外商云集，“胡风”甚盛。

不过，唐朝工商业的发展明显带有封建特征。朝廷的官营手工业占有重要地位，其产品主要供皇室和官府消费，工人除了来自民间的服役工匠外，还有刑徒、官奴婢、杂户等。官营手工业规模较大，分工较细，又有最好的工匠从事生产，有利于生产的发展和技术的提高。但官营手工业的发展，也在一定程度上抑制了民间工商业的成长。此外，当时的“市”还受到封建官府的严格控制，“市”设有市令负责市场管理，市场交易时间也必须按规定执行。

唐朝后期，安史之乱与藩镇割据使北方经济受到严重破坏，人口大量南迁，带去了诸多的劳动人手和先进的生产经验、技术，南方的经济由此而发展迅速，逐渐超过了北方，不少新兴的商业城市发展起来。原来住宅区“坊”和商业区“市”被严格分开以及日落闭市的旧制，开始被打破，商业活动不再局限于市，个别大城市中出现了夜市。为了适应商业的发展，一些大城市还出现了柜坊和飞钱。柜坊经营钱物存付，代人保管钱物，向存钱物者收取一定的柜租，凭书帖或信物支付钱物。这种书帖类似于后世的支票。飞钱又称便换。商人在长安把钱交给某道进奏院（驻京办事处）或某军、某使、某富家，然后带着当事人付给的文券，到目的地凭文券取钱。这种文券类似于后世的汇票。柜坊和飞钱都是商业发展、交易频繁、营业额巨大的产物。

国家的政治大一统和工商业的繁盛促进了唐代水陆交通的发达。陆路以长安为中心，东至汴宋（今河南商丘），远达山东半岛；西至成都，西北至凉州（今甘肃武威），远通西域；北抵范阳（今北京）；南至荆（湖北江陵）、襄（襄樊），远达广州。水路交通有大运河贯通南北，黄河、淮河、长江与南方的许多河流湖泊形成纵横交错的水道网。国内海运也初具规模，今河北、山东、江苏、浙江、福建、广东、广西等地都有沿海航线。在水陆交通要道上，政府设有驿站，负责招待官吏、传递文书。私人也开设旅店，接待来往客商，供给食宿和马匹等。

2. 宋、元时代社会经济的发展

到了宋代，虽然处于“积贫积弱”和与少数民族政权对峙的状态，但封建国家对农民的人身控制有所减弱，租佃制迅速流行，社会经济在唐朝的基础上有了新的发展。

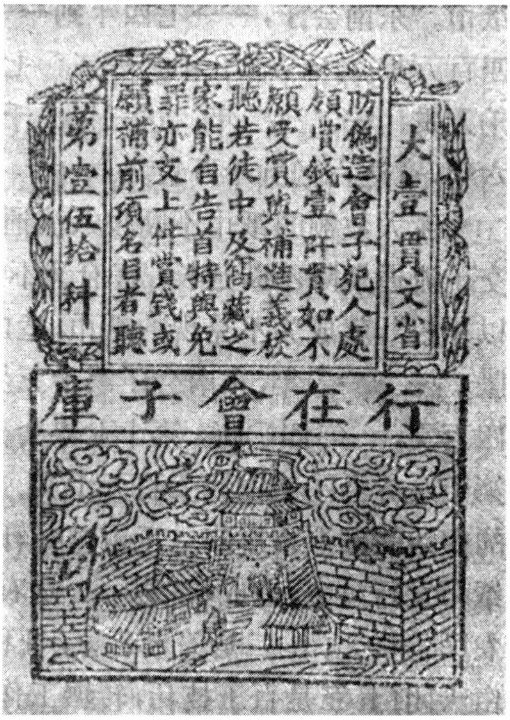

南宋发行的纸币——会子

在农业上，因地制宜地在山地、江畔、海边开垦出大片良田，新型水车龙骨翻车和筒车、以人力代替牛耕的踏犁等运用于生产，粮食产量有所提高。南北各地的农作物品种得到了交流，甘蔗、棉花、茶叶、桑麻等经济作物的种植范围也较前扩大。在此基础上，矿冶业、制瓷业、纺织业、造船业都兴盛起来，商业更是趋于繁荣。在此情况下，新的城市不断出现，旧的城市更加发达，城市中商业兴旺，行会种类繁多。宋代以前的城市，一般是“坊”（居民区）、“市”（商业区）分开，交易只能在市里进行，而且只能在白天进行，入夜即止。到了宋代，开始打破了坊市和昼夜的界限。开封市内，商店可以随处开设，而且有了夜市和晓市。而在农村，大城市周围的定期集市——草市和墟市大量涌现。由此，城乡连接一体的市场网络正在形成。随着商品交换的发展，货币流通额迅速增加。为了解决金属货币不足和流通不便的问题，真宗时，在政府许可下，成都十六家富户主持印造了一种纸币，代替铁钱在四川市场上流通，叫作“交子”。这是世界上最早的纸币，南宋时，改称为“会子”，继续发行。

宋代社会经济的新发展，也受到社会政治动荡的严重影响。宋与西夏、辽、金、元等少数民族政权之间的战争和对峙，使社会生产很难持续、扩大发展，更阻碍了商品与技术的交流。直到元朝统一中国后，这一局面才得以改变。

以游牧生活为主的蒙古族对中原地区的征服，曾经给社会经济带来严重摧残。不过，元朝的建立在更广的范围内重新实现了政治大一统，战乱逐渐消失。元世祖忽必烈即位后，改变以往蒙古统治者轻视农业的态度，注重兴修水利，鼓励农桑，如设立司农司，专掌农桑水利，编修《农桑辑要》供各地参考，在北方汉地立社，督导生产等等。这些都为经济的恢复和发展提供了有利的环境。在元代，各地特别是北方的荒地开垦数量很多，前代的水利工程都陆续得到修复，粮食产量也有所提高，棉花已在全国广泛种植。由此，人口也不断增加，政府掌握的人口达 5 800 多万。

元代手工业以官营最发达。各种官营手工业局院的工匠称为匠户，与普通民户不同，立有专门的匠籍，子孙世袭，不得改业。元朝政府掌握了大量的工匠，使之从事官营手工业生产。但是因毫无自由，待遇很差，匠户经常逃亡或消极怠工，导致官营手工业效率低下，产品粗劣。元朝政府尽量搜罗民间工匠到官办局院劳动，阻碍了民间手工业的发展。不过，民间独立的手工业者仍然存在，不少行业如棉织业、丝织业、制瓷业、印刷业等在元代仍继续发展。江南地区的丝织业，主要是农民的家庭副业，但也出现了专门以丝织业为生的机户，其生产有家庭手工业的形式，也有小作坊的形式。根据徐一夔《始丰稿·织工对》的记载，杭州在元朝末年已经出现拥有四五架织机、雇工十数人的丝织业手工作坊了。

大一统局面以及水陆交通的发达、纸币的广为流通，使元代的商业十分繁盛。商业发达的城市很多。当时著名的城市，在北方有开封、济南、奉元（今陕西西安）、大同、太原等，在蒙古地区有上都、和林等，在西南地区有成都、昆明等，在运河、长江沿岸有杭州、平江（苏州）、镇江、集庆（南京）、扬州等，在沿海一带有广州、泉州、福州、温州、庆元（宁波）等，其中最大的城市，则是大都与杭州。大都不仅是全国的政治中心，也是世界闻名的大商业都市。《马可·波罗行记》把大都叫作汗八里（即汗城），称道此城为商业繁盛之城，赞叹这里货物之多为世界诸城所不能比。杭州原是南宋的都城，其商业繁荣情形又出大都之上。马可·波罗称赞杭州是世界上最繁华、最富有的城市，摩洛哥旅行家伊本·白图泰也说杭州是他从来没有见过的大城市。不过，元朝政府对盐、茶、酒、醋等物品，均实行专卖政策，政府还利用“斡脱”从事商业活动，给予其种种特权①。这在一定程度上抑制了商业的发展。

3. 明代社会经济的兴盛与资本主义萌芽

明朝初年，在元末农民大起义冲击下，封建人身依附关系大为减弱，自耕农和独立手工业者数量大为增加，生产积极性有所提高。同时，依靠农民起义建立新朝的明朝统治者，深知予民休养生息对于封建统治的重要意义，因而采取了诸多奖励农桑的措施。这样，农业很快恢复和发展起来。据洪武二十六年（1393）统计，天下土田共八百五十余万顷，比元末增长了四倍有余。粮食的产量也大为增加，这从明政府税粮的增长上反映出来，如洪武十八年（1385）天下税粮二千零八十余万石，而到洪武二十六年，税粮则增加到三千二百余万石，和元代税粮总数一千二百余万石相较，约多出一倍半。同时，明朝也重视手工业的发展。明初对工匠的管理，仍然沿用元朝的匠户制度，但加以改革，给匠户以相对的自由，缩短其应役时间。其时，工匠分为轮班和住坐两种。轮班工匠轮流到京师服役，每三年一班，每次不超过三个月。住坐工匠每月上工十日，其余二十日自由支配，并且享有一定待遇，一般每月支米三斗。有病者还可交钱代役。这虽然仍旧是一种劳役制，但却给了工匠一定的自由，对手工业生产有利。由此，棉纺织

① 斡脱是突厥语“同伙”的意思，原是西域回回商人的一种商业组织的名称，因西域回回商人善于把持商业营利，元朝政府就向他们提供本钱，令他们代为经商，称作斡脱。以后斡脱即指一种官商而言。斡脱们都持有政府颁给的制书和驿券，可以往来国内外自由贸易，既不服差役，也不纳商税，行船不依开闸时刻，旅行住宿要受到特别的保护，甚至有时诈称财物被劫，还要由政府勒令州县民户代偿。斡脱除去替政府经商以外，又替政府及王公们举放高利贷等。

业、制瓷业、矿冶业、造船业等也相继发展起来。

随着时间的推移，到了明朝中后期，农业和手工业发展到新的历史水平。农业上，水稻产量较前提高，南方还出现双季稻。玉米、番薯等高产作物自外国传入，推广到很多地区种植。经济作物的种植面积也日益扩大。棉花的种植已“遍布于天下，地无南北皆宜之”。烟草由菲律宾传入，先至福建、广东，以后渐及长江流域等地。到了明朝末年，北方也多种植烟草。花生在明中后期也传入我国，种植于江苏、福建、浙江等地。桑树、甘蔗以及蓝靛（一种深蓝色染料作物）的种植也很兴旺。

手工业上，由于朝廷实行以银代役的“班匠银”制，手工业者所受的人身控制大为减弱，生产积极性提高，促成技术改进和新的发明接连不断。这时棉纺织业已成为非常普遍的家庭手工业。松江地区的棉纺织业最为发达，浙江嘉善县的纺纱织布也很有名，当时有“买不尽松江布，收不尽魏塘（嘉善县治所）纱”之谣。棉纺织业的生产工具也大为改进。如去籽用搅车，工效大为提高，使用句容式搅车生产，一人可抵原来四人。使用太仓式搅车生产，两人可抵原来八人。弹弓原来是竹弓绳弦，这时改为木弓蜡丝弦，振动力加大。元代纺车仅有三个锭子，这时的纺车有四个锭子。丝织业也比以前更加发展。苏、杭二府是全国丝织业的中心区，山西潞安府的丝织业也闻名全国。这时用的织机有腰机和提花机。最值得称道的是提花机，它的结构复杂，提花技术巧变百出，能够织出各种繁杂的花纹，鲜艳美观。冶铁技术也有突出的进步。炼铁不仅普遍用煤，而且使用焦炭。鼓风已经应用装有活塞、活门的木风箱，这是当时世界上最先进的鼓风工具，炼铁炉的容量也随之增大。景德镇制瓷业技术多有革新。如瓷器施釉法有了改进，用吹釉法代替蘸釉法，施釉更加均匀光泽。印刷业也有进步，已经应用铜活字印书。

农业、手工业生产水平的提高，使商品经济的发展超过了以前任何时期。张居正改革推行的“一条鞭”法，将赋税徭役合并为一，分摊到各户而折算成银征调。这一举措既是商品经济发展的结果，也促使它进一步繁荣。这一时期，农产品和手工业品的商品化趋势日益明显，粮食、棉花、生丝、食盐、烟草、绸缎、棉布、瓷器及其他各种手工艺品都成为主要商品在城乡市场上交易，其中松江的棉布“衣被天下”，苏州的绫罗纱缎“转贸四方”，景德镇的瓷器在全国东西南北“无所不至”。由此，工商业城市普遍繁荣。北京、南京、苏州、杭州以及诸王封地开封、武昌、潞安等主要因政治、军事因素形成的城市，此刻也因工商业兴盛而格外繁华。如北京“天下财货聚于京师”，“四方之人咸鳞集焉”。此外，新市镇大量涌现。沿运河的淮安、济宁、东昌、临清、德州、沧州等，迅速发展为全国著名的商业性城市。由于长江上游的开发，长江在东西交通上的地位日益突出，沿江兴起的芜湖、九江、汉口等城镇，成为商业中心。其中汉口日益成为全国最重要的商业中心。江浙地区的新兴市镇星罗棋布。东南沿海，特别是江南地区，经济发达，交通便利，又陆续兴起一批工商业城镇。这些城镇大多是因为拥有特种手工专业以及商业往来频繁而兴盛，成为某种手工产品和原料的集散地，并因此聚集众多牙行、商贾和行会。手工业的比重在城镇经济中明显增加，这是明代中后期城市经济和传统城市经济最大的不同。

由于工商业的发展，银成为市场上流通的主要货币。此时朝野上下普遍用银。民间不仅大的交易用银，小的交易也都用碎银。明政府的田赋、徭役、工商业税、海关税乃至官吏俸禄、国库开支，也大都是以银折价，以银计算。由此，商业资本也非常活跃。商人数量大大增多，他们拥有庞大的资本，合伙经商，在各地设立会馆，组成商帮，往往形成地域性的商业资本集团。其中最多的是徽商，其次是晋商、江右商，再次是闽商、粤商、吴越商、关陕商。他们之中大多数都是中小商人，但也有拥资数万、数十万至百万的大商人，这些商人贩卖各种农产品及手工业产品。还有一些江南富商大贾“贸丝织缯绮，通贩贸易”，购来原料，直接加工成商品，再行贩卖，以赚取更多的财富。

在商品经济高度繁荣的基础上，资本主义萌芽在一些手工业部门破土而出。在江南丝织业中心苏州，已经出现了很多机户，专以机织为生，并且存在着机户雇佣机工从事生产的情况。这里的机户有多少不详，但已知总共使用机工数千人之多。这些机工“得业则生，失业则死”，已是专赖出卖劳动力为生。他们都是“自食其力之良民”，即是具有人身自由的人。机户与机工的关系是“机户出资，机工出力”，这显然是一种新的自由雇佣关系。在松江棉布袜制造业中，则存在着包买商形式的资本主义经营。自万历以来，这里有暑袜店百余家，店主将原料分发给当地“男妇”，令其为之生产暑袜，诸“男妇”各回家中做成暑袜，然后从店中领取报酬。暑袜店的店主显然是包买商，诸“男妇”变成在自己家中替店主生产的雇佣工人。在浙江嘉兴县石门镇的榨油业中，也有资本主义生产关系的记载。该镇有油坊二十家，共有雇工八百余人，平均每家四十余人，雇工按日计工资。这样的油坊可以看作资本主义性质的工场手工业了。此外，广东韶州、惠州、佛山的冶铁业，云南的铜矿业，景德镇的制瓷业，也都出现了资本主义萌芽。

明代中后期的资本主义萌芽，是新兴社会生产力和生产关系的集中反映，昭示着中国封建社会的衰落。然而，资本主义萌芽只是个别的零散的现象，不足以突破封建社会的母体成长起来。在当时，自给自足依然是广大农村人口基本的生产生活模式，资本主义萌芽缺乏迅速成长的社会土壤。此外，明朝政府对工商业者的重税政策与闭关政策，也遏制了资本主义萌芽的成长。

三、思想文化的繁荣与流变

1．唐代思想文化的丰硕成果

唐朝时期，既是中国封建社会的鼎盛时期，也是中国思想文化的繁荣时期。唐朝经济繁荣，国力强盛，且疆域辽阔，境内民族众多，对外更表现了一种大幅开放的恢弘气度。所有这些，都使得它在继承以往成果和吸收外来文化的基础上，兼容并包地摄取少数民族、外来民族的各种文化营养，来进行文化的建构与创新。由此，唐朝的思想文化以其特有的多元性和开放性而令人瞩目，不仅在文学、史学、科技、艺术等诸多领域取得了辉煌灿烂的成果，而且在儒学发展方面还出现了新的动向。

唐代文学的杰出成就突出地表现在诗歌创作上。在这个中国古典诗歌的黄金时代，诗歌的数量之多，题材之广泛，风格流派之多样，技艺之精湛，都远远超过了以往的朝代。有唐一代，诗人名家辈出，数不胜数，而影响和成就最大者当数李白、杜甫、白居易三人。李白（701—762）有“诗仙”之称，他的诗洋溢着浪漫主义的色彩，气势磅礴，想象丰富，手法夸张，语言生动明快。他的许多诗篇描绘了壮丽的河山，有的包含着不媚权贵、特立独行的精神。但由于政治上失意，加之受道家思想的影响，他的诗也常常流露出人生若梦、及时行乐的颓废情绪。杜甫（712—770）则被誉为“诗圣”，是具有强烈的现实主义精神的诗人。他的感情真挚细腻，基调沉郁雄浑，语言精练，多揭露了当时的社会矛盾，抒发其忧国忧民的胸臆。白居易（772—846）也是杰出的现实主义诗人。他诗作的精华是讽喻诗，或揭露官府的横征暴敛，或指斥豪门贵族的骄奢淫逸，或抨击穷兵黩武的不义战争，具有高度的思想性和艺术性。

中国传统史学在唐代获得较大发展。唐太宗时出现了国家开馆设官修史的制度，由史官修撰并由宰相监修，此制度一直延续到清朝。《晋书》《梁书》《陈书》《北齐书》《周书》《隋书》六部正史，都是史馆奉诏所修的。此外，还出现了史学著作的创新。杜佑（735—812）编撰的《通典》是一种新体史书，不同于纪传体、编年体史书，以记载典章制度为主，开创了典章制度专史的编撰方法。刘知幾（661—721）编撰的《史通》则是我国第一部系统性的史论专著，它兼有史学理论和史学批评两方面内容，是集唐以前史论之大成的宏伟巨著。书中提出史学家要兼有才（写作能力）、学（历史知识）、识（认识能力）三长，而尤以“史识”为最重要。此外还主张撰写史书要“不掩恶，不虚美”，对后代治史、著史影响深远。

唐代也是中国传统儒学发展与嬗变的时代。唐初，虽然西域文化东传，佛教流播各地，道教也逐渐勃兴，中土佛学与道学的理念逐渐抬头，但朝廷更为注重发挥传统儒学控制政治、社会、文化的主流思想功能。由此，在隋朝整理儒家经典的基础上，唐朝注重儒家经典的考订与注疏。唐太宗认为儒经“文字多讹谬”，不利于学生学习，令颜师古考订《周易》、《尚书》、《毛诗》、《礼记》和《左传》五经经文。颜师古多所订正，撰成《五经定本》，后颁布全国，成了官定的统一课本。唐太宗还令孔颖达与诸儒撰五经义疏。孔颖达采摘南北朝时期经师的义疏，成书 180 卷，名曰《五经正义》，消除了经学的门派之见，被确定为官方的注释标准。

自中唐开始，随着社会经济的发展和政治变动以及社会生活的变化，儒、佛、道之间的思想碰撞与交融渐次展开，一些儒家学者开始挣脱经典考证注疏的藩篱，试图开拓出儒学发展的新路径。柳宗元（773—819）不仅对一些儒家经传提出疑问，而且还借鉴道家的学说来批判儒家传统的“天命”观。韩愈（768—824）极力反对佛教和道教的荒谬不经之说，但又鼓吹儒家的“天命”观。不过，他更提出了儒家的“道统”说，认定自远古以来，儒家就有一套具有普遍实用性的道德准则，这个“道”绵延不绝，但在孟子后失传，对社会来说，“道统”的恢复要远比经典的考订、注疏更为重要。韩愈的弟子李翱（772—844）所著《复性书》，糅合儒、佛两家思想，认为人性天生为善，“情由性而生”，则有善有不善，“情既昏，性斯匿矣”，提出以“正思”的方法，消灭邪恶之“情”，以达到“复性”而成为“圣人”。这种旨在恢复儒学伦理内蕴、阐发儒家心性之学的取向，开辟了宋代理学发展的路径。

2. 宋、元时代思想文化的发展

到了宋、元时期，商品经济的繁荣和科举制的发达，社会矛盾特别是民族政权的对峙所引发的政治动荡，既使思想文化进一步发展，也使它必然带有许多新气象。

在文学上，宋词、元曲以其姹紫嫣红、千姿百态的风韵，代表了一代文学之盛。宋词兴起于唐末五代，按照乐曲配词歌唱，且句子的长短不齐也便于抒发情感，因此迅速流行，成为宋代文学的主流。有宋一代，作家如林，作品众多，且风格各异。以柳永（约987—约1053）、李清照（1084—约1155）为代表的婉约派，其词绝大部分是写伤离送别、男女恋情、酣饮醉歌、惜春赏花之类，写景则铺叙细腻，曲尽其形，且辞藻华美，抒情则委婉含蓄。而以苏轼（1037—1101）、辛弃疾（1140—1207）为代表的豪放派，则把词从“樽前”“花间”推向较为广阔的现实世界，涵盖了山川景物、记游咏物、农舍风光以及吊古感旧、说理抒怀等，写景则大笔勾勒，朴实明快，不用辞藻，抒情则直写胸臆。这两派都留下了诸多堪称千古绝唱的名篇，使宋词堪与唐诗媲美。元曲主要是指元代戏剧，在当时叫作杂剧。杂剧包括唱、白、表演等内容，而以唱曲子为主，所以后人称之为元曲。杂剧在元代极为盛行。据统计，有姓名可考的剧作家有八十余人，剧本有五百余种，保存至今的还有一百六十余种。最著名的有关汉卿（1220—1300?）的《窦娥冤》，王实甫（1260—1332）的《西厢记》等。元曲涉及广泛的社会题材，不少作品深刻地揭露了社会现实的弊端和黑暗，语言通俗、形式活泼、风格清新、描绘生动、手法多变，是中国古代文学的一份宝贵遗产。

宋、元时代的史学有很大发展。这一时期，官、私著述很多，产生了许多名家名著。司马光（1019—1086）的《资治通鉴》是一部编年体史书，上接《左传》，自战国开始，写到五代。以事系年，详略得宜，以述事论人为主，兼及制度、文化、地理、民族，为一部极好的编年体通史。书中对诸多王朝的兴衰成败多所评论，虽以儒家正统观点为指归，但其批妄疾恶、倡导明治的精神仍然值得称道。袁枢（1131—1205）的《通鉴纪事本末》将《资治通鉴》一书打散改组，将其中同一或相关内容辑在一起，每篇有首有尾，按时间排列，脉络清楚，是我国第一部纪事本末体史书。郑樵（1104—1162）的《通志》分为本纪、年谱、略、世家、列传。其中“二十略”是全书的精华，尤以“氏族”“六书”“七音”“都邑”“昆虫草木”五略为旧史所无，史料价值极高。此书为典志体史书的代表作之一。宋末元初的马端临（1254—1323）所撰《文献通考》起自上古，终于南宋嘉定年间，以典章制度为主，收罗较齐备，略古详今，体例仿《通典》。此书与杜佑的《通典》、郑樵的《通志》合称“三通”。此外，宋、元时期在官修断代史上也有突出成就，有《新唐书》《旧五代史》《新五代史》《宋史》《辽史》《金史》等。

宋、元时代的科学技术发展尤其显著，主要表现为活字印刷、指南针、火药这三大发明上。隋末唐初，中国已经发明了雕版印刷术，并在唐中叶以后逐渐推广。北宋庆历年间，毕昇发明了活字印刷术。他用胶泥刻字，每字为一印，火烧使之坚硬，便于印制和存放。这样就比雕版印刷省工省力，成本较低，所以很快得到推广。后来元代又改用木制活字。至明代又出现了铜、铅活字。活字印刷术的发明与外传，对中国和世界文化的发展意义重大。此外，宋代还发明了用于航海的指南针，并将唐末发明的火药广泛应用到武器制造上。后来金人和蒙古人也相继学会了使用和制造火药武器，蒙古军西征时，火药又从陆路传到西方各国。此外，天文、历法、农学等方面都有较大的进步。

承接唐末儒学思想变化的新端绪，宋朝的儒家学者以儒家学说为中心，进一步融合佛、道二家的思想，建构起探讨义理、性命的理学。理学实是一种新形式的儒学，它通过对宇宙万物之本原或本体的阐发，来印证儒家的纲常秩序和道德修养的合理性与永恒性，因而被采纳为官方哲学。宋代理学家很多，学术路径各有所异，但大体上可以划分为“隆理”派和“心性”派。朱熹（1130—1202）是“隆理”派的代表，他强调“理在气先”，把外在的客观的“理”看作天地万物和人间纲常秩序的本体或本原。在他看来，那个作为精神实体的“天理”只有一个，但它在每个事物中又有不同的表现，这叫作“理一分殊”。朱熹还对此作了“月映万川”的比喻，即若干条河流中的月光源自天上唯一的月亮，因此，山川万物和人间的等级秩序都是这个“天理”的体现，君臣父子的纲常伦理是神圣的和永恒的。由此，他提倡“存天理，灭人欲”，提倡格物致知，穷尽“天理”，严守儒家的三纲五常。这一主张属于客观唯心主义范畴。

“心性”派则以陆九渊（1139—1192）为代表。受禅宗思想影响，陆九渊反对朱熹的“天理”说，而强调“心即理”。他阐发孟子的“万物皆备于我”的“心性”论，认为“人心至灵，此理至明；人皆具有心，心皆具是理”，人的“本心”是天地万物与人间等级秩序的本体或本原，“宇宙便是吾心，吾心即是宇宙”。因此，认识事物与恪守伦常的路径不是去格物致知，而是首先要发明“本心”才能为之。恪守三纲五常更需在“本心”中发掘出伦理自觉。他的学说属于主观唯心主义范畴。1175 年朱、陆两家集会于江西广信的鹅湖寺进行辩论，争论焦点是关于认识论的问题。朱熹主张“泛观博览，而后为之约”；陆九渊则主张“先发明人之本心，而后使之博览”。朱熹认为陆学太简易；陆九渊则认为朱学太支离。这次争论就是著名的“鹅湖之会”。朱熹与陆九渊的学说，虽然理路不一，但其思想的主旨都是要肯定现存纲常制度和儒家道德修养的神圣性和永恒性，由此而进一步将外在的客观世界和人的主观世界纳入儒学的制约之下，这些对日后儒学的发展演进都产生了深远影响。

元朝虽为游牧民族蒙古族所建立，但为强化统治，也积极提倡中国传统的儒学。1313 年，元朝更在全国范围内实行科举考试制度，让大批汉族儒生参与朝政。元朝统治者所尊奉的是宋朝理学，尤其是程朱理学。当时科举考试的主要内容，基本上是从《大学》《论语》《孟子》《中庸》四书中设问，而标准答案只能是朱熹的《四书章句》和《四书集注》。由此，程朱理学上升到官方哲学的统治地位，儒家的思想文化至此完成了从经学向理学的重大转折。从此，由于朝廷对儒学的严格控制，由于理学独尊地位开始确立，儒学内部的思想活力受到钳制，儒学不可避免地趋于呆滞和僵化。虽然也有不少人杂采陆九渊的“心学”以补朱学的不足与弊病，但终难以“破茧而出”。这一“万马齐喑”的沉闷局面，一直持续了近两个世纪。

3. 明朝时期思想文化的嬗变

从明代中叶开始，随着统治集团的日益腐败和社会矛盾的不断激化，程朱理学维系社会秩序的思想功能遭到越来越多的质疑。一些儒家学者力图借鉴儒家“心性”之学特别是陆学的精神价值，在整合儒、释、道诸家学问的基础上，开辟出儒学思想继续发展的新路径。著名学者陈白沙（1428—1500）标立“以自然为宗”的为学宗旨，主张学不日用，与时事出处中即现“本心”，提出“天地我立，万化我出，宇宙在我”的心学命题，强调自我主观道德实践，倡导“静坐养心见性”的道德修养方法，开启了明代心学思潮之先河。王阳明（1472—1529）则将这一思潮弘扬到极致。王阳明曾为朝廷平定地方藩王的叛乱和农民起义，也曾因反对朝廷宦官而被贬为贵州龙场驿丞，对程朱理学之治世功能的式微及其沦为科举考试章句之学的状况深为不满。由此，他在批判程朱理学的基础上，以“思孟学派”（子思、孟子）特别是陆学为本，吸取了佛教禅宗的思想，进一步建构起儒家主观唯心主义的“心学”体系。这一体系有三大要旨，即“心即理”、“致良知”和“知行合一”。王阳明认为人的“本心”是天地万物和纲常秩序的“本体”或本原，是非、好恶等价值判断也在心中，心外便无事理。既然如此，要洞悉物理，恪守伦常，不能走程朱那种支离破碎的“格物致知”的道路，而应当致力于整饬“本心”，即“致良知”。因此他指出，“夫心之本体，即天理也。天理之昭明灵觉，所谓良知也”。人人都有“良知”，只要依良知而行便会产生符合道德的行为，而无须向外寻找道德行为的来源。但有时良知会为外物所蒙蔽，只有在人的心灵深处发掘善性的源头，下足克灭私欲的修养功夫，良知才得到恢复。此外，只有“知”是不够的，还要有“行”的配合才能发挥效用，所谓“知是行之始，行是知之成”，必须把内心伦理修养和外在道德行为统一起来。王阳明的“心学”是传统儒学在封建社会衰落时期的一次大嬗变，其思想主旨乃在于“破心中贼”，从人们的内心深处滋养起循守三纲五常的伦理自觉，清除其中潜在的私念利欲，从根本上维护封建统治秩序的长治久安。不过，他的“心学”学说，把外在的封建伦常秩序归结为人内心的产物，把人们的思想观念从保守僵化的程朱理学的禁锢中解放出来，这就推动了整个思想文化的进一步演进。

嘉靖、万历年间，随着商品经济繁荣和社会矛盾的酝酿，以王艮（1483—1541）、何心隐（1517—1579）、李贽（1527—1602）为代表的所谓“王学左派”，在批判朱理学的过程中，将王阳明的“心学”思想向“异端”的路向引申。王艮提出“百姓日用条理处，即是圣人之条理处”，“百姓日用即道”，注重良知于日常生活中的体现。何心隐反对“无欲”，主张“寡欲”，与百姓同欲，提出五伦中以朋友最重，“无父无君非弑父弑君”。李贽反对以儒家的圣人和经典作为标准来规范人的思想与行为。他尖锐批判了崇尚程朱理学的道学家“存天理，灭人欲”的虚假说教，认为“穿衣吃饭，即是人伦物理”，伦理表现在日常生活之中，而不在日常生活之外。他斥责道学家是“阳为道学，阴为富贵，被服儒雅，行若狗彘”的衣冠禽兽，是“口谈道德而心存高官，志在巨富”的两面派、伪君子。他表示与假道学誓不两立。李贽甚至鼓吹儒、释、道“三教合一”，晚年更是皈依佛学。

“王学左派”的主张本身远未包含近代早期启蒙的观念。晚明时代的资本主义萌芽和市民阶层都十分孱弱，不可能酝酿起西欧文艺复兴时期那种要求人的自由、平等的人文主义思潮。不过，他们的主张客观上在一定程度上冲击了明朝的统治秩序，反映了下层人民反封建的愿望。因此，他们多被明朝政府视为“异端”而加以迫害。

在明代，文学不仅有了进一步发展，而且也具有了某些新的时代特色。这一时期，产生了不少文学名著，《三国演义》《水浒传》《西游记》等堪称代表。这些名著在人物刻画、场景描写、语言运用等诸方面都达到炉火纯青的境地，而且也包含着积极的思想性，几百年来流传不衰，家喻户晓。此外，这一时期还产生了不少市民文学作品。比较著名的有冯梦龙（1574—1646）的“三言”（《喻世明言》《警世通言》《醒世恒言》），凌濛初（1580—1644）的“二拍”（即《初刻拍案惊奇》和《二刻拍案惊奇》）。这些短篇小说集反对封建礼教的禁欲主义和蒙昧主义，宣扬尘世利益和尘世享乐，反映了城市市民阶层的观念、情趣与要求。不过，由于晚明资本主义萌芽十分孱弱，市民阶层远不成熟，这些小说中的新观念始终停留在日常生活追求的范畴，不可能上升到哲学和社会政治思想的高度去表达反封建的要求。

在明代，随着社会经济的发展，医学、农学、地理学、天文学都沿着传统的轨迹发展。李时珍（1518—1593）的《本草纲目》，总结了我国两千多年来的药物学知识和经验，共52卷，190多万字。其中收集的药物共1 892种，收入药方11 096个，比前人增加4倍，还绘制了1 110幅插图，是集中药学之大成的巨著。徐光启（1562—1633）的《农政全书》共60卷，50余万字，对17世纪以前中国农学知识和技术进行了总结，而且还论述了垦荒、救荒等方面的农政史学，介绍了一些外来的农业知识，是中国古代最完备的农学巨著。著名旅行家徐弘祖（1586—1641）将自己30多年遍及南北的旅行中的观察以日记形式记载下来，遗有60余万字的游记资料，死后由他人整理成《徐霞客游记》。该书对不少地区的地理、水文、地质、动植物均有详细准确的记载。其中，有关我国西南地区石灰岩地貌特征及其形成原因的探讨，尤其具有重要的科学价值。宋应星（1587—1661）的《天工开物》，则是一部总结明末以前农业和手工业技术成就的百科全书，叙述了有关我国古代农业、纺织、制糖、冶铸、造船、酿酒以及制造火药、兵器等物品的生产过程与技术，内容广博，文字简洁，插图生动，别具一格。

四、中外关系

1. 中国与东亚国家的往来

自古以来特别是从唐朝开始，中国和东亚的朝鲜、日本有着十分密切的多层次交往。中国繁荣的封建社会文明，对朝鲜、日本的政治、经济与文化发展，都产生了十分重要的历史影响。

唐初，朝鲜半岛上的高丽、百济、新罗三国都遣使和唐朝往来。不久，唐先后出兵灭百济、高丽，并设置了都督府、州、县等行政机构，但因新罗的反抗而退出朝鲜。新罗统一后与唐通好。新罗商人来唐贸易的很多，北起登州、莱州，南到楚州、扬州，都有他们的足迹，不少城市有新罗人的居住地，称新罗坊。宋朝建立后，与王氏高丽的贸易继续发展。中国商人每年渡海前往朝鲜经商，运去绸缎、瓷器、药材、香料、书籍、纸张、笔、墨等商品。高丽运往中国的商品则有人参、松子、花纹席子、纸张、笔、墨、折扇等。这样的交流在元、明时期仍一定程度存在。与此同时，两国在文化、技术上的交流更为密切。唐、宋、元、明时期，朝鲜曾派遣大批学生来中国留学，很多朝鲜留学生在中国考试及第，长期居留，尤以唐代为盛。唐朝的外国留学生，以新罗最多。仅在开成五年（840），学成归国的新罗留学生就有100余人。不少新罗学生还参加唐朝进士科考试，从长庆元年（821）至唐末，中举的新罗学生有58人。中举后，有的留在唐朝做官。新罗政府经常派人入唐学习，如崔致远（857—?），12岁入唐留学，18岁中进士，在唐任溧水县尉、侍御史，30岁归国。有汉文诗赋集《桂苑笔耕录》20卷，回国后任侍读等官，热情介绍唐文化。自唐开始，中国的官制、科举制、汉字、雕版印刷术、种茶术、中医、火药技术等逐渐传入朝鲜，对其政治、科学技术都产生了重要影响。在反对日本倭寇与日本侵略朝鲜的斗争中，中、朝两国曾经携手互助，结下深厚友谊。

中国和日本很早就有往来，至唐代更为密切。唐帝国强盛发达，吸引日本派遣大型遣唐使团来华学习借鉴。从630年至894年的两百多年间，日本共任命过19次遣唐使，实际派出13次，其中包括“迎入唐使”和“送唐客使”共6次。这些遣唐使团随员众多，最多一次达650人，最少也有120人。正是借鉴隋唐的政制，日本通过“大化改新”而进入封建社会。有唐一代，不少随团前来的留学生、学问僧留唐一二十年，同中国的文化人建立起深厚感情。不少留学生归国后还带回各种书籍、典章文物、科学仪器，促进了中日之间的文化交流。

一些日本的学问僧不只来中国巡礼求法，还传回唐代佛教各宗派的教义。与此同时，也有唐人东渡日本。名僧鉴真（687—763）曾应邀从743年起五次开航，均遭失败，双目因此失明。他在第六次终以惊人毅力战胜千难万险，于754年到达奈良，受到日本朝野的热烈欢迎。鉴真及其弟子传去律宗和各种佛经以及唐代的医学、建筑、雕刻艺术，促进了中国文化在日本的传播。

唐末日本停派遣唐使，禁止日船外航，两国关系出现低潮，但两国民间往来仍持续不断。从北宋末年起，两国关系走向正常化，经济文化交流又逐渐活跃。中国的丝织品、香料、药品、文具、绘画以及雕版印刷、医学、种茶、陶瓷烧制等技术传入日本，而日本的砂金、水银、硫黄、木材以及扇和刀等工艺品也销往中国。元朝统治者侵日和日本“倭寇”① 的兴起，使两国政府关系又告中断，但不少日本禅僧仍来中国巡礼求法。明朝建立后，两国逐渐恢复了邦交并实行“勘合贸易”②，往来颇盛。从1404年至1547年，日本共派出遣明船17次，运到中国大量的刀、硫黄、铜等商品，换回日本急需的铜钱和生丝、绸缎、药物、陶瓷、书籍等，获利甚巨。明神宗万历年间（1573—1620），日本丰臣秀吉侵略中国邻邦朝鲜并妄图进而征服中国，称霸亚洲，中日两国友好关系一度遭到破坏。不久日本德川幕府建立，两国虽未正式恢复政府间关系，但民间贸易仍有相当发展。

2. 中国和东南亚各国的关系

随着唐宋时期中国封建社会的发展，中国和东南亚的传统交往日益密切，涉及政治、经济与文化各个层面。

唐朝建立不久，在越南中部立国的林邑两次遣使来唐通好。高宗、玄宗时期，林邑仍经常遣使来唐。749年（天宝八年）曾送来珍珠100串、沉香30斤、驯象20头。终唐之世的近三百年中，林邑使臣来唐达15次之多。唐代的典章制度传播到越南，产生了重要影响。北宋真宗（998—1022）时，随着经济、文化交流的增多，越南中部（占城）的耐旱稻传到中国，推动了中国农业的发展。11世纪初，占城稻在闽、浙及长江、

① “倭寇”大多是日本镰仓末期西部地方没落封建主、破产武士和走私商人。他们对中朝两国沿海地方进行海盗活动，所到之处劫掠一空。

② “勘合贸易”规定日船来中国须出示名为“勘合符”的特许证，持此证中国才承认其为日本贸易船只，得以交易。此证由中国发给。

淮河一带种植，以后又推广到北方各地。而中国的铁制农具和牛耕、养蚕织锦、造纸印刷、汉字、建筑技术、武器制造、医药针灸等先后传入越南，对越南经济社会的发展多有促进。

中国与老挝的文单国在唐朝时十分友好。文单曾数次向唐朝遣使。大历年间（766—779），文单国副王婆弥与妻来朝，献驯象11头。宋元两代中老之间交往减少，至14世纪以后，双方的官方交往又密切起来。“老挝”一名始见于《明史》。有明一代，老挝先后向中国遣使30余次，带来的礼物有大象、马、犀牛、金银器等，明王朝也多次遣使访问老挝，民间贸易也随之展开，中国的酿酒、养蚕、制丝的方法也由此传入老挝。

中国与柬埔寨的交流更为频繁。柬埔寨古时叫作“扶南”，与中国多有往来。约在6世纪中叶，扶南的属国真腊兼并扶南。自唐朝开国至唐宪宗元和年间（806—820），真腊不断遣使臣前来通好。元朝时中国曾有使臣去真腊，随行人员周达观在真腊住了一年，回国后写了《真腊风土记》一书，不仅描述了当地的风俗物产，而且还记载了双方经济交流的状况。中国的商品为丝绸、瓷器、铁锅、雨伞等，真腊的商品主要是象牙、犀角、宝石和香料。明朝时，与真腊政府之间的关系很密切，常有使节往还。郑和下西洋也到过真腊。“柬埔寨”这个译名，从明朝一直沿用至今。

自唐宋至元明，中国和泰国的来往十分密切。13世纪中叶，泰国境内的暹国立国后，曾6次遣使通好中国，带回许多中国瓷匠，并在该国建立陶瓷工场。后暹罗国建立后，双方关系依旧发展，明朝援助朝鲜抗击丰臣秀吉侵略时，暹罗曾向中国来函愿派兵直捣日本。明代中期，移居暹罗的中国人也很多。

缅甸在唐时被称为“骠国”，当时骠国和中国地方政权南诏关系密切。据记载，唐德宗贞元十八年（802），骠国“闻南诏内附而慕之，因南诏入见，仍献其乐”。文人学士如白居易、元稹等纷纷写诗歌颂骠国音乐，一致赞扬其乐曲优美。与此同时，两国人民之间的来往亦多。中国南诏建拓东城（今昆明）时，有数千骠国人参加修建。许多缅甸人长期定居云南。1044年，骠国王族阿奴律佗做了缅甸蒲甘王朝国王以后，中缅两国关系更为密切。阿奴律佗曾亲自到云南大理求取佛牙，受到中国大理地方政权的款待。缅甸使节和佛教僧侣又随大理的代表访问宋朝，备受款待。1156年，缅甸遣使向宋朝赠送金银书《金刚经》三卷、金书《大威德》三卷。宋朝回赠了金剑、绣衣等礼物。中缅两国之间的贸易往来也随之扩大。缅甸商人以木棉、玉石等商品来华贸易，中国运往缅甸的货物则为丝绸、铜锣、铁锅、剪刀等。

自唐宋开始，中国与马来半岛的交往逐渐增加。15世纪初，满剌加王朝在马来半岛建立，即与中国明朝建立官方联系，两国使臣往来不断。特别是从1411年至1433年，满剌加有三位国王率团先后五次访问中国。1411年（永乐九年），满剌加国王率540多人首次来华，受到明成祖的盛情款待。郑和舰队下西洋时，得到满剌加的大力支持。郑和曾在满剌加修建仓库，储存货物。从满剌加运到中国的商品主要是宝石、象牙、犀角、香料和锡块，而从中国出口的货物多是丝织品、瓷器和铁器。

到了隋唐特别是宋元时代，随着航海活动的扩大，中国与印度尼西亚的交流日益密切。唐朝和印尼的佛逝国及诃陵国的海上交通以及商人、佛教僧侣的往来频繁。南宋周去非所著《岭外代答》，详细记载了印尼的三佛齐和阇婆两国商人来中国广州和泉州的路线。元朝时，印尼的许多地区都和中国发生了经济联系。唐代高僧义净先后在印尼留居十年以上。他所写的《大唐西域求法高僧传》《南海寄归内法传》等书，对研究中外文化交流以及印尼历史都有重要价值。自唐代开始，中国的养蚕织丝技术、纸张、青白花碗等瓷器、漆器陆续传到印尼，印尼的各种香料植物如龙脑香、沉香、丁香、龙涎香、冰片等陆续运到中国。

中国与菲律宾的关系以明代为盛。《明史》记载菲律宾多次派使臣来中国。永乐十五年（1417）苏禄国的东王、西王和峒王亲自率领家属和臣僚等来中国，代表团人数多至 340 余人，受到明成祖的热情款待与丰厚馈赠。《明史·苏禄传》载："居二十七日，三王辞归。各赐玉带一，黄金百，白金二千，罗锦文绮二百，帛三百，钞万锭，钱二千缗，金绣蟒龙麒麟衣各一。"

唐宋以后，随着中国与东南亚国家交往的增多，不少华人留居南洋各地。南宋灭亡后，闽广一带农民，困于生计，逃避苛政，不断移居南洋。15 世纪初，郑和下西洋以前，苏门答腊的旧港，爪哇的杜板、新村、苏儿把牙（泗水）等地已有不少华侨。15 世纪中叶，明朝政府停止官方的远航活动以后，民间出海的船队仍未中断，不少华人到南洋经商或定居。15 世纪后期，还有很多华人移居暹罗。16、17 世纪之间，移居南洋的闽广农民日益增加，到印尼和菲律宾的人尤多。南洋华侨大都从事农业、手工业和采矿业，传去中国先进的农业、手工业生产技术和生产工具，对于南洋的开发很有贡献，并与南洋各国人民建立了深厚的友谊。

3. 中国和南亚国家的交流

中国与南亚诸国的关系，因佛教兴起而日益拓展。自南北朝至唐宋，两地僧人的传教求法交往十分频繁。著名高僧玄奘于唐太宗贞观元年（627）从长安出发，经过西域前往印度各地，于贞观十九年（645）携带大量佛经回到长安，次年著成《大唐西域记》，追述了他亲身游历的地区和国家的情况，这是中国与印度友好交往的历史见证。同时，唐代前期和中期，印度各国也不断派遣使臣来华。641 年戒日王派使者来中国访问，唐太宗亦遣使报聘。宋、元、明时，中印交往继续进行。10 世纪后期有印度王子来宋。11 世纪时，宋朝与南印度的注辇国有联系，1015 年注辇使节率 52 人来华，以后注辇又连续三次向宋遣使。15 世纪，印度半岛东部的榜葛剌（孟加拉）屡次遣使来明，1409 年的使团达 230 多人，中国也派使者前往印度各地。郑和下西洋时曾到访印度东部、南部及西南各地。

随着佛教在中国的广泛传播，以及双方的僧侣、商人和使节的来往，印度文化对中国的文学、哲学、建筑、雕刻、音乐、舞蹈和绘画等都产生了很大的影响。中国熬制蔗糖的方法也是唐初从印度学来的。中国的造纸术以及桃、梨、橘、花生等果树作物也传入印度。

位于印度洋中的斯里兰卡旧称锡兰（玄奘称僧伽罗），与中国也素有交往，两国关系至明代达到极盛。郑和第三次下西洋（1409—1411）时曾经到过锡兰山国（斯里兰卡）。永乐十四年（1416）锡兰山等国各遣使赠送方物，各国使臣辞归时，明成祖又派郑和护送，并回赠丝织品等礼物。此后，锡兰山等国数次遣使来明。作为东西方商人会集之所，斯里兰卡在中西经济交流中地位凸显。西航的中国商船抵达印度半岛之前，首先在此停泊。中国商人来此者亦多。

4. 中国和中亚、西亚的关系

中亚指的是葱岭（帕米尔）以西、里海以东地区，而西亚也叫西南亚，位于里海、黑海、地中海、红海、阿拉伯海之间，有“五海之地”之称。自从西汉张骞出使西域以后，中西交通联系便迅速发展。自两汉至隋唐的千余年间，从洛阳、长安经西域“丝绸之路”，将中国与中亚、西亚各国联系起来。自657年唐王朝灭西突厥后，中亚大部分地区又列入唐朝版图。在阿姆河与锡尔河两河流域，以康国（撒马尔罕）、安国（布哈拉）为首的昭武九姓各国有时臣服唐朝，有时又臣服正在崛起的阿拉伯帝国。中亚和西亚各国的商人、使者、僧侣和艺人，通过丝绸之路不断前来中国。《新唐书·回鹘传》说：“始回纥至中国，常参以九姓胡，往往留京师至千人，居赀殖产甚厚。”大食人（阿拉伯人）、波斯人则多半由海路经广州、洪州（今南昌）、扬州、洛阳而达长安。长安城里的西域（广义的西域）商人最多时有几千人。唐时中国造船与航海技术均超过前代，远洋海船可从广州一直航行至今伊拉克首都巴格达，中国的丝织物、瓷器、纸张和麝香运销中亚和西亚各地，西域商人多携带珍珠、宝石、象牙等贵重物品远道前来中国。同时，中国与阿拉伯国家的官方联系也日益增加，据《册府元龟》记载，从651年至798年，大食使臣来唐三十多次。伊斯兰教、祆教、摩尼教、景教以及西域乐舞都在唐朝时传入中国。751年，阿拉伯帝国和唐朝发生怛罗斯之战，被俘唐朝士兵中有造纸工匠，中国造纸术因而西传。自五代至元，中国虽一度分裂，但中西海陆交通仍继续保持和发展。宋代以后，随着中国南方的进一步开发和经济重心的南移，从广州、泉州、杭州等地出发的海上航路日益发达，从南洋到阿拉伯海，甚至远达非洲东海岸，形成了“海上丝绸之路”。中国与西亚的经济往来更为便捷。阿拉伯帝国分裂后，西亚、中亚陷入民族政权分裂对峙的局面。但接踵而来的蒙古西征，客观上使中西陆路交通之繁盛远超前代。元朝时，来华的西域人乃至欧洲人甚多。泉州因是中国海外交通的最大港口，侨居泉州的阿拉伯人、伊朗人众多。也正是在宋元时期，中国的雕版印刷技术、指南针与火药渐次传到西亚，再由阿拉伯人传入欧洲。明朝建立后，与雄踞中亚

唐三彩驼载乐俑

的帖木儿王朝（1370—1507）之间常有使节往还。明朝派往帖木儿王朝都城撒马尔罕的陈诚还写过《使西域记》一书，描写该地风俗物产。中亚商人也常冒用使臣名义不断前来中国。明朝和西亚的海上来往更为兴盛。郑和第四次西航时，到过波斯湾的忽鲁谟斯。1416 年（永乐十四年）忽鲁谟斯等 19 国使臣来中国，明朝政府又派郑和携带礼物护送来使前往各国（即第五次西航，1417—1419）。郑和的舰队和分舰队第六次、第七次除到忽鲁谟斯之外，还到过伊斯兰教的圣地麦加。不过，明与西亚的海上联系在 16 世纪因西方的殖民侵略而中断。

5. 中国和欧洲的关系

自东汉班超通西域后，中国与欧洲的罗马帝国有了往来。此后，中国的丝绸等商品通过中亚的商人逐渐销往欧洲。唐朝时期，拂菻（拜占庭帝国）与中国通使数次。贞观十七年（643）拂菻遣使至唐，送来赤玻璃、绿玻璃、石彩、金精等，唐太宗致书抚慰，回送绫绮。开元七年（719），拂菻王遣吐火罗大首领献狮子、羚羊各两只。天宝元年（742），拂菻派遣大德僧（景教徒）入唐通好，将拜占庭宗教信仰的一派传入中国。以后因中亚道路交通阻绝，拂菻与中国的联系中断。元朝时期，由于陆上丝绸之路的恢复和海上丝绸之路的开通，中西之间的往来日益扩大。威尼斯商人马可·波罗（1254—1324）17 岁时跟随父亲尼科洛和叔叔马泰奥来华，在中国游历了 27 年，回去后有《马可·波罗行记》一书问世。该书记述了他对中国经济兴盛、城市繁华等诸多方面的见闻，激起了欧洲人对东方的热烈向往，对以后新航路的开辟产生重要影响。13 至 14 世纪，罗马教廷屡遣教士来华布教。罗马教廷希望元朝信奉和推广天主教，几次派使者要求联盟夹攻占领耶路撒冷的穆斯林，未获结果。元朝则在 1288 年和 1336 年派遣专使通好于罗马教廷。明朝时期，因奥斯曼土耳其人灭掉拜占庭帝国，占据西亚北非，中国与欧洲的陆路交通多有堵塞，但海上丝绸之路却较前代更为繁忙。西欧人开辟新航路后，葡萄牙、西班牙和荷兰首先开始入侵中国。与此同时，西学东渐的浪潮也相继开启，天主教耶稣会士利玛窦、艾儒略、邓玉函、熊三拔、汤若望等人渐次来华传教，把西欧的天文、历法、算学、地理等介绍过来，也把中国的《四书》《本草纲目》等翻译介绍到西欧。

推荐阅读书目

韩国磐. 隋唐五代史纲. 北京：人民出版社，1977.
韩儒林. 元朝史. 北京：人民出版社，1986.
侯外庐. 宋明理学史. 北京：人民出版社，1987.
胡如雷. 中国封建社会形态研究. 北京：三联书店，1978.
芦苇. 中外关系史. 兰州：兰州大学出版社，1996.
朴真奭，等. 朝鲜简史. 延边：延边大学出版社，1998.
汤纲，南炳文. 明史. 上海：上海人民出版社，1985.

王金林．简明日本古代史．天津：天津人民出版社，1984.
叶渭渠．日本文明．北京：中国社会科学出版社，1999.
阪本太郎．日本史概说．汪向荣，等译．北京：商务印书馆，1992.
木宫泰彦．日中文化交流史．胡锡年，译．北京：商务印书馆，1980.

第七章

中南非洲与美洲的古文明

第一节　中南非洲古文明

一、撒哈拉沙漠以南的非洲

1. 东非的阿克苏姆王国

15 世纪以前，东非的王国主要是在埃塞俄比亚境内产生发展的。这一地区濒临红海，在古代就与埃及和阿拉伯半岛有着频繁的经济往来与文化交流。

大约在公元前 1000 年，阿拉伯半岛南部的萨巴人等不断渡海迁徙到埃塞俄比亚北部地区，与当地土著民族库希特人相融合，创造了著名的阿克苏姆文明。公元 1 世纪前后，阿克苏姆王国建立，以阿克苏姆城为都。它不断向邻近的部落和地区发动战争，掠夺大量的奴隶用于建筑及各种生产部门，利用红海边的阿杜利斯港与西亚乃至印度进行贸易。到 4 世纪国王厄查纳在位时，阿克苏姆王国达到鼎盛阶段。它控制着埃塞俄比亚北部的大片地区，还西渡尼罗河灭掉了另一个非洲古国——麦罗埃王国以及阿拉伯半岛西南部一些小国，控制了红海通向印度洋的曼德海峡。525 年，国王加列布出兵征服也门地区，进一步巩固和扩大了对阿拉伯半岛南端的控制。拜占庭帝国为了对抗波斯，曾与阿克苏姆结好。这一时期，阿克苏姆的疆域北抵埃及南境，南至索马里的香料产区，东至红海东岸阿拉伯南部的也门地区，西迄尼罗河上游。阿克苏姆王国实行君主独裁统治。国王自称“涅古斯”（意即“万王之王”）。他拥有宏伟的宫殿及隆重豪华的宫廷礼仪。此外，王国还制定法律，建立司法机构，拥有包括象兵、舰队在内的强大军队。加列布东征也门时，曾动员数万大军和200多艘船只。不过，王国似未建立完善的地方政府机构，国王时常率领宫廷人员出巡，沿途征集贡物就地消费。阿克苏姆的附庸王国以及南阿拉伯地区也都要向其君主纳贡。在外交上，与罗马帝国、拜占庭帝国、波斯帝国乃至南亚的斯里兰卡等都有使节往来。

大约在4世纪中叶，基督教逐渐传播到阿克苏姆王国。国王厄查纳继位后，就皈依了基督教，使之成为王国的国教。不久，亚历山大大主教阿萨纳修在阿克苏姆建立教区。由此，基督教就成为阿克苏姆国王统治的精神支柱，阿克苏姆的社会生活和文化，也就逐渐带有基督教文明的浓厚色彩。

奴隶制在阿克苏姆王国中明显存在。奴隶主要是通过战争从邻近部落与地区掠夺而来，多从事家内而非生产领域的劳动。奴隶往往被作为祭祀品而任意杀害，或被作为输出的商品和馈赠的礼品。有时奴隶也被用来补充兵源。

阿克苏姆方尖石塔

阿克苏姆王国的社会经济十分活跃。由于重视水利设施的兴修和使用牛耕，灌溉农业比较发达，小麦是主要粮食作物，此外还种植其他谷物和葡萄。畜牧业主要饲养牛、绵羊和山羊等。国王也常常大量赏赐牲畜给其藩属。手工业有金属工艺、酿酒、陶瓷、造船等行业。著名的阿克苏姆方尖石塔，反映了其建筑艺术的成就。商业也随之发达，对外贸易相当活跃，阿杜利斯为主要外贸港口。对外输出的商品有象牙、犀角、龟甲、香料、黄金乃至奴隶等，输入的商品更是来自各地，有埃及的谷物、酒和粗布，印度的农产品、棉布和铁、铜，意大利和叙利亚的葡萄酒、橄榄油，波斯的服装等。由于贸易发达，王国使用金属铸币。铸币正反两面分别刻有国王手持宝剑和棕榈叶的图案，象征王权的威严与仁德。阿克苏姆王国是古代非洲大陆唯一自己铸造金属货币的国家。

从6世纪后期开始，阿克苏姆王国的扩张开始遇到严重的挑战。570年，波斯派大军占领也门，并夺占阿克苏姆的部分海岸属地和通商城市，王国统辖的阿拉伯地区丧失。接着，伊斯兰教和阿拉伯帝国逐渐兴起，从地中海经红海至印度的商路被截断，王国与海外的联系完全被隔绝，外贸趋于衰落，经济实力锐减，社会矛盾开始加剧。在外部游牧民族的侵扰下，王国被迫向南拓展势力范围，将以农牧业为生的阿高人（Agau）居住的地区作为政治中心。大批阿高人进入军队和宫廷，势力逐渐膨胀，最终在12世纪取代阿克苏姆王国，建立了扎格维王朝（1137—1270）。扎格维王朝在军事上相当强大，13 世纪初，它拥有 6 万人的军队，并积极向西、南两个方向扩张。但它未能建立起严密的君主集权体制，对地方难以实现有效的控制。此外，扎格维王朝王室内讧，逐渐走向衰亡。

2. 东非的埃塞俄比亚王国

1270 年，阿姆哈拉人的首领耶库诺·阿姆拉克自称是阿克苏姆末代君主，有着所罗门王朝世系的血统。他联络教会上层发动起义，颠覆了扎格维王朝，建立了所罗门王朝，定都于冈达尔（在今贝格姆迪尔省），埃塞俄比亚的封建王国形成。它统治着埃塞俄比亚中部和北部。经过长期征战，到 16 世纪初，王国版图已从红海之滨的马萨瓦一直伸展到西南的阿巴亚湖。

埃塞俄比亚王国因袭传统的君主集权体制。皇帝仍称“涅古斯”，由各地王公诸侯提供兵役和贡赋，君主也时常率宫廷人员到各处巡游，就地消费，并监控地方。不过，东正教的支派科普特派教会拥有大量地产，权势很大，可以干预王位的继承，对王权有相当的限制。

封建土地所有制此时逐渐形成。全国土地属于君主所有，君主将一部分土地划归王室，其余则分封给贵族，由他们为其提供军役。贵族之间为争夺领地时常发生混战，或反叛王权。此外，教会也得到大量的土地封赐。在各封建领地上的农民，深受沉重的封建剥削。他们除了要缴纳赋税之外，还要受到诸多盘剥。如贵族就职时，农民要送礼，贵族结婚或举行洗礼时，农民要捐助宴席。同时，农民还要服各种封建劳役，如为贵族建筑房屋、磨面粉、修桥补路以及随贵族出征。此外，也存在着奴隶劳动的残余。原来阿克苏姆时期比较活跃的商品经济在此时期逐渐消失，自然经济占据主导地位，地租、贡赋、产品交换乃至官员的俸禄都以实物支付。这样一来，封建王公贵族易于割据一方，封建混战时有发生。

从 14 世纪起，埃塞俄比亚王国开始受到来自索马里地区的伊斯兰国家的长期侵扰。从 16 世纪初起，奥斯曼帝国、阿达尔苏丹国与南方游牧部落盖拉人先后进攻王国，有的战争甚至蹂躏了王国 3/4 的国土。16 世纪末，埃塞俄比亚王室借助葡萄牙军队才驱逐了土耳其人和征服了部分盖拉人部落。持续不断的战争以及封建内讧，给王国的社会经济和统治秩序造成严重冲击，导致其内部的分裂割据，王国由此而逐渐衰落。

3. 东非沿海城邦

公元 7 至 15 世纪，在漫长的东非印度洋沿岸，还出现过众多繁荣城邦。早在公元前 1000 年左右，这一地区已居住着说库施语的土著居民。大约从公元前后开始，文明发展程度较高的班图人从喀麦隆高原等地迁入，逐渐将原来的居民同化，并带来铁器制造技术，促进了这里的灌溉农业以及整个社会经济发展，有利于日后东非城邦的形成。不过，伊斯兰教文明的传入和海外贸易的勃兴，则是东非城邦崛起最重要的因素。自 7 世纪后期阿拉伯帝国兴起后，以波斯湾、红海和阿拉伯半岛为北缘，以南亚、东南亚和东非海岸为两翼的印度洋贸易网迅速繁荣，东非城邦随之兴起。印度、中国和波斯湾地区对东非的象牙、香料的需求扩大，而东非沿岸乃至内陆地区对印度、中国等地的丝绸、瓷器的需求也不断增长。由此，大批阿拉伯和西亚其他地区的商人纷纷来到东非沿岸定居，从事商业活动。同时，在阿拉伯半岛和波斯湾地区，随着教派冲突与统治集团内讧的频频发生，不少失势者为了寻找新的发展空间，率领部众、族人、信徒等，一批又一批地迁徙到东非沿岸。他们带来了比当地土著原始宗教层次更高的伊斯兰教文化。所有这些，都促进了东非城邦的兴起。

这一时期东非沿岸的城邦，著名的有摩加迪沙、基尔瓦、索法拉、蒙巴萨、马林迪和布拉瓦等。到15世纪末，东非沿岸已有37个城邦。这些城邦大都建于海滨或沿海岛屿上，四周围以城墙。城邦人口不多，少则数千人，多则一两万人，具有小国寡民的特征。但由于社会经济兴盛，这些城邦都十分繁荣。中世纪摩洛哥杰出的穆斯林旅行家伊本·白图泰（1304—1377），曾经到过中国、西亚以及地中海沿岸的许多地区，但他在其游记中对东非城邦之兴旺仍感惊讶，说基尔瓦是他见到的建得最好的城市，摩加迪沙是富商居住的东海岸最重要的繁华城市。

在社会经济上，东非沿岸城邦显示出生产结构多元化的特征，一般都以种植瓜果蔬菜的园艺业为主，辅之以畜牧、狩猎。采矿、制陶和建筑业是主要行业，比较发达。这些城邦和中国、马六甲、古吉拉特、法卡、安南以及缅甸的商人有频繁的贸易往来。这一时期从东非出口的商品主要有黄金，16世纪索法拉每年出口黄金可达5 000公斤。再就是象牙，10世纪的阿拉伯旅行家马苏迪在《黄金草原》中对此有详细记载。中国史籍《萍洲可谈》《诸蕃志》《岛夷志略》《瀛涯胜览》等书都谈到东非盛产和出口香料的情况。其他大量输出的产品还有玳瑁、琥珀、肉桂、兽皮、龟壳、木材等，进口的产品有来自中国的青瓷、丝绸、漆器，中东的纺织品、铁器，印度的宝石、棉布等。流通的货币有罗马、波斯和中国的货币，也有摩加迪沙、基尔瓦等城邦自己铸造的货币。这种繁荣一直延续到15世纪。

东非城邦一般都是奴隶制商业城邦。奴隶处于城邦社会的最底层。他们数量多，而且直接从事生产性劳动，也用于家内劳役和服兵役。奴隶多是通过战争或其他手段从东非大陆上获得，可以被任意杀死、赠送和买卖。奴隶更被当作商品输出到亚洲的阿曼、两河流域、波斯湾、印度等许多地区。

在政治上，大部分东非城邦一般采用阿拉伯人的君主制。这些君主有的称苏丹，有的称谢赫。他们世袭职位，掌控国家统治大权。苏丹之下设有“瓦济尔”和“阿密尔”两位主要大臣辅佐政务，大体相当于宰相和将军。作为城邦的国教，伊斯兰教是苏丹统治的精神支柱，其宗教领袖有着重要的政治影响。城邦的文化和社会生活也深受伊斯兰教的熏陶。

东非城邦之间常常为了争夺财富、土地和奴隶而相互战争。经济繁荣、实力雄厚的大城邦如摩加迪沙、基尔瓦曾经称霸一时。特别是基尔瓦，它在13世纪后期至14世纪初，控制了莫桑比克地区黄金集散地索法拉，国力达到极盛，索法拉、安哥舍、莫桑比克、桑给巴尔、奔巴、蒙巴萨、马林迪、摩加迪沙等城邦的苏丹都向其纳贡。然而，这一地区始终没有形成政治大一统的国家。城邦之间的割据与纷争，为外敌入侵提供了可乘之机。从15世纪末开始，葡萄牙殖民主义者寻找到通往这里的航路，不断入侵，很快用极其野蛮的手段将这些城邦征服。

4. 西非的加纳王国

撒哈拉沙漠以南、几内亚湾以北和乍得湖以西至大西洋的广大地区，通常被称为西非地区。一般又将西非划分为西苏丹、中苏丹和几内亚海湾这三个地区。

由于西、南两面濒临大西洋，北面是浩瀚的撒哈拉大沙漠，且古代的社会生产力水平有限，古代西非各族人民长期生活在封闭的环境之中，直到5世纪骆驼广泛使用，才开始向北通过沙漠进行贸易和文化的交往。7世纪以后，伊斯兰教和阿拉伯帝国的崛起，大大推动了撒哈拉沙漠南北贸易的发展。西非的黄金、奴隶、象牙通过撒哈拉商路北运，而北非或地中海地区的商品，特别是盐，则沿这条商路南运到西非。随着撒哈拉商路贸易的繁荣，伊斯兰教也接踵南传。与外界的经济、文化交流和外来先进文明的影响，使与撒哈拉沙漠南缘相接的西苏丹地区，先后发展起加纳、马里和桑海三个强大的君主制国家。

有关加纳国家形成的历史，可以根据传说追溯到3、4世纪黑人索宁克人建立国家时。但它逐渐强盛的清晰轨迹，则是从8世纪末开始显现的，到10至11世纪达到鼎盛阶段。此时，加纳征服了周围的许多部落和小国，其版图包括西非尼日尔河上游和塞内加尔河上游，并向北占领撒哈拉沙漠南缘的重要城市奥达戈斯特。它的首都是昆比·萨利赫（今马里共和国巴马科以北300公里），据考古发掘显示，这在当时是拥有3万人的城市。据11世纪的阿拉伯作家阿尔·巴克希记载：该首都由两城组成。一城由信奉伊斯兰教的人居住，内有12座清真寺。另一城由国王居住。两城之间相距约10公里，其间民房连绵不断。

加纳实行君主制。国王对臣民拥有至高无上的权威，下设诸大臣辅佐政务。臣属拜见国王时必须匍匐在地，头顶撒上尘土，以表示敬仰和服从。国王还建立20万人的强大军队，其中有4万名弓箭手和一些骑兵。国王也控制了外贸权和黄金生产与交易。对一些附属小邦，国王常派代表率军前往驻扎加以监督。但王国并未建立官僚政府机构，部落仍然是基本的社会组织。

加纳人较早地掌握了冶铁技术，能够制造铁矛和铁剑。由此，它不仅能四处开疆拓土，而且能开拓当地丰富的金矿资源。这个被誉为“黄金之国”的王国，规定一盎司以上金块归国王所有，但金砂可以自由买卖，金价由国王控制。国王非常富有，其服饰、头饰、马鞍、拴马桩都由黄金制成。因此，国王又称“卡雅·马甘”，意即黄金之王。他生前过着极其奢侈的生活，死后还用大量财物和奴隶殉葬。大臣衣服上也有贵重金饰，就连卫士手中的盾牌、宝剑也镶有黄金。

由于控制了撒哈拉商路的西段，加纳的外贸相当繁荣。主要以撒哈拉沙漠的盐和地中海地区的铜、干果、贝壳等商品换取西非的黄金和奴隶，贸易税收成为王国的重要收入。据9世纪30年代阿拉伯地理学家阿尔·法扎里记载：加纳国王对入境的每一头驴所驮的盐，征收1金第纳尔的税，出境税则加倍。

11世纪时，原住撒哈拉以南和塞内加尔河上游的桑哈贾柏柏尔人诸部崛起，他们组织起穆斯林的宗教-军事团体对外扩张，1061年，征服摩洛哥，建立阿尔穆拉比特王朝。

1076年，阿尔穆拉比特王朝征服加纳，伊斯兰教从此在西非得到传播，加纳国王被迫称臣纳贡，改奉伊斯兰教。该王朝对加纳的统治虽然只维持了10余年，但破坏了加纳王国的农牧业生产及其同北非的贸易关系，使加纳的藩属相继独立，加纳王国从此一蹶不振。1200 年前后，苏苏国王苏曼古鲁征服了加纳王国的残余部分，把它变为自己的藩属。1240 年加纳王国最终为马里帝国所吞并。

5. 西非的马里帝国

马里帝国是继加纳之后称霸于西苏丹地区的国家。马里本是尼日尔河支流桑卡拉尼河地区的一个小酋长国，由黑人曼丁戈族系统的马林凯人所组成。11 世纪时臣属于加纳王国，皈依伊斯兰教，以黄金贸易著称，到 11 世纪中叶逐渐强大。加纳衰落后，苏苏人一度强盛，曾经征服了马里。据传，1235 年，马里王子松迪亚塔聚结部众，团结曼丁戈人，打败了苏苏国王苏曼古鲁的军队，接着又灭掉加纳，进攻瓦拉塔，建都尼亚尼。松迪亚塔奠定了马里帝国的基础，其子继位后继续征战，扩大了王国的版图。

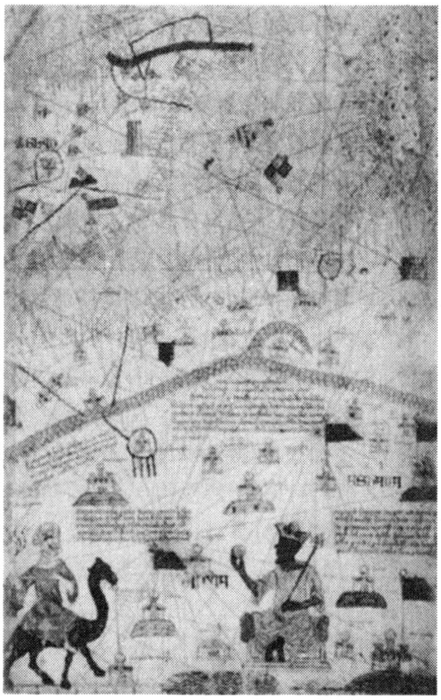

1324 年前往麦加朝圣的马里国王穆萨

第九位国王曼萨·穆萨在位时（1307—1332），马里版图空前辽阔，南起热带雨林，北至撒哈拉大沙漠，西抵大西洋沿岸，东达豪萨人居住地区。此时，马里国内外贸易发达，社会秩序稳定，进入帝国的黄金时代。曼萨·穆萨加强中央集权，继续开疆拓土，打开通向世界其他地区的绿洲大道。凭借西非最庞大的常备军，他享有“众王之王”的尊号。他挥金如土，被外国人称为“金矿之王”。据说，他在 1324 年至 1325 年赴麦加朝圣时，带了 500 名奴隶在队前开道，每人手持一根重约两公斤的金杖，用 100 头骆驼满载黄金，沿途奢侈挥霍和慷慨施舍，引起开罗金价的下跌，从此马里帝国名扬海外。在那次朝圣中，曼萨·穆萨还鼓励伊斯兰教的传播，邀请穆斯林学者到马里布道。由此，马里建立了许多清真寺，并确立每星期五进行聚礼的制度。中世纪西苏丹的经济、政治与文化中心廷巴克图，就是此时迅速发展起来的，成为伊斯兰世界的又一大文化中心。此外，这个时期建立的廷巴克图的桑克尔大清真寺，也兼具学术中心的地位。不少北非的穆斯林学者纷纷前来马里讲学、访问。

有关马里帝国社会秩序的记载

黑人们具备一些极好的品质。他们很少是不公正的，而且，比其他任何民族更憎恨不公正的行为。他们的苏丹不宽恕任何犯有最轻罪行的人。他们的国家绝对安全。在那里，不论旅行者还是居民都无须害怕强盗或暴力者。

——伊本·白图泰. 1325—1354 亚洲和非洲之行（节选）//斯塔夫里阿诺斯. 全球通史：1500 年以前的世界. 吴象婴，等，译. 上海：上海社会科学院出版社，1998：489.

在经济上，马里帝国的居民多数从事农业，种植玉米、高粱、水稻、棉花，并发展起渔业和养牛业。帝国盛产黄金，并控制着西苏丹广大的贸易网，特别是南方产金地区通往北非的贸易，国王垄断着重要物资如马匹和金属等的进口，并从中积累了巨额财富。国内外贸易已从以物易物，发展到以玛瑙、贝壳为货币的阶段。

马里帝国的君主享有至高无上的政治权威，不仅制定了豪华隆重的礼仪，拥有一支由步兵、骑兵和水兵组织成的强大军队，而且也初步建立起行政管理制度。在被征服地区，君主设置行政长官来治理，城市则有市长负责市政。不过，在广大的农村地区，仍然因袭传统的部落体制，由部落酋长管理一方。

曼萨·穆萨死后不久，马里政治形势日益动荡，王位之争层出不穷。14 世纪后，马里帝国先后遭到莫西人和图阿雷格人的袭击和骚扰。15 世纪上半叶，一些原来被马里兼并的地区纷纷独立。15 世纪中叶，马里属国加奥发展成为强大的桑海帝国。16 世纪上半叶，在桑海侵迫下，马里帝国的东部疆域不断缩小。此时西方殖民主义者已逐渐由沿海顺塞内加尔河、冈比亚河入侵。西方的贸易，特别是非洲奴隶贸易，引发了马里社会的内部矛盾，最终使马里土崩瓦解。17 世纪上半叶，马里被班巴拉人所灭，从西苏丹政治舞台上消失。

6. 西非的桑海帝国

桑海帝国存在于 15 至 16 世纪的尼日尔河流域，是当时西非最强盛的国家。其版图包括今天的马里、尼日尔、尼日利亚等国，比它之前的马里帝国的领土还大。

桑海在公元 7 世纪时还是一个小国，领土在尼日尔河的登迪地区。后来其势力才逐渐溯流而上，于 9 世纪末占领加奥。11 世纪初皈依伊斯兰教，并迁都加奥。14 世纪时它曾被马里帝国征服。15 世纪初，桑海摆脱马里控制，获得独立。在索尼王朝的索尼·阿里统治时期（1462—1492），桑海势力迅速发展，先后攻下马里大城市廷巴克图，征服了马西纳地区的富贝尔人，吞并了马里的大片土地，确立了桑海王国在西非的霸主地位。1492 年 11 月，索尼·阿里领兵追击莫西人的武装，在横渡山溪时淹死。不久，王国的将军穆罕默德·杜尔发动军事政变，夺得王位，自称阿斯基亚·穆罕默德一世（1493—1528），开创了桑海历史上的阿斯基亚王朝。阿斯基亚·穆罕默德一世执政期间，更实行一系列改革，使桑海进入帝国极盛时期。

政治上，阿斯基亚·穆罕默德一世建立了中央集权制。在中央设置分管财政、航运、林业、渔业、宗教等的一系列官职，分别由这些官吏管理相关事务。这些官吏均由国王亲自任免，并直接为国王服务。全国划分为四个省，各省长官从皇亲国戚中选派。

经济上，阿斯基亚·穆罕默德一世注重水利基本设施建设，主持在尼日尔河上游开凿运河，促进了农业发展。他还发展尼日尔河上游的运输业，鼓励采掘盐矿，扩大黄金、象牙、盐和奴隶等贸易。此外还保障商旅安全，统一度量衡，加快税收制度改革，加强城市管理，扩大与外界贸易。由此，工商业也逐渐兴盛起来。加奥、廷巴克图、杰内等城市发展成为尼日尔河流域的三大贸易中心，经济繁荣，人口众多，加奥就有 7 万人。廷巴克图的纺织业发达，有 26 家拥有 50 至 100 个徒工的裁缝作坊。桑海还盛行奴隶制。奴隶主要来源是战俘，可以被买卖、赠送，用于农业生产、运输和渔业。不过，随着经济发展，许多农业生产领域中的奴隶开始向主人缴纳实物地租并服劳役，其身份逐渐类似于农奴，封建制度逐渐萌发。

军事上，阿斯基亚·穆罕默德一世用奴隶和战俘组成的常备军来取代战时征兵制，依靠常备军扩张领土，南面将莫西人逐回上沃尔特盆地；西面击败富尔人，占领塞内加尔河的巴克尔地区；东面则征服了 5/7 的豪萨城邦；向北则打败图阿累格人，占据了艾尔高原的阿加德斯和撒哈拉沙漠的食盐产地塔加扎。由此，帝国版图西起塞内加尔河上游，东到艾尔高原，南抵布萨瀑布，北达中央撒哈拉的辽阔地区。

作为桑海帝国的国教，伊斯兰教受到高度尊重。阿斯基亚·穆罕默德一世本人也以虔诚的穆斯林身份争取广大穆斯林的信任和支持。1495 年至 1497 年，他率领随从去麦加朝圣，曾奉献 1 万金第纳尔作为施舍，购买土地为苏丹朝圣者建一座宿舍，获得麦加大教长赐予的“苏丹地区的哈里发”的尊号。阿斯基亚·穆罕默德一世重视文化教育，奖掖学术文化。他不仅开办学校，而且广泛招徕国外学者。除日常聘请许多阿拉伯学者和艺术家外，还注意收揽因战祸逃亡在外的文化人。1492 年格拉纳达陷落后从西班牙逃出的大批艺术家、医生和科学家等，均被他引进到新设的桑戈尔大学任教。当时的桑戈尔大学，除研究和开设《古兰经》学科外，还开设法律、文学、历史、地理、数学、天文等学科，并拥有大量藏书的图书馆，培养了一批有成就的学者。如著名学者阿赫默德·巴巴，一生著述有 700 种。当时的廷巴克图，也是最大的学术、文化中心，仅教授《古兰经》的学校就有 180 多所，为发扬伊斯兰文化发挥了重大作用。

16 世纪初，桑海统治集团内部的权力之争逐渐显现。自 1517 年起，先是尼日尔河东岸的凯比王康塔对抗朝廷，接着三个王子相继发动反叛。1528 年穆罕默德一世战败，被流放到尼日尔河的一个岛上。从此，王位之争绵延不断。1590 年，早已垂涎于桑海之盐矿和金矿的摩洛哥苏丹派大军乘虚而入，一举占领廷巴克图等主要城市。此后，西苏丹地区长期陷于各族、各部落混战的局面，这一繁荣、富庶的地区逐渐趋于萧条。

二、中南部非洲诸国

1. 班图人的迁徙

中南部非洲大体以卡拉哈里沙漠为界。北部为苏丹草原、刚果河盆地和几内亚高原，南部属于南非高原。这一地区热带森林资源和矿物资源丰富，盛产热带经济林木和黄金等。

在中世纪时代，中南部非洲的历史演进，深受讲班图语的黑人各部族大迁徙的影响。

在班图人到达之前，这一地区的主要居民是属于科伊桑语系的布须曼人（萨恩人）和霍屯督人（科伊人），此外，还有少数身材矮小的俾格米人。布须曼人尚处于石器时代，以原始族群为单位，以狩猎和采集为生。霍屯督人已掌握了铁器，经济生活以畜牧为主，发展到父权制公社时代。

班图人原来住在赤道以北喀麦隆高原的贝努埃河上游一带。从公元初开始，在北方民族的压力下，班图人开始向赤道及其以南地区进行持续不断的迁徙，迫使原来住在这里的俾格米人退入森林，布须曼人和霍屯督人则被迫徙居非洲西南端。班图人的迁徙，大体分为三支。向东迁徙的班图人，一部分在坦噶尼喀境内定居，成为当地的主要民族；另一部分于11世纪到达东非沿海地区，由于受阿拉伯文化的影响，后来形成斯瓦希里人。向西迁徙的一支，大部在西赤道非洲定居下来，占据了北起刚果河以北和喀麦隆南部、南至纳米比亚（西南非洲）北部的辽阔地区。中间的一支则分布在南部非洲的大部分地区。

班图人的大迁徙一直持续到19世纪，它导致了古代部落和民族的大融合，加快了中南非洲各民族的社会发展进程。而在迁徙过程中，班图人的部落和部落联盟也在日益壮大，先后形成了一些较强大的国家，重要的有刚果和津巴布韦。

2. 刚果王国

刚果王国是西班图人在刚果河流域所建诸国中最重要的国家。早在9世纪，这里就出现了一些班图人的小国，大约于14世纪前后形成了统一的刚果王国，首都为姆班扎（马塔迪南部）。15世纪，刚果王国发展到极盛时期，其版图西起大西洋，东至宽果河，北至刚果河以北，南抵宽札河，大体包括今刚果（金）西南部和安哥拉西北的部分地区。

随着版图的扩大，刚果王国中央集权的国家机构也相应建立起来。国王是全国的最高统治者，兼领最高司法权，根据刚果习惯法，死刑由国王裁决。各省的省督和中央高级官吏由国王任命。但由于部落传统的深厚影响，王国贵族会议在国家政治生活中具有举足轻重的地位。贵族会议（称"勒·姆班达"）由12名成员组成，大多是来自王国中心地区的部落首领及已故国王的妻子和女性亲属。国王在重大问题上必须征询贵族会议的意见，其权力受到限制。他不能随意转让王国的土地，临终前也无权指定继承人，王位按母系承袭，即由舅父传位于外甥，须由贵族会议选择与确定。至少在理论上，宣战、官员的任免、道路的开通或关闭，都要经过贵族会议的同意。国王作出的一些重大决定，也由贵族会议负责监督实施。

在王国的中央，设分管财政、军事、外交、河流和森林等事务的大臣。在地方行政上，全国划分为6个省，设省督负责为国王征集军队，征收贡物和管理商道，审理民间纠纷，以国王名义作出判决。省以下的行政单位是姆维拉和坎达。前者由若干个互相通婚的坎达组成，相当于一个部落联盟，其首领为部落酋长，管辖几个甚至数十个自然村落。后者则由若干个血缘亲密的姆武穆（支系）组成，姆武穆内则含有若干对偶婚性质的家庭。另外，王国还专门设置传讯官，向全国及时传达国王的旨令。国王还拥有一支常备军，战时所有成年男子都服兵役。

刚果自然资源丰富，有发展经济的良好条件。农业是刚果的主要经济部门，种植黍、高粱等，16世纪从南美洲引进了玉米和木薯。农业耕作主要由妇女担任，男子从事砍伐森林、开辟耕田、狩猎和捕鱼等重劳动。家畜主要饲养牛、羊。在手工业上，刚果很早就掌握了冶铁技术，因此，冶铁与金、铜制造等部门较多，技艺精湛。此外，棕榈纤维编织也很盛行。刚果的贸易很发达，从沿海到内地，有运盐、鱼的商道；从内地则把毛皮、象牙、编织品、金属制品以及奴隶等输往沿海。以贝壳、金块作为货币。为了促进商业贸易，国王规定地方官吏必须保证道路畅通，修建渡船和驿站房舍等。首都姆班扎是有几万人口的大城市，商旅往来不绝。金块、食盐和贝壳由国王垄断，他每年从贸易中获得大宗收入。

自由农民是刚果居民的主体，他们生活在各自的公社里。土地归公社所有，但公社必须向国王缴纳实物贡赋。刚果存在着奴隶制，奴隶的主要来源是战俘，也有部分来自债务奴和罪犯，奴隶买卖也很盛行。王室和大贵族都占有很多的奴隶，奴隶用于家庭服役、农业生产，特别是用于开采金矿和铜矿。

1482年，葡萄牙人在探寻通往印度的新航路时到达刚果。从此以后，葡萄牙的耶稣会传教士和商人陆续到达，他们传播基督教，插手黄金和奴隶贸易，逐渐控制了刚果的政治和经济。1506年，葡萄牙殖民者把改信基督教的王子阿方索一世（1506—1543）扶植上台。此后，他们更加肆意侵略刚果，到处修建教堂，并把首都改名为“圣萨尔瓦多”。他们还深入王国腹地，掠夺黄金和奴隶，给刚果带来了深重的灾难。16世纪下半叶，刚果王国逐渐趋于衰落。

3. 津巴布韦文化

津巴布韦文化得名于今津巴布韦国家东南部津巴布韦地区的巨石建筑群。考古研究证明，这些巨石建筑早在公元6世纪前后就开始修建，但其主要建筑物完成于13至14世纪。这个建筑群主要有两部分。一个是修建在大约700米高的山顶上的卫城，其中有坚固的堡垒和宽厚的城墙。另一个是宽900米、长700米的椭圆形的围墙，墙高9米，墙内有两座高10米的圆锥形塔。此外，在这两座建筑之间还有一些石屋。这些建筑都用雕凿平整的花岗岩石块堆砌而成，砌合不施灰浆，严密无隙，雄伟牢固，令人惊叹。在当地出土的文物中，有铸币的泥模、各种陶器、石瓶、骨牙制品、铜铁制品和金饰品以及武器，还有中国的瓷器以及印度的串珠等物品，这说明当时的津巴布韦不仅有了某种商品交换关系，而且和印度洋地区有经常的贸易往来。此外，在津巴布韦东部和莫桑比克西部发现了宽达2 000～3 000平方英里的山坡梯田遗址，在津巴布韦和南非许多地方发现采掘过的数万处矿坑和熔炉。所有这些，都标志着班图人在当时所达到的文明水平。

在津巴布韦文化发展的历史上，大约14至16世纪，曾经出现过一个叫莫诺莫塔帕的强大国家，首都布韦（意为“石头城”）。该国是由绍纳人所建，到15世纪初，经过不断扩张，它的版图北起赞比西河，南抵林波波河，东达印度洋沿岸，大体包括今日津巴布韦、莫桑比克大部和南非共和国北部德兰士瓦省的部分地区，不仅控制南非广大产金区，而且控制了黄金出口。

莫诺莫塔帕国家实行君主专制。国王是国家的最高统治者，掌握全国臣民的生杀予夺大权。国王拥有一套比较完整的行政组织机构，有宫廷大臣、司库、军队总司令、鼓队长和巫医长等协助统治。同时，国王任命自己的亲信、亲属代表他统治全国的重要地区。国家的一切皆属于国王，臣民的一切财物都被认为是国王给予的，国王有权随时收回。王国崇拜新月，认为祖先之灵和新月是相通的，人世间只有国王可以和祖先之灵交流，因此，国王通常被描绘成“神王”。国王的生活十分神秘，臣民不得看到他。在国王后宫里，有九个王后和几千名嫔妃和女奴。王后们拥有决定王位继承人的大权，反映了母权氏族社会的残余。奴隶劳动相当普遍，广泛应用于采矿、建筑和农业生产领域；但农业生产还是以自由农民为主。自由农民在公社的组织下进行生产，并向国王缴纳实物贡赋。

莫诺莫塔帕盛产黄金，对外贸易发展迅速。10世纪的穆斯林历史学家马苏迪在其《黄金草原》中，就曾记述古代津巴布韦的重要港口城市苏法拉的黄金交易。据载，在

12 世纪中叶，铁也是苏法拉的一宗巨大买卖，其质量和数量都优于印度的铁，每年从苏法拉输出大量的铁、黄金、象牙、铜和奴隶，输入棉织品和奢侈品等。在津巴布韦各地，已发现大量中国宋、明时代的瓷器，说明它与转手这类商品的阿拉伯、印度商人有密切的贸易联系。

葡萄牙殖民者对这个产金之国的财富垂涎欲滴，尽力对莫诺莫塔帕进行渗透和侵略。他们首先垄断了海上贸易，截断王国最重要的财源。1560 年，葡萄牙的耶稣会教士诱使国王接受了洗礼，进而干涉王国内政。同时，莫诺莫塔帕的附庸昌加等也不断反叛，最终建立独立的政权。由此，16 世纪以后，莫诺莫塔帕王国逐渐走向衰落，受到葡萄牙人的控制。

第二节　美洲古文明

一、美洲的印第安人

美洲位于西半球，处在太平洋和大西洋之间，包括北美洲和拉丁美洲两大部分。北美洲主要包括美国、加拿大和格陵兰岛等国家和地区；美国以南，直至南美洲最南端的合恩角之间的广大地区，过去曾是拉丁语系的西班牙和葡萄牙的殖民地，故被称为拉丁美洲。拉丁美洲在地理上习惯被分为四个部分，即北美洲的墨西哥、中美洲、西印度群岛和南美洲。

美洲土著统称为印第安人。1492 年，当哥伦布在航海探险中初次到达美洲时，就误认为到了他们所向往的印度，称当地居民为“印第安人”(印度人)。此后，这一名称就一直被沿用。考古学、人类学和地质学所提供的材料表明，印第安人是从亚洲迁入新大陆的蒙古利亚人种。据推测，早在大约距今 4 万至 5 万年前，印第安人的祖先就开始分多次从亚洲东北部通过白令海峡进入北美洲，然后逐渐向南迁徙，散布在美洲各地，大约在距今 1 万年前就已经分布到南美洲各地。但印第安人有很多分支，在肤色、头型、语言和文化上都有较大的差异，并非完全来自同一种族。另外，有可能部分南美洲的居民是从大洋洲诸岛上迁移而来。印第安人族系复杂，分布广泛，到 16 世纪初，已经形成诸多生活习惯和语言文化不同的族群，据估计，15、16 世纪之交，美洲印第安人有 1 500 万～4 000 万，语言和方言达 1 700 余种。主要的部族有：加拿大和美国的易洛魁人，墨西哥的萨波特克人、托尔特克人和阿兹特克人，墨西哥南部和中美洲的玛雅人，加勒比海地区的加勒比人，委内瑞拉、哥伦比亚及周围地区的奇布查人，秘鲁、厄瓜多尔和玻利维亚等安第斯高原地区的印加人，阿根廷、巴拉圭的瓜拉尼人，智利的阿拉乌干人，巴西等国亚马孙河流域热带森林和草原地区的阿拉瓦克人和图皮人。

由于自然地理条件的限制和当时人们的生产、交往能力有限，来到美洲的印第安人不仅与旧大陆长期隔绝，而且不同部族之间也相对处于封闭状态。由此，印第安文明的演进没有受到欧亚大陆先进文明的影响，具有鲜明的独特性，也始终缺乏拓展与更新的强大张力。同时，印第安各族的社会发展也显示出极不平衡的状态。在 16 世纪以前，美洲大多数的印第安部族都处于原始公社制时期，只有墨西哥、中美洲和南美洲的印第安人开始进入早期的阶级社会或正向阶级社会过渡，并出现了三个著名的文明：阿兹特克文明、玛雅文明和印加文明。这三大文明凸显了印第安人在封闭环境中的历史活动，反映了印第安文明对整个人类文明发展的独特贡献。

二、墨西哥的阿兹特克文明

1. 从古印第安文化到阿兹特克国家

以墨西哥中部高原之盆地为轴心的阿兹特克文明，是美洲最具有代表性的三大印第安文明之一。

早在大约公元前1万年至公元前3000年，这一地区的印第安人部落就已经从事狩猎和采集活动。公元前12世纪时，在墨西哥湾南部出现了奥尔梅克文化。在对拉文塔等地遗址的发掘中，考古学家发现了美洲最古老的金字塔、祭坛、重达数十吨的石刻人头像与石刻象形文字铭文，以及许多用硬玉雕成的人像、石器、陶器等等。一般认为，奥尔梅克文化开启了墨西哥古文化的先河。

大约在公元1至7世纪，这一地区又出现了特奥蒂瓦坎文化，因其以今墨西哥城西北42公里的特奥蒂瓦坎城（意为“众神之城”）为中心，故名。该城大约在公元前的两个世纪初步形成，4至7世纪最为繁荣。它的面积大约为22平方公里，人口可能达到20万。在这座城市中，贯通南北的是一条长2公里、宽40米的大道，称“亡者大道”。也有一条东西向的大街，由此而把城市划分为4个区。“亡者大道”的北端矗立着月亮金字塔，南端则是城镇区的主体建筑——克萨尔科特尔神庙，也称羽蛇神庙。这个庙供奉的长羽毛的蛇，被看作战争、水、黎明和农业之神。在这条道路上还有高64米、塔基宽220米的太阳金字塔。大约在650年至700年，特奥蒂瓦坎被大火焚毁。

特奥蒂瓦坎文化消亡后，托尔特克文化兴起于今墨西哥城北83公里处群山中的图拉城，因其创造者是托尔特克人，故名。托尔特克人原是墨西哥北部的游牧部落，大约在9世纪末南下至以墨西哥城为中心的高原地区。他们在吸收特奥蒂瓦坎文化的基础上创建了又一著名文化。从考古发掘看，图拉城遗址分布在一个每边长约120米的四方形广场的周围。它的北面有一个托尔特克人祭祀金星的神庙。另外，还有太阳神庙、宫殿、祭坛和起居室等等。遗址布局讲究对称，有排水设备，且大量应用模制土坯。城中有石器作坊用来制造农具和武器，还设有纺织和制陶作坊。图拉城面积约13平方公里，人口最多时达6万。托尔特克人主要从事玉米、菜豆和辣椒的种植。托尔特克人具有尚武传统，他们不断向南扩张，拓展到墨西哥的大部分地区，不仅为阿兹特克人的勃兴打下基础，而且对尤卡坦半岛的玛雅文明也多有影响。

阿兹特克人是印第安人一支好战的游牧部落，大约在1069年，开始从墨西哥北部向南迁徙。经过两个多世纪的颠沛流离，大约在1325年，最终在特斯科科湖的一个小岛上定居，后来这个小岛发展成特诺奇蒂特兰城（今墨西哥城所在地）。15世纪初，阿兹特克人与邻近的两个部落结成联盟，迅速对外进行军事扩张。到其最后一位首领孟蒂祖玛二世（1502—1520）的统治下，阿兹特克人已经控制了整个墨西哥谷地、峡谷及其周边地区的部落，其势力范围北至奇奇梅克边境，南达中美玛雅地区，人口600多万，达到鼎盛时代。1519 年，西班牙殖民主义者在科尔特斯的率领下于墨西哥海岸登陆，两年后借助于先进的火器攻占特诺奇蒂特兰，灭掉了阿兹特克国。

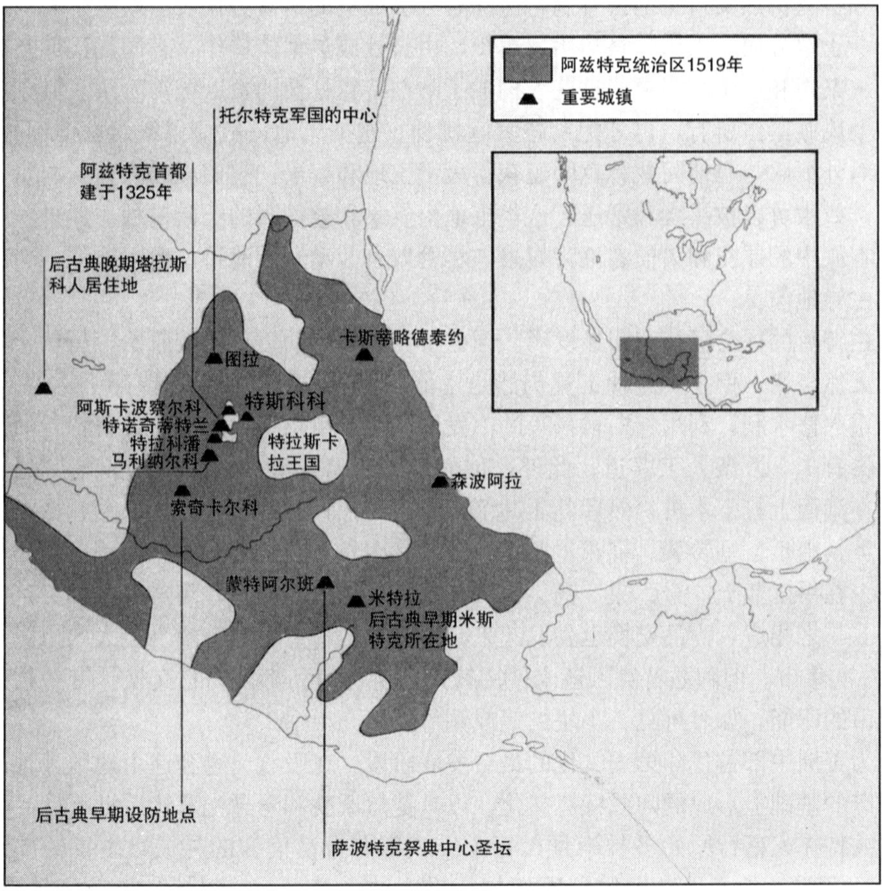

阿兹特克国

2. 阿兹特克人的社会与文化

这一时期的阿兹特克人处于从原始氏族社会向阶级社会过渡的阶段，建立了早期奴隶制“城邦”国家的雏形。社会组织仍以氏族为基础，特诺奇蒂特兰城以大型庙宇建筑为中心，两条交叉大道把全城分为四个大区，分属四大胞族，每个胞族下面又分为 20 个被称为“卡尔普里”的氏族，各氏族居住在各自的小区。不过，到 15 世纪时，阿兹特克人的氏族血缘关系逐渐被地缘原则所取代，但氏族制形式仍旧保留，每个氏族有自己的氏族保护神、祭司、寺庙和族长。在氏族制上则是以部落为形式，选举产生的部落的首领称酋长，大体是终身任职。在此基础上，产生了社会的最高组织形式——部落联盟。15 世纪初，阿兹特克部落与特斯科科部落、特拉科潘部落缔结起了“阿兹特克部落联盟”，由三个部落酋长组成最高部落酋长会议，作为该联盟的领导机构，由 4 名行政官吏实行集体管理，而由阿兹特克部落酋长任总首领，事实上也是联盟的最高军事统帅。被联盟所征服的部落需向联盟割让土地和纳贡，但可保有自己的部族神和习俗，由自己的酋长管理。联盟最高首领最初由选举产生，且无世袭权，并可被部落会议罢黜。

但随着战争的增多与联盟统治版图的扩大，联盟首领权力日益趋强，到15世纪，地位和权势与国王大体相差无几。

阿兹特克仍然实行土地公有制，但随着社会成员的贫富分化，已产生了私有制和阶级划分。土地分成了王田、祭司田、军田，由公社成员集体耕作，来满足氏族首领、部落酋长、祭司和武士的需要。这些人构成了阿兹特克社会的贵族统治阶级。其余土地分配给各个氏族集体所有，再分配给各家庭耕种。这类土地一般可以继承，但不得转让。不断的对外征服，也使阿兹特克联盟获得大量土地和奴隶，它们多成为酋长、贵族的私家财产，奴隶可以被买卖和赠送。这类土地由奴隶和被征服的氏族耕种。此外，社会分化也使本族中的罪犯和欠债者沦为奴隶。尽管奴隶劳动开始流行，但远未在社会经济生活中占主导地位。

阿兹特克的社会经济有明显发展。阿兹特克人的劳动工具比较原始，虽然会锻冶铁以外的天然金属，但主要劳动工具仍然是木器和石器，一般用尖木棒翻土耕种。不过，他们注重兴修水利，利用特斯科科等湖泊发展人工灌溉系统，在特诺奇蒂特兰城南的索奇卡尔科有1.5万条人工渠道。此外，他们还善于修建被称为“浮动园地”的人工岛屿，即在湖面上打下木桩，然后扎上木筏，在上面铺上湖泥种植庄稼。主要作物有玉米、豆类、南瓜、马铃薯、棉花、龙舌兰等，其中龙舌兰是其特产。饲养火鸡、鸭、狗等禽畜。在手工业上，金、银、铜、宝石、皮革、纺织、羽毛、陶器等各种工艺制造十分盛行。与之相应，商品交换也勃发起来。特诺奇蒂特兰城中有两个很大的市场，每隔5天有一次集市。但阿兹特克人还未使用铸币，所有商品都是物物交换。有些物品已经具有货币的职能，如可可豆、小块的锡或铜等。

作为美洲中部古代印第安文化的最后发展阶段，在吸收、融合这个地区其他印第安文化遗产的基础上形成的阿兹特克文化，以其斐然成就和奇异光彩让后世瞩目。

阿兹特克人盛行原始多神崇拜，每个氏族都有自己信仰的神灵，主要的部族神有60余个。不过，他们最崇拜的是原托尔特克人的主神——“羽蛇”神克萨尔科特尔。此外，还供奉部落的战神维洛波切特利，将其视为特诺奇蒂特兰的保护神。同时，流行自然神灵崇拜，其中有日神、月神、云神、雨神、花神、火神、谷神等。这些神灵都被祭祀。崇拜仪式十分隆重。一般皆在特定的庭院中举行，参与者登上金字塔形的高坛，边献祭边歌舞。有时使用木鼓、陶笛奏乐，并焚香。常以果品、鲜花为祭品，有时还要杀活人祭神。祭司阶层享有种种特权，社会地位高贵显赫。

在科学知识上，阿兹特克人有着独特的成就。他们继承托尔特克人和玛雅人的天文和数学知识，对天体运行有一定程度的了解，不但测算出日食和月食发生的时间，而且还记录了水星、土星、金星等一些肉眼可以观察到的行星的运动周期和轨迹。根据日月运行的规律和季节性的变化，阿兹特克人相当精确地制定了历法。一种是“太阳历”，把一年分成18个月，365天；一个月20天，剩余5天在年末；闰年（每四年一个闰年）加1天。另一种是“月亮历”，一年为13个月，260天；一个月也是20天。每52年两种历法重合一次。这两种历法与他们掌握农时、记录历史和确定祭祀仪式日期的需要密切关联。阿兹特克人将医学知识同巫术、咒语联系在一起，但他们已会使用奎宁、毛地黄等药物治病，并能进行初步的外科麻醉术，还能分辨多达1 200种食用和药用植物。

在文字与教育上，阿兹特克人也有成就。他们创造了自己的象形文字，有表意和象形两种，比如用火烧神庙来表示某个地方已被征服；用一只鹿角表示一只鹿。此外，还用石雕来刻画阿兹特克神话中的男女诸神。同时，他们开办了各种学校，进行农业园艺、植物医学、天文数学、军事技术的教育，以口授为主，并辅之以图画展示。

西班牙殖民者对阿兹特克人首都的印象

在这座城市和建立在湖上的其他所有城镇里，家家户户仅以吊桥或小船作为交通工具。在这些城市中，一座座涂有白色胶泥的美丽的庙宇，从小建筑群中拔地而起，犹如我们的西班牙城市中的许多宝塔和城堡。可以想象，这是多么壮丽的景象。

——征服者贝尔纳·迪亚斯·德尔·卡斯提略回忆录（节选）//斯塔夫里阿诺斯. 全球通史：1500 年以前的世界. 吴象婴，等，译. 上海：上海社会科学院出版社，1998：509.

阿兹特克人的建筑水平高超精湛，这从其首府特诺奇蒂特兰城中可以看出。它位于特斯科科湖的一个小岛上，城市面积约 10 平方公里，有房子 6 万栋，人口约 20 万至 30 万。全城有 10 公里长的防水长堤，并有两条石槽从陆地引淡水入城。街道宽阔，四面环水，只有三条石堤道与陆地相连。城中的“亡者大道”两旁的建筑错落有致，街道的坡度设计巧妙，每隔若干米建六级台阶和一处平台，给人以直逼云天之感。城内有 40 多座庙宇，其中位于市中心的大庙，系一组国家首领、祭司、贵族居住的宫殿群，宫殿遍布羽蛇浮雕，配有精美的庭院与花园。最著名的建筑物是太阳金字塔，塔高 65 米，底为四边形，逐层向上收缩，南北长 222 米，东西宽 225 米，共有 5 层，其上建有太阳庙。它的体积要比举世闻名的埃及胡夫金字塔更大。在大道北端是月亮金字塔，它比太阳金字塔晚建了 150 年，高 46 米。两座金字塔交相呼应，无比壮观。在 16 世纪西班牙入侵之前，特诺奇蒂特兰是当时世界上最繁荣的城市之一，被西方人誉为“世界花园”“美洲的威尼斯”。

特诺奇蒂特兰城

三、中美洲的玛雅文明

1. 玛雅文明的兴衰

玛雅文明是美洲古代印第安文明的又一杰出典型，以玛雅人而得名，主要分布在墨西哥南部尤卡坦半岛、危地马拉、伯利兹以及洪都拉斯和萨尔瓦多西部地区。

大约在公元前一千年代初期，玛雅人就已经生活在这些地区。公元前后，玛雅人就在尤卡坦半岛南端的佩腾斯湖周边的热带雨林中，兴建了第一批“城邦”。这些“城邦”最初实际上是祭祀中心，由平顶金字塔、祭坛和浮雕石碑等组成。四周也逐渐形成了居民点。这些城邦有100多个，各邦使用共同的象形文字和历法，城市规划、建筑风格、生产水平也大体一致，3到9世纪发展到极盛期。其中蒂卡尔（今危地马拉北部）、帕伦克（今墨西哥恰帕斯州）和科潘（今洪都拉斯西部）等最为著名，它们的祭祀中心已形成规模宏大的建筑群。蒂卡尔为玛雅人祭祀太阳城所建，其遗址由数以百计的大小金字塔式台庙组成，气象宏伟，城区面积达50平方公里，大小金字塔300多座，居民有4万左右。此时出现大量刻有纪年碑铭的石柱，一般每隔5年、10年或20年建立一座，成为独特的记时柱。800年至900年左右，这些祭祀中心突然被废弃。玛雅文明中心开始逐渐移向尤卡坦半岛。

10世纪，从墨西哥南下的托尔特克人征服尤卡坦，并以奇琴伊察为都城，统治该城约达200年之久。托尔特克文化与玛雅文化的相互碰撞与融合，为已经衰落的玛雅文明带来了新的发展活力。于是，出现了石廊柱群和施行人祭的“圣井”，崇拜羽蛇神，有了冶铜技术。在奇琴伊察及其西南部的乌希玛尔，还逐渐修建起规模宏大的神庙和宫殿。12世纪，北方的城邦玛雅潘日益兴起，取代了奇琴伊察而成为玛雅文化的中心。玛雅潘城约有15平方公里，有高大的城墙和6座城门，实际上已经发展成为城邦国家。12世纪末13世纪初，玛雅潘相继兼并奇琴伊察、乌希玛尔等地，统一了整个尤卡坦半岛。1450年，大概由于内部叛乱，玛雅潘被焚毁。在接下来的一百多年中，尤卡坦半岛陷于混乱、动荡，玛雅文明迅速衰落。1523年至1524年，西班牙殖民者乘虚而入，从墨西哥南下，占领尤卡坦半岛，玛雅文明被彻底破坏。

2. 玛雅人的社会与文化

在西班牙殖民者到来之前，玛雅人已处于从原始社会向奴隶社会过渡的阶段。其时，玛雅人以血缘纽带维系的氏族公社，开始向以村居地缘关系为特征的农村公社转换。社会的贫富分化产生了阶级，氏族首领、贵族和祭司成为职位世袭的统治阶级，而广大的氏族成员则成为以农民、工匠为主体的平民。农村公社保存了氏族制度的残余。公社土地仍然归集体所有，但分配给各个家族使用，三年重新分配一次，收获物归各家族所有。不过，公社成员必须为贵族耕种土地以及服劳役，并向城邦国家缴纳赋税。奴隶劳动开始出现，其来源有战俘、罪犯和负债者乃至离婚妇女和孤儿。奴隶为贵族从事建筑、运输和家务劳动。在阶级萌发的基础上，玛雅国家政权雏形已经显现。城邦最高统治者称哈拉奇·维尼克，意即“大人”，他掌握了统治大权，战争时为最高军事统帅，其职位世袭。最高祭司则充当“大人”的顾问，并负责统管宗教礼仪和制定历法。地方则由各部落酋长掌管，由地方祭司作顾问。以下则有若干“村长”管理各农村公社，负责征调赋税、兵役和审理案件等等。玛雅人的工具、武器全为石制和木制，黄金和铜在其末期才开始使用。因此玛雅人的农业技术简单，耕作粗放，不施肥，后期有水利灌溉，并修建了很多台田、渠田。他们用原始刀耕火种的方式，培育出玉米，此外还种植番茄、甘薯、南瓜、辣椒、可可、棉花、烟草，栽培各种果树。玛雅人还从事采集和渔猎活动，但始终没有出现畜牧业。玛雅人的手工业有一定水平，会用陶土制成各种器皿，用燧石或黑曜石制成各种工具和武器，用棉花织成布匹，用金、银、铜和锡等金属制成合金，加工成各种器皿和装饰品。商业也随之勃发，每个城邦中心同时也是集市贸易中心，设有市场定期交易。城邦之间和不同地区、村落之间也有着贸易交换关系。主要的商品有棉布、蜂蜜、蜂蜡、武器、食盐、鱼、奴隶等等。由于没有货币出现，可可豆成为商品交换的主要媒介。

玛雅人在天文、数学、文字、建筑、艺术等方面都达到较高的水平。

农业生产和宗教祭祀促进了玛雅人对科学知识的探讨。他们建造了美洲最早的天文观测台，初步掌握了日食周期和日、月、金星等运行规律，并创制了多种历法，其中主要有两种。其一是神历，主卜未来，全年共 13 个月，260 天，由 20 个神灵轮流主司，260 天正好一轮。其二是“阿布”（Haab）历，与太阳历相似，但分 19 个月，前 18 个月各为 20 天，最后一个月为 5 天，这 5 天被视为忌日，全年 365 天，每 4 年加闰 1 天。每天都记两历日月名称，每 52 年重复一周，其精确度超过同时代希腊、罗马所用历法。数学方面，玛雅人使用“0”的概念比欧洲人早 700 余年，计数使用二十进位制。

玛雅人的另一独特创造是象形文字，它包括由诸多图形符号组成的音符和意符字母，是兼具表音表意的“意音文字”，总共有 3 万多个词汇。一般刻在石头建筑物如祭台、梯道、石柱等之上，刻、写需经长期训练。现已知字符 800 余，但除年代符号及少数人名、器物名外，多未释读成功。当时还用树皮纸和鹿皮写书，内容主要是历史、天文、神话和仪典等等，后来多被西班牙殖民者视为“异端”而焚毁殆尽。现今残存的一些文字抄本，尚无人能够成功释读。

玛雅盛行多神崇拜。他们认为万物皆有神，不仅有形的物体有神，无形的东西也有神，就连日期、数目、职业、年龄、性别、颜色、人的生死和自杀也有神，任何一种状态都有神，任何一种需求都有神……总之，在玛雅人的世界里，神无处不在。不过，他们主要崇拜太阳神、雨神、五谷神、死神、战神、风神、玉米神等神。太阳神居于诸神之上。另外，玛雅还盛行祖先崇拜，并相信灵魂不灭。玛雅人用人血、食物、玉石及其他珍贵的物品、活人祭神。

玛雅人将建筑和艺术与宗教祭祀密切相连，成就斐然。他们建造了数以百计的庙宇金字塔和数以千计的较小建筑物，用以向众神礼拜或祭祀。此外还有巨大的宫殿、广场等。至今还留有大量宏伟的石建筑、石廊柱、石碑、石拱、石梯道和金字塔庙宇遗址。最典型的建筑物是庙宇金字塔，一般是用泥土堆成巨大的土丘，表面以石块垒成，四面陡峭，用石板或泥灰砌成梯道，在塔顶平台建有庙宇。在塔的阶梯、坛庙的门楣、石柱上均有精美的浮雕，其中哥班的一座金字塔梯级上雕有铭刻，被称为“象形文字阶梯”。玛雅人最大的坛庙高达 70 米，坛基分 3 层。奇琴伊察的金字塔高 30 米（台基高 24 米，庙宇高 6 米），每边宽 55 米，四边都有 90 级梯道通向塔顶，北部梯道的底部装饰有石雕羽蛇。

玛雅人在木雕、壁画、陶器、纺织等方面也有杰出的创造。1946年在墨西哥南部发现的“波南帕克壁画”，是古代世界壁画艺术的珍贵宝藏。在高约7米、总长16米多的神庙中，分3个房间，每个房间的内壁上均绘有色彩斑斓的画面，其内容有贵族、仪仗队列、战争与凯旋、惩罚俘虏、缴纳贡赋等场面，它大约是公元8世纪的作品，反映了玛雅社会的历史及风俗。这一壁画充分展示了玛雅人的艺术才赋。

四、南美洲的印加文明

1. “前印加文化”

印加文明是又一著名的印第安古代文明，从南美洲西部、中安第斯山区发展起来。它的影响范围北起哥伦比亚南部的安卡斯马约河、南到智利中部的马乌莱河的广大地区，大体包括了现今厄瓜多尔山区部分、秘鲁山区部分、玻利维亚高原地区、半个智利和阿根廷西北部。

大约在公元前1000年，印第安人就已经在安第斯山脉中部的秘鲁与玻利维亚的高原及滨海地区定居下来，过着较稳定的农耕生活。他们种植玉米和马铃薯等农作物，饲养骆马和羊驼。在生产力发展的基础上，产生了一些古文化中心，留下了许多被称为“前印加文化”的遗址。公元前10世纪至公元6世纪，在秘鲁北部高原出现了查文文化，其影响扩及南部滨海地区。居民们广泛种植玉米、马铃薯等农作物，崇拜虎神。有比较高的建筑和石刻技术，石板建筑是最主要的遗迹。这些用砂岩石、玄武石和方形石修造的建筑物包括地下神殿、城堡、石柱、石碑等。查文文化的陶器和金属器物也很有影响。陶器是单色的，主要有黑色和棕色两种，上面常饰有几何图案，是在潮湿的陶坯上用钻眼、打印和抠刮的方法制成的。此外，查文文化陶器中马镫形的提梁嘴壶独具特色。金属器物主要是金片、镯子、耳环等装饰物，它们的加工艺术水平极高，常用金片在模子上打印虎、兀鹫和蛇的图案，这些图案回纹极为精细。查文文化的雕刻艺术别具特色，虎神成了浮雕的主要题材。考古发现的一块巨型石碑，上面有许多用线条镂刻的兽头人身形象，兽头上还刻有比人身高几倍的蛇形羽冠。这块石碑的画面复杂而精确、生动而逼真。此外，在秘鲁西海岸的塞琴遗址中，人们还发现了一座方形泥土建筑，它的周围嵌着88块石板，上面雕刻着虎、鱼等动物，还有战旗和武士，这表明原始氏族公社开始解体。

大约在公元前10世纪中叶至公元5世纪，秘鲁南部海岸出现了纳斯卡文化和帕拉卡斯文化。纳斯卡文化虽然也以农业为基础，但没有大规模的灌溉系统。常见的陶器主要是敞口碗和提梁壶，多半属于彩陶，一般是以红色作底色，以黑色勾画轮廓，并将黄、灰、紫、白四色协调地搭配在图案中，有的陶器涂彩釉多达七次，使用的颜色共有十余种。陶器上的画面多是图案化的鸟、兽、鱼、虎、豹等形象，多姿多彩，新奇独特。纳斯卡的丝织品和棉织品制作技术精细，色彩绚丽，图案多样，有的丝织品色调竟多达190多种。帕拉卡斯文化主要以墓葬出名。由于帕拉卡斯地区空气十分干燥，干了的尸体不用涂防腐剂也能够保存长久。迄今为止，已在用石砖砌成的墓穴里共发现429具木乃伊。他们身穿丝绸衣服，完好无损。织物和刺绣也达到了较高的艺术水平，色彩鲜明而又协调，线条复杂而又细致，是世界纺织工艺的一朵奇葩。

大约在公元前4世纪至公元4世纪，秘鲁沿海北部又出现了莫奇卡文化。居民有较为发达的灌溉农业，饲养骆马和羊驼。莫奇卡陶塑特别发达：人头塑像、房屋塑像、动物塑像、果实塑像、船形塑像等，无不惟妙惟肖、形态逼真。此外，莫奇卡文化还出现了许多“金字塔”庙宇，最大的一座被称为“太阳神庙”，长228米，宽136米，高18米。在它的南面还有一座长103米、高23米的神庙。莫奇卡人还掌握了金属冶炼和制陶技术。出土陶器上所绘的贵族和战俘的画面，说明当时莫奇卡人的社会已经出现明显的阶级分化。

大约自公元5、6世纪开始，在安第斯地区逐渐兴起了前印加时期最发达的文化，其中以蒂瓦纳库文化为典型。它发源于秘鲁和玻利维亚交界处的的的喀喀湖东南，由玻利维亚的同名小镇而得名。蒂瓦纳库文化遗址是一个巨大的、精美的石头建筑群，长1 000米，宽450米，这里极有可能是一个宗教中心。遗址中保存最完整的是一座被称为“卡拉萨亚”的梯形金字塔。这是一块用围墙围起来的方形场地，占地约210平方米，高15米。场地内有地下庭院，庭院之间有阶梯相通，顶部是一座大型庙堂。蒂瓦纳库遗址中最重要的古迹是闻名遐迩的太阳门，它高2.4米，宽4.5米，是由一块重达百余吨的巨石雕凿而成，比例匀称、造型庄重。太阳门两边壁面光滑，门楣上有精美的浮雕，浮雕中间是虎头人身的天神，在天神的两旁，分三列共排着48个较小的人物形象，其中上、下两列是有羽翼的人，中间的一列则是手持族旗枪矛、人格化了的鸟。据考察发现，蒂瓦纳库文化遗址附近不产中长石、玄武石和砂石，离它最近的产石场地也有五公里之遥，当时的人们用什么方法开凿这样大的巨石并将之运到此地，至今仍然是一个谜。在蒂瓦纳库遗址中，还出土了许多文物，有青铜和黄铜制作的刀斧、柄杯和别针，也有用黄金制成的金片、面具和小首饰。此外人们还发现了形式各异、用途不同的陶器，这些器皿上多配有色彩鲜明的图案。

蒂瓦纳库文化逐渐向四周拓展，几乎遍布今玻利维亚、秘鲁全境。受其影响，在今秘鲁境内还出现了瓦里文化和奇穆文化。瓦里文化位于利马东南150公里，为大约10平方公里的文化遗址，其中有围场、城楼以及向四周延展的平坦道路和众多的仓库，这证明它的经济已经发展到一个较高的水平。该文化约在9世纪解体。奇穆文化以昌昌古城名扬天下。这处遗址在今秘鲁特鲁希略市西北8公里处，该城长约20公里，宽约8公里，占地共约155平方公里，是当今世界上保存下来的最大土城。据科学家们检测发现，砌墙的土坯是用黏土、沙粒和贝壳粉末拌成泥模，经火烧制而成。这种土坯十分坚固，虽经风侵雨蚀、地震破坏，昌昌古城依然容颜如初。城内有平顶金字塔、庙宇、宫殿、蓄水池、花园、市场、军用建筑和民宅等。所有这些建筑物都自成群落，形成了9个小城堡。从这些建筑的规模和格局看，当时的社会已经开始了严重分化。奇穆文化的农业较前有所进步，当时的农作物种类已与现在相差无几，并且能够利用堆积在海岸附近岛屿上的鸟粪作肥料。居民们还发明了青铜，并用金、银和铜制造出合金。铜制的工具主要有锄、刀、狼牙棒等，一般由冷锻加工而成，具有相当高的硬度。奇穆文化的陶器是与查文文化陶器一脉相承的，器皿以马镫壶和提梁壶居多，且以磨光黑陶为主。1470年左右，奇穆为印加人所征服。安第斯古文明的遗产，为印加人建立起强大的印加帝国打下了基础。

2. 印加帝国的兴衰

6世纪时，安第斯山区和沿海地带共生活着一百多个部落，而居住在库斯科谷地、说奇楚亚语的克丘亚部落只是其中之一。印加人自认为是太阳神的后裔，“印加”一词意即“太阳之子”，故印加首领的尊号也称“印加”。后来西班牙殖民者误以这一称号来称呼整个部族，“印加人”的名词就沿用下来。

到13世纪，在吸收安第斯文明遗产的基础上，克丘亚部落群中的印加部落开始崛起，建立了奴隶制国家。它与周围的部落和国家进行着和平的产品互换和社会交往。随着国势日益强大，印加国家开始谱写自己的征服史。据传说，印加国王曼科·卡帕克带领军队，穿过利利奥高原，征服了科利亚人，最先占有了库斯科谷地；迈塔·卡帕克率军渡过阿普里马克河，到达今天秘鲁的莫克瓜和阿雷帕；此后的卡帕克·尤潘基是个英勇的武士，他率众到达了今天的玻利维亚，控制了沿海的纳斯卡人。

到15世纪初，第八代王比拉科恰在位时，印加成为安第斯地区的强国。从这时起，印加人才有了可靠的编年史。1438年，印加王国史上第九位国王帕查库蒂上台执政。他对外进行大肆扩张，把疆域扩展到了几乎整个秘鲁高原。继帕查库蒂之后，印加王帕克·尤潘基开始向北扩张，征服了整个厄瓜多尔（奇穆国所在地），并向南推进到了今天智利中部的毛莱河。经过近百年的征战，印加人建立了幅员辽阔的奴隶制帝国。16世纪初，到了第十一代王瓦伊纳·卡帕克（1493—1525）在位时，印加帝国发展到了鼎盛时期，南北长达4 000公里，领土面积达到100万平方公里，包括厄瓜多尔、秘鲁、玻利维亚以及智利和阿根廷的部分地区，人口约600万，成为古代美洲最强大的印第安人国家。然而，在卡帕克死后，诸王子因争夺王位而发生内战，印加帝国的国力受到严重削弱。远来的西班牙殖民者在皮萨罗的率领下在秘鲁海岸登陆，借助先进火器于1533年攻陷库斯科，灭掉了印加帝国。

征服印加帝国的西班牙殖民者首领皮萨罗

3. 印加帝国的社会

印加帝国形成的是早期奴隶制，仍然保留了不少原始氏族公社的残余，这就使得它的社会制度特点鲜明。

从政治上看，印加帝国实行的是集权政治体制。国王是全国的最高统治者，称“萨帕印加”（意即“大王”），拥有立法、行政、军事大权，并兼首都库斯科的太阳神的祭司长，实行专制统治。国王王位世袭，并娶同胞姐妹为后。国王享有无限尊威。臣民在觐见时，必须背负木柴、脚不着鞋，行走时两眼注视地面以示恭顺。国王乘坐华丽的轿子，穿精美服饰，佩戴象征特权的头饰。驾崩之后，要以妻妾和奴仆献祭或殉葬。在国王之下，还设有一些军政职务、祭司等，由贵族充任，辅佐国王。

在地方，以库斯科为中心将全国划分为四大“苏尤”（即区域）来管理。北部是钦查苏尤，包括今天的秘鲁中部、北部和厄瓜多尔；西南部是最大的科利亚苏尤，包括今天的玻利维亚、阿根廷和智利；南部是孔德苏尤，地处秘鲁南部；东北部是安蒂苏尤，占据安第斯山脉中段地带。这四个行政区合称“塔万蒂苏尤”，是印加国的正式名称，即“大地的四方”。行政区最高长官叫“阿孛”（意即总督），由贵族世袭充任。同时由“阿孛”组成贵族政务会议，附属于国王之下，负责王位继承人的挑选等。苏尤以下是统辖四万户的军政合一区，长官叫“马志尼”，往下再组成五千户、一千户、五百户、一百户等，设置各级官员，负责征收贡赋、征集兵源等事宜。

印加社会的基层单位是称为“艾柳”的村社。公社所属地区称为“马克”。每个村社约有一百户人家，共同住在一个村庄内，或者散居在许多邻近的小村落里。村长叫“帕查卡-卡马约克”，村社成员都属同一血统亲属，受同一族神保护。每个村社把耕地划分为三部分：太阳田、印加田和村社田。太阳田属于最高大祭司、祭司、庙宇管理人，其收入供祭祀和祭司所用。印加田属于印加国王所有，收入供王室所用。村社田属于村社所有，并在村民中进行再分配，每年必须重新分配调整。25 岁至 50 岁的村社男性社员被称为“普里克斯”，他们必须在规定的日子里首先耕种太阳田和印加田，收获物作为贡赋交给庙宇和王室，最后才耕种村社的份地。村社田收获的一小部分作为全村的公共储备，保障村社的各种需要，并用以救济困难的村民，大部分用于村社各家的家庭生活。而在山区，居民所饲养的牲畜，也分为上述三个部分。只有房屋、场院和赏赐的物品，才为私人所有，可以被转让和继承。

印加统治者还推行一种特殊的劳役制——米达制。在此制度下，25 岁至 50 岁的公社男性成员要按照不同年龄被强制服役，并按一定比例、定期轮换去履行国家所需要的徭役，如修建王宫和庙宇、修路建桥、开采矿物、运输等。此外还有一种特殊的差役，称“亚纳科纳”。即在被征服地区的居民中挑选青壮年来作工匠、杂工和奴仆等，其身份世袭，实际上相当于奴隶或半奴隶。

印加人生活的安第斯地区既有高山、沙漠，也有谷地和海滨，远不如大河冲积平原地区的农业条件优越。在独特的生态环境中，印加人以简单的生产工具创造了发达的农业。印加人没有耕畜，用人工翻地，主要的工具是木、石制作的镬、锤和锄头。为了扩大农作物种植面积和提高产量，在小山冈和山坡上建成层层梯田，用石板砌成水渠进行灌溉，不少水渠是从山溪引入梯田，最长的水渠达 100 多公里。印加人十分注意堆积人粪，并把它晒干打成粉末，在播种季节用作底肥。在其他地区，印加人还用骆马和羊驼粪便作底肥。在南美洲沿海地带，印加人以鸟粪作肥料。他们栽培了 40 多种农作物，如根菜类的芋、珍珠树、番薯、木薯、马铃薯，瓜果类的南瓜、木瓜、胡瓜，以及番茄、花生、莱豆、可可、菠萝、辣椒；此外，还有玉米、栗棒、胭脂、龙舌兰等植物。其中，玉米、番薯、马铃薯等是主要粮食作物。这些植物在当时都是其他大陆所没有的。在发展农业的同时，印加人广泛利用秘鲁南部和玻利维亚山区的草原发展畜牧业，饲养骆马、羊驼和豚鼠。骆马的饲养是畜牧业上的重大成就，这对解决印加人衣食起了重要作用。骆马的肉是很好的食品，皮可以制成垫子和斗篷，骨头可以做成各种器具，筋腱可以代替绳索，毛可以制成线和做成衣服，粪便也是上好的燃料。

由于各地比较封闭，社会生产力水平有限，印加村社农民尚无多少剩余产品可供交换。手工业远未发展成独立部门，多为王室和庙宇以及自身的使用而生产。因此，印加商业始终处于萌发状态，没有商人，也没有货币的使用和流通。

4. 印加文化成就

印加人在继承了此前安第斯山地区文化传统的基础上，创造了南美印第安人最卓越的古代文化。

1500年左右的南美印第安人

在工艺制作技术上，印加人十分出色。如同美洲其他印第安人一样，印加人不知道铁。然而，他们不但懂得金、银、铜、铅、锡、汞的冶炼，还会冶炼各种合金，并知道利用汞来提取纯黄金。他们也掌握了许多种金属加工工艺，如铸造、锻打、模制、冲压、镶嵌、铆接、焊接等。金银主要用来制作装饰品和艺术品，视黄金为太阳象征的印加人，制作了许多黄金饰品。库斯科太阳神庙中的金制巨形太阳盘镶嵌有人面像，是印加装饰艺术的杰作之一。铜及其合金主要用来制造武器、日用器皿和利刃工具。印加纺织技术也达到较高水平。早在公元前2000年，他们就会纺纱织布，且毛织品和棉织品花色多样，色彩调和，制作精细。如1 000年前留下来的一幅地毯，每英寸含绒纱500根，而欧洲中世纪同类织物却只含100根。在南部沿海皮斯科附近出土的木乃伊套服，被称作“世界纺织品的奇迹之一”。制陶业也有所发展。陶器的主要特点是具有引人注目的磨光技术、雅致的装饰、优美的几何图案和绚丽的色彩。

印加人文化上的成就突出表现在雄伟的巨石建筑方面。在库斯科，印加人展现了高超的建筑艺术。这里有高大宽厚的城墙和雄伟的宫殿，有建筑在高耸的金字塔顶的太阳神庙、月亮神庙和星神庙，还有巨大的蛇神殿和太阳神殿。这些建筑都是用从安第斯山中开采的花岗岩、石灰岩等巨大的石块堆砌而成，不用泥灰但结合紧密，以致刀片也难以插入。有的城堡建于陡峭的山崖，高耸入云。距库斯科城1.5公里的300米高处，有世界闻名的举行“太阳祭”的萨克萨瓦曼圆形古堡。古堡有高18米的三层围墙，形状曲折，防守者可从交叉的方向袭击敌人。古堡内建有许多塔、地下走廊、房子以及地下水道，以供战时使用。这一古堡动用了 30 多万人建造，于 1438 年动工，经 70 年才告完成，所用巨石估计总数达 30 余万块，最重的一块竟达 200 吨。

印加人无车，但为了便于骆马驮运，大力修建交通道路。首都库斯科与其他地区间有许多道路相连接，其中有两条自南而北纵贯全国的大道。一条称“海岸大道”，宽约 7.3 米，长 4 055 公里，从北部边界的通贝斯起，一直到达现在智利中部的普鲁穆阿卡。另一条与它平行，称“高原大道”，宽 4.57～7.34 米，长 5 229 公里，以哥伦比亚为起点，通向现在的阿根廷和智利。这条道路翻过高山和峡谷，中间有百余座木桥、石桥和藤条吊桥，其中有 4 座横跨阿普里马克河谷。道边每隔 7.24 公里竖一块里程碑，每隔 19～29 公里建一旅舍供行人休息。印加人的道路是世界上最杰出的古代工程之一。

由于农业生产的需要，印加人已有一定的天文知识和历法。历法用太阴历，一年 12 个月，每月 30 日。以 10 天为一星期，每月 3 星期。每年加 5 日，每 4 年再加 1 日。太阳年以冬至日为岁首。为了观察太阳的位置以确定冬至和春分的日期，在库斯科城的东面和西面建筑了 4 座圆塔。此外，还在库斯科中央的大广场上树立一根石柱，利用日影测定时间。

印加人以人体各部分的长度作为测量的标准。最小的长度单位是人手的一个指距。测量土地最通用的长度单位每单位是 160 厘米，相当于古代秘鲁人的平均身高。粮食以斗计，每斗合 27 升。重量以 3.8 克为单位。在墓葬中曾发现有骨、木和银制的天平。另外，印加人的医学也很发达，已能制作木乃伊，并对麻醉药物颇有研究。

印加人的文字处于萌芽阶段，有一些“图画文字”，但应用不广。用来记事和传递消息的是被称为“基普”的结绳文字，即用带结的绳子代表数字。印加数字系统使用十进制。印加人为了精确描述仓库物品、国家人口和其他信息，常常要用几百条不同颜色的绳子来记录。

推荐阅读书目

郝名玮，徐世澄．拉丁美洲文明．北京：中国社会科学出版社，1999.

何芳川，艾周昌，陆庭恩，等．非洲通史：古代卷．上海：华东师范大学出版社，1995.

洪学敏，张振洲．美洲印第安宗教与文化．北京：中央民族大学出版社，1999.

李春辉．拉丁美洲史稿．北京：商务印书馆，2001.

宁骚．非洲黑人文化．杭州：浙江人民出版社，1993.

杨人楩．非洲通史简编．北京：人民出版社，1984.

乔治·瓦伦特．阿兹特克文明．朱伦，等译．北京：商务印书馆，1999.

诺曼·哈蒙德．寻找玛雅文明．郑君雷，译．杭州：浙江人民出版社，2000.

塞利格曼．非洲的种族．费孝通，译．北京：商务印书馆，1982.

W. H. 普雷斯科特. 秘鲁征服史. 周叶谦，等译. 北京：商务印书馆，1996.

W. H. 普雷斯科特. 墨西哥征服史. 朱龙华，译. 北京：商务印书馆，1965.

印卡·加西拉索·德拉维加. 印卡王室述评. 杨衍永，白凤森，等译. 北京：商务印书馆，1993.

第八章

西欧资本主义的兴起与海外扩张

第一节　资本主义萌芽

一、经济发展和商业资本的活跃

1. 社会生产力的提高

自 14、15 世纪开始，随着工具和技术的不断改进和生产经验的日益积累，西欧各国的社会生产力有了显著提高，由此促进了社会经济的发展和资本主义萌芽的产生。

这一时期的农业生产有了较大改观。通过开垦森林地带、排干沼泽和围海造田，耕地面积增加。16 世纪中期，由于粮价上涨的刺激，尼德兰进行大规模围海造田，从 1540 年到 1565 年，共造田 92 391 英亩。英国和法国也兴修水利、开垦良田。德国的北海沿岸、易北河畔和士瓦本等地，大量的土地也被开垦出来。从 1480 年到 1624 年，德国耕地面积平均每年增长 1.3%，是产业革命前增长比例最高的时期。耕作方法和技术也有了新的进步。在英国、尼德兰等农业发达的地区，实行多田轮作制，精耕细作以提高粮食产量。同时还实行粮食和牧草轮作制，保持土壤肥力，在休耕地上播种牧草，为牲畜提供更多的饲料。灌溉上用的风车与水车也有所改进。此外，畜种特别是羊、牛的改良受到重视。农业的专业化程度不断扩大。如莱茵河、威悉河、易北河流域以及香槟地区的葡萄和酒，英国和西班牙的羊毛，荷兰的郁金花和奶牛，图林根、萨克森、威斯特伐利亚的啤酒花等，都驰名各地。农业的发展，满足了日益增加的城市人口的需要，为手工业、商业的进一步发展奠定了基础。

在手工业生产领域，生产技术变革更快，生产力大大提高，尤以纺织业和采矿业最为显著。从13世纪起出现的手摇纺车已广泛流行，代替了原始的手捻纺锤。15世纪末，采用自动纺车，使纺线和卷线的过程合而为一。与此同时，新改进的卧式织布机普遍推广，代替了立式织布机。漂洗呢绒用水轮带动重木槌，代替了人工搓洗。纺织技术的进步，不仅促使毛纺织业在西欧逐渐兴盛，而且也促使丝织业、棉织业的渐次发展。此外，西欧还出现两项重要的动力技术革新。其一是风力广泛应用；其二是发明以从上流下的水来带动的上射式水车，代替了旧有的直接装置在激流中的水车。风车、水车上使用了齿轮、凸轮和皮带传动装置。这两项革新对采矿、冶金、磨粉、呢绒等不同部门的生产都产生巨大推动作用。在采矿业中，普遍使用了畜力特别是水力推动的抽水机来排除矿坑的积水，保障了矿源的开采。此外，提运矿石的绞车以及矿井中的通风等复杂设备也开始应用。由此，矿井愈来愈深，16世纪初深及300米，17世纪初最深的达886米。在冶金业上，从14世纪起，过去仅靠人工风箱来刺激炉火燃烧，温度不够，只能冶炼出可锻的糊团状的金属块。而此时，采用以水力带动的大风箱，大大提高了熔炉温度，熔出铁液而直接浇铸出各种生产工具或武器，并可炼出较好的钢。与此同时，金属加工业还以水力带动机械锤来锻轧，使用重达一吨以上的水力锤。这一系列的技术进步，使得西欧银、铁、铜、明矾和锡等矿物的产量日增。此外，一些简单的旋床、钻床和磨床也被用来对金属进行冷处理加工，还出现了能制造铁丝的拉丝机。

中国的火药、指南针和印刷术等重大发明，这时已在欧洲广泛传播。火药最先用于大炮的发射。至16世纪初，各种火器（包括发射弹药的枪支，如装有燧石扳机的较轻便的毛瑟枪）的制造已普遍流行。1456年古登堡用活字排版印刷了《圣经》，这是西欧最早的活字印刷品，欧洲印刷技术大大发展。用纸张印刷的书籍迅速代替羊皮纸的手写稿，使科学技术的迅速传播更为便利。航海术也进步很快，已开始在海上使用罗盘。15世纪时已编制了精确的天文表，并出现了千吨的快速帆船。

科学发明和技术进步，推动了经济发展和新的生产部门的出现。例如，火器的广泛流行，迅速扩大了对生铁、铜和钢的需要，促进了冶金业的发展，加速了铸造技术的改进和新式机床的出现。1500年纽伦堡钳工亨勒恩制造出第一块椭圆形发条怀表，被称为“纽伦堡鸡蛋”。用发条的钟发明之后，又引起了精密仪器生产的萌发，眼镜和钟表这些新生产部门开始出现。

2. 商品经济与商业资本的活跃

生产技术进步扩大了社会生产的分工，促使生产结构发生变化，商品生产和交换也发展起来。15世纪时，西欧各地手工业分成了许多专业部门，行业数目明显增多。一些城市手工业已有多种不同的行业，如海德堡有103种，巴塞尔有120多种，法兰克福达190多种，而巴黎则有350种之多。专业化的发展，促进了生产技术的提高和劳动工具的革新，劳动生产率提高后，产量也大为增加。生产分工的扩大，使越来越多的手工业脱离农业。纺织、酿酒、烤面包、农具制造等与农业联系密切的手工业，同农业完全分离而成为独立的手工业部门。同时，也形成一些工业中心。佛兰德尔以呢绒驰名，米兰以制造甲胄、托勒多以造刀剑而著称。尼德兰北部的造船工业特别发达。英国的羊毛纺织品远销国外。在工业中心形成的同时，粮食、畜产品和工业原料的商品生产也在发展，形成了一些以各自特产著名的农、牧业区域。西班牙的卡斯提养羊业发达而盛产羊毛，格拉纳达以生丝闻名，尼德兰输出奶油和干酪，莱茵地区和法国香槟一带则主要种植葡萄，酿造各种名酒。

商品生产对传统的农村自然经济造成很大冲击。15 世纪至 16 世纪之交，西欧货币地租已成为主要的地租形式。农民为缴租纳税，不得不低价出卖自己的部分产品，深受商人剥削。不少人因缴租而借贷，陷入高利贷者的魔掌。农民中两极分化加速，大批破产农民成了雇农，而一些富裕农民则从事农业上的资本主义经营。16 世纪时各地货币流通形式广为发展。在安特卫普等地，交易所活跃起来。商业资本和高利贷资本以及信贷业和银行业都相继发展。由此，传统的封建生产方式迅速解体，资本主义萌芽的产生获得必要的历史条件。

发达的商业资本是资本主义萌芽产生的前提。购买生产资料和劳动力，并将二者在生产过程中结合起来生产出新商品出卖，必须依赖于大量的商业资本。商品流通是联结生产和消费的中间环节，是再生产不可或缺的阶段。在西欧资本主义生产兴起的初期，商业资本扮演着举足轻重的角色。

商业资本在封建社会中早已存在，它的活动随着生产、交换的发展而日益扩大。由于四面环海的开放性地理环境，也由于各国的领土狭小，西欧商业资本的活动有着良好的发展条件，并容易走上国际性的轨道。意大利位于地中海贸易区的中央，威尼斯、热那亚和佛罗伦萨的商人在地中海贸易中起主导作用。威尼斯的金币杜卡特和佛罗伦萨的金币佛罗林，是当时的国际通用货币。佛罗伦萨数十家大商人兼营银行和高利贷，积累了巨额财富。处于地中海贸易区和北海、波罗的海贸易区之间的德国，也是国际贸易的必经之地。意大利商人将购自东方的货物经德国运销北欧。至于北海和波罗的海贸易，则主要掌握在汉堡、吕贝克等北德意志城市手里。这种有利的地理条件，促进了城市发展和商人商业资本的扩大。而在新航路开辟后，欧洲国际贸易中心西移大西洋沿岸，十分有利于尼德兰、英国和法国的商业发展。尼德兰的阿姆斯特丹、安特卫普、布鲁塞尔，英国的伦敦、利物浦，法国的巴黎、波尔多、拉罗谢尔和南特等城市，日益繁荣。阿姆斯特丹是尼德兰北方的经济中心和最大城市，航运业和渔业十分发达，与英国、俄国和波罗的海各国有密切的贸易往来。安特卫普是尼德兰南方的经济中心，有时停泊 2 500 艘来自世界各地的商船，城内有各国的商行和办事处千所以上。意大利和英国的布匹，德国和法国的酒，波罗的海沿岸的粮食，东方的香料，都在这里销售。在商业资本的扩展过程中，伴随着商业经营手段和技术的发展，不仅出现了合股经营的新方式，而且还出现了提货单、汇票、转账、海上保险以及复式簿记等新方式，确保了商业活动的便利和安全。

商业资本的活动，促进了货币的加速积累，开辟了广阔的商品市场，同时瓦解了乡村的封建农奴制，促使封建经济日益没落。这些都有利于资本主义萌芽的产生。而在西欧不少条件成熟的地区，商业资本迅速转化为工业资本，直接创造了资本主义的生产关系。

二、资本主义萌芽

1. 资本主义萌芽的产生

所谓资本主义萌芽，就是资本主义生产关系的最初形态。它的产生必须具备两个基本条件。其一，出现了一批积累大量货币、并且需要购买劳动力来进行商品生产以增殖其资本财富的资本家。其二，出现了一批丧失了生产生活资料而靠出卖劳动力为生的、人身自由的劳动者。

在中世纪后期的西欧，最初的资本主义生产关系，是在小商品生产者分化的基础上产生的。在商品生产竞争中，一部分资金充裕、生产条件好的行东逐渐富裕。他们为了多赚钱，就扩大作坊规模，增加帮工和学徒。随着经营扩大，他们占有大量的生产原料和工具，完全脱离生产劳动，逐渐成为资本家。而那些帮工和学徒则沦为雇佣工人，一部分在竞争中破产的行东也加入雇佣工人队伍。这样，就产生了最初的资产阶级和无产阶级，形成了资本主义的雇佣关系。中世纪的行会制度也因之而逐渐解体。

同时，商人资本也逐步积累，采用新的方式去直接控制小生产者，直接构建起资本主义的雇佣关系。当时，一些熟悉市场的大商人，常常利用小生产者经济上的困难，贷给资金、工具和原料，然后以低价预购其产品，运到市场上去销售以赚取利润，从而变成“包买商”。后来，包买商更进一步将原料分配给小生产者，让其按照自己规定的规格和标准加工成品，而付给其一定的酬金。包买商打破了生产者专门出售自己产品的传统限制，使小生产者丧失独立性，变成实际是出卖劳动力的雇佣工人。而包买商自己则由单纯从事贩卖活动的生产者与消费者之间的中介人，转变为不仅是购买产品而且购买了小生产者的劳动力的剩余价值的占有者。同时，也有一些大商人利用自己的雄厚资金设置作坊或工场，购买原料和生产工具，雇佣人来进行生产。在这两种情况下，商业资本转变成为工业资本。

2. 资本主义的手工工场

简单协作是资本主义生产的起点。产业革命以前，西欧的资本主义萌芽还处于工场手工业阶段。手工工场有分散和集中两种形式，分散型多在纺织业中。此时采用雇佣劳动的手工工场，最先繁荣在意大利的佛罗伦萨、米兰、威尼斯等城市。佛罗伦萨有发达的毛纺织手工业，从英国和西班牙进口优质羊毛，加工制成呢绒，远销欧洲各地以及地中海东岸，正是在这个部门里出现了资本主义生产的最初萌芽。1336年至1338年，佛罗伦萨有手工工场200多家，年产呢绒7万～8万匹，价值700万佛罗林。全市约有居民10万人，而这一行业的雇佣工人就达到3万多。手工工场内分工细致，有洗毛、染毛、染色、梳毛、纺线、织呢、整绒等20多道工序，每个生产者在一道工序上劳动，生产率大大提高。此外，威尼斯的造船业、米兰的武器制造业，都有资本主义性质的手工工场进行生产。由于内部分裂割据，特别是由于新航路开辟后西欧经济中心从地中海沿岸转向大西洋沿岸，资本主义萌芽在15世纪的意大利走向衰落，但很快在西欧其他地区产生和发展。

自16世纪开始，英国的毛纺织业迅速发展为王国的民族工业，呢绒出口猛增，羊毛出口锐减。1534 年出口羊毛 5.2 万包、呢绒 5 000 匹，到 1547 年出口羊毛则减为 5 000 包，呢绒增至 12.2 万匹。1564 年到 1565 年，呢绒和毛织品输出占英国出口总量的 81.6%，在欧洲市场上占有重要地位。在英国东部和西南部的许多郡，富有的呢绒包买商购买羊毛分给手工业者，由他们梳洗、纺线和织成呢绒，然后集中起来进行染色、包装等加工，再运到市场上销售。这种由商人提供原料和收购产品、由生产者加工的企业，就是分散的手工工场。商人同时又是工场主，劳动者不再与市场发生关系，变成雇佣工人。在法国的亚眠、拉瓦尔、普瓦提埃、里昂、布列塔尼和朗格多克，在尼德兰的西兰、荷兰、佛兰德尔和不拉奔，在德国的威斯特伐利亚和奥格斯堡等许多地方，毛、麻、丝纺织业中都有大量这种分散的手工工场。

集中型的手工工场在纺织业中有所显现，不过它们多集中在采矿、冶金、造船和印刷等生产部门，资本家购买场房、原料和工具，把雇佣工人集中起来，统一地进行分工协作生产，鲜明地体现了资本主义企业的特征与本质。在 16 世纪初的英国，伦敦西部纽伯里一个名叫约翰·温彻康布的纺织业商人，就拥有一个约有千人的手工工场，其中男女织工、纺工和助手 600 人，梳毛、理毛工人 250 人，修整工 50 人，染工 40 人，研工 20 人。在其他生产领域，集中型手工工场也不断产生。1564 年，英王伊丽莎白成立皇家矿山公司，从德国引进先进的采矿和冶金设备以及数百名技术工人。在当时的德国，采矿业的发展尤其迅速，集中型手工工场有相对较大的规模。萨克森和提洛尔的矿井使用先进的设备，集中成百上千的工人，有的矿井甚至有工人 7 000 多人，昼夜不停地生产。据统计，在 16 世纪德国约有 1 200 万人，其中矿工多达 10 万至 12 万人。德国的银矿开采量位居西欧之首。手工工场以手工劳动为主，极少使用机器。但它和简单协作不同，是以分工为基础的协作。其内部的细致分工，有利于总结经验，可耗费最少的劳动力资源，达到预期的效果；由于固定从事某一操作，避免了因变更位置、调换工具所造成的时间浪费，从而具有较高的劳动生产率。此外，分工也使劳动工具越来越专门化和多样化，有利于工具的不断改进和更新。所有这些，都为日后机器工业的产生创造了条件。

3. 农业资本主义萌芽

在农业生产方面，15 世纪的英国、尼德兰、法国等地，农村的封建生产关系趋于衰落，资本主义萌芽也开始出现。这种变化与商品货币关系渗入农村有关。早在 14 世纪初，劳役地租和实物地租就逐渐衰减，货币地租开始占据主导地位。随着商品经济的进一步发展，农村两极分化不断加剧，多数农民陷于破产，被迫出卖劳动力，少数人则富裕起来，购买土地，剥削雇工。于是在 15 世纪出现大量的分成制。农民或牧民本人参加劳动，同时雇用长工或短工，还提供一部分生产资料。地主提供土地和另一部分生产资料，如耕畜。双方订立数年的契约，规定按比例分配收成。这里，农牧民没有足够的资本独立经营，同时剥削雇工的劳动；地主得到的已不是纯粹的封建地租，而是预付资本的利息。这种分成制实际上是由原始地租向资本主义地租的过渡形式。这个变革过程由于圈地运动而加速。在英国圈地运动以后，有的贵族地主把大片土地改营资本主义农场或牧场，有的把土地出租给乡绅、富农或市民，自己坐收地租。贵族地主与这种租佃者的关系，已不是过去那种按传统的封建惯例租地的关系，而是一种契约关系，租约期满，土地才有可能被收回。这种地租在性质上已不同于封建地租，而是剥削雇工剩余价值的一部分，是资本主义地租。这种租地经营农场的人，称为资本主义租地农场主。他们与贵族地主订立的租约一般都是长期的，即使物价上涨、货币贬值，租额也仍旧不变，租地农场主靠这种牺牲贵族地主和雇佣工人利益的方法不断积累资本。此外，一些小贵族即乡绅除将土地租给农场主经营、自己坐收地租外，有时也直接雇工开办和经营农牧场。他们逐渐资产阶级化，与资产阶级有共同的利益诉求，被称为新贵族。资本主义农场把分散的生产资料集中起来，将传统农业的小生产变成资本主义农业的大生产，推动了农业生产力的提高与农业技术的革新。

4. 资产阶级和无产阶级的产生

资本主义生产关系的成长，导致了西欧社会阶级结构的新变化与阶级斗争的新形势，新兴的资产阶级和无产阶级应运而生，他们之间的阶级对立也日益显现。资产阶级主要由资本主义工场主和农场主组成，也有一部分来自富裕农民和贵族。法国的资产阶级主要经营包税、贷款给国家或购买官职成为政府官员，他们有明显的贵族化倾向，被称为“穿袍贵族”，以区别于出身封建世家的“佩剑贵族”。被称作乡绅的英国中小贵族则逐渐资产阶级化，也成为与封建贵族分道扬镳的新贵族。无产阶级主要来自破产的农民、手工业者和平民，但他们还没有完全割断与农民的联系，实际上是近代工业无产阶级的前身。当时，雇佣工人的劳动条件十分恶劣，深受手工工场主极其残酷的剥削。因此无产阶级从其诞生之时起，就不断与资产阶级斗争。1539年至1542年，法国里昂印刷业工人的罢工斗争，就是典型的一例。不过，这一时期的工人罢工斗争带有明显的自发特征，目标是为了争取经济利益。此外，此时的工人同时也受封建政权的压迫，因此他们与农民接近，支持和参加农民的反封建斗争。

西欧资本主义萌芽的成长过程，始终伴随着充满了“血与火”的资本原始积累。这一积累对内主要是用暴力无情剥夺农民的土地，将他们大量变成脱离生产生活资料而自由出卖劳动力的雇佣工人。从15世纪后期开始的英国的圈地运动，就是这一原始积累的典型。对外则主要是对亚洲、非洲和美洲等地区人民进行公开掠夺，将大量财富运回西欧转化为产业资本。此外，资本的原始积累还采取了推销国债、实行包税制、增加捐税、制定关税制度乃至发动商业战争的方式来实现。所有这些，都构成了西欧资本主义发展的历史基础。

第二节　新航路开辟和西方的殖民掠夺

一、新航路的开辟

1. 新航路开辟的社会背景

从15世纪后期开始，西欧大西洋沿岸各国的君主、贵族和商人，纷纷组织船队到海外寻找新的航路。到16世纪初，开辟了横渡大西洋到达美洲、绕道非洲南端到达印度的新航线，并成功进行了第一次环球航行。通过这一系列远洋航海活动，西欧人到达了他们陌生的或所知甚微的陆地与海域，这在历史上被习惯称为“地理大发现”。

新航路的开辟，是西欧从封建制度向资本主义过渡时期社会现实变动的产物，也与西欧航海知识和技术条件的积累密切关联。而东地中海沿岸政治格局的变动，也是促激这一活动的重要原因。

15 世纪后期，随着资本主义萌芽的产生和封建自然经济的日益解体，城乡商品经济逐渐盛行。当时，商品交换十分广泛，货币的需求量大大增加。货币不仅是商品交换的媒介，而且也是财富和权力的象征，贵金属金银是理想的货币。这时西欧货币已经由原来的银本位制过渡到金本位制，黄金、白银一同成为国际贸易的支付手段。因此，西欧的王公贵族和商人疯狂追求黄金和白银，形成一股贵金属热。哥伦布曾经感叹，黄金是最宝贵之物；谁有了它，谁就成为他想要的一切东西的主人，甚至可以使灵魂进入天堂。然而，欧洲大陆所产的金银有限，难以满足他们的渴求。此外，西欧商人在同东方进行的贸易中运进价格昂贵的丝绸和香料，又使贵金属大量外流。有些国家为缓解贵金属短缺，一再下令禁止金银出口，但仍然不能解决问题。于是，西欧人开始将注意力转向富庶的东方。当时欧洲流传很广的《马可·波罗行记》更激发了西欧人对东方财富的渴望。马可·波罗（1254—1324）是意大利威尼斯商人，青年时代随其父到中亚、印度和中国等地经商，元世祖时曾经在元廷做官，在中国住了十七年。回国后，参加了威尼斯与热那亚的海战，威尼斯战败，马可·波罗被捕下狱，在狱中他口述东方的见闻，由比萨作家鲁思梯谦记录整理成《马可·波罗行记》。该书对印度、南洋和中国的财富作了夸张描述，进一步激发了西欧上层分子到东方淘金的热情。对此，恩格斯指出：“葡萄牙人在非洲海岸、印度和整个远东寻找的是**黄金**；**黄金**一词是驱使西班牙人横渡大西洋到美洲去的咒语；**黄金**是白人刚踏上一个新发现的海岸时所要的第一件东西。”①

哥伦布对黄金的赞美

热那亚人、威尼斯人和其他国家的人们，凡是有珍珠宝石或其他名贵物件的人们，都走遍天涯海角去交换黄金。黄金是一切商品中最宝贵的，黄金是财富，谁占有黄金，谁就能获得他在世上所需要的一切，同时也就取得把灵魂从炼狱中拯救出来，并使灵魂重享天堂之乐的手段。

——哥伦布致西班牙国王和王后书（节选）//郭守田．世界通史资料选辑·中古部分．北京：商务印书馆，1981：302.

然而在当时，要去东方淘金并非易事。15 世纪末以前，从西方通往东方的商路主要有三条。一条是传统的陆地“丝绸之路”，从君士坦丁堡登陆，经小亚细亚、黑海和里海南岸至中亚，再翻越帕米尔高原到中国。另两条是海路：一条从叙利亚和地中海东岸、经两河流域到波斯湾，另一条从埃及亚历山大港经红海至波斯湾，再换船到印度和

① 马克思恩格斯全集：第 21 卷．北京：人民出版社，1965：450.

法。1477 年，他因船只失事而流落到伊比利亚半岛，忙着为远航作准备。1484 年，哥伦布向葡萄牙政府提出西航印度的建议，很快遭到拒绝，因为葡萄牙正忙于寻找绕道非洲南端通往印度的新航路。1486 年，哥伦布举家迁往西班牙，他的西航计划经过许多周折而得到西班牙国王的肯定。1492 年 4 月 17 日，即西班牙人攻陷格拉纳达之后 3 个月，哥伦布与西班牙国王签订著名的《圣大菲协定》。协定规定：西班牙国王是一切新发现土地的宗主和统治者，任命哥伦布为上述地方的总督、钦差大臣和海军司令，哥伦布有权获得当地总收入的 1/10。《圣大菲协定》推动了哥伦布西航计划的实施。

1492 年 8 月 3 日，哥伦布受西班牙国王派遣，率领 3 艘百十来吨的帆船，从西班牙巴罗斯港扬帆出大西洋，直向正西航去。经过 70 个昼夜的艰苦航行，1492 年 10 月 12 日凌晨终于发现了陆地。哥伦布以为到达了印度。但这块土地，实际上是现在中美洲加勒比海中的巴哈马群岛东南方的萨马纳岛。哥伦布当即以西班牙国王的名义将其占领，命名为“圣萨尔瓦多”。哥伦布错误地认为他所到的地方就是印度，称当地居民为“印第安人”，即印度人，并向他们查询黄金产地。之后，哥伦布率队继续南下，先后到达古巴、海地，在海地建第一个殖民据点“圣诞城”，留下数十人驻守。1493 年 1 月 16 日，哥伦布率两艘船返航，3 月 15 日回到巴罗斯港。5 月底，西班牙国王颁布命令，任命哥伦布为新发现地方的海军司令、钦差大臣和总督，正式颁发授衔证书。此后，哥伦布又相继于 1493 年、1498 年、1502 年三次重复他的向西航行，登上美洲的许多海岸，其间进行了不少殖民活动。不过，直到 1506 年逝世，他一直认为他到达的是印度。后来，一个叫亚美利哥的意大利学者，经过更多的考察，才知道哥伦布到达的是一个原来不为人知的新大陆，由此被哥伦布发现的这块新大陆就被用亚美利哥的名字命名为“亚美利加洲”。哥伦布的远航开辟了从西欧通向美洲的新航线，打破了美洲封闭隔绝的状态，为日后西欧对美洲的殖民掠夺开辟了道路。

4. 麦哲伦环球航行

哥伦布没有到达东方，但却开辟了通往美洲的航路，在西欧掀起了一股前往“新大陆”探险的狂潮。为了找到一条直通东方而获取大量财富的新航路，西班牙继续支持远洋探险活动。亚美利哥曾经设想，绕过新大陆的南端可以到达盛产香料的摩鹿加群岛。1513 年 9 月，西班牙殖民探险队越过巴拿马地峡，在山顶上望见美洲西边一片汪洋，称之为“大南海”（太平洋），相信可以寻找沟通“大南海”的海峡到达盛产香料的东方。这一发现促成了费尔南多·麦哲伦（约 1480—1521）的环球航行。

麦哲伦出身于葡萄牙的破落骑士家庭，曾作为水手多次参加葡萄牙在非洲、亚洲的殖民活动，也深信当时流行于西欧的地圆说。他向葡萄牙国王提出由欧洲西航到达摩鹿加群岛（又称香料群岛）的计划，遭到拒绝，因为国王认为东方贸易已经得到有效控制，没有必要再去开辟新航道。麦哲伦于是迁居西班牙，请求西班牙国王给予支持。经过协商，双方签订远洋探险协定：任命麦哲伦为新发现地带的总督和钦差大臣，有权得到其上全部收入（扣除开支后）的 1/20 和新发现的部分岛屿；由西班牙国王提供必需的船、物资、武器和保障供应人员。

1519 年 9 月 20 日，麦哲伦率领 265 人分乘 5 艘船，从塞维利亚港出发南航，在佛得角群岛处向西横穿大西洋，到达巴西沿岸后便南下探寻穿越陆地的海上通道。1520年10月，他率领的船队驶进南纬52°处的一个后来以他的名字命名的海峡。这个海峡地形与水道复杂，风浪猛烈，艰险重重。这时麦哲伦的船队只剩下3艘。但麦哲伦没有退却，继续前行。经过一个多月的艰难航程，终于在11月28日驶出海峡，进入浩瀚无边的“大南海”。在此后的三个多月里，船队在“大南海”里顺利航行，没有遇到一次风暴，于是麦哲伦便称它为“太平洋”，这个名称一直沿用至今。然而，这三个多月的海上航行，也使麦哲伦的船队饱受饥饿、疾病的折磨。1521年3月，船队历尽千辛万苦到达菲律宾。麦哲伦因介入岛上部族纠纷，被当地居民杀死。最后，船队只剩下一艘帆船和十多名船员。他们向西穿过印度洋，绕过非洲南端的好望角，终于在1522年9月回到原出发地西班牙。麦哲伦船队首次完成了人类历史上绕地球一周的环球航行。

在葡萄牙和西班牙人海上探险的同时，大西洋沿岸的其他国家，如英国、法国和尼德兰等也纷纷卷入，参与竞争，派遣探险队到海上探寻去东方的海路，探险活动一直延续到17世纪初。纽芬兰、北美洲、澳洲等地相继被发现。

二、西方早期的殖民掠夺

1. 葡萄牙的殖民活动

随着海上探险活动的展开与新航路的开辟，西方对非洲、亚洲和美洲的早期殖民活动接踵而来。葡萄牙和西班牙因捷足先登而扮演了殖民侵略的主角。

哥伦布远航成功后，葡萄牙和西班牙都加紧了海外殖民，将其探险队所到之处都宣布为本国的领土，因争夺新的土地而发生纠纷，只得请教皇出面裁决。1496年6月7日，在罗马教皇亚历山大六世的仲裁与调停下，西、葡两国签订《托尔德西里亚斯条约》，同意在佛得角群岛以西约370里加①处，从北极到南极划一条分界线，称“教皇子午线”，线东“新发现”的土地归属葡萄牙，线西的则归西班牙。1506年，教皇正式批准这一条约。十多年后，当麦哲伦向西航行抵达摩鹿加群岛时，双方对该岛的归属又发生争执。1529年，两国在萨拉哥撒再签新约，将西班牙殖民活动的西界定在摩鹿加群岛以东17°。根据这两个条约，西方人在世界上第一次瓜分殖民地，西班牙几乎独占整个美洲，亚洲和非洲广大地区则属于葡萄牙的势力范围。

早在15世纪初，葡萄牙人就在非洲西海岸的几内亚、加纳、刚果和安哥拉等地设置殖民据点，掠夺黄金、象牙制品和奴隶。大约在1434年，葡萄牙探险队来到今西撒哈拉沿海的博哈多尔角附近寻找黄金。后来，葡萄牙人航行到加纳沿海，发现三尖角与海岸角之间的地区盛产金砂，遂命名为米那（意为“矿藏”），后称“黄金海岸”。又发现有些地方出产象牙，就称为“象牙海岸”。从1480年到1530年，葡萄牙人在几内亚湾掠得的黄金值10万英镑，占当时世界黄金总量的10%。此外，葡萄牙殖民者还从事罪恶的黑奴贸易，将西非黑人贩卖到欧洲为奴，谋取暴利。而在哥伦布到达美洲后，葡萄牙人更将黑人运送到美洲，卖给甘蔗种植园主做奴隶来谋取暴利。

达·伽马开辟通往印度的新航路后，葡萄牙的殖民势力开始向亚洲渗透，在1506

① 大致在西经46°。按罗马定制，1里加等于5.92公里，370里加约合2 190多公里。

年和1508年先后占领了亚丁湾入口处的索科特拉群岛和波斯湾出口处的忽鲁谟斯（即今霍尔木兹），控制了印度洋的航线。1509年，葡萄牙的第一任驻印度总督阿尔美达率军在第乌击败印度、土耳其和阿拉伯的联合舰队，并于次年占领印度的果阿作为东方殖民地的首府进行统治。由此，阿拉伯与印度、印度尼西亚等地的贸易往来被截断，葡萄牙垄断了东非的贸易。此后，葡萄牙殖民者继续向东扩张，1511年攻占马六甲，进而控制了爪哇、苏门答腊、加里曼丹、苏拉威西和号称“香料之国”的摩鹿加群岛。

从1517年起，葡萄牙人开始与中国通商。1553年，葡萄牙商人借口商船遇见风暴，要求上岸晒货，乘机入踞澳门。1557年以后，葡萄牙人竟擅自扩充居住区，修建城墙和炮台，还设置官府。当时的明朝官吏昏庸至极，起先对此事置若罔闻，后来也只是向葡萄牙人收取一些租金，最终让其窃据澳门为殖民据点。

1543年，葡萄牙殖民者到达日本海岸。1548年，在九州设立了欧洲人在日本的第一个商站。此外，还在16世纪初侵占了占南美土地面积约一半的巴西。到16世纪30至40年代，葡萄牙的殖民势力达到顶峰，成为当时世界上最强大的殖民帝国。

在扩张初期，葡萄牙依然是仅有百万余人的小国，经济实力在西欧比较落后。而它的殖民侵略对象，又多是人口众多、文化发达的大国。人力、财力的限制使葡萄牙殖民者不可能占据大片领土，而只能主要采用建立军事据点、垄断商路和进行欺诈性贸易的方式进行掠夺。有资料显示，从15世纪末到16世纪末的百年中，葡萄牙殖民者仅从非洲掠走的黄金就多达276 000公斤。它的殖民者头目阿尔布奎克在占领马六甲时所掠夺的财富就约有100万杜卡特①。葡萄牙人除了进行黑奴贸易外，还肆意拦截、抢劫其他国家的船只，向被占领地的人民征税、勒索香料，或用镜子、别针、玻璃球等廉价的小商品骗取珍珠、宝石和象牙等贵重物品，运回国高价出卖。此外，他们还从中国和日本贩运茶叶和瓷器，获得了巨额的利润。当时，葡萄牙的首都里斯本成为东方商品的集散地。葡萄牙商人以高价在欧洲销售东方商品，例如，在印度一公担胡椒不到3杜卡特，运到里斯本可卖40杜卡特。为赚取暴利，他们还限制运输到欧洲的货物的数量，每年从印度驶往欧洲的载货商船不过5至6艘。16世纪中叶葡萄牙海外殖民帝国达到极盛，它在西非、东非、阿拉伯半岛、印度、马来半岛和印度尼西亚都设有军事据点和商站，垄断了欧、亚、非之间的主要贸易通道。

2. 西班牙的海外掠夺

西班牙殖民扩张和掠夺的重点是在中、南美洲。自哥伦布发现美洲新大陆后不久，西班牙殖民者就很快侵入加勒比海沿岸地区，占领了西印度群岛。1496年，西班牙殖民者在海地南岸修建圣多明各城，作为统治西印度群岛的首府，然后以海地为基地，进而征服牙买加、波多黎各、古巴和整个西印度群岛。他们在那里掠夺黄金，占有土地，将土著的印第安人变为奴隶，强迫他们在种植园中劳动。1511年，西班牙在塞维利亚设“印度事务部”，总管对殖民地的统治事务。

随着麦哲伦的环球航行成功，西班牙殖民者逐渐向美洲内陆推进。1517年，西班牙探险队在斐迪南多·科多瓦的率领下，从古巴出发，抵达中美洲的尤卡坦半岛，为日

① 杜卡特是威尼斯金币名，是中世纪欧洲最通用的货币。

后的侵略开辟了道路。1519 年，他们组织了一支侵略军，携带 10 门大炮、16 匹战马，分乘 11 艘船，由科泰斯率领，在尤卡坦半岛登陆，沿途烧杀抢掠，一直深入墨西哥内地。当时，一些墨西哥的印第安人部落正在反抗统治他们的阿兹特克人，狡猾的科泰斯采用离间的方式，兵不血刃地进入阿兹特克国的都城特诺奇蒂特兰。随后，他们囚禁了阿兹特克人的国王孟特祖玛，在城中大肆洗劫。科泰斯将虏获物的 1/5 上缴给西班牙国王，自己占有 2/5，其余的由殖民军瓜分。同时，他还以被囚禁的国王的名义进行残暴统治，勒索金银钱财。印第安人不甘忍受西班牙的殖民统治，他们在考特莫克的率领下于 1520 年 6 月奋起反抗，将殖民者驱除出城。1521 年 8 月，科泰斯率领由古巴来增援的殖民军队卷土重来，围攻特诺奇蒂特兰。阿兹特克人坚持抗敌达三个月之久。8 月 13 日，该城终于被西班牙殖民者攻破，墨西哥变为西班牙的殖民地，被称为“新西班牙”。1523 年至 1524 年，西班牙人又相继征服了中美洲的危地马拉、洪都拉斯、尼加拉瓜和萨尔瓦多等地区。特诺奇蒂特兰成为西班牙殖民地的首府，科泰斯被任命为第一任总督。

不久，西班牙殖民者又在南美洲进行了一系列的殖民主义征服活动。西班牙国王将侵占巴拿马以南 1 900 多公里的太平洋沿岸的权力，授予另一殖民军头目——弗朗西斯科·皮萨罗（约 1475—1541），并事先封他为秘鲁的统治者。1531 年 1 月，皮萨罗带领 180 名士兵，携带 2 门大炮、50 匹战马，分乘 3 艘船，离开巴拿马，在秘鲁西北沿海登陆。次年 11 月，皮萨罗乘印加发生王位争端之机，占领北方重镇达卡贾马卡城，并巧设伏兵诱捕了印加国王阿塔华尔巴，向这位国王勒索黄金和白银。而在获取了这些财物后，他又背信弃义地把这位国王杀掉。1533 年 11 月 15 日，皮萨罗带兵攻入印加首都库斯科，在城中大肆杀戮掠夺，将秘鲁变为殖民地。接着，西班牙殖民者又征服厄瓜多尔（1534）、哥伦比亚、玻利维亚（1538）、智利（1541）等地区。到 16 世纪中叶，西班牙已经控制了除巴西和圭亚那地区之外的整个中、南美洲，建立了葡萄牙之外的另一个庞大殖民帝国。

西班牙对中、南美洲殖民地的掠夺，除了强盗式的抢劫和欺骗性的贸易之外，主要采用两种方式：一是强迫印第安人从事苦役劳动，开采金银矿藏；二是强占大片土地，建立大型的种植园和畜牧场，驱使印第安人作为奴隶劳动。殖民者掠取惊人的财富，将墨西哥、秘鲁、智利、玻利维亚等地盛产的金银大量运往西班牙。1521 年至 1544 年，他们平均每年从美洲运走黄金 2 900 公斤、白银 30 700 公斤。到 1560 年，黄金增至 5 500 公斤，白银为 246 000 公斤。16 世纪末，西班牙在美洲开采的贵金属占世界总产量的 83%。沉重的奴隶劳动使得大批印第安人不堪折磨而死去。为了补充劳动力，从 16 世纪初起，西班牙殖民者便从非洲掳掠黑人运到美洲做奴隶，起初是运往西印度群岛，以后又扩展到美洲大陆。16 世纪被运到美洲的黑人为 90 万人，17 世纪则迅速增加至 275 万人，西班牙殖民者从奴隶贸易中获取了高额利润。葡萄牙和西班牙都是 16 世纪西欧最强大的殖民帝国，曾经长期称霸海上。但是，由于这两个王国内仍然盛行封建统治，使得从海外殖民掠夺来的财富不能用来促进本国资本主义经济的发展。大量金银的流入，反而引起了物价的飞涨，从国外进口的商品日益增加，削弱了国内工农业生产的发展，随着两国经济实力的下降，其海上霸权地位也逐渐动摇。

在16世纪后期，日益崛起的荷兰和英国也相继对外发动殖民侵略，并最终取代了葡萄牙和西班牙的海外殖民霸权地位。17世纪初，法国也加入了殖民征服的活动。

三、新航路开辟的影响

新航路的开辟，对整个人类社会发展进程产生了极其重要的历史影响。

新航路的开辟及随之而涌动的殖民征服和掠夺浪潮，为正处于从封建制度向资本主义过渡阶段的西欧，提供了强大的推动力。首先是引起了商业革命，这主要表现为商业活动范围扩大、商品种类增多、经营方式改变和商路、商业中心的转移，世界市场的雏形形成。欧洲与亚洲、非洲之间的商业迅速拓展，并开始与美洲有了商业联系。美洲、亚洲、非洲的众多商品，开始或大量出现在欧洲市场上。尤其是美洲的玉米、马铃薯、烟草、可可等，传到欧、亚、非诸洲，成为人们生活中的必需品，也因此促进了人口的增长。同时，欧洲的商路和商业中心也逐渐从东地中海沿岸转移到了大西洋沿岸，意大利的商业城市趋于衰落，代之而起的是里斯本、塞维利亚等城市。稍后，北海两岸的港口更是后来居上，安特卫普、伦敦等日益繁荣。为了有效地处理繁荣的商品货币关系，新的金融机构如股份公司和交易所相继出现。同时，从殖民地掠夺和开采的大量廉价的贵金属，也开始源源不断地流入欧洲，引发了价格革命，导致金银的贬值和物价的飞涨。16世纪，欧洲的黄金从55万公斤增加到119万多公斤，白银从700万公斤增加到2 140万公斤。西班牙从殖民地得到的金银最多，物价上涨必然最快，16世纪时平均上涨4.5倍，粮价上涨5倍。英国、法国、德国则一般上涨2到2.5倍。价格革命颠覆了传统的经济关系。按固定数额征收货币地租的封建主收入大大减少，更快地走向衰落。物价上涨使靠工资为生的工人实际工资下降，日趋贫困。此外，新兴的资产阶级、新贵族通过使用廉价的劳动力和高价出售产品，经济实力急剧增长。马克思曾指出："在十六世纪和十七世纪，由于地理上的发现而在商业上发生的并迅速促进了商人资本发展的大革命，是促使封建生产方式向资本主义生产方式过渡的一个主要因素。世界市场的突然扩大，流通商品种类的增多，欧洲各国竭力想占有亚洲产品和美洲富源的竞争热，殖民制度，——所有这一切对打破生产的封建束缚起了重大的作用。"① 由新航路开辟及殖民掠夺导致的欧洲的商业革命和价格革命，是资本原始积累的重要因素之一，它们用经济的杠杆加速了西欧封建制度的没落和资本主义的发展。

新航路开辟和随之而来的殖民掠夺，对世界历史格局也产生了深远影响。在新航路开辟之前的数千年中，由于种种自然与历史条件的严重制约，各地区、各国之间虽然存在着不同程度、不同方式的交流，但交往的层面也多停留在物产和生产技艺的领域内，且相互往来多依赖陆路而靠人力、畜力进行，深受地域壁垒的阻隔。因此，各地区、各国仍然大体上处于相互封闭或自我隔绝的状态。而自从新航路开辟后，各地区、各国之间的交流步入了一个崭新的历史时期，逐渐呈现出一个多维度与立体式的格局。西欧人通过海路进行的殖民扩张，用武力打破了各地区、各国之间长期存在的封闭性与隔绝性。一方面，西欧的殖民侵略将亚洲、非洲和美洲许多国家变为其殖民地或半殖民地，

① 马克思恩格斯全集：第25卷. 北京：人民出版社，1974：371-372.

给这些地区的人民带来殖民掠夺、奴役的巨大灾难。但另一方面，整个世界逐渐有机地连接起来，物种、技术的交流与人种的重新分布也随之大规模地进行，由此大大促进了不同文明之间的联系。非西方的地区与国家的人民，在切身感受到西方殖民者的血腥暴力和残酷掠夺的同时，也逐渐接触到西方较为先进的生产技术、社会制度与思想文化，由此而必然要从中寻找变革传统、争取独立解放的武器。正是在东、西方文明的冲突与交融中，世界文明的发展开始了新的历史大跨越。

推荐阅读书目

艾周昌，程纯. 早期殖民主义侵略史. 北京：人民出版社，1982.

李隆庆. 哥伦布全传. 北京：中国青年出版社，2005.

厉以宁. 资本主义的起源. 北京：商务印书馆，2003.

王加丰，张卫良. 西欧原工业化的兴起. 北京：中国社会科学出版社，2004.

王乃耀. 英国都铎时期经济研究. 北京：首都师范大学出版社，1997.

吴于廑. 十五十六世纪东西方历史初学集. 武汉：武汉大学出版社，2005.

张箭. 地理大发现研究. 北京：商务印书馆，2002.

布罗代尔. 15 至 18 世纪的物质文明、经济和资本主义. 顾良，施康强，译. 北京：三联书店，1992.

雷吉娜·佩尔努. 法国资产阶级史. 康新文，等译. 上海：上海译文出版社，1991.

第九章

西欧文艺复兴与宗教改革

第一节　文艺复兴

一、文艺复兴的社会背景与思想渊源

1. 何谓“文艺复兴”

自14、15世纪起，西欧社会开始了从中世纪封建制度向近代资本主义的历史过渡。与之相应，思想文化领域也经历着一场深刻的变革，那就是反封建、反神权的文艺复兴运动的问世。

“文艺复兴”一词源于意大利语Rinascimento（意为复活、再生），这一概念在14至16世纪时已被意大利的人文主义作家和学者所使用。1550年，意大利人文主义者瓦萨里在《意大利艺苑名人传》一书中，将它作为新文化的代名词。当时的人文主义者普遍认为，文化艺术在希腊、罗马古典时代曾高度繁荣，但在中世纪“黑暗时代”却衰败湮没，直到14世纪才开始“复活”“再生”。这场新文化运动是从复兴古典希腊、罗马文化而勃兴的，因而被称为“文艺复兴”。不过，文艺复兴虽然有借鉴希腊、罗马古典文化的一面，但它并非单纯的古典复兴，而是新文化的创造。到了近代，“文艺复兴”一词经法语转写为Renaissance而在欧洲流行。19世纪，西方史学界进一步把它作为14至16世纪西欧新文化运动的总称。

文艺复兴运动最早发源于14世纪的意大利，以佛罗伦萨为中心，涵

盖威尼斯、米兰、帕多瓦、热那亚、波隆那、罗马等诸多城市，被称为“意大利文艺复兴”。15世纪末，意大利文艺复兴开始走向衰落，但受其影响，文艺复兴运动又在阿尔卑斯山以北的德意志、尼德兰、英国、法国和西班牙等西欧各国逐渐盛行，这一现象被称为“北方文艺复兴”。

2. 文艺复兴的社会背景

文艺复兴运动是批判中世纪神学的产物。在中世纪的西欧，作为封建制度之精神支柱的天主教神权，支配着人们的思想取向与行为方式。教会鼓吹蒙昧主义、禁欲主义，为封建等级制度蒙上神圣的面纱，要人安贫守贞，忍耐服从，世世代代赎罪，不要有任何欲望，把现世的幸福寄托在虚无缥缈的彼岸“天国”。在此情况下，科学、哲学与文学艺术等都成了神学的婢女，一切违背正统神学的思想与行为，都将被视为异端而受到严厉惩罚。

自14世纪开始，随着西欧社会现实的变动，意识形态革新的条件日益成熟。一方面，资本主义萌芽产生并逐渐成长，社会财富急剧增加，新兴资产阶级开始形成，在经济活动与政治生活中的重要地位逐渐凸显。在佛罗伦萨、威尼斯等地，新兴资产阶级还组织起城市共和国政权进行统治。为此，他们迫切需要新的意识形态来为其经济和政治权益辩护，因而大力支持新的学术、文化活动。另一方面，当时资产阶级的政治力量还比较薄弱，既难以长期维持城市共和国政权的统治，也不可能发动一场实质性的政治革命，只好将国家统一、社会稳定、经济发展的希望寄托在某些强有力的工商业家族、封建家族与封建君主的身上。由此，意大利的一些城市在15世纪相继建立了独裁政权，佛罗伦萨更是处于强大的美第奇家族的独裁统治之下。他们为了维护统治，在公众中树立良好的政治形象，也大力奖掖学术文化，尊重知识人才。而在英国和法国，专制君主在延揽资产阶级和新贵族参政议政的同时，也从培养人才、振兴外交、繁荣文化的角度出发，鼓励文人学者的知识与文化活动。正是在这样的社会氛围与时代呼唤中，新观念和新文化逐渐酝酿。

中国的造纸术和印刷术此时也传入西欧，取代了原有那种将书籍手工抄录在羊皮纸上的做法。自14世纪始，人造纸使用逐渐在西欧推广，15世纪开始使用雕版印刷。15世纪中期，德国的古登堡发明了活字印刷术，并实现了印刷机在纸张两面印字的技术革新，更有利于书籍的大量出版与新思想的传播。

3. 文艺复兴的思想渊源

希腊、罗马的古典文化无疑是文艺复兴的重要思想渊源。与中世纪神学相比，这一古典文化所包含的人文精神、科学精神、民主诉求与审美情感等，显然符合人文学者的旨趣。但是在中世纪，古典文化被正统神学肢解乃至湮没，人们对它的了解支离破碎，难以从中吸取有价值的知识营养。14世纪末15世纪初，保留了诸多古典文化遗产的拜占庭帝国开始受到信仰伊斯兰教的奥斯曼帝国的大规模入侵。战争迫使许多拜占庭学者带着大批的古希腊、罗马的艺术珍品和文学、历史、哲学等书籍，纷纷逃往意大利以及西欧其他地区避难。有的拜占庭学者还在意大利开办学习希腊语言与文化的学校。著名学者马纽尔·克莱梭罗拉斯从1396年起，就在佛罗伦萨大学主持希腊语讲座，还在罗马、帕都瓦、米兰、威尼斯等地开办学校。由此，人文学者对古典文化的爱好日益加深，并掀起了搜求、翻译古典文化著作的热潮。立足于反神权、反封建的需要，他们在新的文化创造活动中，注重“托古改制”，借“复古”来创新。他们吸取古典文化中包含着些许自由、平等与民主等因素的人文观念与科学求知精神，来批判中世纪的封建等级特权制度、教会的蒙昧、禁欲说教与经院哲学僵化空疏的学风，阐扬罗马法中的财产与契约观念来否定教、俗封建主的掠夺与敲剥，用罗马帝国的统一与辉煌来针砭意大利分裂割据的动荡，借鉴古典雕塑艺术中对人的身体和力量的展示来进行新的艺术创造。正是希腊、罗马的古典文化遗产，为文艺复兴的酝酿提供了深厚的思想资源。

此外，文艺复兴没有也不可能割断它与中世纪神学传统的天然联系。当时的人文学者都是基督教徒，其中有的还是教士甚至是高级教士，他们的思维方式、语言习惯和创作素材都不可避免地要打上神学传统的烙印。不过，应时代的感召，他们开始以一种新的价值尺度来审视与选择神学传统文化。他们借助上帝的神圣权威来肯定人的自由与伟大，吸收基督教的原始平等观念来批判封建教、俗等级制与特权制，阐扬基督教的传统美德来批判教、俗贵族的荒淫与堕落，阐发传统的王权神授思想来否定教权高于王权的主张，通过对基督教原典《圣经》的翻译、考证来动摇教廷钦定的《圣经》版本的神圣地位。正是通过对基督教神学文化的批判和继承，文艺复兴运动才得以蓬勃发展起来。

二、人文主义思潮

1.“人文主义”的含义与本质

在文艺复兴运动中，蕴含在文学艺术、哲学、政治主张、教育思想和自然科学中的反神权、反封建的精神或观念，通常被称为“人文主义”。“人文主义”一词在文艺复兴初期仅为“人的”（humanus）的含义，即受过世俗教育的意思，后来随着文艺复兴的演进，才发展为人文主义（humanism）。“人文主义”的产生与当时在大学逐渐兴起的修辞学、哲学、民法学、医学、天算学等“人文学科”（studia humana）密切相联。这些学科都以讲授希腊、罗马的古典学问为特征，以有益于人的现实人生为职志，与大学中流行的中世纪天主教神学相对立。只是到了19世纪，“人文主义”这一术语才被真正地创造出来，用来概括文艺复兴时期人文学者的世界观与人生观，而当时鼓吹人文主义学说的人文学者，也因此被称为“人文主义者”（humanist）。

人文主义思潮实质上是早期资产阶级反神权、反封建的个人主义思潮，其思想内核就是以“个体本位”为特征的人本观，即从个人的自由意志与自主权利出发去肯定人的价值、地位与要求。正是借助于这一新的核心观念的酝酿，人文主义思潮才得以勃发和流播，并向各思想文化领域渗透，滋养出了文艺复兴这一新文化运动。

2. 人文主义的“人本”观

人文主义的“人本”观，是作为教会神学的“神本”观的对立物而问世的。在中世纪的西欧，封建人身依附关系剥夺了人的自由平等。不仅农奴受制于贵族领主，工匠受制于行东，俗人顺从于教士，就连封建贵族中，封臣也从属于封君。不同的人群在社会身份与地位上有着鲜明的尊卑贵贱之别。在中世纪的主导观念中，更有一种神圣而森严的社会等级秩序：上帝将全体社会成员划分为三个等级，即负责“灵魂拯救”的教士，从事征战以保卫王国与统治社会的贵族，进行生产与交换以满足前两者需要的城乡劳动者，各个等级要安分守己，不得逾越。作为教、俗封建主统治的精神支柱，天主教的“神本”观鼓吹“以神为中心”，主张一切以神的意志、目的作为人观察、思考和判断万事万物的是非尺度。这种对神的崇拜，正是当时封建人身依附关系在意识形态上的集中反映。为了给封建制度蒙上一层神圣的灵光，天主教会大力宣扬这种蒙昧主义的“神本”观。它声称，上帝是人和宇宙的创造者，具有全知全能、至高无上的神圣权威。而人一生下来就带有其始祖所遗传下来的原罪，同时也因情欲的左右而必然要犯下“本罪”，人所生活的世界也是一个被上帝定了罪的世界。人卑微渺小，无足轻重，不可能依靠自己的意志和力量来改变自己的命运，而只有依赖上帝的意志和恩赐才能摆脱现世的苦难，进入上帝安排的幸福天国。为此，人们就应听从上帝的代表——教会的训导，纯正信仰，节制情欲，安贫守分，忍耐服从；更必须严守对上帝的信、爱、望这三大神学主德，才能获得拯救。到了 14、15 世纪，随着资本主义萌芽的破土成长，新兴资产阶级以及广大的农奴、工匠，在日常的商品经济的自由竞争和“等价交换”的实践中，逐渐摈弃了传统的人身依附观念，萌发出独立、自主的个体意识，由此为人文主义“人本”观的勃发提供了深厚的土壤。

针对教会蒙昧主义的“神本”理论，人文主义者大力颂扬人的伟大与尊严，肯定人的个性价值与选择权利。人文主义者在阐发自己的新观点时，并没有完全采取纯粹的世俗主义态度。相反，他们主要是以古希腊罗马的修辞学为工具，创造性地阐发了基督教神学文化传统的某些思想资源，通过“借神颂人”的形式来倾吐自己的诉求。他们借助上帝这个法力无穷、统驭一切的最高神圣权威，来颂扬人的自由意志和理性尊严，严厉抨击罗马教廷扼杀人们的自由意识、禁锢人们信仰的行径。在意大利，人文主义的先驱但丁（1265—1321）宣称，人之所以是高贵的，是因为上帝在造物之初，就将自由意志或“自由原则”赋予了人类，使人能够依靠自己的意志来判断事物并加以选择，从而获得“为自己而生存，而不是为他人生存”的“自由”。被称为“人文主义之父”的彼特拉克（1304—1374），主张以“人学”取代神学，对人的个性尊严作了有力褒扬。他强调，“宇宙是以人为中心的，是上帝为了人类的世俗生活而造就的东西”。因此，人应当是世界的主宰，应当具有行动和思想的自由，这一自由的价值要远比生命高贵。

随着人文主义思潮的滋长，这种神灵外衣掩盖下的人本思想逐渐显示出系统化与理论化的态势。在 15 世纪，佛罗伦萨等地的人文主义者，更是用夸张而华美的修辞学风格以专论的方式系统地表达了这一思想。1454 年，著名人文主义者曼内蒂撰写了《论人的美德与尊严》一文，逐段反驳教皇英诺森三世在《人的灾难》一书中所宣扬的蒙昧观点，宣称“上帝是把人作为最美丽、最诚实、最富有和最终是最有力量的创造物所塑造出来的”，并赋予了人伟大的本性，世界也是上帝为了人的生存需要而创造的。因此，人作为“万物之灵长”而最高贵、最伟大，人就完全能够去主宰、管理和美化这个世界，这是人应享有的平等权利和唯一责任。稍后，另一著名的人文主义者皮科在 1484 年撰写了《论人的尊严》一文。他宣称，上帝不仅创造了人，而且把人置于“世界的中心”，让人根据“自己的自由意志”去“规定自己的本性”，选择自己的生活路向。这样，“上帝在人出生之时，就赋予了人以各种生命的根芽与各种生活样式的源泉”。皮科力图通过富有哲理性的阐发来颂扬人的高贵与伟大，论明人的自由权利的合理性与神圣性。

皮科对人的自由意志的肯定

上帝理解人……对人这样说："……我把你安置在这个世界的正中央，以使你尽力与更方便地观察到这个世界的一切。我既没有使你进入天国，降入凡尘，也没有让你死亡或永生。归根到底，像以往那样，你作为你自己的自由的创造者与塑造者，应该用最能够适合你的形式来构建自己。根据你的智能的决定，你将有力量堕落到更下一层的社会或沦为兽类，你也将有力量再跻身到更上层的社会或升华到神灵世界。"由此，上帝在人出生之时，就赋予了人以各种生命的根芽与各种生活样式的源泉。

——论人的尊严（节选）//E. Cassirer et al., ed. The Renaissance Philosophy of Man. Chicago：Chicago University Press，1948：225-226.

自15世纪后期开始，人文主义"人本"观逐渐北传，在西欧各国的人文主义者中引发了诸多有关人性、人生的思考。在英国，著名的人文主义戏剧大师莎士比亚（1564—1616）在其名剧《哈姆雷特》中，以饱满的激情讴歌人的伟大与价值："人是多么了不起的一件作品！理想是多么高贵、力量是多么无穷！行动多么像天使！洞察多么像天神！宇宙之精华，万物之灵长！"北方最著名的人文主义者伊拉斯谟（1466—1536）对经院哲学家所演绎、推理的教会"神本"观予以激烈的抨击，倡导人的自由意志与快乐。他在《愚人颂》一书中，通过"愚人"之口来提倡人的自然本性和无拘无束的快乐。法国人文主义者蒙田则力倡"怀疑"论，将人的自由意志转化为更深层次的思想自由，提倡人自主探求与思考的神圣权利，反对盲目信仰与崇拜权威，特别是经院哲学的理论权威。

3. 人文主义的"人欲"观

人文主义的"人欲"观是人文主义思潮的又一重要内容。在人文主义者看来，既然人是主宰世界的"万物之灵长"，拥有自由意志和尊严理性，那么人就有权利也有能力追求现世的幸福，实现完美的现实人生。针对罗马教会的禁欲主义说教，人文主义者竭力颂扬人的世俗欲望和追求。彼特拉克的《歌集》等诗作，就以清新自然的笔调肯定人的天然本性与世俗爱情。彼特拉克蔑视经院哲学家，认为他们对上帝秘密的烦琐论证无益于生活。他声称，"我自己是凡人，我只求凡人的幸福"。薄伽丘（1313—1375）撰写的《十日谈》一书，猛烈抨击教会违背人性的禁欲说教以及教会神职人员在"禁欲"外衣下的淫乱丑行。同时他强调人是具有七情六欲的血肉之躯，人天生就有追求享乐的本性，任何人都难以阻挡。这种抨击宗教禁欲思想、追求现世人生享乐的主张，在北方文艺复兴中，也为著名人文主义者伊拉斯谟、拉伯雷等人所倡导。伊拉斯谟在《愚人颂》一书中，强调人应当率性而行，充分地享受现世的人生。他通过"愚人"之口告诫社会，人只有顺应世俗的饮食男女之自然情欲，才能获得真正的人生幸福。拉伯雷（约1494—1553）在《巨人传》中，鼓吹人们在生活中自主、尽情地追求，"随心所欲，各行其是"。此外，人文主义者还反对安贫乐道与迷信权威，倡导人们大胆追求金钱、财富、荣誉，学习人生和社会所需要的各种知识，探求科学的真理，最大限度地实现自己的人生价值。

伊拉斯谟对“人欲”的倡导

我告诉你们，禁欲主义者的确严厉谴责并且表面上放弃感官快乐和肉欲享受，但是，这只不过是他们要的一个骗人的花招而已。他们让别人放弃感官快乐和肉欲享受，只不过是为了自己更好地独自享受那种所谓的“禁欲”生活。我敢说，如果生活中没有那种傻得可爱的感官快乐来调剂和平衡，那么这些禁欲主义者也不得不承认人生就是一个充满忧郁、单调乏味、令人讨厌、无法忍受和十分艰难的过程。

——伊拉斯谟. 愚人颂. 刘曙光，译. 北京：北京图书馆出版社，2000：15.

4. 人文主义思潮的启蒙意义

马克思指出，“**任何**一种解放都是把人的世界和人的关系**还给人自己**”①。14 至 16 世纪西欧的人文主义思潮，以其“把人的世界和人的关系还给人自己”的深刻思想本质，凸现了它那特有的近代早期思想启蒙特征。

在构建新型的人本思想时，人文主义者将神学传统中的那个惩罚人类、否定现世人生的“上帝”，诠释成为造就了人与世界、将世界交给人自己主宰并赋予人自由意志与伟大力量的神圣权威，由此有力地揭示了人的尊严、高贵与人的自由、力量，彰显了人的现世追求的合理性，将人的思想、感情从正统神学之“原罪”与“来世”的枷锁中和封建人身依附关系的统属网络中解放出来，挺立了人的自主意识和尊严理性，使人开始“围绕着自身和自己现实的太阳转动”②。人文主义思潮以其深刻的思想内涵将教会“神本”观中人和上帝、人和现实世界、人的肉体和精神之间的严重分离与对立重新整合与统一起来，揭示了人的自主性与世界的现实性，以“人本”取代“神本”，以“人性”取代“神性”，以人的现实世界取代宗教的“彼岸”天国，对人们的思想解放产生了积极影响，为文艺复兴这一反神权、反封建的新的文化运动提供了强大的精神动力。

正是在人文主义思潮的熏陶下，正统教会的经院哲学和神学伦理的支配地位开始消解，人的价值、人的理性与人的力量在文艺复兴时期的思想文化领域中日益凸现。在哲学思辨领域，基于独立思考的精神，人们打破经院哲学的禁锢，用人的理性、经验来诠释世界，近代哲学观念由此而萌发。就连教会的经典《圣经》，也开始被作出新的解读。在科学领域，人们开始对外在的宏观自然世界与人本身体质的微观世界进行观察、思考和实验，天文学、医学、地理学、数学、物理学的研究日益拓展，近代科学破土而出。在政治思想领域，无论是共和、民主的主张，还是“开明君主专制”的思想，都包孕着自由、平等、法制的准则，传统的“君权神授”“教权至上”理论受到巨大冲击。在宗教领域，人们要求以个人信仰自主的权威与《圣经》的权威来取代教会的权威，否定了教会作为上帝与人之间的中介地位以及相关的教阶制度、宗教礼仪存在的合理性。在文

① 马克思恩格斯全集：第 1 卷. 北京：人民出版社，1956：443.

② 马克思恩格斯选集：第 1 卷. 3 版. 北京：人民出版社，2012：2.

学艺术领域，讴歌和描述人的现实生活成为诸多作品的主基调，表现厌世、苦难和死亡之精神的中世纪艺术，让位给表现人生自然快乐的新艺术。总之，人文主义思潮的产生有着划时代的重大历史意义，它所导致的思想解放，为近代文化的诞生铺垫了深厚的思想土壤。

时代的局限也赋予了人文主义以新旧交织的矛盾意向与思想内涵，使其不可能挣脱它与神学文化传统的天然脐带。几乎所有的人文主义作品，虽然不同程度地批判了教会的蒙昧、禁欲说教，伸张人的自由、尊严与欲望，但却几乎都未对诸如“原罪”说、“预定”论等重大神本理论予以公开的正面抨击，有的甚至仍然对之予以认同。同时，作为早期资产阶级的思想观念，人文主义思潮也带有明显的阶级局限。它所鼓吹的人的自由独立与世俗追求，实际上只是资产阶级的权益追求，带有明显的资产阶级个人主义、拜金主义、纵欲主义的阶级烙印。

三、意大利文艺复兴

1. 前期意大利文艺复兴

以佛罗伦萨为中心的意大利文艺复兴，无论是在发端的时间和持续的时期上，还是在所取得的文化成果上，都处于西欧文艺复兴之冠。一般都将意大利文艺复兴分为前后两个时期：14 至 15 世纪中叶为前期，此后至 16 世纪为后期。

在前期意大利文艺复兴中，新的文学创作十分繁荣，涌现出一大批文学巨匠，而以所谓的“文学三杰”——但丁、彼特拉克和薄伽丘为其代表人物。

但丁是意大利文艺复兴的先驱，恩格斯称他是“中世纪的最后一位诗人，同时又是新时代的最初一位诗人”①。他的代表作《神曲》开启了意大利文艺复兴的端绪。但丁出生于佛罗伦萨没落贵族家庭，青年时曾先后在帕多瓦大学、波隆那大学和巴黎大学深造，熟谙希腊罗马的古典文化和基督教神学，对美术、音乐、诗歌、修辞、文学、哲学、天文、历史、地理都多有研究，为他的文学创作打下了坚实基础。但丁也是一位社会政治活动家。他 1300 年当选为佛罗伦萨的执政官，因反对教皇的政治干涉而得到市民的支持。1302 年在政治斗争中失败而被流放，此后一直流落他乡，最后病逝于拉文那。

但丁

但丁一生著作颇丰，《新生》和《神曲》是其文学作品的代表作。《新生》创作于 1291 年至 1292 年，系但丁为纪念女友贝德丽采而作，包括 31 首抒情短诗。这些短诗以朴实、明晰的诗体，流畅、柔美的语言，富于想象力的构思，抒发了对恋人贝德丽采纯真的爱，表达了摆脱中世纪禁欲主义、追求世俗生活、渴望情爱的情怀，饱含着人文主义的思想萌芽。《神曲》是但丁在流放期间创作的诗集，共 100 曲，全诗

① 马克思恩格斯选集：第1卷．3版．北京：人民出版社，2012：397.

长 14 233 行，分《地狱》、《炼狱》和《天堂》三篇。主要情节是描写诗人在维吉尔和贝德丽采的引导下，梦游地狱、炼狱和天堂三界的经过。作者以隐喻象征的手法，深刻揭露了教会统治的黑暗腐败与封建分裂割据给人们带来的灾难，倾吐了自己对自由和知识的向往与对现世幸福生活的热烈渴望。不过，《神曲》的叙述结构和形式都充满了神学含义和宗教象征，反映了作者新旧观念交织的矛盾心理。《神曲》用当时意大利的托斯坎尼方言写成，开创了用地方民族语言写作的先河。

《论世界帝国》集中地反映了但丁的政治主张。在这部书里，针对意大利分裂割据、社会动荡的状况，他呼吁为了世界的福利建立一统天下的“世界帝国”，并引用《圣经》的典故批驳了罗马教廷的教权高于王权的“双剑”论，认定这一世界帝国的权力直接来自上帝而不是教皇。同时，但丁还主张“世界帝国”的君主实行开明君主专制，既集权统治以维护社会秩序，又尊重民众的自由和福祉。这部著作对日后西方政治思想史的发展产生了深远影响。

彼特拉克因其鲜明的新思想倾向而被誉为“人文主义之父”。他自幼随父亲流亡法国，后专心从事文学活动。他曾在阿维农教廷担任过教皇秘书，有机会周游欧洲各国，结交王公贵族，并目睹了教廷的黑暗腐败。他在吸取古典文化营养的基础上，提出以“人学”反对“神学”的主张。彼特拉克创作了许多著名诗篇，其中有抒情诗集《歌集》，长篇叙事史诗《阿非利加》，在西欧享有很高声誉。1340 年，巴黎和罗马争相邀请他去接受桂冠。1341 年 4 月 8 日，他在罗马的卡匹托利山上接受了“桂冠诗人”的称号。

彼特拉克

《歌集》是彼特拉克抒情诗的代表作，用意大利文写成，共有 366 首抒情诗，其中多数是爱情诗。在这些诗篇中，彼特拉克冲破禁欲主义的羁绊，摈弃中世纪诗歌中隐晦寓意、神秘象征的手法，直接描写他对女友劳拉的爱情，也抒发自己内心的忧伤感情，同时赞美现世的人生，歌颂大自然的景色，并刻画出人物的美丽形象。全诗格调清新，朗朗上口，达到了现实主义与浪漫主义的完美结合。这些诗篇，为日后欧洲抒情诗的发展开辟了道路。

彼特拉克还撰有一些伦理、历史、政治方面的论著。《秘密》借圣奥古斯丁同诗人自己的对话而倾吐人文主义的心声，认为爱情和荣誉都是人所需要的，追求人间的幸福同追求永恒的幸福是一致的。但受神学伦理的影响，他在其中也对自己的人欲向圣奥古斯丁忏悔。彼特拉克的《恺撒传》和《治国术》等著作，则反映了他对意大利建立统一国家和开明君主专制的政治理想。

薄伽丘也是当时著名的人文主义作家。他青少年时游历意大利和法国许多地方，曾在那不勒斯大学攻读法律和文学。他始终坚定地站在佛罗伦萨共和政府一边，反对封建贵族势力，曾在政府中担任理财官员和外交使节。1350年，薄伽丘和彼特拉克相识，深受其思想的影响。晚年他致力于《神曲》的诠释和讲解，曾主持佛罗伦萨大学举办的《神曲》讲座。

《十日谈》

薄伽丘是位才华横溢、勤勉多产的作家。他既以短篇小说、传奇小说蜚声文坛，又擅长写作叙事诗、牧歌、十四行诗。著名的短篇小说集《十日谈》是他的代表作，用托斯坎尼方言写成。作品描述1348年佛罗伦萨流传瘟疫病时，十个青年男女逃到郊外别墅居住，他们除了唱歌跳舞之外，每人每天还要讲一个故事，住了十天，共讲了一百个故事，因此得名《十日谈》。薄伽丘把这一百个故事镶嵌在一起，使其既各自独立成篇，又互相连贯，组成一个整体，在思想和艺术上都服从于统一的主题。这些故事取材广泛，有民间传说、历史事件、宫廷传闻，也有真人真事。薄伽丘对这些材料进行加工，将传奇逸闻和街谈巷议兼收并蓄，熔古典文学和民间文学的特点于一炉，并为之注入了人文主义的内涵。《十日谈》塑造的大量人物，既有王公贵族，骑士僧侣，也有贩夫走卒，市井平民，不同阶层、不同职业的角色都具有鲜明的性格特征。《十日谈》大胆揭露教会的腐化和贪婪，抨击教士的伪善和丑行，也无情地鞭挞封建贵族统治阶级的昏庸和残暴。同时，《十日谈》赞扬市民和下层群众的机智勇敢，赞美男女青年的爱情，歌颂现实生活，对人的自由平等、人性尊严与人生价值都给予充分的肯定。作为欧洲文学史上第一部现实主义文学巨著，《十日谈》对后世的文学创作深有影响。但《十日谈》也反映了早期资产阶级的享乐主义观点，不少故事渲染情欲，格调不高，流于低级和庸俗。

前期意大利文艺复兴发展到15世纪时，人文主义的政论与史学作品开始不断出现，而以佛罗伦萨的“市民人文主义”（Civic humanism）者贡献最大。在该学派中，布鲁尼著有《但丁传》《彼特拉克传》等作品，宣传他们的文化贡献与新观点。此外，他还撰有《佛罗伦萨颂辞》《佛罗伦萨史》等，从历史和现实的角度分析了佛罗伦萨城的兴起原因和发展过程，阐明了他主张自由平等与民主共和、反对专制独裁的政治理想。阿尔伯蒂以对话体的形式撰写了《论宗教》《家庭》等不少论著，对人的美德与人生、宗教、社会的关系作了充分诠释，体现了他对现世幸福的理解和追求。波吉奥撰写了《论高贵》《论贪婪》等论著，严厉谴责了教会的禁欲信条与僧侣的独居生活，强调真正的美德在于它有益于人生和社会，并主张人们发财致富。在当时，更有人开始涉足神学典籍，对其进行探究。著名人文学者瓦拉撰写《论君士坦丁赐予》一书，运用语言学、历史学与法学等方面的知识深入剖析，最终考证出罗马教会在 9 世纪公布的所谓“君士坦丁赐予”这一文件是伪作。1449 年，瓦拉发表了《新约全书注释》一书，在拉丁文与希腊原文这两种版本之间进行鉴定性的比较考察，用其广博的语言知识纠正了教廷钦定的《圣经》拉丁文版本中的许多谬误。由此，瓦拉被视为所谓“圣经人文主义”的代表。

在前期意大利文艺复兴中，绘画艺术也取得了重要成就。杰出的画家、雕刻家乔托·迪·班多涅（1267—1337）就是这方面的代表人物。乔托从小就对绘画很感兴趣，常用尖石和木棍练画。后来到佛罗伦萨著名的契马部埃的画室学艺，成为杰出的画家。乔托的主要成就是壁画，其中以 1305 年至 1308 年在帕多瓦的阿累那礼拜堂绘制的壁画最为有名，被称为“十四世纪意大利艺术的重要纪念碑”。这组壁画中最著名的有《金门相会》、《逃亡埃及》、《犹大之吻》和《哀悼基督》。乔托第一个尝试打破中世纪绘画的传统模式，用写实的方法描写人物，使人物形象有立体感，并注意作品的空间效果，开始采用自然景色取代中世纪绘画惯用的金色或蓝色背景。同时，他更为其作品注入了人文主义的思想内容，用世俗的情感与风格来描绘宗教人物，使之成为有情感欲望的血肉之躯。他的创作对欧洲近代现实主义绘画深有影响，被誉为“欧洲绘画之父”。

马萨乔（1401—1428）是意大利早期文艺复兴时期又一位著名画家。他继承并发展了乔托开创的现实主义传统，最先探索人体结构和透视法，并发现了远近透视的一些规律。他创作的《三位一体》《纳税银》《失乐园》等作品，画面朴实无华，人物坚定沉着，结构准确、比例匀称、立体感强，充满世俗气质，富于激情和生气，达到了现实主义表现手法与人文主义精神的统一。

2. 后期意大利文艺复兴

后期意大利文艺复兴在政治思想领域取得了突出成就。这一时期，分裂割据的意大利先后受到了法国、西班牙和德国的入侵，商品经济饱受摧残，社会秩序动荡不安。同时，由于奥斯曼土耳其帝国对东地中海贸易的控制，以及新航路开辟后西欧经济重心的北移，意大利的工商业急剧萎缩，资本主义萌芽渐趋衰退。随之，市民阶层走向没落，城市内部和城市之间的矛盾斗争日益尖锐，罗马教廷与农村封建贵族乘机扩张势力。在此情况下，比较系统的人文主义政治学说得以酝酿出来。

马基雅维里（1469—1527）是杰出的人文主义政治思想家。他出生于佛罗伦萨的破落贵族家庭，1494 年参加反美第奇家族的起义。1498 年起任佛罗伦萨共和国掌管军事外交的“十人委员会”秘书，负责起草政府文件和佛罗伦萨防务，并出使意大利各国和法、德等国。1513 年美第奇家族复辟，马基雅维里遭逮捕和监禁。恢复自由后，长期隐居庄园，依据自己丰富的社会阅历和政治经验，著书立说，著有《君主论》（亦称《霸术》）、《罗马史论》、《战争的艺术》、《佛罗伦萨史》等。

成书于 1513 年的《君主论》是马基雅维里的代表作。在该著中，他主张结束意大利的政治分裂割据，建立强大的中央集权国家，完整阐述了新兴资产阶级的国家学说。在他看来，共和制度无力改变意大利四分五裂的局面，只有建立拥有无限权力的君主政体才能使臣民服从，抵御强敌入侵。他指出，君主要夺取政权和巩固统治，必须制订有

马基雅维里

效的法律，建立强大的常备国民军，更重要的是，为了达到目的可以不择手段。残暴、奸诈、伪善、谎言和背信弃义等手段，只要有助于君主统治就都是正当的。这一思想后来被资产阶级学者称为“马基雅维里主义”，甚至被看作政治上尔虞我诈、背信弃义和不择手段的同义语。不过，马基雅维里仍把“仁慈”“庄重”“忠诚”“善体人意”等看作君主必须具备的品格，规劝君主避免“残暴”“奸诈”“倨傲无礼”“荒淫纵欲”等“足以使他亡国的罪恶”。他强调君主应当多尊重民心与民情，保障百姓的家庭财产权，让“百姓大众心满意足”。此外，他又常常对罗马的共和制发怀古之幽思。在《罗马史论》一书中，他就指责专制君主的种种暴政，赞扬亚里士多德建立“混合”型的共和制度的主张，认为这要比包括君主制在内的其他“单一”形式的统治好得多。马氏还对罗马公民所享有的自由及其对罗马历史发展的积极推动作了大量论述。

马基雅维里突破中世纪神权政治传统的束缚，依据历史和现实的经验，以人的眼光来观察与分析社会政治，既主张建立统一强大的君主中央集权的国家，又竭力倾吐自由民主的诉求，反映了新兴资产阶级反封建、反神权的进步理想，对近代资产阶级政治学说的发展产生了深远而重大的影响。

稍后，意大利还产生了康帕内拉（1568—1639）的空想社会主义的政治理想。康帕内拉出身于意大利南部卡拉布里亚省的农家，1582年入多米尼克会修道院当修士，他潜心苦读，博览群书，成为一名学识渊博的学者。1591年至1597年，因发表反宗教著作3次被捕，先后坐牢6年。1597年12月获释。被勒令返回故乡后，因参与领导南意大利人民反对西班牙哈布斯堡王朝的斗争，于1599年9月被西班牙当局逮捕，被关进牢狱，受尽折磨，但仍坚贞不屈，并在极端艰苦的条件下，在狱中写成《太阳城》一书。

在当时，意大利经济衰落，手工业者、雇佣工人纷纷失业，南部农民更要承担繁重的封建剥削，社会秩序混乱动荡，行乞、偷盗与抢劫成风。这样的社会状况，促使康帕内拉进行思考，试图寻找到一个理想的社会方案。《太阳城》通过叙述热那亚航海家与朝圣香客招待所管理员的对话，揭露了当时意大利充满暴行、淫乱、欺骗、懒惫和贫富对立，认为造成这些的根源在于万恶的私有制，声称只有废除私有制，才能实现社会公正。由此，康帕内拉精心构思了一个理想国家——“太阳城”。在那里，没有私有财产，一切生产资料和产品、财富均为公有；大家共同劳动，消费品按需分配；政治上，一般国家官员由民众选举产生或罢免；最高领导人“太阳”身兼祭司，由德高望重并精通神学和哲学的人担任；对儿童实行普遍义务教育，并与劳动相结合；为了抵御侵略，“太阳城”的全体居民都要参加严格的军事训练；等等。由于时代的局限，康帕内拉的《太阳城》也存在严重的思想缺陷。“太阳城”的社会生活，充满了平均主义和禁欲主义的特征；城里的居民仍然把战俘当作奴隶来奴役，妇女的地位也比男性低；宗教信仰与“太阳”的神权仍然至高无上。更重要的是，这种“通天皆一式”的“平等”“公正”的公有制社会，不具有赖以实现的经济基础与阶级力量，只能陷于空想。尽管如此，康帕内拉对私有制和阶级压迫、剥削的批判，对财产公有、人人劳动、产品平均分配的美好社会的憧憬，深寓着其对旧的社会制度的怀疑和否定，对广大下层群众苦难的同情，对社会公平、正义的向往，都对后来的空想社会主义者产生深远影响。

经过约两个世纪的发展，这一时期意大利的艺术达到空前繁荣，涌现出一批闻名遐迩的艺术大师，其中的代表就是被誉为“艺术三杰”的达·芬奇、米开朗琪罗和拉斐尔。

达·芬奇（1452—1519）不仅在绘画艺术上造诣精深，而且在科学技术、哲学、文学等领域也多有建树，被称为“文艺复兴时代最完美的代表”。达·芬奇出生在佛罗伦萨的公证人家庭，自幼勤奋好学，兴趣广泛。青少年时师从名家韦罗基奥学画，不久就崭露头角，被佛罗伦萨画家行会吸收为会员，一生留下了诸多经典性的作品，而以《最后的晚餐》和《蒙娜丽莎》为其代表作。达·芬奇还根据自己的艺术创作经验和体会撰写了《绘画论》一书，论述了解剖、透视、明暗和构图等在绘画中的运用价值。在绘画过程中，达·芬奇精确地运用解剖学、透视法和明暗转移法，注重将人文主义精神和现实主义风格有机地结合起来，使绘画艺术达到了前所未有的境界。他的作品布局匀称，造型准确，笔画细腻，色彩调和，生动刻画了人物的外部表情和内心世界。

《最后的晚餐》是达·芬奇1495年至1498年为米兰圣玛利亚格拉契修道院创作的壁画。它取材于《圣经》里耶稣被门徒犹大出卖的传说：在晚餐上，耶稣对他的12个门徒说，“你们中间有一个人要出卖我”。画家依据各人不同的年龄、身份、性格特征和内心活动，把每个人都刻画得惟妙惟肖。在画面中，叛徒犹大惊慌失措，畏缩一团，脸色灰白，右手紧握着钱袋。与这丑恶形象相映照，其他门徒们忠诚善良，疾恶如仇。而坐在中间的耶稣，则显得庄严、静穆、泰然自若。在这幅画中，达·芬奇用高超的现实主义艺术手法，通过变化的构图以及画面色彩的透视、明暗，再现了复杂的人物形象和性格。而为了突出中心人物耶稣，画中把门徒们分散在周围，使一切透视线都集中在耶稣头上。在创作中，达·芬奇一改传统的神秘主义做法，把耶稣及其门徒都作为普通人来描绘，让他们都有与常人无异的思想感情，这充分体现了人文主义的思想情趣。无论是思想性还是艺术性，这幅画都达到空前的历史高度。

《蒙娜丽莎》

《蒙娜丽莎》系达·芬奇在1503年至1506年所创作。画中人物的原型是他的好友佛罗伦萨银行家佐贡多的妻子。达·芬奇运用明暗法创造平面形象的立体感，以柔和细腻的笔调，把蒙娜丽莎的脸、脖子和手表现得极其细致而富有质感，将她那一瞬间迷人的微笑表情，描绘得极其含蓄、自然、淳朴而又甜美。这幅画深刻地揭示了人物微妙的心理活动，给观者以丰富的联想，令人百看不厌，回味无穷。同时，在处理人与环境的关系，光影、空间以及体积关系上，达·芬奇也周密考量，独具匠心，使整个画面和谐、完整、统一，达到了前所未有的艺术境界。这幅画是文艺复兴时期最杰出的肖像画之一，标志着达·芬奇艺术的最高成就，充分体现了他歌颂人性、赞美人生的人文主义思想。

米开朗琪罗（1475—1564）是一位才华横溢的雕刻家、画家。他出生在离佛罗伦萨不远的卡普莱斯镇，早年在佛罗伦萨师从著名画家基兰达约，后来又到美第奇家族在圣马可修道院创办的美术学校学习雕刻，还先后到过威尼斯和罗马等地进行艺术创作，留下了诸多风格各异的传世之作，对随后欧洲绘画和雕塑艺术的发展深有影响。

米开朗琪罗的艺术作品雄浑、豪放，充满着意志和激情，雕塑《大卫像》是他的代表作。《大卫像》是米开朗琪罗在1501年至1504年创作的大理石雕刻，高5.3米，刻画了传说中的犹太国王大卫将与巨人决一死战的英雄气概。作者为了表现人物的健美形象和坚强意志，把他雕成了一个肌肉发达、体格匀称的青年壮士形象。他英姿飒爽，面容英俊，左手拿石块，右手下垂，头向左侧转动着，炯炯有神的双眼凝视着前方，仿佛正在向地平线的远处搜索着敌人，随时准备投入一场新的战斗，仿佛身体中积蓄的伟大力量随时可以爆发出来。米开朗琪罗运用精确的解剖学知识，把大卫的每一块肌肉都刻画得充满活力和力量，同时用夸张手法把人物的手和腿有意拉长和拉大，创造出雄伟庄严、刚劲有力的非凡形象。这幅作品对人体和人的力量的赞美，体现了鲜明的人文主义精神。

拉斐尔（1483—1520）是杰出的画家和建筑师，有“画圣”之称。他出生在意大利马尔宾诺城，从小跟作为宫廷画师的父亲学画，14岁进入著名画家培鲁基奥的画室学习，后来到了佛罗伦萨，潜心研究各画派大师的艺术特点，博采众长，最后形成了其独具古典精神的秀美、圆润、柔和的风格。拉斐尔以擅长画圣母像著称。他的一系列圣母画像，丝毫没有中世纪禁欲主义和神秘主义的色彩，都以母性的温情、恬静和青春健美体现了人性的美。其中，比较有名的有《西斯廷圣母》《圣母的婚礼》《带金莺的圣母》《草地上的圣母》等。《西斯廷圣母》是他在1516年至1519年为比亚森萨的西斯廷教堂作的祭坛画，画面采用了稳定的金字塔形构图，人物形象和真人大小相仿，庄重均衡，画面背景全部用小天使的头像组成，构思新颖独到。圣母玛利亚形象柔美圣洁，表现了母爱的幸福与伟大，充满了人文主义的韵味。整幅画线条和色泽十分圆润、典雅，形象和构图非常生动、协调。作者通过对圣母之慈祥形象的描绘，歌颂了人的本性、感情的伟大与崇高。

四、“北方文艺复兴”

1. 德国文艺复兴

在“北方”，德国文艺复兴酝酿最早。从15世纪中叶开始，在德国的纽伦堡大学、爱尔福特大学等大学出现了人文主义者群体，他们从人文主义的角度来研究宗教、道德与哲学问题，对《圣经》与早期拉丁教父的作品进行翻译、注释与探讨。由此，新的知识文化运动在大学逐渐发展，到 16 世纪达到高潮。同时，由于德国长期分裂割据，受到罗马教廷神权势力的控制，德国的文艺复兴运动也就将批判神学蒙昧、禁欲主义与批判罗马教廷专制、腐败和封建割据结合起来，强烈要求摆脱教皇控制，实现国家的政治统一。

德国文艺复兴的代表人物是勒克林（1455—1522）。他出生于巴登，曾就学于海德堡、巴黎、巴塞尔等大学。留学意大利时，他接受人文主义思想，成为欧洲第一位希伯来语学者，同时也精通希腊语、拉丁语，熟谙哲学与神学。他在 1516 年著《希伯来语提要》，次年又完成了《卡巴拉哲学论》。在反对科伦大学经院哲学家焚烧犹太书籍的斗争中，勒克林及其追随者形成了勒克林学派。他们发表讽刺文集《蒙昧者书简》，抨击经院哲学权威，揭露罗马教会的愚昧与贪婪。

人文主义诗人胡登（1488—1523）是德国文艺复兴的又一杰出代表。他出身于骑士家庭，思想激进，擅长诗歌创作，曾用德语写诗，获得过"桂冠诗人"称号。他主张依靠骑士来实现德国的统一与集权，曾经参加过济金根的骑士起义。1513 年，胡登访问意大利后，开始萌发反对教皇神权压迫德国的观念。1520 年，他发表了《罗马的三位一体》，揭露罗马教廷对基督徒的勒索，抨击德国诸侯的专横独断，认为这两者是德意志民族独立和政治统一的障碍。胡登还是《蒙昧者书简》第二部的主要撰稿人。胡登很崇拜意大利人文主义著名学者瓦拉，将他的《论君士坦丁赐予》一书带回德国出版。勒克林和胡登的学术文化活动与人文主义思想，从思想上动摇了罗马教皇的权威，唤醒了德意志人民的民族意识，为 16 世纪德国的宗教改革作了思想准备。

德国文艺复兴在艺术上也取得了丰硕成果。杰出的版画家和雕刻家阿尔勃莱希特·丢勒（1471—1528）出身于纽伦堡金银首饰匠家庭，15 岁起跟随纽伦堡画家沃尔格穆特学画。从 1490 年起，先后到法兰克福、巴塞尔和科隆等地游学，受到人文主义思潮的影响。他还两次访问意大利，与著名人文主义画家拉斐尔切磋画技，并深入研究达·芬奇的作品，奠定了其绘画艺术发展的基础。丢勒一生创作了大量木刻画、铜版画、油画和人物素描等，以版画最具影响力。他的主要作品有《启示录》《基督大难》《亚当与夏娃》《骑士、死亡与恶魔》等。在美术理论方面，还著有《绘画概论》和《人体解剖学原理》等。

丢勒的木刻组画采用群众熟悉的宗教题材，既在艺术上别开生面，自成一体，又能雅俗共赏，传播极广。《启示录》插图以近乎狂想的形象和极其奔放的线条，刻画了善恶的搏斗和对黑暗势力的惩罚，它们表现的主题表面上是恐怖屠杀，实际上却把皇帝、教皇、贵族、主教等统统置于刀斧之下，充分表现了群众的愤懑与爱憎。这些想象丰富、热情洋溢的木刻，对人物的刻画入微，惟妙惟肖，实为文艺复兴版画中幻想与真实奇妙结合的典范。丢勒最著名的油画杰作是晚年画的《四使徒》。当时德国农民战争失败不久，广大下层民众再次遭到奴役。作者把耶稣四个门徒约翰、彼得、保罗、马可描绘成寻求正义的学者和捍卫正义的斗士，以此来抗议封建统治阶级。在画面中，约翰和马可正潜心研读《圣经》，保罗一手紧握宝剑，一手捧着《圣经》，神情刚毅，保罗身后的彼得则斗志昂扬，似乎要随时奔赴战场。整个画面构图紧凑和谐，人物形象栩栩如生，表达了作者对正义和光明的孜孜追求。

小汉斯·霍尔拜因（1497—1543）是德国文艺复兴中的又一卓越画家，擅长水粉画、肖像画和写生画。他出生在德国南部的奥格斯堡，早年随父亲学画，1515年，他移居巴塞尔城，1519年加入该地画家公会，创作了大量壁画、肖像画、祭坛画与书籍插图。在此他与伊拉斯谟交往甚密，为《愚人颂》一书加绘了不少插图。他的主要作品有《巴塞尔市长迈耶尔像》《伊拉斯谟》《英王亨利八世》等。在人物画中，他以出色的技巧、流畅的线条，重点刻画人物的个性和神态。他对伊拉斯谟写作时聚精会神姿态的刻画，栩栩如生，十分完美。《伊拉斯谟》誉满全欧，是当时写实主义绘画的经典之作。他的一些作品更触及了社会底层。他的作品中，有憔悴的农民追逐瘦马以及濒于死亡的乞讨人等等，反映了德国劳动人民的痛苦生活。

2. 法国文艺复兴

法国文艺复兴的活动中心主要在君主宫廷之中。15世纪末，法国开始形成封建君主专制制度，新兴资产阶级依附于王权，这就使得法国文艺复兴运动一度带有宫廷化色彩，出现了以“七星诗社”为代表的贵族派。在宫廷之外也有一些人文主义者为伸张人的自由平等而呼唤。

“七星诗社”是16世纪著名的贵族派人文主义者文学团体，由七位诗人组成，以龙沙（1524—1585）和杜贝莱（1522—1560）为首，在语言和诗歌理论方面作出了突出贡献。七星诗社的诗人从事过各种创作，如爱情诗、圣诗、科学诗、宫廷诗、史诗、诗歌评论、喜剧、悲剧、文艺批评和翻译等，他们的诗声望很高，但其主要贡献却是对于法语的改革。中世纪时期，法国由于长期的封建割据和教会垄断教育，法语发展缓慢，与希腊语或拉丁语比起来就显得贫乏粗糙，甚至比不上同时期脱胎于拉丁语的意大利语。文艺复兴时期，一些有识之士深感丰富法兰西语言和发展民族文化的必要性。1549年，杜贝莱执笔撰著的《保卫和发扬法兰西语言》，是七星诗社的宣言书。在这之后，杜贝莱在《橄榄集》的序言中，龙沙在《诗艺概论》和《法兰西亚德》两书的序言中又对七星诗社的主张作了进一步阐述：用法语进行文学创作，撰写出可与古代诗歌媲美的作品，诗歌须韵律和谐，形式自然，反对浮夸，为法语增辉生色；向希腊语和拉丁语假借词语，创造新词，丰富法语词汇宝库；细心培植，推进法兰西语言的统一和发展。他们的这些主张，反映了法兰西民族意识的觉醒，促进了法国民族语言和民族文学的发展。然而，他们排斥民间诗歌，脱离民众的社会生活，带有贵族精英化的保守倾向。

拉伯雷是法国杰出的人文主义作家。他出身于希农城法官家庭，从小受教会学校的枯燥教育，成年后入修道院当修士。他刻苦学习希腊罗马的古典作品，并广交人文学者，逐渐萌发了人文主义思想。后来，他游遍包括巴黎在内的许多法国城市，结识了宗教界、司法界和知识界的许多名人，也了解到封建教、俗权的愚昧残暴和底层人民群众的贫困痛苦，视野更加开阔。拉伯雷还三次游览意大利，访问了许多名人和古迹，学习宗教、哲学、数学、音韵、法律、考古、医学、天文等许多知识，终于成了一个博学的人文学者。长篇巨作《巨人传》是拉伯雷的代表作，曾经受到教会和贵族的极端仇视，并被法院宣布为“淫书”而遭禁，却受到城市资产阶级和下层民众的青睐，在1545年完全出版后，两个月内销售数额超过了《圣经》九年销售数的总和。《巨人传》是一部反映16世纪上半叶法国社会现实的人文主义长篇讽刺小说。《巨人传》描绘了社会各阶层的人物形象，从国王、大臣、法官、教士、神学家、哲学家直到农民、手工业者、乞丐和流浪汉等，以神话般的人物形象、荒诞不经的故事情节、妙趣横生而有时不免流于油滑流俗的独特风格，表现了人文主义的反封建、反神权的严肃主题，颂扬了新兴资产阶级自由平等的追求，具有鲜明的时代特点和崭新的思想内涵。全书通过叙述高朗古杰、高康大和庞大固埃祖孙三代巨人国王的神奇故事，塑造了理想君主的形象，揭露了教会的腐败和贪婪，也揭露了封建贵族官僚鱼肉人民的行径。作者还抨击禁欲主义和蒙昧主义，阐发个性自由、人性解放的思想主旨。在该书中，拉伯雷设想了一个理想的“德廉美修道院”。这一修道院有豪华的建筑、精致的画廊和美丽的花园以及果园、网球场、足球场与打靶场等，完全抛弃了教会的禁欲信条和清规戒律，以“随心所欲、各行其是”为其院规。男女修士入院时不需要立下安贫守贞的誓约，出入也完全自由，在院内还“可以光明正大地结婚，可以自由地发财，可以有自己的生活方式”。在拉伯雷的笔下，这一修道院不再是冷酷的宗教苦修场所，而是人自由追求世俗生活的乐园。他在书中还抨击封建的经院哲学教育，宣称几十年的经院教育使高康大变得“呆头呆脑”，只是在接受了人文主义教育后他才成为名副其实的“巨人”。由此，他提倡培养“全知全能的人”的人文主义教育。在该书中穿插了大量诸如天文、地理、气象、航海、生物、人体生理、医药、法律、哲学、政治、语言等领域的知识，使《巨人传》成为一部百科全书式的作品。这部现实与幻想交织的人文主义作品，在欧洲文学史和教育史上占有重要地位。

拉伯雷以后法国还产生了不少著名人文学者，蒙田（1533—1592）是其中的一个典型。他出身于波尔多小贵族之家。青少年时代曾经在吉耶纳和巴黎学习语言、法律，从1557 年起在波尔多法院任职，1571 年开始隐居乡间潜心写作。1580 年至 1581 年曾经游历德国、意大利等地，回国后曾任波尔多市长数年。他撰写的三卷《随笔集》集中反映了其人文主义的理想追求。在这部文集中，蒙田以其广博的学识和深厚的人文素养，对希腊罗马的文化遗产广征博引，讴歌现实的人生价值与世俗享乐。他认为，应当以自己的意见而非某种外在的伦理规范来评价人们的善恶是非，来衡量事物的价值。在蒙氏看来，既然人对自己行为、事物、感受的判断取决于自己的思想，那么人就有权利排除宗教与世俗之权威的干预，选择自己的生活方式，追求自己的幸福。同时，人的人生旅途是短暂的，即便是能获享天年的人，最终也难免于自然死亡，因此就应当尽力追求现世的幸福。为了论证人的现世享乐的合理性，蒙田还为之蒙上了一层“神意”的光环，并对那些虚伪的禁欲论者予以严厉的鞭挞。这一作品具有丰富的知识和思想内涵，被称为“生活的学问”，享有“思想宝库”的美誉，在法国文学史上占有举足轻重的地位，被誉为欧洲近代哲理散文的经典。

政治思想家波丹（1530—1596）是法国文艺复兴的另一代表人物。他出生于昂热的中产家庭。青年时代曾在土鲁斯大学攻读法学，深受人文主义思想的影响。此后又曾担任王室法庭律师、劳恩城王室首席检察官，并在 1577 年作为第三等级的首席代理人出席了布劳伊斯的三级会议。同时，他还致力于探讨国家的政治统一与主权完整等现实问题，撰写了不少论著。其中 1576 年出版的《国家论》为其代表作。当时的法国，君主专制得以发展，民族国家已经形成，但仍然面对封建割据的挑战与国际竞争的压力。宗教改革所引发的“胡格诺战争”，更是将国内、国际的矛盾斗争聚合在一起，对社会政治秩序形成巨大冲击。为了探索国家稳定发展的锁钥，波丹撰写了《国家论》一书。在该书中，波丹以神法、自然法和罗马法为参照，充分论证国家主权存在的必然性和国家主权权威的绝对性。在他看来，国家权力至高无上，主权是统一不可分的，君主是国家主权唯一的承担者。这一主权表现为君主的立法权、宣战权与媾和权、官员任免权、铸币权和征税权等。国家主权不可分割，任何臣民都不能与君主分享这一主权。同时他也指出，私有财产是神圣的，任何君主都无权侵占别人的财产，无权擅自征收捐税。违背神法与自然法的君主就是不合法的君主，因而也就丧失了作为国家主权者的身份与资格，国民就有权反抗他。波丹的“国家主权”学说，主要是针对觊觎世俗权力的教皇和闹分裂的封建贵族，反映了新兴资产阶级建立开明君主专制、巩固民族国家统一的政治理想，对日后资产阶级政治学说的发展深有影响。

波丹有关国家主权的论述

为了治理好国家，君主拥有超越法律的权力是十分有用的，即使是对贵族政体的国家和民主政体的人民来说，主权者拥有此权力也是十分有利的，这是一种逻辑的必然。

——Jean Bodin . On Sovereignty. Edited by Julian H. Franklin. Cambridge: Cambridge University Press，1992：24.

3. 英国文艺复兴

英国文艺复兴的兴起稍晚于西欧大陆，16 世纪才开始出现。但英国人文主义思潮的端绪，则可追溯到 14 世纪末 15 世纪初的著名诗人乔叟（约 1343—1400）那里。乔叟出身于伦敦富裕市民家庭。他社会阅历丰富，曾经参加过“百年战争”，担任过关税管理员、郡治安法官、国会议员、外交使节等，因此知识广博，视野开阔，洞悉人生各个方面。他曾代表爱德华三世出使欧洲大陆，到过比利时、法国、意大利等国，遇见过意大利著名人文主义者薄伽丘与彼特拉克，也较多地接触了法国文学作品中的骑士传奇、抒情诗等，这些对他的文学创作产生了很大影响。创作于 1387 年至 1400 年的《坎特伯雷故事集》是乔叟最杰出的作品。这部著作真实地反映了不同社会阶层的生活，描写一群香客聚集在伦敦一家小旅店里，准备去坎特伯雷城朝圣。店主人建议香客们在往返途中各讲两个故事。其中最精彩的故事有：骑士讲的爱情悲剧故事、卖赎罪券者讲的劝世寓言故事、教士讲的动物寓言故事、商人讲的家庭纠纷故事、农民讲的感人的爱情和慷慨义气行为的故事等。作品揭露了教会的腐败、贪婪和伪善，谴责了扼杀人性的禁欲主义，肯定了世俗的爱情生活。作品将幽默和讽刺结合，人物形象鲜明，语言生动活泼，喜剧色彩浓厚，其中大多数故事用双韵诗体写成，对后来的英国文学产生了影响，被誉为“英国诗歌之父”。这部现实主义的文学作品，对日后英国的文艺复兴运动多有影响。

到了 15 世纪末 16 世纪初，英国资本主义萌芽的破土成长与新兴资产阶级、新贵族的日益兴起，迫切需要新知识、新文化。与此相应，到意大利访问和“取经”的文人学者逐渐增多。他们把意大利文艺复兴的成果纷纷引入英国。在这期间，出现了三位典型人物。克罗西恩在意大利师从著名学者坡利扎诺等人，学习希腊文化，回国后成为英国最著名的古典学者。利纳克雷在意大利的帕多瓦大学攻读医学博士，他熟练地掌握了希腊文，回国后就职于亨利八世所建的皇家医学院，曾撰写了语法、医学方面的著作，还翻译了盖伦的作品。科勒特的影响则更大。他多年在意大利学习古典文化，深受瓦拉等人的影响。1496 年回国后就在牛津大学任教，开设了一个有关《圣经》的“保罗的使徒书”讲座，以希腊语的《新约全书》为依据，对基督教的历史进行引经据典的论证。此外，他抨击经院哲学家的僵化学风，否定教士对信徒的“赎罪”权。他还在伦敦圣保罗大教堂建立了语言学校，教授学生希腊语与拉丁语。所有这些，都在英国促使了古典文化的复兴和人文主义思潮的勃发。

英国文艺复兴运动在 16 世纪末 17 世纪初形成高潮，取得了显著的新文化成果，主要代表人物有托马斯·莫尔和莎士比亚。

托马斯·莫尔（1478—1535）出身于英国伦敦的富有家庭，其父曾担任过王家高等法院的法官。莫尔自幼就受到良好教育，后又进入牛津大学攻读古典文学。从 1494 年始，又相继在新法学院、林肯法学院攻读法学。他毕业后成为一名优秀律师，接触了大量涉及下层社会的讼案，目睹了广大人民群众所遭受的苦难。他主持公道，因而在伦敦很有名望。此后，他相继担任国会议员、伦敦司法长官、王室的枢密顾问、副财务大臣、下议院议长等要职，1529 年成为王国首席大法官，是当时英国政界的显赫人物。由于他在国务活动中坚持己见，反对亨利八世的宗教改革，被作为叛国者遭到监禁，两年后被处以死刑。莫尔不仅具有丰富的社会经历，而且学识广博。他精通拉丁文、希腊文，对古典文化中的柏拉图、伊壁鸠鲁、亚里士多德等人的思想十分熟悉。其中柏拉图的思想对莫尔产生了巨大影响。莫尔同时也受到人文主义思潮的熏陶。早在牛津大学就读期间，他就与在此任教的著名人文主义者科利特、格罗辛、林纳克等人往来密切，并与欧洲大陆的人文主义大师伊拉斯谟交往很深。所有这些，都为莫尔对现实社会的思考奠定了基础。

莫尔的《乌托邦》（全名为《关于最完美的国家制度和乌托邦新岛的既有益又有趣的全书》），集中地体现了他的社会政治理想。在当时的英国，新贵族和新兴资产阶级在王权的庇护下加快资本原始积累，广大下层民众深受其害，社会矛盾十分尖锐，其中正在发端的“圈地运动”所引发的社会震荡十分强烈。针对这一社会现实，莫尔将其对社会弊端的批判与对美好社会的向往付诸笔端，于 1516 年撰写出这一著作。

在《乌托邦》一书中，莫尔揭露和批判了当时英国的黑暗。他指出，都铎专制君主的暴虐昏庸与官员的腐败，导致了社会秩序的混乱和民众生活的痛苦。尤其是贵族为了谋取暴利用暴力圈占土地的“圈地运动”，更使无数农民被剥夺了生产资料，四处流浪，或以盗劫、乞讨为生，或转死沟壑。王国政府对此不但不同情，反而将流浪与乞讨看作犯罪，对之血腥镇压。对此，莫尔辛辣地讽刺道，向来驯服的羊，“现在却变得很贪婪，很凶蛮，以至于吃人”。莫尔将所有这一切都看作私有制的产物。在他看来，私有制是万恶之根源，正是它带来了贪婪、争讼、掠夺、战争、贫富分化以及社会道德的衰败。要铲除这些丑恶现象，就必须废除私有制。基于这样的认识，莫尔设计了一个理想的

“乌托邦”。在这个国度中没有私有制，一切公有，人人参加劳动，按需分配。社会生产分为农业和手工业；手工业以家庭为单位，农业实行义务劳动制，人们轮流下乡，从事农业劳动两年。每天工作六小时，其余时间从事文化娱乐、体育锻炼和科学研究。这里的人视金银如粪土，其饮食是用陶器及玻璃器皿，制作考究而值钱无几，而用金银来铸造粪桶溺盆、奴隶身上的镣铐。包括最高统治者总督在内的一切公职人员均由选举产生，只有总督能终身任职。重大事务由集体决定，公职人员没有任何特权，其主要职责是调解民事、组织监督劳动和消费。乌托邦人信仰完全自由，教士不能干预世俗权力，其职责是主持礼拜、掌管宗教仪式、监督社会风尚、教育儿童和青年。儿童必须接受义务教育，教育与生产劳动相结合。

由于时代和阶级的局限，莫尔的“乌托邦”还存在着许多缺陷。在“乌托邦”中，仍然保留了宗教和奴隶制，最高统治者实行终身制。更为明显的是，莫尔将“乌托邦”奠立在农业与手工业相结合的经济基础上，期冀在生产力十分低下的水平上建立起美好的“公有”社会，主张排斥商品经济，规划出统一格调的平均主义的生活模式。莫尔不可能找到实现自己理想的现实途径，他的理想只能是镜花水月式的空想。尽管如此，莫尔揭露了资本主义原始积累的罪恶，否定了包括新兴资本主义在内的一切剥削制度，提出消灭私有制、建立公有制和按需分配等主张，体现了对广大下层民众更为宽广的人本情怀，朦胧地反映了早期无产者对未来社会的向往，成为近代空想社会主义的开拓者。

威廉·莎士比亚是英国文艺复兴时期的伟大戏剧作家和诗人。他出身于英国沃里克郡斯特拉福镇的富裕市民家庭，少年时在当地有名的文法学校读书，掌握了写作基本技巧与较丰富的知识，15岁时由于家道中落，被迫辍学，此后到伦敦，先在剧院当马夫、杂役，后入剧团，做过演员、导演、编剧，并成为剧院股东。大约在1588年之后，他负责剧团里的剧本改编，从此走上创作道路。莎士比亚一生共撰写了37部剧本、154首十四行诗和2部叙事长诗。他的创作道路在各个阶段有着不同的特点。

1590年到1600年是莎士比亚创作的早期，他创作了9部历史剧、10部喜剧和2部悲剧。当时的英国正处于伊丽莎白女王统治的鼎盛时期，王权稳固统一，经济繁荣。莎士比亚对在现实社会中实现人文主义理想充满信心，因此其作品洋溢着乐观明朗的色彩。他写《理查德二世》、《亨利四世》和《亨利五世》等历史剧，塑造了一系列正、反面君主形象，反映了莎士比亚反对封建割据和暴君政治、要求开明君主专制、建立稳定秩序的人文主义政治与道德理想。他在这一时期创作的喜剧包括诗意盎然的《仲夏夜之梦》、扬善惩恶的《威尼斯商人》、反映市民生活风俗的《温莎的风流娘儿们》、歌颂爱情又探讨人性的《第十二夜》等。这些剧本的基本主题是爱情、婚姻和友谊，带有浓郁的抒情色彩，表现了莎士比亚的人文主义生活理想。与此同时，他还写了《罗密欧与朱丽叶》等悲剧，该作品虽然有哀怨的一面，但其中也洋溢着喜剧气氛。尽管主人公殉情而死，但爱的理想战胜死亡，换来了封建世仇的和解。

17世纪初，英国社会矛盾激化，社会黑暗日益暴露。这一时期，莎士比亚的思想和艺术走向成熟，人文主义理想同社会现实发生激烈碰撞。他痛感理想难以实现，创作转变为对社会黑暗的揭露和批判，宣泄悲愤与沉郁的情绪，进入了创作的第二时期（1601—1607）。这一时期他共创作了7部悲剧，其中的《哈姆雷特》、《奥赛罗》、《李尔王》和《麦克白》被称为四大悲剧。在这些悲剧中，作者着力塑造了这样一些新时代的悲剧主人公：他们从中世纪蒙昧中醒来，雄心勃勃地想要发展或完善自己，但又不能克服时代和自身的局限，难免在同敌对势力的力量悬殊的斗争中失败和牺牲。哈姆雷特为报父仇而发现"整个时代脱榫"了，决定担负起"重整乾坤"的责任，结果是空怀大志，无力回天。奥赛罗正直淳朴，相信人而又疾恶如仇，在奸人摆布下杀妻自戕，为追求至善至美反遭恶报。李尔王在权势给他带来的尊荣、自信中迷失本性，丧失理智，幻想以让权分国来证明自己当普通人也同样或更加伟大，因而经受了一番痛苦的磨难。麦克白本是有功的英雄，性格中有善和美的一面，只因王位的诱惑和野心的驱使，沦为"从血腥到血腥"、懊悔无及的罪人。这些人物的悲剧，深刻地揭示了资本原始积累初期的种种社会罪恶和资产阶级的利己主义，表现了人文主义理想与残酷现实之间矛盾的不可调和。

1608 年以后，莎士比亚进入创作的最后时期。当时英国君主日益专制独裁，社会矛盾趋于激化，这时的莎士比亚已看到人文主义的理想在现实社会中无法实现，希望凭借超自然的神奇力量来解决社会问题，因而便从写悲剧转而为写传奇剧，从批判现实社会转向描写梦幻世界。这一时期他的作品往往通过神话式的幻想，借助超自然的力量来解决理想与现实之间的矛盾；作品贯穿着宽恕、和解的精神，没有前期的欢乐，也没有中期的阴郁，而是充满美丽的生活幻想，浪漫情调浓郁。《暴风雨》（1611）最能代表这一时期的风格，被称为"用诗歌写的遗嘱"。此外，他还写有《辛白林》和《冬天的故事》等三部传奇剧和历史剧《亨利八世》。

莎士比亚的作品广泛而深刻地反映了 16、17 世纪的英国社会现实，抨击了封建制度的腐朽黑暗，揭露了资本主义原始积累时期的罪恶，倾吐了新兴资产阶级的理想诉求和人文主义的心声。他的作品结构饱满完整，情节曲折生动，语言丰富精练，人物个性突出，具有很高的艺术造诣和境界。这些作品在当时达到了思想性与艺术性的高度统一，集中体现了欧洲文艺复兴文学领域的最高成就，对欧洲近代现实主义文学的发展深有影响。因此，他不但被称为"英国喜剧之父"，而且还同荷马、但丁、歌德一起被誉为欧洲划时代的四大作家。

4. 西班牙文艺复兴

由于天主教神权势力强大，资本主义萌芽缓慢，西班牙的文艺复兴运动姗姗来迟，到 16 世纪初才开始发轫，且受到宗教文学和骑士文学的深厚影响。在其他国家文艺复兴的影响下，西班牙的人文主义者热心于办大学，介绍古代希腊、罗马文化和意大利文艺复兴的作品，涌现出一批杰出的人文主义作家，其主要代表人物是塞万提斯和维加。

塞万提斯（1547—1616）出生在西班牙中部阿尔卡拉镇，只在马德里念过中学。青年时曾在红衣主教手下充当扈从，并随主教访问意大利，漫游罗马、威尼斯和佛罗伦萨等地，深受人文主义文化的影响。1570 年加入西班牙海军，在同土耳其作战时负重伤，失去左臂。1575 年，回国途中被土耳其海盗劫去，在阿尔及利亚服苦役，1580 年才由亲友赎回。他后半生贫困潦倒，几次被诬入狱。这些经历，使他十分痛恨西班牙君主专制的黑暗统治，产生了强烈的社会批判精神，他用文学创作来倾吐自己的心声，撰写了不少小说、诗歌和剧本，成为伟大的现实主义作家、戏剧家和诗人。

长篇小说《堂吉诃德》为塞万提斯的代表作。该小说叙述了拉·曼却地方一个名叫吉桑诺的破落小贵族的故事，他因读骑士小说入迷，失去理智，梦想当一名游侠骑士，于是自命为堂吉诃德，拼凑了一副破盔甲，带着生锈的长矛、盾牌，骑上匹瘦马，找到邻居桑丘·潘莎作侍从，出门当游侠骑士。在外出冒险的过程中，他把幻想当现实，闹出许多荒唐的笑话。如把风车当巨人，把旅店当城堡，以羊群为军队，奋不顾身地冲杀，以致遍体鳞伤，险些丧命，最终悟出了骑士小说的荒谬。这部作品多角度地描绘了16至17世纪西班牙的社会生活场景，塑造了社会各阶层近七百个人物形象，反映了当时西班牙政治、经济、道德、文化和风俗习尚等方面的各种现象。作品深刻揭露了西班牙社会的黑暗，抨击了贵族和教士的奢侈与专横，特别是嘲弄了没落的封建骑士制度，反映了广大下层群众的痛苦和愿望，包蕴着作者追求个性自由和人性解放的人文主义精神。《堂吉诃德》的问世，对近代欧洲长篇小说的发展产生了重大影响。

维加（1562—1635）是西班牙文艺复兴的另一位杰出代表。他是伟大的戏剧家、小说家和诗人，被誉为“西班牙戏剧之父”。他出身于马德里的宫廷工匠家庭，少年时家境贫寒，在亲友资助下，入阿尔卡拉-德埃纳雷斯大学学习。毕业后做过大贵族的秘书、主教的随从。1588年参加西班牙“无敌舰队”对英国的海战，失败后离开军界在马德里等地居住。晚年为寻求精神解脱而出家当修士。维加社会阅历丰富，创作内容广泛，有小说、诗歌、戏剧和史学著作，尤其以戏剧创作最为出色。他一生共创作了两千多个剧本，留传至今的有六百多个，内容十分丰富，有宗教剧、历史剧、神话剧、牧歌剧等多种形式，代表作是1619年创作的《羊泉村》。这部作品根据1476年羊泉村农民起义的历史事件编写而成。剧本描述驻扎在羊泉村的骑士队长无恶不作、被群众处死的历史故事，全剧故事情节曲折、紧张，引人入胜。它揭露了封建主阶级的专横，肯定了农民的反封建斗争，充满了强烈的人文主义精神。不过，作品也有时代的局限性，对西班牙专制君主寄予幻想，流露出浓厚的忠君思想。

5. 尼德兰文艺复兴

尼德兰地区濒临北海，又是莱茵河的入海口，很早就成为欧洲西北部水陆交通和贸易中心之一。14世纪以后，这里的手工业、毛纺业迅速发展起来，许多城市也随之兴起，经济和文化逐步繁荣发展，文艺复兴运动也就在15世纪末应运而生。

伊拉斯谟不仅是尼德兰文艺复兴的杰出代表，也是“北方”最著名的人文主义者。他生于鹿特丹城的一个神甫之家，被称为“鹿特丹的伊拉斯谟”。他从小就在德文特“共济教友会”学习拉丁文，18岁到斯泰因奥古斯丁教团当修士，1495年至1499年在巴黎大学攻读神学。接着又进入英国牛津大学学习，结识包括托马斯·莫尔在内的许多人文主义学者，开始萌生了人文主义的思想。他先后畅游法、意、英、德、瑞士和奥地利诸国，并于1506年在意大利都灵获博士学位。1514年后，一直定居在巴塞尔。伊拉斯谟把《圣经》和早期拉丁教父的作品从希腊文译成拉丁文，并对原文作了人文主义解释，还翻译了许多古代希腊作家的作品，极大地推动了欧洲文艺复兴运动的发展。同时，他撰写了许多人文主义的作品，以不同的方式宣传新观念和新思想。他的《基督教战士手册》强调教徒要内心虔诚，反对只注意宗教仪式和口传教义，暗含着对教士之中介作用的否定。

伊拉斯谟

1511 年春，伊拉斯谟出版了他的传世名著《愚人颂》。在该书中，他通过“愚人”登台演说，无情地嘲弄了教皇、僧侣、经院哲学家和封建贵族的愚昧无知，揭露和批判了神职人员的贪婪、荒淫、虚伪和封建贵族的腐朽与野蛮，大力歌颂人的自由本性和欲望，赞美人的世俗生活追求。《愚人颂》刊行后在欧洲不胫而走，曾重印 27 版，在各地广泛传播。此外，他还撰有《自由意志论》《知己谈话录》等名作。因此，伊拉斯谟被誉为“人文主义的泰斗”“欧洲文艺复兴的纪念碑”。

勃吕盖尔（1525—1569）则是尼德兰文艺复兴中绘画艺术的杰出代表。他出身于农民家庭，早年师从彼得·科克等人学画，1551 年成为安特卫普画家行会会员，同年外出作修业旅行，先后游访过法国和意大利的许多地区，创作了大量风景画。回国后不久迁居布鲁塞尔，继续进行创作。他的作品以素描、油画和铜版画著称，画风朴实，感染力强。他特别重视农村生活和社会习俗以及风景与人物相配。他的名作《农民的舞蹈》、《农民的婚礼》和《冬猎》，形象地反映出社会最底层的农民的真实生活，构图无拘无束，塑造的农民形象极其憨厚质朴，具有浓郁的乡土气息。他的一些作品更倾吐了爱国主义的民族精神，《虐杀婴儿》和《绞刑架下的舞蹈》揭露了西班牙侵略者对尼德兰的血腥统治。勃吕盖尔的绘画艺术成就，对 17 世纪后荷兰以鲁本斯和伦勃朗为代表的现实主义画派深有影响。

第二节　自然科学与新哲学

一、近代自然科学的兴起

1. 兴起的背景

从 15 世纪末起，作为文艺复兴运动的一项重大成就，近代自然科学开始逐渐兴起。它不仅将自然科学从中世纪的神学枷锁中解放出来，而且有力促进了人们的思想启蒙，推动了西欧从中世纪封建制度向近代资本主义的历史过渡。

近代自然科学的兴起是西欧社会生产长期发展的产物。中世纪后期，随着资本主义商品经济的成长，社会生产突破了狭小的自然经济模式，生产经验日益积累，生产工具和技术不断改进。资本主义手工工场的出现与成长，更扩大了生产规模，提高了生产率，推动了生产技术的革新。新技术、新发明的不断涌现，为科学发展提供了大量素材，同时它们在生产上的运用也带来一些实际问题，需要从理论上加以说明。对科学技术和知识的要求迫切增长，需要有探索自然物体的物理特性和自然力的活动方式的科学，这就直接推动了近代自然科学的产生。16世纪初，随着新航路的开辟，航海事业迅速发展，西欧人的“世界”视阈空前扩大，对客观世界奥秘的好奇心理日益强烈，而且积累了航海、天文、地理、气象、人类学和动植物学等领域的知识，为自然科学的研究提供了丰富的实际材料，同时也提出许多新的科学研究课题。

人文主义思潮所带来的思想解放，则为自然科学的发展扫清了道路。人文主义者抨击天主教的神学蒙昧主义和禁欲主义，鼓吹人的自由、平等和世俗追求，颂扬理性和知识的价值，赋予了人大胆思考与探求的自主权利。由此，神学对科学的长期禁锢渐次瓦解，许多科学家开始冲破禁区，将目光投射到广阔而复杂的客观物质世界，通过对事物的观察、实验与思考来探求科学的真谛。同时，为坚持科学和真理，他们敢于向神学传统挑战，破除迷信，勇于创新，形成了以天文学和医学为突破口的“科学革命”，将所谓上帝创造的宇宙作为纯粹的客观物质世界来加以研究，而且把所谓上帝所创造的人作为纯粹物质的人与生理的人来加以考察，揭示了天体运动和人体构造的某些客观物质规律。这样，就破除了人们长期迷信并带有宗教灵光的权威观点，将神学从科学的领域驱除出去，树立起了科学研究的理性精神，形成了一整套观察、实验与思考的方法，为西方近代自然科学乃至新哲学的产生奠定了牢固的基础。

2. “天文学革命”

文艺复兴时期，一些科学家在神学视为禁区的天文学领域大胆探索，颠覆了长期流行的陈旧理论，提出了一些重大的新解释。由此，“天文学革命”应运而生，成为近代自然科学兴起的一个明显标志。

由哥白尼（1473—1543）开启的“天文学革命”，率先摆脱了神学对自然科学的控制。哥白尼出生于波兰维斯杜拉河畔的托伦，年轻时曾于波兰的克莱考大学学医，其间对天文学产生了兴趣。1496年，他到意大利留学，深受人文主义影响，其间从波隆那大学的天文学家德·诺瓦拉那里学到了天文观测技术以及希腊的天文学理论。回国后大部分时间是在费劳恩译格大教堂做教士，利用业余时间观察天象，研究天文学。他通过长年的观察和计算，提出了振聋发聩的“日心”说，推翻了统治欧洲一千多年的“地心”说。

“地心”说是公元2世纪古希腊天文学家托勒密创立的，认为地球是处于宇宙中心且静止不动的球体，包括太阳在内的所有星球都围绕地球转动。中世纪的天主教对此推崇，将“地心”说与“上帝创世”说融为一体，以唯心主义的宇宙观来为其神权辩护。教会宣称，地球因系上帝所创造而处于宇宙中央，日月星辰则是上帝创造的点缀宇宙的装饰品，地球是宇宙的中心，教皇是地球的中心。于是，“地心”说成为神圣真理而不容怀疑与否定。哥白尼破除迷信，根据数十年对日月星辰的观察，并吸收前人的研究成果，写成《天体运行论》一书，在1543年将其出版，创立了“日心”说。他认为，地球不是宇宙的中心，而是月亮轨道的中心；一切行星包括地球都以太阳为中心，并围绕太阳公转；地球本身也是以地轴为中心自转的。哥白尼的“日心”说，是天文学上的一次伟大革命，它引起了人类宇宙观的重大变革，动摇了天主教会的神权统治，使天文学从神学的束缚下解放出来。恩格斯对此指出，“自然研究通过一个革命行动宣布了自己的独立，仿佛重演了路德焚烧教谕的行动，这个革命行动就是哥白尼那本不朽著作的出版”，哥白尼在这本书中“向自然事物方面的教会权威提出了挑战……从此自然研究便开始从神学中解放出来……科学的发展从此便大踏步地前进”①。

哥白尼的学说被天主教会视为异端，1616 年罗马教皇宣布《天体运行论》为禁书。但科学探求的潮流是阻挡不了的。

意大利著名的天文学家和哲学家乔尔丹诺·布鲁诺（1548—1600），继承和发展了哥白尼的学说，撰写了《论无限性、宇宙和诸世界》《论原因、本原和统一》等论著，进一步提出新的宇宙理论。他认为，宇宙在空间与时间上都是无限的，宇宙无边无际，也没有固定的中心；地球不是宇宙的中心，而是环绕太阳运转的一颗行星；太阳也不是宇宙的中心，只是一个星系的中心，太阳系之外还有无数个庞大的行星系。宇宙不会有开始，也不会有终结；宇宙中有无数的世界在产生和消灭，但宇宙本身却永恒存在，不生不灭，不增不减。宇宙还是统一的，构成宇宙统一的基础是物质，无限的宇宙及其中的任何星球都是由同一物质构成的。布鲁诺的理论纠正了哥白尼“日心”说的缺陷，推动了天文学研究向前发展，同时也发展了古代朴素的唯物论和辩证法。布鲁诺因其新宇宙观而遭到教会的残酷迫害，被宗教裁判所囚禁。1600 年，他被教会的异端法庭判处火刑。

随着研究的推进，科学家对天体现象的认识逐渐细致深入。1609 年，意大利天文学家、物理学家伽利略（1564—1642）使用自制望远镜观察天体，发现了天体中许多不为人知的现象，如月球表面凹凸不平，有高山和深谷，金星也和月球一样有盈亏现象，木星有 4 个运动着的卫星，太阳有黑子，太阳能自转，自转周期为 28 天，银河系由无数单个的恒星组成，等等。这些发现，开辟了天文学研究的新时代。伽利略还根据其对天体运动的长期观测，撰写了《关于托勒密和哥白尼两大世界体系的对话》，进一步批判了“地心”说，捍卫了哥白尼的学说，宣告了宗教神学在天文学领域的彻底破产。

在德国，天文学家和数学家约翰·开普勒（1571—1630）开始试图探索天体运动的规律。他撰写了《新天文学和天体物理学》一书，根据对天体的长期观测和数字计算，提出了行星运动的三大规律：行星沿椭圆形轨道绕太阳运转，太阳位于椭圆形轨道的一个焦点上；在相等的时间内，行星到太阳中心连接线所扫过的面积相等；行星绕太阳一周时间的平方与行星到太阳平均距离的立方成正比。开普勒的行星运动三大规律，为哥白尼的“日心”说找到了数量关系和物理上的依存关系，使天文学假说更符合自然界本身的真实，从而大大丰富和发展了哥白尼的“日心”说。开普勒还揭示了行星运转速度与轨道的相互关系，为后来牛顿发现万有引力定律打下了基础，因而被誉为“天体力学的奠基人”。

3. 医学革命

文艺复兴时期，不少医学家也勇于向传统观念与神权提出挑战，在人体认识上取得重大突破，从而酝酿了科学领域中的“医学革命”。在中世纪，古罗马皇帝的御医盖伦曾创立有关人体的“三位一体”说，一直流行于世。该理论认为，人的肝脏、肺与大脑分别产生“自然”“生命”“智慧”。这三种灵气混入人体而构成生命，血液产生于肝脏，

---

① 马克思恩格斯选集：第 3 卷. 3 版. 北京：人民出版社，2012：848.

存在于静脉之中，进入右心室后由室壁渗透流入左心室，经过全身后就消耗干净。这一学说将虚幻的“灵气”看成生命之本，在某种程度上符合基督教“上帝造人”说的需要，因而被中世纪教会视为神圣“信条”。到 16 世纪，随着医学实验和研究的逐渐展开，这一定论逐渐瓦解。

比利时著名解剖学家维萨留斯（1515—1564）曾任意大利帕多瓦大学的解剖学教师，并担任神圣罗马帝国宫廷的医生，有着丰富的医学知识和经验。他最早使用人的尸体进行解剖，使解剖学命名标准化，是近代解剖学的奠基人。1543 年，维萨留斯发表著名的《人体结构》一书，不仅对盖伦的“三位一体”说提出挑战，而且还论述了男女肋骨数相同，从而否定了基督教神学的所谓女人是由男人的一根肋骨所造的说法。由于他进行了被教会所禁止的人体解剖，指出了盖伦学说的错误，因而遭到教会的指责和迫害。

西班牙医生塞尔维特（1511—1553）把相关的医学研究继续推向前进。他曾在巴黎研究医学，并跟随过维萨留斯学习解剖学。他在探讨的基础上，提出了与盖伦的“三位一体”说相抵触的观点。在他看来，所谓“生命精气”是由物质产生的，这种精气来源在左心室，靠肺的帮助而产生。在人体中，血液由右心室经肺动脉分支血管，在肺内经过与它相连的肺静脉分支血管而流入左心房。左、右心室中的血是交流的，但并不是盖伦所说由心室的“间隙”所通。此外，血液在肺血管内经过“加工”并得到澄清。这些看法都提到肺循环的基本事实。1553 年，塞尔维特秘密出版了《基督教的复兴》一书，用一元论的观点，阐述了上述有关肺循环的看法。他的观点被教会视为异端邪说，因而遭到天主教宗教裁判所乃至新教教派的迫害。1553 年，他在日内瓦被处以火刑。

英国解剖学家哈维（1578—1657）的研究成果，最终彻底推翻了盖伦学说的谬误。哈维出生于英国南部福克斯通的农家，曾在维萨留斯工作过的意大利帕多瓦大学攻读医学，积累了解剖学的丰富知识，并对人体血液循环产生了浓厚兴趣。1602 年，哈维完成学业后回到英国行医，因其精湛的医术而成为英王的御医，有了良好的医学实验条件。他通过大量的活体动物解剖实验来进行研究，获得重要成果。1615 年，他根据实验研究，阐明了心脏对血液循环的作用，公开宣讲了血液循环的理论。1628 年，他出版《心血管运动论》一书，系统阐发了血液运动的规律。他指出，心脏是血液运动的中心和动力的来源，它像水泵一样将血液压进血管，导致血管扩张而产生脉搏。心脏中间没有血液流通渠道。右心房收缩，将血液压入右心室；右心室收缩，将血液压入肺动脉，然后经肺静脉进入左心房；左心房收缩，将血液压入左心室；左心室收缩，血液被压入主动脉，然后经静脉流入右心房。心脏的四个瓣膜和血管的瓣膜起着单向阀门的作用，因此血液不能倒流。哈维推翻了长期流行的古罗马御医盖伦提出的血液产生于肝而消失于全身的错误理论，提出了血液循环的基本理论，为近代生理学乃至整个生物学的科学实验开辟了道路。

4. 数学、物理学的成就

实际上，文艺复兴时期的“科学革命”在当时具有普遍意义。随着观察、实验之科学风气的兴起，定量方法与数字计算的重要性日益凸显，数学由此而迅速发展。1545

年，意大利的数学家卡尔达诺（1501—1576），研究出解三次方程的方法（“卡尔达诺公式”），以后他的学生又解了四次方程。法国数学家韦达（1540—1603）被称为“代数学之父”，1589 年出版了《数学公式和三角法及附录》一书，对三角学有贡献。1591 年他还发表《分析术入门》，首次在代数学上使用了文字符号，用字母表示已知数和未知数，促进了代数学的发展。不久，解析几何学也随着代数学的发展而产生。

在物理学上，英国的科学家威廉·吉尔伯特（1544—1603）在其名著《磁石论》一书中，根据对自制的“小地球”（球状磁石）的研究，论述了地球的磁现象。伽利略是近代动力学的奠基人，1638 年出版的《论两种新科学》是其力学的代表作。他研究了物体下落问题，否定亚里士多德关于物体下落的速度与重量成正比的说法。他还明确了速度和加速度概念，得出了惯性定律和力作用独立定律，提出了加速度运动的方程式。他还测定了抛物体的轨迹，指出摆的规律。

二、新哲学的滥觞

1. 新哲学的特点

近代自然科学的兴起，促使人们打破神学传统的禁锢，形成新的从物质世界本身去解释世界的思维方式和理论模式，由此而摈弃经院哲学的唯心主义先验论，酝酿出新的哲学唯物论，这主要表现为 17 世纪前期的机械唯物论。

当时自然科学还处在搜集整理材料、进行分门别类的研究阶段，普遍流行形而上学的思维方法，不能不影响到新哲学，使它带有机械的、形而上学的特点。不过，由于社会背景、思想传统以及科学方法理解上的差异，哲学家对认识的来源、过程、可靠性和方法等问题有着不同的甚至相反的回答，由此形成了英国的“经验”论与大陆的“唯理”论这两大流派，前者以培根、霍布斯为代表，后者则以笛卡儿、斯宾诺莎为典型。

2. 英国的“经验”论哲学

培根

弗朗西斯·培根（1561—1626）是英国“经验”论哲学的代表。他出身于伦敦的贵族家庭，曾在剑桥大学读书，毕业后多次当选为国会议员，担任过包括大法官在内的多种官职。1621 年因被控受贿而遭贬谪，后专门从事学术研究。培根对经院哲学十分不满，认为它脱离实践，远离自然，崇尚空谈，对人类没有实际效益。由此他将精力投入到对科学真理的探求上，撰写了《新工具》、《论科学的价值与增长》和《论人类的知识》等不少著作。

培根继承和发展了古代原子论的唯物主义思想，认为世界是客观的、物质的，是由分子组成的，它不以人的意志为转移，独立存在，并按自己的规律运动。在批判经院哲学与分析人类认识谬误的根源时，培根提出了唯物主义的经验认识原则。在他看来，只有可以感知的自然，才是人们直接观察、研究的客体对象。要真正地认识自然，不能凭借主观的想象，而只能以事物的证据、经验的事实来说明自然的真相，发现自然界的固有规律。培根非常重视感觉经验和归纳逻辑在认识过程中的作用，认为科学的任务就是占有大量感性材料，然后运用理性的归纳方法加以处理，从而得出公理与结论。他还强调实验的作用，认为感觉仅仅能够直观地反映事物的表象，感觉是自然发生的与消极被动的，而实验则是人们刻意追求的能动的认识活动，借助于技术手段的实验则能够深入地揭示出事物的本质。只有通过实验，才能够最终发现事物的本质与规律，并检验认识的可靠性。

培根的唯物论观点及其归纳和实验的方法，为欧洲近代哲学和自然科学的发展开辟了道路，在哲学史上具有重要意义。他是近代第一个唯物论哲学家，被称为“**英国唯物主义**和整个**现代实验**科学的真正始祖”①。由于时代和阶级的局限，培根的唯物论很不彻底，带有朴素的和形而上学的色彩，而且在认识论上突出地表现在“二重真理”论上，认为哲学与神学是人类的两种知识。哲学是自然的亮光的显示，而神学则是由神圣的启示所鼓舞；科学属于认识范围，神学属于信仰范围，两者互不干预。

托马斯·霍布斯（1588—1679）是继培根之后出现的英国著名哲学家。他生于英国威尔特郡的牧师家庭，早年就读于牛津大学，后做过贵族家庭教师，游历过欧洲大陆。霍布斯将培根的“经验”论学说进一步系统化与理论化，撰写了《论物体》等著作，充分利用几何学、力学、物理学的材料与方法，通过对物体、偶性、运动、时空、因果性等重要问题的论述，构建起一个典型的机械唯物论体系。

霍布斯继承了培根“经验”论的原则，认为认识的对象和来源是客观事物，知识起源于人的感觉经验，哲学研究的唯一对象是客观存在的物体。任何物体都是物质实体，具有独立实在的客观性、广延性与可知性。世界统一于物质，无数物质实体构成了世界。基于这样的认识，霍布斯对神学唯心论进行了激烈批判，指出神学家们常常设想“无形体的实体”存在，十分荒谬。霍布斯还指出，自然界的任何物体都是按照机械运动的法则，依赖于外力而不停运动。任何一件东西，其处于静止或运动状态，取决于另外的物体运动对它的制约或推动。所谓事物的运动变化，只是意味着物体的机械分解与组合、物体的量的增加或减少与其存在、场所的变更。正是基于这一机械的运动观，霍布斯主张机械的因果决定论。在他看来，任何物体之偶性之间的因果关系，都表现为单纯的外部因素制约与影响的关系。要认识客观世界，还需把分析与综合分步进行、连贯推进。分析就是由果溯因，而综合则是由因求果。霍布斯的机械唯物论哲学有着诸多的局限，但它通过对客观物质世界及其运动的论证，克服了培根的“二重真理”的缺陷，将神学从哲学中驱除出去，对日后近代西方哲学的发展产生重要影响。

3. 大陆“唯理”论哲学

在大陆“唯理”论哲学中，法国著名的哲学家、数学家和物理学家勒奈·笛卡儿

---

① 马克思恩格斯全集：第2卷. 北京：人民出版社，1957：163.

(1596—1650) 无疑是一位代表人物。他出身于法国土伦的法官家庭，曾在普瓦提埃大学攻读法律，游历过荷兰、丹麦、德国、瑞士和意大利等国，逐渐改行研究理论数学和哲学，撰写了《方法论》《几何学》《形而上学的沉思》《哲学原理》等不少著作。

笛卡儿对一切事物采取怀疑态度，他主张用“普遍怀疑”的态度去反思、批判以往的一切信仰和观点，扫除偏见与迷信，为探求、发现与认识真理扫清道路。他认为，人的理性是知识的源泉，是检验真理的唯一标准，只有从正确的公理出发，通过理性演绎推理，才能认识世界，建立系统的理论体系。以人的理性来取代经院哲学的信仰，对近代认识论的发展具有重要意义。但笛卡儿却有着轻视感觉经验和归纳法的倾向。他认为理性认识来源于“天赋观念”，否认理性认识依赖于感性认识，贬低感性认识，难免要陷入唯心论的泥潭。因此，他将唯物论与唯心论熔为一炉，提出了独特的“二元”论哲学观点。在他看来，世界万物的本原有两个，即物质和心灵。物质的根本属性是广延性（即占有空间），心灵的根本属性是思维，二者互不依赖，独立存在，皆受上帝支配。基于这样的认识，他把哲学划分为“形而上学”和“物理学”两部分。一方面在“形而上学”中论证心灵与上帝的关系，另一方面则在“物理学”中完全把物质当作唯一实体，认为物质是认识和存在的唯一根据，具有独立的创造力。他在“物理学”中表述的机械唯物论思想，集中地反映了当时的科学成就对哲学思考的影响，反过来又促进了科学的发展。马克思就指出，**“笛卡儿**的唯物主义成为**真正的自然科学**的财产”①。这一唯物论的思想，成为18世纪法国唯物主义的重要理论来源。笛卡儿的“唯理”论观点，将其前辈蒙田的怀疑精神发展成为“普遍怀疑”的原则，进而构建起凸显个人认识主体的理性精神，将“人人均等”的“天赋”理性视作判断和辨别真假的价值尺度。这一理性精神虽然带有唯心主义先验论的特征，但在当时却有力地否定了经院哲学的神学信仰权威，开启了法国18世纪启蒙运动的思想源头。

荷兰哲学家斯宾诺莎（1632—1677）则是大陆“唯理”论哲学的另一杰出代表。斯宾诺莎祖辈是皈依了基督教的犹太人，曾在西班牙、葡萄牙、法国等国家旅居，最后定居在荷兰的阿姆斯特丹。斯宾诺莎从小受到很好的教育，后来又受布鲁诺、培根、霍布斯和笛卡儿等人思想的影响，知识广博，先后撰写了《笛卡儿哲学原理》《伦理学》《神学政治论》《知性改进论》等著作。

斯宾诺莎继承和发展了布鲁诺的自然哲学和笛卡儿的新哲学，提出“实体”概念和“自因”说。他认为，宇宙间只有一个实体，在空间和时间上都是无限的，这就是自然界。实体的存在完全由于自身的原因，对实体的认识也只能通过其自身才能得到。斯宾诺莎否定笛卡儿的二元论，认为“心”与“物”是实体的两个属性，而不是两个独立的实体。自然界的种种具体事物是“样式”，样式存在于实体之中，实体与样式之间的关系为本质与现象、一般与个别、整体与局部、原因与结果、无限与有限的关系。斯宾诺莎还大力倡导人的理性权威，提出了以“真观念”为轴心的唯理主义认识论。首先是通过理性直观剔除那些虚假的观念，获取与客观对象相符合的“真观念”。其次是必须确立规律，以便用真观念作为规范去认识未知的事物。斯宾诺莎的“唯理”论哲学，包含

① 马克思恩格斯全集：第2卷. 北京：人民出版社，1957：166.

着辩证的唯物主义思想，对于批判神学唯心论、破除对权威的迷信和对感觉经验的盲从都具有重要意义。但他与笛卡儿一样，只强调理性在认识中的作用，否定感性认识，最终难免走向唯心论。他的哲学思想对近代欧洲哲学产生了广泛影响，其唯物论为费尔巴哈所继承和发展，其辩证法思想则为黑格尔所借鉴。

第三节　宗教改革

一、德国宗教改革

1. 宗教改革前德国的社会矛盾

15 世纪末 16 世纪初，德意志各种社会矛盾相互交织，日益积累。封建生产关系虽然仍占支配地位，但农业、手工业和商业有了较快发展，个别工业部门如银矿开采已经超过了西欧先进国家的水平。从 1460 年到 1530 年，德国的银矿年产量增加 5 倍，最高年产量约 300 万盎司。随着生产力的提高和商品经济的发展，分散型甚至少数集中型的手工工场逐渐出现，资本主义萌芽日益成长。然而，由于政治上的不统一，德国经济发展遇到很大的障碍，没有形成英国、法国那样的以伦敦、巴黎为经济中心的国内统一市场。与已经形成君主集权体制的英、法相比，德国仍然处于分裂割据的局面。皇帝马克西米连一世曾试图实行帝国改革和强化中央集权，但由于诸侯的顽强抵制而失败。由此，名义上为“神圣罗马帝国”，实际上内部分崩离析，大小诸侯独霸一方，其中有七个选帝侯、十几个大诸侯、二百多个小诸侯以及上千个骑士。诸侯特别是选帝侯成为其领地的实际统治者。由于严重的分裂割据，皇帝、诸侯、骑士和城市之间经常发生冲突和战争，极大地阻碍了社会经济的发展。

罗马教会作为德意志最大的封建主，占据了全德 1/3 的土地，德意志七大选帝侯中有三个是大主教，许多高级教士本身就是拥有领地的封建贵族，1/5 的高级教士拥有领地。德国的教会神职人员，从大主教、主教到最低级的神甫，都必须把收入的一部分上缴教皇。神职人员在上任的第一年必须把全年的薪金贡献给教皇。教会不仅征收什一税，还常常出售赎罪券和教职等，搜刮大量财富，德国因此被称为“罗马教皇的奶牛”。16 世纪初，罗马教廷每年从德国榨取的财富，达 30 万古尔登，这个数目比神圣罗马帝国皇帝的年收入要高出好几倍，等于 1497 年皇帝所征税额的 21 倍。为了维护自己的权益，罗马教廷还时常干预德国的政治，竭力维持其分裂割据的局面。

在这样的环境中，德意志的社会矛盾十分尖锐。大诸侯经常增加赋税，残酷剥削城乡劳动者。教会贵族除了像诸侯一样压迫和剥削民众外，还利用宗教神权来压榨，不仅征收什一税，而且兜售圣骨、赎罪券等来获取钱财。在城市中，富有的大商人、高利贷者和房产主构成的城市贵族，控制城市收入，用各种方法剥削城市平民。而包括富裕的手工业者、商人和新兴的手工工场主在内的市民中产阶级，此时正在向新兴资产阶级转化，他们反对教、俗贵族的专横与贪婪，要求结束分裂割据，实现国家统一，为资本主义发展创造有利的环境。不过，这个阶级还不够成熟，尚不能发动资产阶级革命。城市平民中有师傅和帮工，也有日工、奴仆和无业的流浪者。他们没有多少财产，更无任何特权，深受城市贵族和早期资产阶级的压迫与剥削。在广大的农村，农民生活极其贫困痛苦。封建主除向农民勒索货币地租和名目繁多的苛捐杂税外，还竭力增加徭役，将一部分已经获得自由的农民重新农奴化，并大量侵占公有的马尔克土地。为了维系统治，他们还对农民施以割耳、割鼻、挖眼、斩首、车裂、火焚、四马分尸等种种酷刑。农民的反抗情绪异常激烈。

到了 16 世纪初，德意志的阶级矛盾和民族矛盾日趋尖锐，而德意志民族与罗马教会的矛盾则成了德国各种社会矛盾的焦点。要结束分裂割据的局面，实现国家的政治统一，为资本主义发展扫清障碍，首先必须摆脱罗马教会神权对德意志的控制，组建适应于本民族需要和资产阶级发展的民族的、“廉价”的教会。正是这样的时代要求，促使了马丁·路德宗教改革运动的勃兴。

2. 路德的宗教改革思想与活动

马丁·路德

马丁·路德（1483—1546）是 16 世纪德意志杰出的宗教改革家。他出生于萨克森的埃斯列本，其父是矿工出身的作坊主，曾任曼斯菲尔德城市议会的议员。1501 年，路德进入爱尔福特大学学习。这所大学具有浓厚的新文化氛围，不仅流行人文主义的思想和唯名论的观点，还有胡司的宗教改革思想传播，对路德的思想取向深有影响。1505 年，路德在获得硕士学位后加入奥古斯丁修会，很快成为一名神甫。1508 年，路德进入维登堡大学研修神学，在 1512 年 10 月获得神学博士学位并任维登堡大学教授，后又任图林根和迈森教区的副主教。1515 年路德兼奥古斯丁修道院区牧，管理所属十一所修道院。在任教授和教职期间，路德的思想开始发生重要变化。一方面，在修道院中，路德严格按照传统的规定实践诸如祷告、苦行、望弥撒、禁食等苦修的戒律，但这些善功和仪式并没有像教会所宣称的那样，让路德有一种获得宽恕与灵魂拯救的感觉。这引起了他的怀疑和惶恐，以致一度失去对于上帝公正的信心。另一方面，他在主讲《圣经》课程时开始致力于这部神学经典的研究，从中逐渐摆脱了对神学的困惑，获得“因信称义”的新神学理念。此外，路德还因公去罗马，目睹了罗马教廷的独裁、奢靡与腐败，萌发了从事宗教改革的信念，立志要通过改革摆脱教廷的神权控制，建立推动民族复兴的本国教会，实现国家的政治统一。

1517 年，教皇利奥十世以维修罗马圣彼得大教堂为名，派人到德国兜售赎罪券，声称可以用它来抵消世间的一切罪恶。此举引起了各阶层人民的愤怒。1517 年 10 月 31 日，路德以惊人的勇气发表了著名的《关于赎罪券的九十五条论纲》（简称《九十五条论纲》)，将它张贴在维登堡的教堂门口，同时把它送给美因兹大主教和勃兰登堡、梅泽堡等地的主教，抨击这一行径的贪婪与无耻，并要求对这一问题公开辩论。

路德对兜售赎罪券的抨击

很显然，当钱币投入钱柜中叮当作响的时候，增加的只是利得心和贪欲心。至于代祷之是否有效，完全只能以上帝的旨意为转移。……必须训示基督徒，如果他们看见一个贫苦困难的人置之不顾，而使用自己的钱去买赎罪券，那么他所得到的不是教皇所应许的赦罪，而是上帝的忿怒。

——九十五条论纲（节选）//郭守田. 世界通史资料选辑・中古部分. 北京：商务印书馆，1981：337.

《九十五条论纲》发表后不胫而走，两个星期内就传遍德国，很快激起德意志民族反教廷的风潮，揭开了 16 世纪欧洲宗教改革的序幕。路德的主张迎合了当地一些封建统治者摆脱罗马教廷束缚的要求，因此获得萨克森诸侯的支持。罗马教廷对此严加谴责，开除他的教籍，并宣布他的学说为异端，要他在 60 天内承认错误。路德坚持斗争，两次与教皇的代表公开辩论，并将教皇训令当众焚毁，表示与教皇和天主教决裂。1520 年，他陆续发表了《论善功》、《罗马教皇权》、《致德意志基督教贵族公开书》、《教会被囚于巴比伦》和《基督徒的自由》五篇重要文章，系统地阐发了自己的宗教改革思想。

“因信称义”说是马丁・路德宗教改革学说的理论基础。“因信称义”源自圣・保罗在《新约全书》的“罗马人书”第一章第十七节中所说的“义人必因信得生”。在路德之前，法国人文主义者戴塔普尔（1455—1537）在 1512 年发表的《保罗书简》中也已提出“因信称义”说。然而，正是路德对之作了系统的诠释，并为之赋予了新的时代意义。作为一种救赎理论，路德的“因信称义”说与天主教的神学一样都是基于“原罪”说。不过，路德并没有像正统神学家那样深陷于神与人、天国与尘世的尖锐的两极对立之中，而是着力于对人的“信仰”力量的阐发，颠覆性地瓦解了正统神学。路德宣称，人的“原罪”使得人的本性败坏，人凭自己的意志无法获得上帝救赎的恩典。人只有依靠内心的虔诚信仰，才能与上帝直接沟通与交往，才能去恶向善，获得上帝的拯救。在他看来，真正的信仰是上帝对人的内心的呼唤，也是人对上帝的完全信赖。这样的信仰是一种与上帝密切关联的信徒个人的生活与思想感受，它同时包含了上帝的行动与人的回应。人只有通过这样的信仰，才能秉承上帝的意志，获得“神恩”的眷顾。在这一主张中，路德致力于揭示“信仰”的无与伦比的、神奇的价值与魅力，并力图将宗教变成信徒的一种基于对上帝的渴望、祈求与交流的深层次的个人内心领悟与体验。他坚信，只有个人的“信仰”才能最终使信徒成为“义人”，获得上帝的宽恕、拯救而“再生”。

基于“因信称义”的阐释，路德提出了“圣经权威”论。在他看来，为了获得拯救，人需要对上帝虔诚“信仰”，而这种信仰来源于《圣经》而非罗马教会。只有《圣经》的至高无上的权威，才能够为人牢固树立这样的信仰，开启一条获得上帝救赎的路径。由此，他提倡人人信守《圣经》的导诲，用心阅读、体悟其中有关上帝的真谛，牢固树立起对上帝的虔诚信仰。每个信徒都应当直接阅读《圣经》，并对《圣经》中的“上帝之道”作深刻的自我领悟，任何人都无权剥夺人对《圣经》的信仰权利。

“平信徒皆祭司”则是路德宗教改革学说的又一重要内容。在他看来，既然人只能依靠信仰获得拯救，那么，一切外在的苦修与事功就无须存在，而作为人与上帝之交往的媒介的教士及教会制度也是多余的。他认定，真正的教会应当是教徒的结社，在教会中，不应当存在等级森严的教阶制和特权，所有信徒一律平等，推选出来行使宣教职责的牧师也只是信徒的代表，他们与普通信徒之间也没有任何差别。由此，他主张废除原有的等级森严的教阶制度与烦琐的宗教仪式，减少教堂、修道院，简化宗教仪式，将原来的七项“圣礼”去掉五项，只保留洗礼和圣餐礼。他还主张神职人员结婚生子，组建家庭，进行各种社会生产活动。

路德以“因信称义”为轴心的宗教改革学说，用神学的思维方式、理论构架和宗教话语，将人文主义的自由、平等的思想表达出来，并贯穿在其宗教革新的新主张中。个人对上帝的内心体验与交流成为人获得拯救的唯一路径，教会成为所有信徒一律平等的团体，《圣经》具有至高无上的权威。这些主张，从根本上否定了罗马天主教大一统神权和正统神学存在的合理性与必要性，为他组建“廉价”的、民族的教会奠定了深厚的理论基础。

随着路德宗教改革运动的拓展，罗马教皇竭力要求德意志皇权予以压制。信奉正统天主教的德国皇帝查理五世（1519—1556）也担心社会动荡而危及其统治。双方经过一番秘密接触，决定在 1521 年召开沃姆斯帝国议会，共同对路德施加压力，要他悔罪。4 月中旬，路德在其信徒的支持下毅然赴会，在帝国议会上坚定表示，不相信和接受教廷与教皇的权威，除非《圣经》里的箴言或常理证明其犯错误，否则绝不能承认任何错误；自己忠于《圣经》，良心向着神圣的上帝，不能违背良心去行事。路德的立场获得沃姆斯市民的热烈支持。此次会议后，路德在萨克森选帝侯等的庇护下隐居在瓦特堡。而德国皇帝正式签署剥夺路德政治权利的帝国敕令，即《沃姆斯敕令》，宣布路德是顽固异端，限期捉拿，将其著作彻底焚毁。但这样的举措，无法阻挡路德思想的迅速传播。

在瓦特堡期间，路德投入很大的精力来翻译《圣经》。他选择了具有规范化趋势的萨克森-图林吉亚语（“新高地德语”之母），并从民间语言中吸取营养，将希腊文的《新约全书》翻译过来。当这本德文《圣经》在 1522 年 9 月出版时，受到社会各阶层的普遍欢迎，第一版 3 000 册在 3 个月内就销售一空。此后他又花费了近二十年时间，将《旧约全书》翻译出，分四个部分出版，到他逝世时，仅在维登堡一城就出版了 10 多万册。这一工作不仅使《圣经》传播普及化与大众化，推动了其改革思想的传播，而且为德语的定型与发展扫清了道路。

同时，路德也为实践自己的宗教改革主张作了很多努力。1523 年 1 月，路德写信给萨克森的莱斯尼格居民，要求他们按福音原则成立宗教公社，选举自己的牧师，着手建立比较民主的路德教组织。

1523年3月，路德发表《论世俗政权：对世俗政权服从的限度》，提出了“政教分离”主张。他指出，上帝设立了“上帝之国”和“世界之国”，即教会和国家，两者的管辖范围完全不同：教会只负责灵魂、精神和信仰，其职责是宣传上帝的福音；而世俗政府则管辖生命、金钱、财产等事务，其职责是用法律来维护社会秩序，为民众谋取福利。因此，只有国家才是唯一行使权力、处理世俗事务的统治机构。两者都应各司其职，互不干涉。国家不应当干预人们的精神信仰，教会也无权干预国家的政务与法律。世俗权力高于并可支配宗教权力，各级教士都要服从国家的统治，若触犯了世俗法律，就应受到政府的惩罚。这样的观点，包含着近代主权国家观念的萌芽。

3. 骑士暴动与农民战争

沃姆斯会议以后，德国的改革力量发生了分裂。没落的骑士阶层希望乘社会动荡之机，用暴力来扫平僧侣和诸侯的多头统治，重建昔日帝国的辉煌。他们聚集在贵族的军事家和政治家弗兰茨·冯·济金根（1481—1523）的麾下。狂热的骑士理论家胡登也随之加盟协助。二人共同领导了骑士暴动。1522年8月中旬，济金根召集莱茵、士瓦本和法兰克尼亚的贵族，在兰都结成“兄弟同盟”，宣誓互相支持。接着，他以触犯上帝和皇帝陛下为理由向特里尔大主教兼选帝侯宣战。9月初，济金根率领6 000人包围特里尔。但这一举动既得不到市民和农民的支持，更引起了大诸侯的震动和担忧。结果，在各邦诸侯联合围剿下，骑士暴动只坚持了8个月就完全失败，济金根战死，他所占据的27个城堡被诸侯瓜分。骑士理论家胡登则逃往瑞士，并病死在那里。

接着，另一场大规模的暴力反抗随之爆发，给整个帝国带来了剧烈震荡，这就是1524年兴起的德国农民战争。早在15世纪末，德国农民反封建斗争就屡仆屡起。1476年，法兰克尼亚数万农民在汉斯·贝海姆的领导下准备起义。他宣称，按照圣母的指示，世上不应当有租税、徭役与贫富贵贱的差别，也不应当有皇帝、教皇和贵族，所有的人都应当平等相亲，森林、牧场和水源应大家共同使用。在他的鼓动下，农民酝酿暴动，但因走漏消息而惨遭贵族镇压。1492年后，阿尔萨斯等地的农民，秘密组织“鞋会”展开斗争。“鞋会”旗帜上画有一只农民穿的长带子的鞋，以象征与穿靴的贵族相对立。1502年，“鞋会”在巴登北部揭竿而起，要求废除官府机构，将贵族霸占的土地、森林和草地归还农民，取消贵族摊派的捐税，没收教会财产等等。此外，1503年在士瓦本地区，还爆发了以“穷康拉德”（康拉德是农民常用的名字）为组织的农民起义，一度得到城市平民的支持，但被诸侯联军镇压。而在路德宗教改革激起德意志民族的反教廷风潮后，一场大规模的农民起义也在托马斯·闵采尔（约1490—1525）激进改革思想的召唤下爆发。

闵采尔出生于德国的矿业中心哈茨的施托尔堡，据说其父亲是农民，在他童年时就被当地的伯爵迫害致死。他十七岁起先后进入莱比锡大学和法兰克福大学学习哲学和神学，获得学士和硕士学位。离开学校后，他先后做过教区学校的教师和修道院的神甫，广泛接触和了解社会下层民众的苦难生活，产生了彻底改造社会的理想。路德发表《九十五条论纲》后，闵采尔曾对路德十分敬仰和拥护。不过，路德依赖上层诸侯贵族来推进改革的路向，与闵采尔本人彻底消除社会不公平的主张，有着难以弥合的分歧，这使两人的分道扬镳难以避免。1520 年 4 月，闵采尔经路德介绍去茨维考宣传改革主张。在这里，他接触到在下层民众中流传的“再洗礼”派的诉求：消灭一切不敬上帝的人，建立只有洗礼和圣餐礼的人人平等、没有压迫剥削的“千年王国”。闵采尔将这一诉求吸收到自己的思想中，酝酿出自己彻底改革社会的主张。在讲道中，他强烈抨击神职人员，强调圣灵对信徒的直接指引，主张教会事务应有平信徒参与，因而触怒了教会，1521 年被逐出茨维考去布拉格。在布拉格时，他曾与拥护胡司运动的激进派联系，并呼吁“胡司故乡的人民”起来斗争。不久，他又返回德国，奔走于图林根和萨克森的城乡，从事组织群众的活动，在南部的缪尔豪森发动农民斗争，受到下层群众的欢迎，思想更趋激进。1524 年他在纽伦堡激烈抨击路德的妥协，与路德展开论战，两人走向彻底决裂。

闵采尔反对将信仰和理性对立，抨击路德的“因信称义”说，否认《圣经》是唯一无误的启示。他认为，不必依据《圣经》的文句来树立人的信仰，人们可以根据他们具有的理性，来与上帝进行直接交流，由此而获得信仰。他声称，圣灵其实就是理性，就是活的、会说话的上帝，它存在于人的心脏、皮肤、毛发、骨骼、脑髓、精神和力量之中。因此，人人可以有理性，神的启示就是人的理性觉醒，就是内心之光，通过这种活的启示，人人都能进入天国。他还强调，天国不仅属于来世，而且也存在于现世。只要用暴力废除一切暴君和等级制度，废除徭役、捐税，消灭压迫和剥削，就能够解除社会苦难，最终在地上建立上帝的没有阶级差别、私有财产和欺诈与压迫的“千年王国”。

1524 年，士瓦本爆发了农民大起义，并迅速地扩散到德国南部和中部。闵采尔也于是年离开纽伦堡，来到这一地区指导农民的反抗。在他的影响下，起义军提出了名为《黑森林书简》的斗争纲领，号召贫苦大众团结起来，用武力推翻封建统治，建立人人平等的社会。1525 年 3 月，士瓦本一共出现 6 支起义军，有三四万人。几支农军的代表于 3 月中旬在门明根开会，提出了更为明确的纲领《十二条款》，要求取消什一税，减轻服役负担，废除农奴制，承认以现存封建文契为依据的劳役的合法性，并让农民自由使用村社公有的河流、湖泊、土地、山林，取消遗产税等。纲领带有妥协性，没有要求没收地主的土地。此外，还强调《圣经》是农民全部要求的基础，任何制度如有违反应立即取消。这一纲领虽然比较温和，但其要求却更为具体，主要反映了农民特别是富裕农民希望通过和平方式减轻封建压迫剥削的要求，为不少起义军所接受。

1525 年 3 月底起，起义扩展到法兰克尼亚，并横扫莱茵河至科伦、闵斯特一带，不少城市平民和工匠甚至一些骑士也加入了起义队伍。为了商讨改革方案和下一步行动计划，各支农军代表于 5 月在海尔布琅开会，由文德尔・希普勒向大会提出一份《帝国改革方案》，此即《海尔布琅纲领》。这份文件共十四条，主张取消诸侯的一切同盟，建立君主中央集权的体制。为此，该纲领规定：建立帝国最高法院；除“皇帝的赋税”外，取消一切关税、杂税和赋税，统一法律、币制和度量衡；改革教阶制，实行政教分离；等等。这份文件明显地反映了市民阶层和富裕农民的利益，忽视了广大贫苦农民和城市平民的要求。因此，它不能有力地鼓舞广大起义军的反封建斗志。

两个月后，瓦尔德堡公爵特鲁赫泽斯率领军队赶到，在镇压中采用各个击破和欺骗性谈判的手法，参加起义的市民也在关键时刻叛变。到7月初，法兰克尼亚的起义被血腥扑灭。

图林根和萨克森也是农民起义的中心。1525年3月中旬，缪尔豪森的平民和矿工推翻贵族政权，成立自己的政权——“永久市政会”。闵采尔虽未任职于新政权，但经常以牧师身份出席市政会议进行指导。面对这一形势，诸侯深感恐慌，筹划反扑。5月中旬，黑森伯爵、不伦瑞克公爵和萨克森公爵的联军进抵弗兰肯豪森，欲图镇压农民军。闵采尔立即组织义军，以车垒和壕沟为掩护据山抵抗。但由于缺乏武器、训练和谋略，最终被诸侯军队击败。闵采尔受伤被俘后遇害，缪尔豪森“永久市政会”也被废除。不过，起义军在其他地区仍然坚持斗争。在阿尔萨斯地区的农民起义军，在1526年还曾重创奥地利大公、巴伐利亚公爵和士瓦本同盟的军队，直到7月才最终失败。

这次农民大起义的失败是必然的。封建时代的农民阶级并不是新的生产力和生产关系的代表，他们虽然能够打击和动摇封建制度，但却不能建立一种新的政治制度。作为小生产者，他们有着难以克服的分散性和狭隘性，因此在起义中各自为战，未能牢固地联合起来，难免为诸侯军队各个击破。德国市民阶级还很不成熟，政治上软弱动摇，甚至在关键的时刻背叛起义，不可能承担起领导者的重任。德国农民战争失败后，各地农民重新陷入封建领主的奴役之中，封建统治秩序也逐渐恢复。诸侯乘机扩展实力，他们剥夺城市的特权，兼并因战争而受到冲击的中小贵族，这样就加深了德国的分裂割据。这次大起义沉重打击了德国的天主教会，许多修道院和教堂被摧毁，这客观上为路德新教的建立和扩展创造了有利条件。

4. 路德教的确立

农民战争爆发后，路德担忧农民的暴力斗争将导致社会秩序的剧烈动荡，危害到他所倡导的温和的改革运动。因此，路德虽一度同情起义的农民的生活境况，但逐渐站在诸侯一边，对农民的反抗予以诋毁。1525年3月，士瓦本农民军制定《十二条款》，路德获悉后立即发表《忠告和平》，指出起义的根源是诸侯和教皇的残暴统治，起义者的一些要求如有权选举牧师是合理的。不过，他也指责农民废除农奴制度的主张“严重违反福音”，希望起义者与诸侯和平磋商来解决争端。4月底5月初，随着农民起义的扩大，路德的态度急转直下，开始谴责农民的反抗行动。在《反对杀人越货的农民暴徒》一文中，他攻击农民像疯狗一样抢掠与作乱，危害社会和信仰，声称必须“像打死疯狗一样”对之坚决镇压。

在农民起义失败后，路德开始了建立新教组织的活动。当时，一些天主教的诸侯贵族为了遏止路德主张的传播而成立了同盟。而以萨克森选帝侯为代表的诸侯也联合一些贵族和城市，建立同盟来支持路德。1525年11月，萨克森选帝侯在路德的请求和帮助下，建立了巡视委员会，按照路德的主张巡察各地，监督并改革萨克森教会。为了宣传新的教义，路德于1529年撰写了大、小两种《教义问答手册》，分别作为教职人员和普通信徒的常识读本。

萨克森的巡视制度被各地所仿效，路德的改革也日益拓展。在黑森，改革开创了新的局面，出现了神职人员由信徒选举产生的方案。1526 年夏，斯拜伊尔帝国议会开幕，诸侯中路德派代表占据多数，通过了一系列支持宗教改革的决议。1529 年 2 月，帝国议会再度在此举行，天主教代表占多数，通过了不利于新教的决议，新教诸侯联合发表抗议，由此，新教徒被称为“抗议者”（protestant）。

为了解决宗教纷争，查理五世皇帝于 1530 年 6 月召开奥格斯堡帝国议会，要求路德派提出意见。6 月 25 日，经路德审定，路德派提出《奥格斯堡告白》，称路德新教与天主教有许多共同点，都是基督的战士，应相互“宽容”与“协商”。但天主教诸侯担心新教的扩展会危害自己的权益，并不认同这一主张。11 月，他们在议会通过决议，宣布将用武力镇压路德派。路德派诸侯于 12 月成立施马卡尔登同盟，反击旧教诸侯。形势迫使查理五世改用和解政策，他于 1532 年 7 月在纽伦堡帝国议会上正式宣布实行宗教和解。路德派乘此良机不断向境外扩展，丹麦、瑞典和挪威也随之先后建立路德派教会。1546 年，查理五世结束对法战争后，回师德国击败新教徒军队。但新教诸侯随之又与法国结盟，卷土重来打败查理五世。1555 年 9 月，查理五世被迫与新教诸侯谈判，并签订了《奥格斯堡和约》。该和约暂时终止了新、旧教诸侯之间的战争，确立了“教随国定”的原则，规定各地诸侯、帝国城市有权决定其所辖地中的臣民信仰。这一和约是欧洲第一个宽容新教的和约，标志着路德教的合法化。此后，德国北部和东北部属于路德教范围，南部和西南部仍保留了天主教，宗教信仰的对立使德意志的政治分裂割据更趋严重。

二、瑞士的宗教改革

1. 慈温利的宗教改革

瑞士联邦早在 13 世纪就已脱离了哈布斯堡王朝的控制，有着独立自决的政治传统。当路德改革在德国兴起之际，在瑞士的苏黎世和日内瓦，也先后由慈温利和加尔文倡导宗教改革，最终形成了又一支独立的新教教派。

乌尔利希·慈温利（1484—1531）是瑞士著名的宗教改革家。他曾就学于维也纳大学和巴塞尔大学，深受唯名论哲学和人文主义思潮影响。1506 年起他任格劳乌斯区神甫，曾两次随雇佣军去意大利，目睹教廷的腐败和雇佣兵制带给瑞士人民的痛苦，决心致力于宗教改革和瑞士的统一。1518 年，慈温利到苏黎世传教，抨击教皇在瑞士兜售赎罪券。1522 年，他公开与教皇决裂，不久又发表《六十七条论纲》，主张以《圣经》为信仰的最高准则，否定罗马教廷的神权和教阶制度，反对斋戒，反对教士独身，反对礼敬圣像，更反对教皇在瑞士兜售赎罪券。同时也反对雇佣兵制、农奴制和高利贷。1524 年，他在苏黎世当局支持下进行宗教改革，废除圣像、圣物，改用本地语言礼拜，没收教产办医院、学校和济贫所，废止雇佣兵制。宗教改革运动迅速从苏黎世扩展到邻近各州。同年秋，苏黎世一带爆发再洗礼派领导的农民起义。慈温利对再洗礼派的暴力行为大加谴责。1525 年，慈温利发表了《论真假宗教》一文，进一步阐发自己的宗教改革主张，认为只有基督才是上帝与信徒之间的媒介，整个教会和教皇的存在都是多余的。他还把圣餐仅看作对基督的追念，否认祝圣后的饼与酒具有神秘的力量；而路德则坚持圣餐的“临在说”，即经祝圣后的饼与酒虽未化为基督的肉与血，但在信徒领受圣餐时，耶稣基督确实临在其中，与饼、酒融合并存。慈温利还摒弃路德对诸侯的依赖，主张教会实行共和制。1528年11月，乌里、施维茨和翁特瓦尔登等州，在奥地利支持下结成天主教联盟，以图阻止宗教改革的传播。次年春，苏黎世和伯尔尼等州也结成新教联盟，不久又向天主教联盟宣战。1531年10月，天主教州在教皇等的武力支援下突然发动进攻，苏黎世军队在卡佩尔战役中遭到惨重失败，慈温利阵亡。此后，新教改革趋于衰退，其许多成员后来加入了逐渐兴起的加尔文的宗教改革运动。

2. 加尔文的宗教改革

让·加尔文（1509—1564）生于法国北方皮卡迪的努瓦荣的市民家庭，曾在巴黎大学攻读语言与神学，深受人文主义和路德宗教改革的影响。1534年从天主教改宗新教，并积极宣传新教信仰。

加尔文

然而，加尔文不可能在自己的故乡找到适合于宗教改革的社会环境。与经济分散、政治割据的德国不同，16世纪初期的法国，已经形成了以巴黎为中心的国内统一市场，并在此基础上实现了政治统一，建立起强大的专制王权，天主教会完全成为法国王权的精神支柱。因此，新兴资产阶级渴望在君主的庇护下参政议政，发展资本主义，而非建立脱离罗马教廷控制的新教。由于宣传路德的改革主张而被天主教指控为异端，加尔文在1534年逃到巴塞尔。在此期间，他接触新教徒，潜心研究神学。1536年3月，他出版名著《基督教原理》四卷，分别以圣父、圣子、圣灵和教会命名，宣传他的宗教改革主张，也对其宗教政治活动进行全面总结，是当时一部影响最大的新教百科全书。1539年4月，加尔文来到日内瓦宣传宗教改革，但不到两年，便被当局以异端罪名驱逐出境。1541年，支持宗教改革的一派掌握了日内瓦政权，邀请加尔文前来主持宗教改革。为了给新教的建立提供合适的经典文献，加尔文从1542年开始，先后对《新约全书》以及《旧约全书》的大多数章节，用拉丁语、法语和希伯来语等作了评注。

加尔文宗教改革的思想基础，是以“预定”论（又称“前定”论）为轴心的神学学说。

作为一种救赎理论，加尔文的“预定”论着重阐发尘世间的罪人获得上帝拯救的途径，涉及上帝与信徒、来世与现世等重要的信仰问题。上帝“预定”世人命运的思想，其实并非加尔文首创。早在4至5世纪之交，拉丁教父奥古斯丁就宣扬以“预定”为基调的救赎学说。他指出，神的恩典是无条件的，善人上天堂享有“永生”或恶人下地狱受到“永罚”，都是由上帝预先决定与“拣选”的。加尔文并没有机械照搬奥古斯丁的说教，而是根据社会现实变动的需要作了新的加工与阐发，同时也吸收了马丁·路德的“因信称义”说，由而赋予了它以鲜明的时代内涵。

在加尔文看来，人们在现世的成功失败、贫富荣辱，根本上是由上帝意志预先设定的，因为上帝是宇宙中至高无上的神圣主宰，其“神命”决定和支配一切。上帝早在人出生之前，就以其“神命”对人们加以“拣选”，将他们分为获救与受罚两大部分，任何人都无法摆脱这种安排。人在出世前，他的命运已被上帝的意志秘密预定了，人们既搞不清其中的任何理由，也没有权利向神要求好的命运。一切善行、虔敬、崇拜甚至信仰都无法改变这一“拣选”。被上帝“拣选”上的“选民”，能够得到上帝的恩典与庇护，死后还可以进入天堂，享受“永生”。而未被“拣选”者则是弃民，将受到上帝的抛弃，死后要下地狱，受到“永罚”。此外，选民只是少数，多数人都要被上帝抛弃；人们一旦被上帝“拣选”，其子孙都将成为选民。那么，凭什么才能够得到获选资格呢？加尔文解释说，这并非由人们的意志决定，与个人的虔诚、善行和功罪无关，而是由上帝的绝对意志所决定的。

加尔文的“预定”论虽然带有浓厚的神秘色彩，但他并未将此等同于宿命论，而是为人们提示了争作“选民”的奋斗路向。他声称，尽管上帝决定秘而不宣，但上帝对人们的“呼召”将使人自己多少会看到一些迹象，找到一些证据，从而体悟到自己是上帝的选民。上帝的“呼召”是“圣灵”对入选的“义民”所作的一种透彻于内心并能使灵魂获得新生的召唤。因此，蒙获“呼召”可看作被“拣选”的标志，其征兆具体表现为：虔诚信仰基督并参加教会，这是成为选民的根本前提。此外，还须具有敢于奋斗、百折不挠的精神，去争取事业成功。一个人事业上的成败，本身就是上帝意志的体现。高尚的道德也是“选民”所需具备的资格，因为上帝的恩典可以有效阻止一个基督教徒的不良行为，并使之品德高尚，拥有美德正是上帝“呼召”的结果。为此，加尔文提出了选民的道德标准是节制、忍耐、简朴、诚实、讲信用与谦逊等等。

加尔文还力倡“《圣经》神圣”说。他宣称，《圣经》包蕴着人们获救的真谛，是信仰的源泉，每个信徒都应当努力学习《圣经》，信仰《圣经》。在学习中要突破正统教会的垄断和使徒话语的限制，从内心深层体验上帝的旨意。他还指出，罗马教会并没有以《圣经》的神圣信仰为基础，因而是虚假的、不合法的。他还发展了路德的“平信徒皆祭司”说，提出了彻底改革以建立民主教会的主张。在他看来，教会实际上是信徒缔结的平等的信仰共同体，必须废除罗马教会森严的教阶制度和烦琐的宗教仪式，按照古代教会的民主、平等原则来选举神职人员。与路德的“政教分离”不同，加尔文主张的是“政教合一”。在他看来，教会与国家同属神灵，二者应协调合作，教会主管信仰与道德，国家支撑教会，保障教会顺利完成神职。神权政治最理想，教会有权领导国家。

加尔文的宗教改革学说，以神学的方式倾吐了正在成长的资产阶级的经济和政治诉求。他把人们的得救与否完全归结为上帝意志的预定和拣选，这既否定了罗马教皇及其神职人员的宗教特权，用“神命”肯定了封建制度衰落与资本主义兴起的必然性，又从一个角度反映了新兴资产阶级发展实业、变革社会的迫切愿望。它用争当上帝“选民”的目标去鼓励人们鄙视懒惰与保守，积极开拓进取，勤勉敬业，在世间努力向上以求在天国得到褒赏；并激励人们在失败中吸取教训，坚持不懈，直到获取最后的成功。恩格斯指出，加尔文的信条适合当时资产阶级中最勇敢的人的要求，加尔文“以真正法国式的尖锐性突出了宗教改革的资产阶级性质”①。因此，这一学说问世后就得以迅速传播，促进了资本主义萌芽的成长，推动了新兴资产阶级的反封建斗争。

依据于新的神学思想，加尔文在日内瓦积极进行宗教改革实践。他大力简化教会组织，废除烦琐的宗教仪式，将复杂的天主教“七圣礼”减去五个（坚振礼、忏悔礼、终傅礼、授职礼、婚礼），同时不许望弥撒、崇拜偶像、朝圣和斋戒。他还废除了天主教的主教制度，代之以共和式的长老制。他认为，基督徒之间应当是相互平等的，真正的教会里只有牧师、教师、执事、长老四种人是必需的，其他人员一律精简。牧师负责执行圣诫，施行圣礼，规劝信徒。教师负责讲解《圣经》。执事负责管理信徒捐款和教会的收入，包括发放教职人员的薪俸、修缮教堂和救济贫困等。长老的职责则是监督每个人的行为，参与宗教法庭的审判，要由品行高尚、信仰纯洁的人担任。这四种人又称为“监督”，全部由信徒民主投票选举产生。当然民主选举并非毫无限制，候选人必须经过严格的资格审查。在宗教改革的基础上，加尔文又提出了成立新的市政府的政治方案，该方案于1541年被日内瓦的议会所通过而定为法律。这个方案规定市议会负责世俗事务，教会负责宗教信仰与道德生活，但又规定成立由长老、市议员和市政官员等组成的宗教法庭来监管人们的行为与生活。宗教法庭每星期四举行例会，称“星期四晨会”。加尔文经常出席法庭例会，是法庭实际负责人。这样，实际上建立了政教合一的政权，加尔文则成为这一政权的最高领袖。在加尔文的引导下，日内瓦变成了政教合一的神权共和国，讲道和阅读《圣经》成为其日常的宗教活动。此外，他对信徒的道德规范作了严格的规定，取缔了赌博、歌舞、酗酒、卖淫与奇装异服等，以确保信徒保持虔诚的信仰与纯洁的生活方式。

随着宗教改革的推进，加尔文遭到反对派的仇恨。1555年，他镇压了反对派，并让日内瓦的宗教法庭拥有开除教籍的权力。到了晚年，加尔文越来越独断专行，严厉排除异己，镇压其他信仰的教派与个人。西班牙人文主义者、解剖学家塞尔维特，因在其《三位一体的谬误》一书中提出了“异端”观点，受到天主教会迫害，逃到日内瓦后，被加尔文的宗教法庭审判并处以火刑。对加尔文不满的再洗礼派成员，也常常被驱逐或被迫害致死。因此，时人称加尔文是“新教的教皇”，日内瓦是“新教的罗马”。不过加尔文的改革也使日内瓦成为整个欧洲新教徒的避难所。他们纷纷来此避难与寻找教诲，回去后又传播新教的主张。为了拓展新教的影响，加尔文在1559年创立了日内瓦学院，作为教育和培训新教神职人员的基地，并不断将新教的牧师派往法国、英国、德国、尼德兰和意大利等地。由此，加尔文教开始在西欧资本主义比较发达的国家和地区广泛传播，为16世纪的尼德兰革命和17世纪的英国资产阶级革命提供了组织形式和精神动力。

---

① 马克思恩格斯全集：第21卷．北京：人民出版社，1965：350.

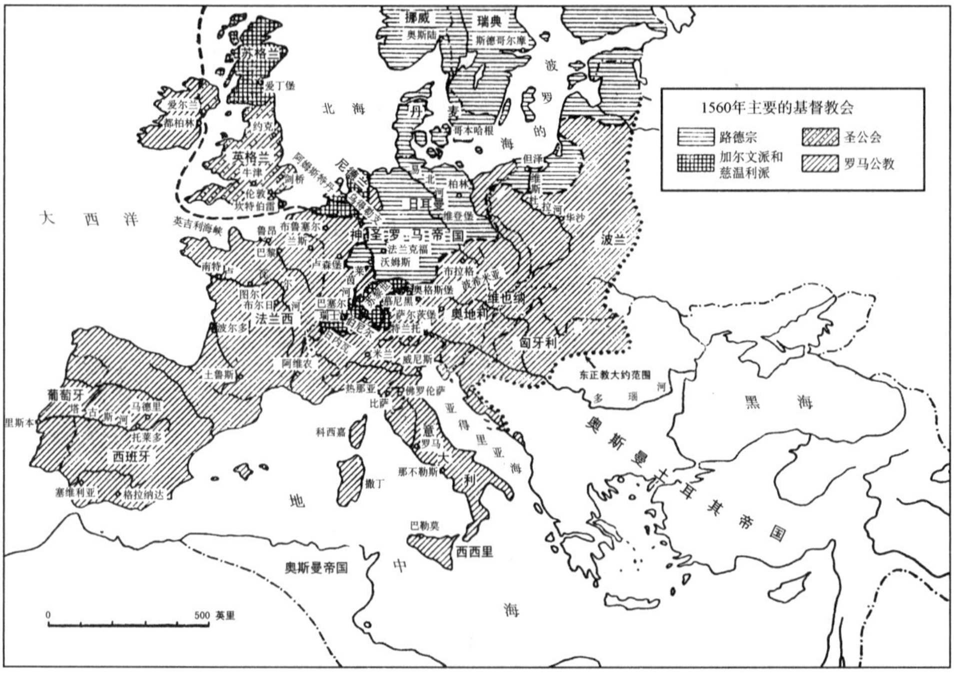

1560 年西欧宗教改革后各主要教派分布

三、天主教的“反宗教改革”

1. “反宗教改革”的缘起

西欧的宗教改革思潮与运动，促成了基督教内部的大分裂，给予罗马教廷的神权以巨大冲击，也使广大信徒受到剧烈的震撼。严峻的形势，导致天主教会内部改革的呼声日益高涨，迫使罗马教廷采取措施，对新的宗教派别展开斗争，以确保教皇的地位和权威。教廷所采取的旨在自救的一系列应变活动，被称为“反宗教改革”（counter-reformation）。然而，历史潮流不可逆转，罗马教廷再也恢复不了其对西欧的大一统神权了。

“反宗教改革”始于 16 世纪 40 年代。事实上，为消除教会日益腐败的现象，罗马教会内部的自救改革早在“宗教改革”运动发生前就已开始。15 世纪上半叶，罗马教会内曾形成一股鼓吹“公会议（即传统基督教中有普遍代表意义的世界性主教会议）至上”的改革势力，主张用公会议制取代腐朽的教皇权力，以集体的意志来统治和管理教会，以图恢复教会的生机。但由于教皇的坚决抵制，这样的主张没能成功。当时，为巩固地位，教廷首先在西班牙强化其神权。在教廷的支持下，西班牙的圣·方济各会修道僧依靠国王斐迪南，巩固了业已衰落的宗教裁判所，无情镇压异端分子，严厉整顿教会戒律，使西班牙成了欧洲天主教最坚固的基地。到 16 世纪，罗马教皇开始在整个天主教范围内进行自上而下的“反宗教改革”运动。

1545 年 12 月 13 日，罗马教廷召开了特兰特天主教宗教会议，讨论教会改革事宜。这一会议时断时续，一直至 1563 年 12 月 4 日才最终结束。特兰特会议对陈旧的天主教教义作了许多顺应时代的更改，再次确定了教皇的至上神权和罗马教会的独尊地位，否定新教的合法性。以这一会议的决议所制定的《特兰特会议信经》，在1564年11月由教皇颁布，成为“反宗教改革运动”的指导纲领。它详细说明了罗马教会的教义、礼仪和组织，展示了其不同于新教之处。《特兰特会议信经》是天主教会继《使徒信经》、《尼西亚信经》和《亚大纳西信经》三大信经以后最重要的文献，是罗马教会法律、原理和信仰的新的基础。1566年，教皇又授命枢机主教勃罗米奥，组织神学家编撰了《罗马教理问答》这一神学著作，进一步阐明天主教的神学与伦理思想。为清除“异端”书籍，抵消人文主义与宗教改革的影响，罗马教廷还推行“禁书”措施。1559年，教廷编定的第一部《禁书目录》问世，规定未经教会的宗教裁判所允许，任何书籍都不得刊行。

2. 耶稣会

为反对宗教改革、巩固教皇权威，罗马教廷还支持一些反对宗教改革的修会的组建，耶稣会就是一个典型。该会1534年在巴黎建立，其创始人系西班牙贵族伊格纳修·罗耀拉（1491—1556）。罗耀拉本是军人，退伍后编写了《灵性操练》一书，曾在巴塞罗那、萨拉曼卡等地的学校和巴黎大学攻读神学。在巴黎期间，他纠集一些狂热的天主教徒在蒙特马特的圣玛丽亚教堂宣誓独身、清贫和献身上帝的事业，后来又吸收了一批西班牙军官，建立了耶稣会并为之制定了严格的规章和军事化的组织原则。1640年，教皇保罗三世颁令承认。到17世纪初，耶稣会会士已逾万人。耶稣会与其他修会不同，它不主张离群索居、远避尘世，而是要求介入世俗事务，通过渗入上流社会、出版书刊、开办学校与医院等活动以扩大罗马教会的影响。耶稣会有严格的纪律，入会者必须富有虔诚的信仰与献身精神，必须崇拜教皇，绝对服从指示。会士还必须宣誓绝财、绝色、绝意，端正品行。为了维护教皇的权威，耶稣会士还尽量设法渗透到各国、各地区的统治集团之中去搜集情报，刺探隐秘，并主张为达到目的而不择手段，包括暗杀、投毒、收买等。此外，它兴办的各种学校，注意培养上层人士的子弟，教学中不受经院式的传统方法的束缚，吸收自然科学的成果。它还派会士向海外积极布道，在亚洲、非洲和美洲活动，为西方殖民者效劳。所有这些，都为天主教的生存与进一步发展发挥了巨大作用。不过，一些耶稣会士在向东方布道的过程中，客观上也充当了文化交流媒介的角色，著名的意大利籍耶稣会士利马窦就是一个典型。1581年，他来到澳门，不久又在广东肇庆建堂传教。通过贿赂宦官马堂，他获得明朝的批准，于1630年在北京建堂传教。他还结识了明朝的官僚士大夫徐光启、李之藻等，并向明神宗献自鸣钟、八音琴、三棱镜，介绍西方天文、历法、数学和军事方面的知识，在中西文化交流上作出了重要贡献。

推荐阅读书目

刘林海. 加尔文思想研究. 北京：中国人民大学出版社，2006.
孟广林. 欧洲文艺复兴史：哲学卷. 北京：人民出版社，2008.

王挺之，等. 新世纪的曙光：文艺复兴. 北京：中国青年出版社，1999.

张椿年. 从信仰到理性：意大利人文主义研究. 杭州：浙江人民出版社，1993.

周春生. 文艺复兴时期人神对话. 上海：华东师范大学出版社，2002.

朱孝远. 神法、公社和政府：德国农民战争的政治目标. 北京：北京大学出版社，1994.

丹尼斯·哈伊. 意大利文艺复兴的历史背景. 李玉成，译. 北京：三联书店，1992.

昆廷·斯金纳. 近代政治思想的基础. 奚瑞森，等译. 北京：商务印书馆，2002.

马克斯·韦伯. 新教伦理与资本主义精神. 黄晓京，译. 成都：四川人民出版社，1986.

托马斯·马丁·林塞. 宗教改革史. 孔祥民，等译. 北京：商务印书馆，1992.

瓦尔特·佩特. 文艺复兴：艺术与诗的研究. 张岩冰，译. 桂林：广西师范大学出版社，2000.

雅各布·布克哈特. 意大利文艺复兴时期的文化. 何新，译. 北京：商务印书馆，1988.

尤金尼奥·加林. 意大利人文主义. 李玉成，译. 北京：三联书店，1998.

第十章

封建制度解体时期的英、法与尼德兰革命

第一节　英国

一、都铎王朝的君主专制

1. 亨利七世的集权措施

从15世纪末期开始，随着封建制度的日益解体和资本主义萌芽的成长，英国逐步建立起都铎王朝（1485—1603）的君主专制。

1485年，参与“玫瑰战争”的兰开斯特家族的支裔、里士满伯爵亨利·都铎，依靠法国和约克家族归兵降将的支持，在战争中获胜。同年夺取王位，称亨利七世，建立都铎王朝。

亨利七世即位之初，社会秩序动荡混乱，政府财政收支窘迫，一些在“玫瑰战争”中残存的大贵族仍对王权构成威胁，内战再起的因素并没有完全消失。同时，由于封建大贵族势力在“玫瑰战争”中相互残杀而被严重削弱，新兴资产阶级和新贵族渴求参政议政与发展经济而支持王权，这又有利于君主政治集权。在这样的社会背景下，为消除内战隐患，亨利七世上台后采取了一系列果断措施。他在1486年与约克家族爱德华四世的女儿伊丽莎白结婚，并把结合在一起的红白玫瑰定为自己的族徽，从而解决了兰开斯特家族与约克家族的长期对立和纷争。同时，他于1487年和1504年先后颁布法令，平毁贵族在内战中修建的堡垒，解散大贵族的家

臣私兵，并特设“星室法庭”①，不受一般法律程序的束缚，专门惩治不顺服的贵族。亨利七世还根据阶级关系的变化而发掘新的政治资源，从新贵族和新兴资产阶级中选拔人才参政。多派新贵族担任地方各郡治安法官，掌管地方行政和治安工作。通过这些措施，亨利七世初步建立起了君主专制统治。

2. 宗教改革和行政改革

亨利八世（1509—1547）和伊丽莎白女王（1558—1603）统治时期，都铎王朝的君主专制日趋发展。

英王亨利八世

首先是进行宗教改革。当时的英国教会仍属罗马教廷控制，教会掌握英国1/3左右的地产，占有当时英国总财富的约1/5。此外，教皇还遣派使节常驻英国，干预英国教、俗事务。这一状况，引起了新兴资产阶级和新贵族的强烈不满，他们要求进行改革，夺取教会的土地和财产。为了政治集权，都铎专制君主也力图建立脱离罗马教廷而由英王支配的民族教会。在大臣托马斯·克伦威尔的辅佐下，亨利八世借口教廷不批准自己与王后西班牙公主凯瑟琳离婚而发动宗教改革。从1529年开始，他多次召开国会，通过了一系列改革的法令，剥夺教会财富及其权力，禁止其接受教皇驻英使节的命令，规定教会立法必须经国王批准，取消教皇对英国教会的最高司法权和教职任命权，等等。1534年，议会通过著名的《至尊法案》，规定国王为英国教会最高首脑，拥有处理教会事务的一切权力，教皇无权干涉英国教会事务。同时也宣布保留天主教主教制、基本教义和仪式。此项法案标志着教会与罗马教廷最终断绝关系，英国民族教会开始形成。1536年，议会又通过《叛逆法》，规定凡反对国王对英国教会有至高权力、拒绝对《至尊法案》宣誓者，均为叛逆，应以叛国罪处死。但宗教改革也受到挫折。废后凯瑟琳的女儿玛丽（1553—1558）即位后，重用旧贵族和天主教高级教士，并于1554年通过议会下令全国恢复天主教信仰，英国教会重新归属罗马教廷，并宣布新教各派均为非法。同时，玛丽女王还设异端裁判法庭，以异端罪名烧死新教徒300余人，被称为“血腥玛丽”。玛丽的内外政策遭到国内各阶层的强烈反对。女王伊丽莎白一世即位后继续按亨利八世的改革政策重建英国国教。她不仅重申《至尊法案》的权威，而且要求所有神职人员必须宣誓效忠国王。1571年，在她的指使下，国会通过“三十九条信纲”，标榜信仰得救，宣称《圣经》是信仰的根据，否认教皇的权力，规定用英语礼拜，但又保留主教制和天主教的某些仪式。由此，英国国教会（称“安立甘教会”或英国圣公会）正式建立。该教会奉国王为教会最高首脑，鼓吹“君权神授”与“君权至尊”，成为都铎王朝专制统治的御用

① 1487年英王亨利七世创设，因该法庭设立在威斯敏斯特王宫中一座屋顶饰有星形图案的大厅中，故名。

工具。

16世纪60年代后，在逐渐形成的国教会内部，也出现了反映新兴资产阶级和新贵族要求的主张，即用加尔文教精神改革国教会，“清除”其中的天主教因素和影响，由此形成清教运动，信徒称“清教徒”。清教徒要求建立廉价教会，反对专制王权，遭到伊丽莎白一世和随后的斯图亚特王朝的迫害。到了17世纪40年代，羽翼渐丰的资产阶级终于以清教为旗帜，掀起了一场反对君主专制的资产阶级革命。

其次，都铎专制君主也进行了一系列旨在强化君权的行政改革。亨利八世在位期间，在托马斯·克伦威尔等人的协助下采取了不少重要措施。他将原来只为国王管理信札文书等事务的国王秘书提升为首席大臣，由其上承王命，下令众臣。首席大臣实为政府机构的行政首脑。担任这一要职的人大都出身低微，效忠于国王，是国王的重要辅佐。此外，在1540年正式设立枢密院，成员多为新贵族。枢密院为政府的行政中枢，主持“星室法庭”，在国王的直接操纵下制定法令，掌握最高司法权，负责任命和监督地方治安法官。伊丽莎白即位后，在资产阶级和新贵族的支持下，重申国王的“至尊”地位，巩固枢密院作为政府行政中枢的权力，继续强化专制王权。她重用塞西尔等大臣，控制了政府乃至议会。她还采取强硬措施，打击了天主教势力的复辟活动，于1587年令枢密院处死致力于复辟天主教的前女王玛丽，进一步巩固其专制君主的崇高地位。

3. 王权对议会的控制

通过议会这一传统的政治机构来强化王权，是都铎君主专制的一个特点。中世纪后期，英国议会已经拥有了税收批准权和立法权。不过，作为王国政府组织的重要组成部分，议会的权威往往受到君主的制约。到了伊丽莎白女王统治时期，尽管有人鼓吹议会权力至上，可限制王权，但实际上，议会从属于王权，并给专制君主以巨大的支持。这一时期，议会仍像以往那样是非常设机构，只是在讨论君王就位、国家政策的变更、战争、批准拨款等国家大政时才召开，而且受到专制君主的有力控制。议会的立法权实际操在君主之手，只能根据君主的建议来立法。议员稍有不顺服，常常会受到君主的惩治。1576年2月，议员温特沃思在议会上曾指责伊丽莎白女王像常人那样也有错误，结果被关进了伦敦塔。伊丽莎白女王在1593年议会开会期间，就曾指令下议院议长转告下议院，只有她才有权召开议会、有权叫议会休会或解散、有权同意或否决议会的一切决议。这样的局面，也与都铎王朝时新的阶级的发展状态密切关联。当时的新贵族和资产阶级为发展经济和参政议政，需要君权的庇护和擢用，他们的代表纷纷参与议会，必然要听命于君权，使议会成为专制君主的御用工具。后来，随着他们力量的发展和壮大，到了都铎王朝统治末期，议会中开始出现批评专制君主的声音。

二、圈地运动与民众的反抗

1. 圈地运动

15世纪末16世纪初，随着国际贸易的扩大，英国的毛纺织业手工工场迅速发展，对羊毛的需求量逐渐增加，市场上的羊毛价格开始猛涨。养羊所需的劳动力远较耕种土地为少，牧羊人的工资又低，与农业相比，养羊业就变得越来越有利可图，往往10英亩牧场的收益超过 20 英亩耕地。受高额利润的诱惑和驱使，许多贵族积极从事养羊业，把自己的土地变为牧场。同时，开始设法获得更多的土地。在当时的英国，虽然土地早已有主，但森林、草地、沼泽和荒地这些公共用地则没有固定的主人，因而成为贵族掠夺的对象。不少贵族利用暴力、欺骗等手段强占公有地，甚至强夺农民的土地，将土地用篱笆圈围起来养羊。这一历史现象被称为“圈地运动”。

英国的圈地运动开始于 15 世纪 70 年代，最早从工商业较发达的东南部农村开始。地主贵族最初圈占公有地，后来又圈占小佃农的租地和公簿持有农的份地。据统计，在 1485 年至 1517 年，英国 23 个郡中共圈地 101 290 英亩（相当于 40 990 公顷），其中可耕地占 13.2%，转化为牧场的各种土地占 56.2%，本来就是牧场而加以圈围的占 30.6%。16 世纪 30 年代的宗教改革加速了圈地运动的发展。1536 年至 1539 年，亨利八世共封闭男女修道院 630 余所，托钵僧院 200 所，遣散其中的僧侣，没收其土地、财产赐给亲信宠臣，或卖给乡绅、土地投机家、市民、商人和工场主。这些人变成新贵族，他们也乘机大规模地圈占农民土地。16 世纪末，被圈占的土地已有 68 万英亩（相当于 275 183 公顷）。贵族在扩建牧场后，雇佣少数牧羊人看管大量的羊群，依靠出售羊毛获得高额利润。当时就流行这样的说法，“绵羊的蹄子把沙子变成了黄金”。

被贵族圈占的土地，一部分出租给富裕农民，这部分人也通过雇人种地出售农产品而发财，成为租地农场主。当时，工商业的迅速发展使城市人口急剧增加，对粮食、肉类等农副产品的需求不断扩大，这也使得从事商品生产的大农场不断出现。据统计，在 16 世纪英国的 67 个大农场中，一半以上的土地面积超过了 200 英亩，17 个农场的土地超过 350 英亩。这些土地有不少也是农场主从农民那里圈占的。

托马斯·莫尔对圈地运动的指责

绵羊本来是那么驯服，吃一点点就满足，现在据说变得很贪婪很凶蛮，甚至要把人吃掉……凡是出产细致贵重羊毛的地区，那儿的贵族豪绅，乃至主教圣人之流，觉得祖传地产上的惯例年租、岁租不能满足他们了，也觉得他们对社会有益无害的闲适生活还不够过瘾。他们不让任何人在庄园上耕种，把整片地化作牧场，房屋和城镇都给毁掉了，只留下教堂当作羊圈。

——托马斯·莫尔．乌托邦（节选）//郭守田．世界通史资料选辑·中古部分．北京：商务印书馆，1981：368-369.

在圈地运动中，大批农民被剥夺了生产生活资料而被迫到处流浪或远走他乡，成批成为乞丐、流浪汉甚至盗窃者。取消寺院、没收教产也使一批普通教士僧侣被抛入失业者的队伍。他们挣扎在死亡线上，陷于极端悲惨的境地。有 10 多万人口的伦敦，就有 5 万多流浪者，英国社会矛盾加剧。

2．王朝的血腥法令

为了维护统治秩序，都铎王朝曾经颁布禁止圈地的法令。1489 年，亨利七世下令禁止圈占 20 英亩以上的农庄。1515 年亨利八世限令在一年之内将改为牧场的耕地复原，但这些法令均没有实施，形同虚文。同时，都铎王朝也制定一系列的血腥法令惩治流浪者。1530年，都铎王朝颁布法令规定，有劳动力的游民一经捕获，要在最近的集市游街，鞭打出血；如再被捕，除鞭打外，要割去半个耳朵；三次被捕则处死刑；等等。1547年，爱德华六世即位，更颁布了极其严酷的法令，规定凡拒绝劳动的人，一旦被人告发，即要被判处为告发者的奴隶，主人有权鞭打和强迫其从事各种劳动。如果逃亡超过14天，就要被判为终身奴隶，并在其额头或背上烙上S（slave）字母，主人随时可以将其出卖、转让。三次逃亡就要被判处死刑。1563年，伊丽莎白一世颁布著名的《徒工法令》，规定凡没有土地或土地收入少或没有固定职业的人，必须接受雇主雇佣，期限不短于一年。未经主人同意不得在期满前离开，工资数额由各地治安法官规定。此外，在1572年颁布了《惩治流浪者法令》，规定：凡十四岁以上的无证乞丐，如果在两年内没人愿雇佣他，就处以鞭笞和打烙印；再度行乞且年过十八，又无人愿使用达两年者，则处以死刑；第三次重犯，当以叛国罪处死。这些法令用国家暴力机器残酷迫害流浪者，仅在亨利八世统治时期，就约有72 000人因此而被处死，大量失去土地的农民被迫沦为廉价的雇佣劳动力，新贵族和资产阶级的利益得到充分保障。

3. 罗伯特·凯特起义

圈地运动和"血腥立法"，促使英国的社会矛盾日益加剧，引发了下层民众的反抗。他们纷纷起来反对圈地，拆毁地主圈地的栅栏，甚至举行武装斗争。在圈地运动比较激烈的诺福克郡温德姆镇，在1549年6月爆发了农民起义。参加起义的农民汇集在一起，在小贵族罗伯特·凯特兄弟二人的率领下直捣诺福克郡的首府诺里季，并波及全郡。许多失业工人和破产的手工业者纷纷参加斗争，使起义队伍迅速扩大到两万余人。7月初，义军在诺里季附近的毛斯霍德山的丛林营地中，起草了29条纲领，准备提交给国王。纲领中要求："今后无论何人，不得再行圈地"，"任何庄园领主不得自由购买土地"，让农民获得自由，拥有使用公有地的权利，等等。一些贫苦农民对这份反映了小贵族和富裕农民利益的温和纲领不满，另草拟一份文件，要求拆毁圈地篱笆、填平沟渠，让大家都使用公共牧场，并获得自由平等。

都铎王朝对凯特起义甚感恐慌，使用欺骗的手段来镇压。政府假意答应农民的部分要求，同时派兵进攻起义军的营寨。农民粉碎了敌人的进攻，占领了诺里季。国王派瓦维克伯爵率领15 000名外国雇佣军勾结当地贵族武装共同镇压起义。义军被迫退回到城外的丛林之中。在斗争的紧要关头，起义队伍内部发生分裂，经过两天激战，于8月27日在杜辛德尔被击败，义军战死者3 500余人，俘后被处死的有300多人，凯特兄弟二人也被俘处死。

这次农民起义虽然失败了，但它有力地打击了都铎王朝的封建统治，捍卫了农民的土地权利，使诺福克一带保存了许多自耕农，成为17世纪资产阶级革命时期国会新模范军的主力。

三、海外贸易勃兴与争夺海上霸权

1. 重商主义政策与海外贸易

都铎王朝时期，随着国内商品经济的兴旺和资本主义原始积累的发展，英国的海外贸易迅速勃兴。都铎王朝君主为了获得雄厚财力、争取新兴资产阶级和新贵族的支持，积极推行重商主义的经济政策，扶持工商业，鼓励商品出口，海外贸易由此发展起来。为了扶植呢绒制造业的成长，亨利七世三番五次通过国家法令，禁止羊毛特别是优质羊毛的出口，甚至还禁止半制成品的呢绒出口。亨利七世与尼德兰缔结"大通商"条约，恢复了英国与尼德兰正常的贸易关系，将英国廉价的呢绒制品等工业品倾销至尼德兰。此外，他向海外贸易商人团体颁发经营特许状，鼓励英国商人与垄断北欧贸易的汉萨同盟竞争。亨利七世还开创了对造大船或向国外购买大船者发放津贴的先例，鼓励远航。15 世纪以前，英国建造的船只很少达百吨以上。亨利七世为了扩大远洋贸易，奖励船主建造大船或买船，规定凡是建造或从国外购百吨以上的新船者，每吨奖给 5 先令的津贴。这一规定刺激了英国造船业的发展。由此，亨利七世赢得了"商人的国王"的称号。此后，历代都铎君主都沿用这种措施，有的甚至支持商人到海外发展，以确保英国海外贸易的长足发展。经国王特许，英国商人组建了一系列海外贸易公司，主要有莫斯科公司（1554）、波罗的海公司（1579）、土耳其公司（1581）、非洲公司（1588）、东印度公司（1600）等。这些公司凭借君主所给予的商业特许权，垄断某些地区的贸易。此后，都铎王朝的历任君主继续推行这一政策。

在资本主义发展初期，英国海外贸易与贩奴、殖民扩张、海盗、走私联系在一起，这些活动也都得到都铎君主的竭力支持。普利茅斯船主霍金斯是英国第一个奴隶贩子，1562 年，他从几内亚把奴隶贩运到西印度群岛，是为英国贩奴的开端。后来霍金斯又多次远航西印度群岛，贩卖奴隶，获取巨利。伊丽莎白对他大加奖赏，授予贵族爵位，加封海军要职。1588 年成立的非洲公司，则专事掠夺黄金和向美洲贩卖黑奴。海外贸易公司同时也是英国进行海外扩张和殖民掠夺的工具。1600 年建立的东印度公司，不仅垄断了好望角以东国家的贸易，后来还控制了殖民地的军事、政治大权，成为英国侵略印度和其他亚洲国家的大本营。

2. 与西班牙争夺海上霸权

16 世纪的西班牙几乎独占了美洲，垄断了对美洲殖民地的贸易，掌握了欧美之间的制海权，它在殖民地掠夺的财富为英国统治者所垂涎，它在海上的横行无忌，更引起了英国人的不满。西班牙还是一个狂热信仰天主教的国家，对进行宗教改革的英国怀有憎恨情绪。于是，双方的矛盾日益尖锐。伊丽莎白一世统治初期，英国的海军比较弱小，难以与强大的西班牙舰队抗衡，只得利用西班牙与法国、尼德兰之间的矛盾，特别是支持西班牙的属地——尼德兰的革命，来削弱西班牙的势力。同时，伊丽莎白一世积极鼓励海盗和走私活动，允许海盗船公开悬挂英王的旗帜，来干扰与劫掠西班牙的商船和西属殖民地。奉女王之命，英国的海盗头目德雷克，曾多次出海袭击西班牙商船。1577 年，德雷克率领英国船队作环球航行，从南美海岸的西班牙商船中，劫掠了价值约 150 万英镑的珠宝、金银运回国。伊丽莎白一世亲自上船，授予其爵士头衔以示奖赏，与他分赃，并任命他为海军将领。据不完全统计，在伊丽莎白一世统治的 45 年中，都铎王朝从海盗对西班牙的殖民地和港口的袭击与劫掠中，净得多达 1 200 万英镑的利润。

为了遏制英国的扩张，1588 年，西班牙国王菲利普二世派遣包括 130 余艘战船的

“无敌舰队”进攻英国。英王则派德雷克等人指挥舰队出海迎击。7月下旬，双方在英吉利海峡交锋。英国战船轻便高速、运转灵活，并配备了远射程大炮。经过十多天激战，给“无敌舰队”以毁灭性打击。从此，持续了近一个世纪的西班牙海上霸权，就转移到了英国手中，英国初步夺得了大西洋航线的控制权，为向美洲殖民扩张开辟了道路。

1588年英国击溃西班牙“无敌舰队”的海战

第二节　法国

一、经济社会的变动

1. 社会经济的发展

中世纪晚期，随着英法“百年战争”的结束与封建混战割据的消失，法兰西统一的民族国家逐渐形成，这些都促进了社会经济的较快发展。

在农业上，由于生产技术的进步，谷物产量有所增长，经济作物的种植开始发展。不少地区大力推广栽培葡萄，北部某些地区还种植松蓝，南部则较前更多地种植橄榄、桑树与养蚕，不同地区之间的经济分工开始显现。随着农业的发展，城市与工商业日益兴盛。16世纪前期，法国约有人口1 500万，城市人口增长迅速。巴黎是欧洲最大的城市，拥有30万居民，与各地的贸易联系日益密切。在此基础上，法国初步形成了以巴黎为中心的国内统一市场。对外贸易也随着国内经济的发展而迅速勃兴。在地中海区域，根据1535年的法、土通商和友好条约，发展了对土耳其的贸易。由于外贸勃兴，涌现出里昂、马赛等繁盛的商业城市，与西班牙、意大利、非洲以及西亚一带有着频繁的商业往来。在新航路开辟以后，法国西海岸的港口城市如波尔多、拉罗舍尔、南特、第埃普等，通过西班牙发展了对美洲的贸易，成为新的对外贸易的港口，与北美洲的关系日益密切。

社会经济的发展催生出新的生产关系，在城市的呢绒、纺织、印刷、玻璃、制陶等行业中，开始出现资本主义手工工场。而在诺曼底、皮卡尔迪、波亚图以及朗该多克等地，呢绒业和棉织业有较快发展。布列塔尼、曼恩的麻织业和里昂、都尔的丝织业都很发达。1536 年，里昂约有 7 万人，其中丝织工人竟多达 12 000 人。此外，巴黎的化妆品和珠宝业，巴黎、里昂和波尔多等城市的印刷业，也很发达。比较集中的手工工场，多出现在采矿业、火药武器制造业、造纸业与印刷业等部门，往往使用数百至上千的雇佣工人来生产。而纺织业中一般都采用分散的手工工场，实行包买制，即由商人向手工业者、农民提供原料乃至生产工具分散生产，然后向他们收取成品，支付一定报酬。不过，最常见的是分散的手工工场与集中的手工工场相结合的方式。例如制呢业，呢绒制造商把羊毛分别发给家庭手工业者去纺织，而呢绒的擀制、染色和最后加工则在呢绒制造商的工场中来完成。在这种情况下，包买商又是集中的手工工场主。

这一时期，法国农业生产工具和耕作方式并无根本性的变化，封建经济仍然是社会经济的主导部分。与英国和尼德兰不同，法国的资本主义因素对农业领域的渗透十分孱弱，且进程缓慢。全国 90%的人口从事农业生产，农民劳动是封建统治阶级收入的主要来源，封建生产方式仍占统治地位。不过，随着工商业的发展和资本主义萌芽的出现，法国的阶级关系开始经历新的演变。

2. 阶级关系的变化

受社会经济变动的影响，大多数贵族不再循守传统的庄园经营模式，而是将土地出租给农民耕种，征收货币地租。此时大多数农民虽然是缴纳世袭地租的佃农，但他们在人格上已经是自由人，对其所租土地不仅拥有世袭使用权，而且可以典押份地，甚至无须领主同意也可以出卖份地，只是购买者必须承担土地上的封建租税。这样，封建领主对农民的权力集中地体现在地租上，其原来带有的人身控制权逐渐淡化。

小农经济相对独立地位的加强，导致农民贫富分化加剧。少数农民为适应市场的需要而设法开垦荒地，扩大生产与提高产量，经济实力迅速积累而成为富裕农民阶层。大多数农民因因循小生产方式而难以维持正常生产生活。他们除要缴纳货币地租外，还要承担国家繁重的税收，如盐税、户口税、人头税以及教会的什一税等，不少人因被迫借贷而又受到高利贷者的盘剥。有的因此而破产，流入城市出卖劳力，或被迫铤而走险进行武装反抗。

受商品经济发展特别是“价格革命”的影响，依赖固定的货币地租为生的封建贵族，其实际收入大大下降，一些人为维持奢侈生活而债台高筑，甚至被迫出卖地产。而富有的城市商人、行东、高利贷者与官僚贵族，往往乘机购买封建贵族的土地与征租权，然后以定期租佃的方式交给农民耕种，一种是收取纯货币地租，另一种流行最广，是分成制地租，即土地主人和分成制佃农按一定的比例出耕畜、农具、种子等等，也按一定的比例（1/2 或 1/3 等）分配收获物和子畜。这实际上是向资本主义地租过渡的一种地租形态。

由于经济地位的显著下降，尽管一些拥有地方传统势力的大封建主仍企图与王权相抗衡，但整个封建贵族基本上失去了称雄割据的基础，不过，他们仍拥有许多经济和政治上的特权。他们在王国御前会议中占有重要地位，多担任军队的将领，在地方常常把持省长等职位。他们不仅领受优厚的俸禄，还多获国王的赏赐，其中不少人聚集在国王的周围，阿谀取宠，过着豪华的宫廷生活。为了永享高官厚禄，他们都依附于君主，支持王权镇压下层人民的反抗。地方的中小贵族大多在经济上濒于破产，他们或参加国王的雇佣军，或投靠地方上有势力的大贵族，在战争时期为之效力，以使自己发财致富，被称为“佩剑贵族”。

随着资本主义萌芽的出现，新兴的资产阶级开始兴起。在经济上，他们与王权结盟，在君主的羽翼下不断扩展实力。他们以购买王国政府发放的公债来向国家贷款，获取利润；或者是充当政府的包税人，包征间接税，预先把税款付给国家，然后获得向居民的征税权，从中渔利。这是法国资本主义原始积累的一个主要特点。在政治上，他们中的代表人物通过购买官职来参政，或以法律学者的身份来议政。此外，富有的资产阶级还通过购买破落贵族的爵位以及与之相联的产业而跻身于贵族之列，被称为“穿袍贵族”。由于与王国政府有着千丝万缕的经济、政治联系，新兴资产阶级支持王权的强化。

资本主义萌芽的发展，催生出最初的无产阶级——手工工场的工人。他们的劳动时间长，生产条件差，工资很少，且受到工场规章制度的严格约束。“价格革命”的影响，更使工人的实际工资下降，生活艰难。此外，当时的封建王国政府常常颁布各种法令，强迫工人接受低额工资受雇，违背者常常被处以监禁和服苦役，同时政府还禁止工人结社、罢工与携带武器。为改善困苦处境，工人们组织起“同业兄弟会”进行罢工斗争。1539 年至 1541 年，巴黎和里昂就多次爆发印刷工人的罢工，要求缩短工作时间和提高工资，甚至进行武装反抗。1571 年至 1572 年，这两地的印刷工人再次罢工，迫使工场主部分满足了工人加薪的要求。

随着社会矛盾的积聚，反抗王国政府苛捐杂税的起义也时常出现，其中以法国西南部地区最为常见。1548 年，爆发了以波尔多为中心的大规模城市平民起义，很多小商人、手工业者、手工工场工人以及郊区的世袭佃农都卷入起义。他们高呼“处死盐商”的口号，杀死地方总督与收税官吏，并一度控制了波尔多城，但最终遭到君主军队的残酷镇压。

二、君权强化与意大利战争

1. 法兰西斯一世的集权

中世纪晚期，阶级关系的变化促使了法国君主专制制度的建立。地位趋于衰落的封建贵族为继续获享恩赐与特权，渴望建立强大的王权。新兴资产阶级为了抑制封建贵族，发展工商业与参与国家政权，也拥护君主强化权威。这两个阶级之间存在着利益纷争，但都要求借助于强大的王权镇压不断高涨的城乡下层人民的反抗，君主正好左右双方，凌驾于二者之上。同时，社会经济的发展，也为君主的政治集权提供了牢固的物质基础，利用税收和发行债券来获取大量财源，建立由自己控制的常备军和官僚政府机构。

法国君主的集权开始于国王路易十一（1461—1483）。他在位期间，采取武力与谈判的两手措施，摧毁了以勃艮第公爵大胆查理为核心的大贵族反叛集团“公益同盟”，兼并了强大的勃艮第公国以及一些贵族领地，初步奠定了近代法国的版图，为中央集权扫清了障碍。

法兰西斯一世（1515—1547）时，着手从体制上强化君权。他在位期间，强调国王权力不受任何限制，发布的诏书常以“此乃朕意”作结尾。为了凸显自己的权威，他在1539年颁布的《维雷-科特莱敕令》中规定，在官方文书中必须使用法语，不得再用拉丁语。此外，法兰西斯一世为了集权，不再召开三级会议，设御前会议掌握着行政管理大权，重大问题由他本人和近臣决策。他还下令剥夺贵族的司法审判权，取消仍然保有自治权的城市的地位，着手创设常备军。

在控制本国教会上，法兰西斯一世也采取了重大措施。“百年战争”末期，法国王权就致力于民族教会的构建。1438年，查理七世颁布《布尔日国事诏书》，宣布：根据巴塞尔宗教会议的决议，宗教会议的权力高于教皇，有权任命包括主教在内的高级神职人员和修道院院长，除特殊情况外不向罗马缴纳上任年贡，任何未经初审的宗教案件不得上诉罗马。该诏书力图限制罗马教廷的权威，向建立本国民族教会迈出了重要一步。法兰西斯一世时，继续推行这样的政策。1516年，他以军事威胁迫使教皇利奥十世签订了《波隆那协定》。根据这个协定，罗马教皇仍被视为最高的神权领袖，但法王有权任命本国教会的高级教职，有权向圣职界征税。此后，教会的收入大部分归入国库，教会名义上从属于罗马教廷，但实际上却受制于国王，成为法国君主统治的御用工具。

法兰西斯一世还采取了不少经济、文化措施。他禁止佛兰德尔、意大利和西班牙的毛织品进口，为法国商人取得在土耳其贸易的特惠权，部分地取消了国内关卡，开始统一度量衡，由此促进了法国工商业的发展和全国市场的形成。他还以科学和艺术的庇护者自居，成立了以研究希腊语、拉丁语和希伯来语为主的法兰西学院，支持人文学者的文化活动，促进了法国文艺复兴的酝酿。这些政策，有助于树立君主的尊严形象与权威地位。

2. 意大利战争

随着王国官僚政府机构和常备军的建立，国家的财政负担日益加重。为了解决这一难题，法国国王开始滥征捐税，同时也一直觊觎富庶而长期分裂割据的意大利。此外，为了巩固法国在地中海区域的商业地位，法王也渴望征服和掠夺意大利。德国和西班牙对意大利也有领土野心，它们支持意大利各邦反对法国。1494年，法王查理八世率军长驱直入侵犯意大利，次年2月占领那不勒斯，意大利战争（1494—1559）正式爆发。这场战争持续时间长，争夺相当激烈。法军虽然数度深入意大利境内，但却多次遭到失败。1525年4月，法兰西斯一世在帕维亚一役战败被俘，丧失了在意大利所占有的全部土地，他甚至在1526年初被迫放弃对米兰和那不勒斯的领土要求，承认勃艮第、普罗旺斯等地独立，允诺诺曼底、安茹、加斯科尼归英国。直到法兰西斯一世之子亨利二世（1547—1559）继位后，形势才有所改观。1559年，他与德意志皇帝缔结《卡托·坎布累齐和约》，结束了战争。法国以收复加来港，占领洛林的麦茨、图尔和凡尔登城为条件，放弃了对意大利的领土要求。

连绵半个多世纪的意大利战争，耗费了法国大量的人力、物力和财力，严重延缓了法国君主集权的进程。由此，法国的国内矛盾日益加剧，不久又陷入了长达30余年的在宗教外衣掩盖下的封建混战。

三、胡格诺战争

1．“胡格诺”教派的形成

法王自1516年与教皇签订了《波隆那协定》后，就控制了本国的天主教会，使之成为法国王权的统治支柱。因此，在当时的法国，支持天主教就意味着支持王权。一些封建贵族和与国王关系密切的资产阶级，特别是大资产阶级，都信奉天主教。而与王权联系较少的中下层资产阶级、普通的工商业者、工人和乡村中的贫苦农民，都对天主教的特权和腐败深为不满，纷纷要求进行宗教改革。正是在这样的形势下，当时逐渐席卷西欧的宗教改革思潮，迅速波及法国并对法国的社会政治产生重大影响。

16世纪初路德教首先在法国传播，不久加尔文教接踵而至，且流传更为广泛迅速。在许多城市以及农村，加尔文教团体纷纷出现，领导这些团体的大多是当地的资产阶级人物。当时，法王法兰西斯一世正和德皇查理五世作战，急需德国新教诸侯的支持，因此对新教采取容忍态度。后来，法王看到新教的传播对王权不利，便开始对新教徒实施迫害政策，于1540年颁布《惩治异端条例》，1549年设立专门惩罚新教徒的“火焰法庭”，许多人被处以监禁和死刑。但这并不能够遏制新教传播的浪潮。1555年，法国新教教会秘密成立。经加尔文倡议，法国首次新教教务会议于1559年5月26日在巴黎举行。据统计，1559年，法国新教徒拥有40个教堂，2 150个小组。胡格诺战争爆发时，法国有新教修会2 000多个，教徒达百万人。随着宗教改革运动的拓展，在法国南部，一些封建大贵族乘法国对意大利战争失败的良机，希望仿效德国的新教诸侯，通过宗教改革来没收教会财产，割地称雄与王权相抗衡，由此而改宗加尔文教。在法国，加尔文教徒被称为“胡格诺”(Huguenots)派①。各阶级、阶层的利益、诉求的矛盾，使得法国的宗教改革与政治斗争相互交织，呈现出异常复杂而矛盾尖锐的局面。

胡格诺贵族与国王及天主教贵族争夺政权的斗争渐次展开，形成了两个互相敌视的政治集团：一个是以吉斯公爵、王国军队统帅弗朗西斯·圣安德烈元帅和蒙莫朗西公爵安纳为首的天主教贵族集团，该集团得到东北部和中部贵族的支持，以天主教信仰捍卫者的面目出现；与吉斯集团对立的是那瓦尔国王、弗朗西斯一世妹夫、波旁家族的安托万及其弟贡德亲王路易，还有海军上将、夏蒂隆家族的加斯帕德·科里尼，他们打着加尔文教的旗帜，称胡格诺集团，其主要势力在南方。

2．胡格诺战争与《南特敕令》

1562年3月，吉斯公爵在瓦西镇屠杀数十名新教徒，由此开始了为时三十多年的

---

① “胡格诺”一词的词源说法不一，通常认为huguenot源自德文eidgenossen，意即“宣誓联合的结盟者”，它本是对日内瓦加尔文宗教改革的瑞士人的称呼，后来成为法国加尔文派新教徒的别称。“胡格诺战争”亦称宗教战争。

战争，史称“胡格诺战争”（1562—1594）。英国与德国的新教诸侯支持胡格诺派，西班牙和德国的天主教贵族则支持法国的天主教集团，都意图从中谋取法国的领土和权益。在国际势力的支持下，双方的战斗各有胜负。1570 年 8 月，法国政府与胡格诺派签订了《和解敕令》，允许新教徒在全国各地作礼拜并担任国家官职，并让他们拥有蒙托班等四个要塞的控制权。

1572 年的圣巴托罗缪节（8 月 23 日）的晚上，许多胡格诺贵族在巴黎参加其领袖那瓦尔国王亨利的婚礼，天主教徒在王太后喀德林和吉斯公爵的策划下，屠杀了 2 000 多名胡格诺教徒，这一惨案被称为“圣巴托罗缪之夜”。事后，胡格诺派谴责国王的背信弃义与暴政，进行激烈反抗，在南方建立了名为“胡格诺联邦”的政权，脱离北部。而天主教贵族则在北方建立了“天主教神圣同盟”，与南方抗衡，全国陷于极端混乱的分裂状态。同时，吉斯集团与法国王室在王位继承上也出现了严重矛盾。

“圣巴托罗缪之夜”惨案

1585 年，法王亨利三世（1574—1589）宣布那瓦尔的亨利为王位继承人，吉斯集团极其愤怒，“天主教神圣同盟”与王权公开分庭抗礼。在混战中，天主教集团首领和国王亨利三世先后被刺死，胡格诺集团首领波旁家族的亨利于 1589 年即王位，称亨利四世（1589—1610），开始了法国波旁王朝的统治。

为了重建政治统治秩序，巩固自己的权威，亨利四世改宗天主教，以换取北方大资产阶级和大贵族的支持。同时，为了平息胡格诺的愤怒，结束长期的内战，亨利四世于 1598 年颁布《南特敕令》，宣布天主教为国教，已经被没收的天主教会的土地、财产一律归还，胡格诺教徒享受宗教信仰自由，并且有权担任国家官职等等。此外，胡格诺派还保留 25 000 人的兵力和若干个堡寨，作为国王履行敕令的担保。《南特敕令》的签订，标志着法国宗教战争的结束，使得法国王权的统治重新得到恢复与巩固。同时，作为西欧的第一个宗教宽容敕令，它也使胡格诺教在法国取得了合法地位。

《南特敕令》节选

在我们王国的所有地方和地区，恢复和重建罗马天主教会，在我们支配的那些同样的宗教信仰被打断的国家也一并如此。……

为了在我们的臣民中消除麻烦和歧见，我们允许，与此一道允许所谓新教的那些人士，在我们王国的所有城市和地方、在我们支配的国家，不受打搅和骚扰，不被强迫去做与他们的信仰相悖逆的任何宗教事务。

——James Harvey Robinson，ed. Readings in European History：vol. 2. Boston：Ginn，1906：183.

四、君主专制制度的发展

1. 亨利四世的统治措施

长期的封建混战给法国造成了严重灾难。在战火摧残下，城市工商业凋敝萧条，不少乡村田园荒芜。战争也使得国库空虚，包税商的贪暴更加横行，常常弄得农民倾家荡产。由此，下层人民为求得生存纷纷展开武装斗争。1594年至1596年，法国西南部各省爆发了大规模的农民起义，组成4万多人的武装，并和城市贫民取得联系。他们攻打贵族的庄园，严惩税吏和包税商，农民把这些人叫作“克洛堪”（即鼠类）。“打鼠”成了起义口号，历史上称这次起义为“克洛堪起义”。

社会矛盾的激化，威胁到统治阶级的根本利益。为了稳定统治秩序，新、旧教贵族和富有的资产阶级开始转而支持王权，推动了专制王权的强化。

为了缓和民众反抗情绪，恢复残破的社会经济，治愈内战带来的严重创伤，亨利四世在位期间，采取了一系列重要措施。

政治上，在内战结束后，亨利四世实行恩威并重的两手政策。他用巨资收买反对派首领，并把大批不驯服的贵族笼络到王宫，这既满足了这些贵族对名利的欲望，同时也使外省局势得以相对缓和。同时，他采取强硬手段打击欲图反叛的贵族。在得知波尔多即将发生叛乱时，他严厉警告预谋者：“我是你们的合法国王，你们的首脑。我的王国是身躯，你们的荣誉就是充当四肢，服从身躯。”1602年，他下令处决了里通外国、阴谋叛乱的比龙元帅。同时，他还在1604年根据财政大臣布莱特的建议发布敕令，允许缴纳收入1/60作为年税的官员世袭其官职，这既增加了政府的收入，又提高了穿袍贵族的地位。此外，亨利四世进行了旨在集权的行政改革，将国王参政院分解为国务会议和财政会议等数个分支机构，而以国务会议作为核心机构，由它负责处理内政和外交，其成员一直限定为12人，都为国王宠信的官员，并且将一切王室宗亲排除在外。他还沿袭以往的惯例向地方派遣“督办官”，让他们负责处理暴乱事件，保证税收，或核查某些特殊的民怨，展示王权的强大声威。

亨利四世也致力于发展社会经济。在财政税收上，他节约开支，豁免农民积欠的税款，降低人头税税额，严禁税吏强迫农民以耕畜和农具偿税，让农民休养生息，以培植和扩大税源。他还鼓励农业生产，引进桑树，推广玉米和甜菜种植，允许农产品在国内自由运销。又组织兴修水利，排干沼泽，扩大耕地面积。这些积极措施促进了农业的恢复。他的财政大臣苏利在谈到政府重视农业的目的时指出：农耕和畜牧是供养法兰西的双乳，是真正的宝藏。此外，亨利四世还大力推行重商主义的政策。1599 年实行保护关税政策，禁止羊毛、蚕丝等原料出口，限制外国商品进口，并发放手工工场津贴，改善交通，提倡技术改良，鼓励发展本国的工商业。在政府的资助下，资本主义手工工场得到较快发展。同时又发展海外殖民贸易，1604 年成立东印度公司和加拿大的商业公司，1608 年在北美圣罗伦斯河下游建立了魁北克城。经过一个时期的努力，法国的社会经济逐渐恢复与发展，为君主专制的强化奠定了物质基础。

2. 黎塞留与君主专制的强化

路易十三在位时（1610—1643），黎塞留出任首相（1624—1642），法国专制王权进一步加强。黎塞留出身于贵族家庭，其父曾任法王的宫廷卫队长。1606 年经亨利四世举荐任主教，后升红衣主教。他不仅果断刚毅、擅长权术，而且忠诚于王权，把国家利益放在教会之上。他在《政治遗嘱》中曾声称：“我的第一个目的是使国王崇高，我的第二个目的是使王国荣耀。”因此他颇受国王的青睐，在 1624 年被任命为首相，控制政府的统治大权，为巩固君主专制作出重大贡献。

当时的法国，胡格诺派与天主教徒仍然严重对立，在各自控制的地区禁止对方举行礼拜，甚至加以残杀。胡格诺派勾结国王宫廷中的贵族阴谋反叛，还凭借军事实力，依托于卢瓦尔河两岸的城堡，在自己的控制区搞分裂割据。对此，黎塞留说服路易十三坚决镇压。1627 年底，黎塞留更亲率大军攻打胡格诺派的根据地拉罗舍尔城，并下令修筑围堤，阻止英国军舰前来支援，迫使该城在次年投降。1629 年，胡格诺派的最后一个据点孟托班陷落。同年 6 月，路易十三颁布《阿莱斯恩典敕令》，名义上仍然承认《南特敕令》，允许胡格诺派信仰自由和在军队任职，但却命令胡格诺派解散军队，拆除一切城堡。由此，法国最终成功地解决了新教徒反叛的隐患，胡格诺派割据的“国中之国”局面不复存在。此后，黎塞留又先后镇压了奥尔良公爵、森-马尔斯侯爵等策动的反叛。黎塞留还设立非常法庭，惩治叛乱贵族。在他执政期间，被处死的大贵族计有公爵 2 人，伯爵 4 人，其他 41 人。在镇压反叛势力的同时，黎塞留还致力于强化政治集权体制。他在中央设立各部大臣，权力归国王直接控制。在地方，为了削弱原贵族把持的省长职权，由中央直接任命总督，统管各省的司法、监察、财政大权。他还从穿袍贵族中选拔官吏，让大批富有的资产阶级人士通过购买官职，进入各级官僚机构。为便于对地方的控制，黎塞留还在全国各地设置驿站。在思想文化上，他建立了出版检查制度，并于 1630 年创立了法国历史上最早的报刊《法兰西报》，作为集权政治的舆论工具。专制统治强化后，由贵族参加的国务会议形同虚设。三级会议从 1614 年被解散以后，直到 1789 年，175 年间未曾召开。

黎塞留继续推行重商主义经济政策，扶植工商业、海外贸易和航海殖民活动，借以增殖财富，巩固专制制度。17 世纪上半期，法国殖民者除在加拿大的地位得到巩固之外，还侵入西印度群岛和非洲的塞内加尔、马尔加什等地。

为了提高法国的国际地位，黎塞留还加强军队建设。1626 年后，他下令扩建海军，自任“航海和商业总监”。经过 10 年努力，法国舰队已拥有舰艇约 63 艘。陆军也由原来的数量扩展了10倍多，达到13万人。法国成为欧洲屈指可数的军事强国。

在对外政策方面，黎塞留力图打破哈布斯堡势力对法国的三面包围，进而夺取欧洲霸权。在“三十年战争”中，他先后怂恿、资助丹麦、瑞典入侵德国，1635年起直接参战。“三十年战争”扩大了法国在意大利、德国、尼德兰和瑞典的影响，为以后法国建立欧洲霸权奠定了基础。

黎塞留的主张

百姓没有服从的标志，就会忘掉自己的命运，被免除捐税就会妄想他们被解除服从的义务。应当把他们看成骡子，骡子惯于重载，长期休息会比劳累对它更有害。

——黎塞留．政论集（节选）//郭守田．世界通史资料选辑·中古部分．北京：商务印书馆，1981：365-366.

随着法国君主专制的不断强化，维持庞大的官僚机构、人数众多的常备军所需费用，长期战争所消耗的大量军费，全部都被转嫁到劳动人民身上。仅以人头税为例，1610年为1 150万里佛尔，到1643年则增为4 400万里佛尔，增加了3倍多。包税制度的残酷掠夺更加重了人民负担。这一状况与黎塞留的封建榨取政策关联。他在《政论集》中就指出，应当将民众看作惯于重载的骡子来加以剥削，“如果不用穷苦把百姓压制到某种限度，他们就未必相信理智和法律给他们规定的秩序”。因此，在黎塞留当政期间，阶级矛盾日趋尖锐，农民和城市平民的起义此起彼伏。规模最大的要数1635年至1636年在法国西部、南部爆发的新的“克洛堪”起义，起义农民在城市下层群众的支持下，占领了许多城市。1639年，诺曼底又发生了“赤足汉”起义，农民武装袭击税局，杀死税吏，一度控制了整个诺曼底。这些起义虽然都被残酷镇压，但却有力打击了法国君主专制制度，为后来法国人民的反封建斗争树立了榜样。

第三节　尼德兰资产阶级革命

一、革命的酝酿

1．工商业发展与新兴阶级的崛起

“尼德兰”一词意为低地，即指莱茵河、缪司河、些耳德河下游及北海沿岸一带的低洼地区，包括现今的荷兰、比利时、卢森堡和法国东北的一部分。这个地区在中世纪初期属于法兰克王国。11至14世纪分裂成许多狭小的封建领地，多属于神圣罗马帝国皇帝和法国国王。15世纪成为勃艮第公国的组成部分。后又由于王室联姻及继承演变，成为哈布斯堡家族的领地。16世纪初则转属于西班牙君主，由其派总督治理。

尼德兰物产丰富，且濒临北海，交通便利。早在13至15世纪，农牧业和工商业就有了较快发展，呢绒业在欧洲相当著名。新航路开辟后，欧洲国际贸易中心从地中海北向大西洋沿岸转移，促使尼德兰工商业经济更趋繁荣，以北部七省中的荷兰和西兰两省最为发达。这里的毛麻纺织业、造船业、航运业和渔业都驰名欧洲。阿姆斯特丹、密德尔堡、符利辛根等城市，都出现了较为集中且具有相当规模的资本主义手工工场。阿姆斯特丹是北方诸省的经济中心，1548 年呢绒年产量达到 10 938 匹，与英国、波罗的海沿岸各国以及俄罗斯的贸易往来十分密切，但与宗主国西班牙的经济联系则较少。此外，在尼德兰的农村，封建势力比较薄弱，土地大部分为大富商和资产阶级掌握，他们直接雇佣劳动力来从事种植和放牧，或把土地租佃出去，收取货币地租。为了获取利润，有的贵族也采用资本主义方式经营农场。

在南方十省，以佛兰德尔和不拉奔的工商业经济最为发达，早在 14 世纪就出现了手工工场。到了 16 世纪，手工工场在纺织、冶金、制糖、印刷等行业中更为普遍，其中以毛麻纺织业手工工场尤为兴盛。南方的安特卫普也是当时欧洲最重要的商业中心之一。佛兰德尔和不拉奔的商品都经由安特卫普转运各地，因此商业中介十分发达，欧洲各国在这里设立的商行有千余家，每日往来的外国商人多达五六千人，港口内有时同时停泊大小船只两千余艘。不过，毛织业的原料供应和产品销售主要依靠国外特别是西班牙的市场，与西班牙及其殖民地有着密切的经济联系，这也就使得南方各省的大资产阶级在反对西班牙的统治中，不可避免地表现出动摇性和妥协性。在农村中，资本主义农场也相应发展起来。

不过，尼德兰的经济发展也具有不平衡的特点。在阿多瓦、那慕尔、卢森堡等边缘省区，经济发展比较迟缓，封建土地所有制仍占统治地位，农民对封建主还保留着传统的人身依附关系。

随着资本主义生产关系的成长，尼德兰的社会阶级关系发生了深刻变动。北方的贵族阶级分化，大部分贵族仍然从事封建剥削，但也有一些贵族因经营资本主义的农场而成为新贵族。新兴的资产阶级正在形成，其中以商业资产阶级占优势。大多数破产了的行会手工业者，则因社会分化而沦为帮工和手工工场的雇佣工人。由此，各种社会矛盾开始积聚，尼德兰资产阶级、新贵族与西班牙封建专制君主之间的民族矛盾与阶级矛盾相互交织。

2. 西班牙在尼德兰的残酷统治

在 16 世纪，西班牙残酷的封建统治构成了尼德兰资本主义发展的严重障碍。在经济上，西班牙将尼德兰作为其重要的财源地。查理一世、查理五世都对尼德兰横征暴敛，征收苛捐杂税，勒索大量财富。西班牙的国库年收入 500 万佛罗林，其中半数来自尼德兰。因此，查理一世把尼德兰看作其“王冠上的一颗珍珠”。在政治上，西班牙君主通过任命总督和各省省长，来强化对尼德兰的控制。16 世纪前期，新教特别是加尔文教相继传入尼德兰，在资产阶级、新贵族以及下层群众中逐渐流行，他们建立了一批新教组织，以加尔文教为组织形式和精神旗帜，开展反对西班牙的斗争。为了维护其封建统治，西班牙国王利用天主教神权作为御用工具。他在尼德兰设置异端裁判所，疯狂地镇压新教徒。1550 年，查理五世颁布敕令规定，凡是新教徒或被控为新教徒者，均以破坏社会治安论罪，“男的杀头，女的活埋”，甚至处以火刑，财产籍没国库。包庇“异端”者同罪。就连帮助过新教徒或和他们谈过话的人也要治罪，没收其财产。因此人们把这个敕令称为“血腥敕令”。腓力二世（1556—1598）继位后，进一步强化专制统治，任命其姐玛格丽特公爵为尼德兰总督，由宠臣红衣主教格兰维尔辅政，全面加强对尼德兰的压迫。玛格丽特剥夺尼德兰17个省残存的自治权利，加派各地驻军，并利用“异端”法庭，大肆镇压尼德兰人民，许多新教徒被处以死刑。据估计，到革命爆发前的1566年，被杀害或被驱逐者达5万多人①。腓力二世还肆意进行经济敲剥与封锁。他多次宣布国家破产，拒付国债，让尼德兰银行家损失惨重。1560年，他下令提高西班牙羊毛出口税，致使输往尼德兰的羊毛每年减少40%。他还限制尼德兰商人前往西班牙，禁止他们与英国、西班牙的殖民地直接贸易。由此，尼德兰的许多工场、银行纷纷倒闭，工人大量失业，人民的不满情绪普遍高涨。阶级矛盾和民族矛盾急剧激化。

由手工工场主和商人构成的资产阶级以及经营资本主义农场的新贵族，在革命中起了领导作用。那些仍然靠封建地租过活的旧贵族，则仿效德国和法国的新教诸侯、贵族，想通过宗教改革没收教会的土地和财产，也纷纷加入反西班牙统治的斗争。农民、雇佣工人和平民，既受封建贵族和天主教会的压榨，又受资产阶级的剥削，强烈要求改变现状，构成了革命的主要力量。这样，以加尔文教为旗帜的尼德兰革命逐渐酝酿爆发。

二、革命的进程

1. 革命的爆发与受挫

腓力二世的高压政策，激起尼德兰人民的极大愤慨。从16世纪60年代初起，加尔文派牧师就在露天旷野公开布道，号召人民起来武装反抗。在佛兰德尔、不拉奔、荷兰、弗里斯兰和安特卫普等省市，先后多次发生新教徒针对西班牙统治的暴动。在日益高涨的民众反抗浪潮的推动下，与资产阶级利益密切关联的贵族在布雷达集会，组成以奥兰治亲王威廉为首的“贵族同盟”。1566年4月5日，贵族同盟中三百多人联合行动，向玛格丽特总督呈递请愿书，提出废除“血腥敕令”、召开三级会议、撤退西班牙驻军、召回红衣主教格兰维尔等项要求，同时也表示对腓力二世继续效忠。这些要求，遭到了西班牙君主的拒绝。为继续斗争，贵族同盟派代表出访，寻求德国和法国新教诸侯的支持。广大下层民众则立即行动起来，掀起了声势浩大的武装起义。

1566年8月11日，佛兰德尔的市民首先行动起来。他们冲进教堂和修道院，捣毁圣像、圣徒遗骨和遗物，没收教会财物，或打开监狱释放被囚的新教徒，强迫当局限制天主教僧侣的活动，允许新教徒信仰自由。有些地方的农民还焚毁地契和债券，建立武装。8月底，运动波及安特卫普、阿姆斯特丹等大城市和荷兰、西兰等地，尼德兰17个省中有12个卷入。到10月底，捣毁教堂和修道院5 500多所。西班牙的统治陷于瘫痪。

在人民反抗的震慑下，西班牙统治者被迫让步。在8月23日颁布的“协议令”中，女总督玛格丽特许诺暂停宗教裁判所的活动，允许加尔文教徒在指定地点作礼拜，特赦

---

① 据统计，宗教起诉案件的人数1551年为50余人，1561年增为150人，1562年猛增到650人。从1521年颁布《惩治异端法令》起，迄1566年前，因异端罪被处死和被迫流亡的人数达5万多。

贵族同盟的成员，同时希望贵族继续效忠，协助恢复统治秩序。对群众运动怀有恐惧心理的贵族，如埃格蒙特伯爵和荷恩上将，完全接受了总督的条件，宣布解散贵族同盟，投靠西班牙当局。奥兰治亲王威廉则率亲信逃往德国，坚持斗争。加尔文派资产阶级也不敢坚持斗争，纷纷退出运动，号召人民停止反抗。贵族的叛卖和资产阶级的动摇，使刚刚勃兴的革命浪潮严重受阻。

在通过让步获得喘息之后，西班牙国王腓力二世于 1567 年 8 月派遣阿尔发公爵率 18 000 名士兵来到尼德兰。他采取了极端残暴的措施实行镇压，设立特别法庭，名为“除暴委员会”，借清除异端在各城市大肆搜捕起义者。不少起义者被处以绞刑和火刑。短短几年，起义者被杀害 8 000 余人，9 000 多人财产被没收。前贵族同盟领导人埃格蒙特伯爵和荷恩上将以及安特卫普市市长凡·斯特拉连也遭关押，后在布鲁塞尔广场被公开处决。逃往德国的奥兰治·威廉，则以叛国罪被缺席审判。因此，“除暴委员会”也称“血腥委员会”。同时，阿尔发加紧掠夺尼德兰，于 1569 年 3 月颁布新税制，按税率 1%征收各种动产和不动产的财产税，按税率 5%征收土地买卖税，商品交易税税率则为 10%。重税盘剥导致工商业工场纷纷倒闭，几十万人逃往国外。为了反抗阿尔发公爵的恐怖统治与掠夺政策，逃到德国的奥兰治·威廉竭力争取德国、法国的新教诸侯贵族的支持，并曾多次带兵回尼德兰进攻西班牙军队，但都因没有发动群众而受挫。

2. 反抗浪潮的再起与北方七省的解放

正当贵族和资产阶级纷纷逃亡国外之际，南方许多手工工场工人、手工业者、农民和部分激进的资产阶级分子转入佛兰德尔、海诺特等地的密林中，组成森林游击队，称为“森林乞丐”，袭击西班牙军队和天主教神甫、司法官吏。而在北方，荷兰、西兰、弗里斯兰等地的水手、渔民和码头工人则移居船上，组成海上游击队，称为“海上乞丐”，袭击西班牙船队和沿海据点。各地游击队的队伍日益壮大，一些逃亡国外的贵族和资产阶级人物，也回来参加游击队，并且逐渐取得了领导地位。

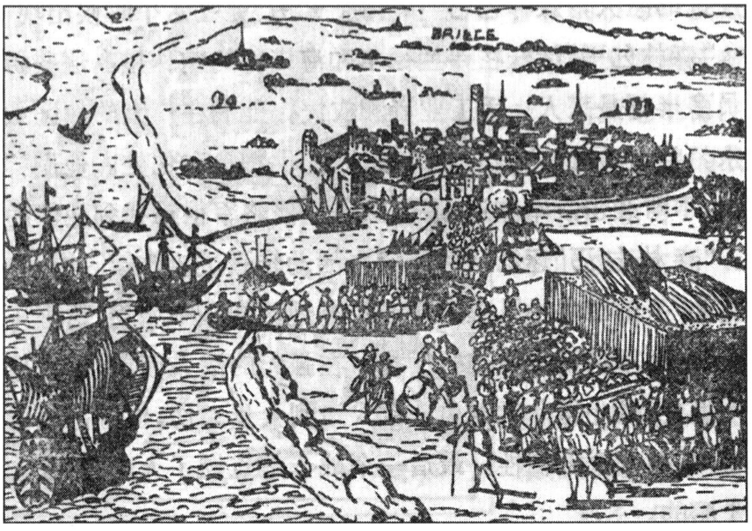

“海上乞丐”

人民群众的英勇斗争，促进了革命高潮的来临。1572年4月1日，由让·拉·马克伯爵率领的海上游击队，突袭攻占了西兰岛上的布里尔城，并且击退阿尔发军队的反扑。这一胜利为海上游击队在尼德兰本土建立起一个坚固的据点，成为北方各省普遍起义的信号。5月下旬，起义蔓延到须德海出入口的重要商城弗里星根、恩克豪森、坎普菲尔等城以及荷兰、西兰的一些农村。1572年夏，除阿姆斯特丹几个城市外，整个荷兰省和西兰省都摆脱了西班牙的统治。奥兰治派贵族和资产阶级凭借人民革命的力量，夺取城市政权，组织人民自卫队。在农村，农民群起捣毁天主教堂、寺院和贵族宅邸，拒绝缴纳什一税和履行各种封建义务。1572年7月中旬，在多德雷赫特召开的荷兰省的议会上，奥兰治·威廉被推举为荷兰、西兰和乌特勒支三省的合法总督，并被授予最高军政大权。会议宣布信仰自由，包括信仰天主教自由，并整顿立法、行政和诉讼程序。大会还建议其他各省共举威廉为尼德兰摄政。10月，威廉正式就任总督，改奉加尔文教。到1573年底，北方七省先后都从西班牙的占领下解放出来。

阿尔发不甘心于失败，调集军队疯狂反扑，但难以阻止西班牙在北方统治的崩溃。1573年底，腓力二世只得召回阿尔发，改派列搂生为尼德兰总督，但局势并未改观。1574年5月，列搂生率大军包围了北方荷兰省的海滨城市莱顿，莱顿起义者坚持抵抗了三个月，并打开水闸放水淹敌，围城的西班牙军损失惨重，狼狈退却。莱顿战役的胜利，有力巩固了北方革命的胜利成果。

3.《根特和解协定》和南方起义

北方革命的胜利促进了南方各省斗争浪潮的高涨。1576年9月4日，布鲁塞尔爆发起义。在奥兰治党人城防司令德·黑兹的指挥下，起义者占领议会大厦，解散国务会议，逮捕国务委员，推翻了西班牙在尼德兰的最高统治机关。从此，革命中心转移到南方。10月，尼德兰南北方的代表在根特举行三级会议。奥兰治·威廉没有与会，但他通过信件给会议提建议和发备忘录，要求代表们“维护国家的古老权利，从不堪忍受的西班牙人的暴政下解放出来”。11月4日，正当会议议而不决的时候，西班牙军队又进攻安特卫普，大肆烧杀，8 000多居民丧生。这一暴行促成了南北方协议的达成。11月8日，三级会议公布《根特和解协定》。协定废除阿尔发颁布的一切法令，恢复各省市原有的权利；南北团结共同反对西班牙，但名义上承认西班牙国王及其政权的合法性；南方仍然信仰天主教，但承认加尔文教的合法性。协定还规定奥兰治·威廉的特权、尊号和财产不受侵犯。协定没有触及消灭封建土地所有制问题，也没有明确提出尼德兰独立的问题。很明显，这一协定是南方贵族在革命压力下同北方资产阶级和贵族暂时妥协的产物。

4. 南北分裂和联省共和国的诞生

《根特和解协定》缔结后，革命斗争仍继续发展。1577年秋，南方的布鲁塞尔、根特和安特卫普等城市的人民又发动新的起义，建立权力机关“十八人委员会”。而在佛兰德尔、不拉奔等省的农村，农民也纷纷组织起来抗交封建租税，夺取贵族和教会土地。同时，西班牙也继续进行新的镇压，1578年初，亚历山大·法内赛率领的西班牙军队到达尼德兰，打败了三级会议军。在此严峻形势下，南方贵族、天主教僧侣阴谋与西班牙妥协，与西班牙有经济联系的资产阶级保守派也不愿与西班牙断绝往来。1579

年1月6日，反动贵族在阿图瓦省城阿拉斯组成“阿拉斯联盟”，公开投降西班牙，承认腓力二世为合法君主、天主教为唯一合法的宗教，企图同西班牙勾结起来。从此，南北方分道扬镳。南方形势骤变，西班牙借助于南方贵族的支持，对革命力量发起反扑。

面对严峻的形势，1579年1月23日，北方的荷兰、西兰、盖尔德兰、乌特勒支、弗里斯兰、苏特芬六省的代表，与南方安特卫普、布鲁塞尔和根特等城的代表，在乌特勒支集会，商讨更密切的永久合作，订立了“乌特勒支同盟”。同盟宣告北方各省为永不可分的联盟，以各省代表组成的三级会议为最高权力机关，有权决定宣战和媾和，规定统一的币制和度量衡，实行共同的军事和外交政策。5月，奥兰治·威廉在盟约上签字。乌特勒支同盟奠定联省国家，即荷兰共和国的基础。6月15日，腓力二世发表特别宣言，宣布奥兰治·威廉为“最凶恶的叛徒和国事犯”，剥夺威廉的公民权，并悬赏重金予以捉拿。

1581年2月4日，威廉用多种文字公布辩护书，称自己是为自由的伟大事业而奋斗，并公开同西班牙决裂。7月26日，奥兰治·威廉在海牙签署了乌特勒支同盟的三级会议所通过的《誓绝法案》，宣布尼德兰正式独立。这样，联省共和国在尼德兰北部成立，简称为荷兰共和国。奥兰治·威廉任国家的首任执政。西班牙一再密谋暗杀威廉。1584年7月14日，威廉遭枪击身亡，由其子莫里斯继任执政，被推选为由显贵和资产阶级组成的“民族委员会”的主席，兼北方诸省联军的总指挥。

联省会议宣布废黜西班牙国王在尼德兰的统治权的公告（1581年7月26日）

西班牙王在法律上已丧失他在这些省的君主身份、管辖权和继承权，我们绝不想承认一切涉及他个人在这些省的统治权、管辖权和领主权。……我们宣布，这些省的一切官员、法官、权限较低的贵族、附庸和其他一切居民（不论其身份和等级如何）今后必须解除他们对西班牙王作为这些地方君主的一切义务和已经立下的誓约。

——考斯曼，等. 关于尼德兰起义的原始资料（节选）//郭守田. 世界通史资料选辑·中古部分. 北京：商务印书馆，1981：412-413.

而在南方，西班牙联合“阿拉斯联盟”，派大军疯狂反扑，镇压各地起义。先后占领了伊普尔、根特、布鲁日等城市，1585年又攻占了布鲁塞尔和安特卫普。由于北方资产阶级把南方的这些城市看作其强劲的商业竞争对手，拒绝对之予以援助，导致了南方的反抗孤立无援，最终失败，南方仍旧归西班牙统治，尼德兰南北分裂的大局已定。

为了巩固自己的独立地位，北方的联省共和国在16世纪末17世纪初，多次向南方的西班牙军队开战，夺回了佛兰德尔和不拉奔北部地区。同时，也争取到英国和法国的外交支持。1588年，西班牙的“无敌舰队”在进攻英国时全军覆没，1598年，西班牙对法国的干涉也归于失败。在内外交困的形势下，西班牙被迫与联省共和国谈判。1609年4月9日双方签订《十二年休战协定》，西班牙事实上承认共和国的独立。尼德兰南方后来形成比利时和卢森堡国家。

5. 革命的意义和局限

尼德兰革命是世界历史上第一次成功的资产阶级革命。它在资产阶级与爱国贵族的领导下，以加尔文教为精神旗帜，以城市平民、乡村农民为主力，最终推翻了西班牙在尼德兰的封建统治，在欧洲封建政治的版图上打开一个缺口，建立历史上第一个真正意义的资产阶级共和国，对日后欧洲的政治发展具有重大影响。尼德兰的资产阶级主要是商业资产阶级，与封建制度有着千丝万缕的联系。他们在反对西班牙的斗争中软弱动摇，害怕群众。此外，资产阶级南北两个集团之间存在着利益之争，因而在斗争中不可能紧密团结，而是各自为政，甚至互相拆台。平民和农民在斗争中虽然发挥了重要作用，但却显示了自发性与分散性的局限。因此，尼德兰革命并不彻底，没有彻底废除封建土地所有制，革命只在北方取得胜利，政权也落在大资产阶级和贵族手里。所有这些都为日后荷兰的发展带来不利的影响。

三、17 世纪的荷兰

1. 共和政治体制

尼德兰革命后成立的荷兰共和国是一个联邦国家，首都设在海牙。这个早期资产阶级共和国的政治制度，反映了资产阶级和贵族的利益要求。国家的最高权力机关是三级会议，三级会议由各省的资产阶级、教士和贵族的代表组成，有立法、征税、宣战、媾和、处理重要国务的大权。每省不论代表多寡都只有一票表决权，重要问题须全体一致通过，其他问题根据多数意见决定。三级会议的常设机构是国务会议，由 12 名委员组成，委员的名额分配按每省纳税的多少决定。因荷兰和西兰两省纳税最多，故有 5 名委员，实际把持了国务会议。国务会议的首脑是执政，拥有最高军政大权，由奥兰治家族世袭。三级会议中各省代表的意见产生分歧时，由执政协调，如协调仍不能取得一致，执政可行使最高职权进行仲裁，作出决定。执政出缺，由荷兰省长代理。

在地方，各省有省议会和市议会作为地方政权机关，在处理本省内部事务时享有广泛的自治权。由于各省经济发展状况不一，其三级会议的代表成分不尽相同，在经济发达的荷兰省，大资产阶级在三级会议中占绝对优势，贵族势力微弱。而在东部欠发达的格利德恩和奥维依谢尔，贵族在三级会议中占多数，主导着会议的政策。

2. 工商业的繁荣

资产阶级共和国政权的建立，促进了荷兰资本主义经济的迅速发展。在 17 世纪前期，荷兰工商业和航运业日臻繁荣。莱顿的呢绒、哈连姆的亚麻布在国际上享有盛名。作为 17 世纪中叶欧洲最大的毛纺织品中心，莱顿年产呢绒 7 万～12 万匹，其产量相当于英国布匹出口总量的一半。哈勒姆的亚麻纺织业则在欧洲居于首要地位。制糖、陶瓷、印刷、宝石加工、精密仪器等行业也有较快发展。荷兰资本主义经济发展的特点，集中体现为其商业胜过工业，国际贸易胜过国内贸易。为了维护商业资产阶级利益，国家征调的商业税和航海税的税率都很低。正因为如此，荷兰的造船业最为发达，居当时世界首位，商船吨数占欧洲的 3/4，数量达 1 万多艘。1700 年，荷兰的商船队已远远超过 50 万吨，其吨位相当于竞争对手英国商船队的 3 倍。荷兰也因商船遍航世界各地，而被称为“海上马车夫”。西北欧盐的运输，波罗的海贸易，东方的香料经营，大多控制在荷兰商人手里。

随着经济的发展，阿姆斯特丹的地位逐渐超过安特卫普，成为荷兰的经济中心，这里不仅集中了荷兰的造船业，而且也主导了荷兰的国内外贸易。此外，它还是17世纪欧洲贵金属贸易的中心，西班牙的白银和后来葡萄牙的黄金均在此地被用来交换北欧的商品。因此，阿姆斯特丹的金融业发展也走在欧洲前列。1609年创建的阿姆斯特丹汇兑银行是北欧第一个政府银行。该银行处理汇兑业务所使用的标准，促使阿姆斯特丹成为欧洲主要的汇兑中心。1614年，阿姆斯特丹又开设了“借贷银行”（又称伦巴德银行），专门从事贷款业务。北欧与西北欧的贸易，包括英国和波罗的海之间的贸易所需要的资金，大多由阿姆斯特丹提供。

3. 海外殖民掠夺

为拓展资本主义的海外市场，荷兰从17世纪初就开始了血腥的海外殖民掠夺。1602年，荷兰成立荷属东印度公司，排挤葡萄牙在印度尼西亚的势力，垄断太平洋和印度洋的贸易特别是香料贸易，其资本额超过英国东印度公司十多倍。它以巴达维亚为大本营，先后占领爪哇、摩鹿加和锡兰为殖民地，在印度、马来亚、澳大利亚建立殖民据点，还侵占了重要的战略据点毛里求斯等地。荷兰殖民者不仅通过香料贸易获取了高达几百倍的利润，而且还野蛮屠杀当地居民，或将他们掠卖为奴，或强迫他们在种植园劳动。对此马克思曾抨击道：17世纪荷兰的殖民地经营史，“展示出一幅背信弃义、贿赂、残杀和卑鄙行为的绝妙图画”①。此外，荷兰在1621年又成立荷属西印度公司，一度在西非和美洲进行殖民扩张。它从西班牙手中夺取西印度群岛的一些岛屿，并于1622年占领北美洲东岸土地，建立了新阿姆斯特丹城。1648年，荷兰在非洲南端排挤了葡萄牙人，建立荷属“海角殖民地”，并一度侵入巴西。

荷兰殖民者还频繁入侵我国的东南沿海。1603年，荷兰商船侵入澎湖列岛，因中国政府强烈反对而退去。1624年，荷兰殖民者开始侵入我国领土台湾，先在安平建立据点，然后逐步扩大占领范围。1642年，在打败西班牙后更把势力范围扩展到台湾北部的基隆和淡水一带。台湾岛上的汉族和高山族人民，多次起义痛击侵略者。1661年至1662年，我国东南沿海军民在民族英雄郑成功的领导下渡海进驻台湾，把荷兰侵略者全部驱逐出去。

4. 思想文化的发展

尼德兰革命创建了世界上第一个资产阶级共和国，在那里确立了资本主义的经济与政治制度，推动了社会经济的繁荣，由此也为思想文化的发展提供了有利的社会环境。

当时的荷兰是新哲学的重要发源地之一。笛卡儿和斯宾诺莎正是在荷兰潜心研究哲学，成为17世纪前期西欧大陆“唯理”论哲学的杰出代表。

在法学领域，荷兰出现了著名的法学家格劳秀斯（1583—1645）。他出生于荷兰的德耳夫特，11岁开始在莱顿学法律，15岁时进入法国奥尔良大学深造，获法学博士学位。此后，格劳秀斯先任律师，后任荷兰省检察官、使节等职，也曾因卷入政治与宗教冲突而被捕入狱。他依据广博的知识和丰富的阅历来研究法学，撰有《战争与和平法》

---

① 马克思恩格斯全集：第23卷. 北京：人民出版社，1972：820.

《海上自由论》《荷兰法律导论》等著作。格劳秀斯提出了天赋的自然权利和社会契约等观点，认为国家是人们为了享受法律利益和谋求共同福利而组成的最完善的联盟。格劳秀斯在国际法理论上的建树更为突出。他认为，国际法代表一切或许多国家的意志，也来自自然法并服从自然法的一般原则，尤其是信守诺言的原则。战争也应遵守法律所规定的权利和义务；战争有正义和非正义之分，正义战争的理由是自卫、恢复财产和惩罚过错。应当以最大努力防止战争。战时实行人道主义，避免野蛮行为；战后则应遵守和平条约。海洋不得为任何人私有。格劳秀斯的学说在近代具有重要影响，他被看作近代西方资产阶级的思想先驱、国际法的创始人。

在绘画艺术方面，17世纪的荷兰画派在欧洲独树一帜，成就斐然，对整个西方美术的发展，产生深远影响。当时的荷兰画家怀着民族自豪感，用写实手法表现民众生活和自然风景，使绘画摆脱了对宫廷贵族和天主教会的依附，开始为新兴的市民阶级服务。除宗教历史画和肖像画外，风俗、风景、静物和动物画也发展为重要画种。伦勃朗（1606—1669）是当时荷兰绘画艺术家的杰出代表。他的画作题材广泛，擅长肖像画、风景画、风俗画、宗教画、历史画等，其代表作品有油画《杜普教授的解剖课》《夜巡》《布商公会的理事》，版画《三棵树》等。他吸收了意大利画家卡拉瓦乔的明暗对比法并加以发展，形成了自己独特的风格。在肖像画和人物构图中，善于以概括的手法表现人物的性格特征，擅长以聚光及透明阴影突出主题，运用笔法表现质感。他把油画的表现力推进到了前所未有的高度。作为当时最杰出的现实主义画家，伦勃朗为17世纪欧洲绘画开创了崭新的境界，在西方美术史上有着十分重要的地位。

推荐阅读书目

陈文海．权力之鹰：法国封建专制时期督办官制度研究．长春：吉林大学出版社，1999.

陈曦文．英国16世纪经济变革与政策研究．北京：首都师范大学出版社，1995.

陈勇．商品经济与荷兰近代化．武汉：武汉大学出版社，1990.

刘新成．英国都铎王朝议会研究．北京：首都师范大学出版社，1995.

夏继果．伊丽莎白一世时期英国外交政策研究．北京：商务印书馆，1999.

朱孝远．近代欧洲的兴起．上海：学林出版社，1997.

伏尔泰．路易十四时代．吴模信，译．北京：商务印书馆，1982.

弗朗索瓦·布吕士．太阳王和他的时代，1643—1715．麻艳萍，译．济南：山东画报出版社，2005.

米歇尔·卡尔莫纳．黎塞留传．曹松豪，等译．北京：商务印书馆，1996.

佩里·安德森．绝对主义国家的谱系．刘北成，等译．上海：上海人民出版社，2001.

后　记

世界中世纪史是一门既古又洋、冷僻艰深的学科，在我国史学界兴起较晚，尚未有深厚的学术积淀和完整的体系构建。由于其囊括了诸多的地区和国家，其间涉及诸多民族特性、语言文字、文化传统、历史地缘等方面的问题，相关的研究难度很大。因此，国内的专家一般只是对某个地区、国家的历史有所专长，要成为这个断代史领域的通才几乎是不可能的，而没有一个博学的学术团队合作，很难撰写好一本这方面的教材。因此，当中国人民大学出版社约请我撰写21世纪史学系列教材的《世界中世纪史》时，我真感到有些勉为其难。最初我曾试图联络几位同人合作同撰，但很快就发现，时下的学者都十分忙碌，即便是在比较“冷门”的世界中世纪史领域，大家也都忙于各种项目的科研与教学，还要应付各种各样的考核。万不得已，只好独自为之。这样一来，在整个撰写过程中，本人全身心地投入劳动，且时常处于“如履薄冰”“如临深渊”的状态。时近两年，好不容易将书稿杀青，但对这一工作的敬畏之感仍戚戚于心！

本人虽然从事世界中世纪史领域的学习、教学与科研近30年，但却未有多大长进，其间的艰辛可谓“如鱼饮水，冷暖自知”。在备课和讲授过程中，素来感到这门课不仅资料匮乏、史实晦暗，而且信息闭塞、头绪纷乱。究其原因，主要是因为它所覆盖的时间特别是空间十分宽泛，国内的学术群体十分薄弱，对其中不少地区、国家的历史尚未展开深入研究，有的甚至是无人研究。此外，由于历史学学科设置的变动及其所导致的课程改革，世界史方向的相关课程趋于萎缩，课时也相应减少，这更增加了教学的难度。因此，这门课不仅使教师感到最难教授，而且也使学生感到最难学习。众多陌生的人名、地名需要记忆，各种复杂的历史现象需要理解，不少交错纠结的历史线索需要梳理。即便是投入了大量的精力，也未必会收到好的传授与学习效果。

多年的切身感受，让我对世界中世纪史的教学多有反思：我们究竟需要什么样的教材？如何编撰这样的教材？依愚之见，在学科积淀十分薄弱、学生知识基础多有缺失甚至空白的情况下，编撰一本好的教材必须具备多方面的因素，尤需特别注意两个方面：其一，必须充分借鉴以往的优秀编撰模式，具有史实内容的恒定性与编撰方式的延续性。这些年来，我国史学界在这方面探索众多，成果迭出，当然也存在着某些不足。对此，新编教材应该从中多加借鉴、弥补不足，而不是“另起炉灶”、独树一帜。我们应当清醒地认识到，教材编写毕竟不是学术研究，其主旨并非在于探求新领域、发现新问题、提出原创性的新观点或新模式，而是要以史学界已经证立并且受到普遍认同的学理模式与知识规则，以适当的编撰体例和内容结构，在向读者交代准确的基本史实的基础上，清晰地勾勒出相关的历史线索。其二，重点突出欧亚大陆的历史，并兼顾其他国家和地区。这些年来，我们在编撰教材时似偏重于“世界性”“整体性”，由此而讲究各地区、国家历史叙述分量的均衡性与对称性，对一些重要地区、国家的历史常作简约化、浓缩化的处理。这样的编撰初衷无可非议，而且也理应成为相关编撰模式的未来发展趋向。但在目前的情况下，这样的编撰模式常常导致全局性的照应有余而重点突出不足，教材的适应性难免被弱化。因此，一本适合教学的世界中世纪史教材，必须排除外在的种种干扰，尽力将全局考量与重点关注有机整合起来，在整体观照世界各地之历史的基础上，把重点置于在当时占有相当历史地位、其发展对整个人类历史进程产生重大影响的欧亚大陆的主要地区与国家。

正是基于上述认识，在撰写这部教材时，无论是谋篇布局，还是内容撰写，我始终都聚焦在便于教学、便于学习的主旨上。因此，本教材兼采国内优秀教材的编撰风格，在兼顾全局的前提下，以较多的篇幅来叙述西欧，并增加了中国历史的一部分。此外，外文译名一律按史学界多年来约定俗成的做法来处理。相关资料的插入，既采用已有的译文，也注重从外文资料摘编。所用图片的大部分，系从《欧洲中世纪史》《世界文明史》等外文书中复制。推荐阅读书目按出版社的要求（“先中国作者，后外国作者，以作者音序排名”）列出。由于篇幅有限，不少国外的外文文献、著作以及国内的优秀成果未能收入，授课教师完全可以根据教学的实际需要开列。

本教材首版的付梓，与中国人民大学出版社谭徐锋先生的精心策划和王琬莹编辑的辛勤劳动密切关联，谨在此深表谢忱！博士生柴晨清、鞠长猛、陈灿三位同学在图片搜集、文字校对上作了协助，也在此一并致谢！当然，因本人学力有限，教材必定存在不足乃至错谬，这理应概由本人负责，同时也恳祈同行与读者多予批评指正！

孟广林

2009年10月于中国人民大学

再版后记

这部教材的首版在 2010 年出版后，一直作为中国人民大学本科生基础课“世界中世纪史”的教学用书，也被一些高校采用为本科教材，收到良好的教学效果。

承蒙中国人民大学出版社的厚爱，让我对教材进行修订再版。但因教研繁忙，修订工作一再拖延。今年以来，因新冠疫情流行，一度封闭家中几近半载，遂能静心着手这项任务。这次修订在保持教材原貌的基础上，删减、压缩其中的烦冗庞杂之处，并对全书做了订正。

中国人民大学出版社的王琬莹编辑为教材再版积极联络，夏贵根编辑则仔细审阅了修订稿，并提出不少宝贵意见。对此，仅在此深表谢忱！当然，本书若再有错漏，则概由我负责。

因水平所限，这部修订版教材肯定还有值得改进之处，敬请广大读者批评指正。

孟广林

2020 年 10 月 1 日

图书在版编目（CIP）数据

世界中世纪史/孟广林著. --2版. --北京：中国人民大学出版社，2020.12
新编21世纪史学系列教材
ISBN 978-7-300-28911-3

Ⅰ. ①世… Ⅱ. ①孟… Ⅲ. ①世界史-中世纪史-教材 Ⅳ. ①K13

中国版本图书馆CIP数据核字（2021）第001195号

新编21世纪史学系列教材
世界中世纪史（第2版）
孟广林　著
Shijie Zhongshiji Shi

出版发行	中国人民大学出版社		
社　　址	北京中关村大街31号	**邮政编码**	100080
电　　话	010－62511242（总编室）		010－62511770（质管部）
	010－82501766（邮购部）		010－62514148（门市部）
	010－62515195（发行公司）		010－62515275（盗版举报）
网　　址	http://www.crup.com.cn		
经　　销	新华书店		
印　　刷	北京昌联印刷有限公司	**版　　次**	2010年7月第1版
规　　格	185 mm×260 mm　16开本		2020年12月第2版
印　　张	20.25	**印　　次**	2020年12月第1次印刷
字　　数	454 000	**定　　价**	59.00元